Oliver Driver

Die Reise meines Lebens

Begegnung mit dem Schamanen

Ein spirituelles Abenteuer

Stb

Originalausgabe
Alle Rechte vorbehalten.

ISBN 978-3-89767-633-6

© 2011 Schirner Verlag, Darmstadt
3. Auflage 2011

Redaktion: Maike Lübbers, Manuel Radke
Satz: Heike Wietelmann
Umschlaggestaltung: Murat Karaçay
Printed by: OURDASdruckt!, Celle, Germany

www.schirner.com

Für Doris und Lilli

Inhalt

»Immer wieder treffen wir auf Menschen, die sich anscheinend Mühe geben, sich von ihrer schlechtesten Seite zu zeigen. Man findet bei diesen Leuten keine Liebe und kein Verständnis. Warum aber? Was verbergen sie hinter dieser Art? Werden sie vielleicht von Angst und Einsamkeit getrieben? Denken diese Menschen, das Leben nicht anders bewältigen zu können?

Der Schamane kritisiert nicht und verurteilt nicht. Er redet auch nicht schlecht über die anderen, denn er weiß, dass er in all dieser Verzweiflung und Unzufriedenheit nur ein Spiegelbild seines Selbst sieht.

Der Schamane freut sich, da er auf diese Weise viel über sich selbst lernen kann. Durch das Erkennen seines eigenen Spiegelbildes beginnt er, an sich zu arbeiten. Er findet seine Fehler und Schwächen in den anderen und nutzt die Gelegenheit, um diese anzunehmen und aufzulösen.«

(Oliver Driver)

Vorwort

In diesem Buch stehen wundervolle Wahrheiten. Wenn Sie es mit dem Herzen lesen. Dieses Buch ist voller Widersprüche. Aber nur, wenn Sie es mit Ihrem Verstand und Ihrer Logik lesen.

Es gibt derzeit einen breiten Trend zur Mystik, zu spirituellen Sichtweisen und alternativen Heilmethoden als Gegengewicht zu unserer aus dem Gleichgewicht geratenen Religion, Kultur und Gesellschaft. Unsere Welt scheint in einer Krise zu stecken, ich habe in einer Krise gesteckt, Sie stecken vielleicht gerade in einer Krise. Wir haben festgestellt, dass wir trotz aller wissenschaftlichen und materiellen Erfolge sowohl im ganzen Land als auch auf unser kleines Selbst bezogen nicht glücklicher werden. Ja, schlimmer noch: Fahren wir in Dritte-Welt-Länder, so sehen wir dort mit Verwunderung, dass die Menschen viel fröhlicher sind und auch glücklicher aussehen. Sie haben so gut wie nichts und scheinen nur in den Tag hinein zu leben, trotzdem wird man allerorts freundlich angelächelt. Wenn man dann wieder zurück auf Deutschlands Straßen ist, fällt einem der zumeist grimmige, distanzierte Blick unserer Mitmenschen auf. Wie ist das möglich?

Den mäßigen Lebensstandard der Dritten Welt hatten wir bei uns doch bereits vor vierzig Jahren und sind jetzt eigentlich froh, dass wir diese Zeiten überwunden haben. Wieso sind wir nicht auch entsprechend glücklicher? Unser Leben besteht aus Dramen und Freude, Kampf und Liebe, Einsamkeit und Lachen, Schmerz und Leiden und aus viel, viel Arbeit. Es zeigt insbesondere einen eklatanten Mangel an Zeit für die Dinge, die wir gerne machen würden, wenn wir nur könnten, wie wir wollten. Unsere Wahrnehmung aber ist verfälscht: Wir rennen etwas hinterher, das wir nie erreichen können. Und dann, ganz zum Schluss des Dramas, droht auch noch der eigene Tod. Zusätzlich wächst die Erkenntnis, dass wir dabei sind, unsere Welt und uns selbst zu zerstören. Menschen entfremden sich von sich selbst, und die Vorherrschaft des Verstandes, der Rationalität, ist stark. Die Seele wird vernachlässigt. Immer mehr Menschen leiden unter Phobien und psychischen Störungen, die früher nicht einmal existierten.

Die Menschen gehen zum Psychiater, ohne auch nur eine ungefähre Ahnung zu haben, was ihr Problem ist. Sie spüren lediglich eine innere Unruhe, eine Angespanntheit, und fühlen sich innerlich abgestorben. Sie sind latent traurig, niedergeschlagen, ohne Hoffnung, verzweifelt. Sie spüren, dass das Leben ihnen wie Sand durch die Finger rinnt. Ihr einziges Ziel ist der Konsum als Ablenkung von ihren wahren Problemen; wer nicht konsumieren kann, dem geht es noch schlechter. Wofür leben wir? Letztlich geht es uns bei der Suche nach dem Sinn unseres Lebens um Heilung, um ein »Wieder-ganz-Werden«, um ein »Wieder-heil-Werden«, um die Suche nach einem scheinbar verloren gegangen Teil unseres Selbst. Wir wollen als Ganzes heil werden. Ich denke, dass diese Suche nach sich selbst in Zukunft eine größere Rolle in der Evolution der Menschheit spielen wird. Ich bin der festen Überzeugung, dass den ganzheitlichen Heilmethoden die Zukunft gehört. Ärzte und Heiler, Physiotherapeuten und Akupunkteure, Homöopathen und Chirurgen werden zusammenarbeiten, um die Menschen zu heilen. Die Heilung der Seele wird die ihr angemessene Rolle spielen, das oberflächliche Herumdoktern an Symptomen wird ein Ende haben.

Aber woher kommt es eigentlich, dass immer mehr Menschen sich auf die Suche begeben? Woher kommt diese neue Spiritualität nach der Esoterikbewegung der 70er-Jahre? Wenn wir hier schon ein erstes Mal auf Carl Gustav Jung zurückgreifen wollen, so stellt er in seinem Buch »Archetypen« fest, dass »… *unser Intellekt zwar Ungeheures geleistet hat, derweilen unser geistiges Haus zerfallen ist.*« (49)

Wir können zwar immer mehr entdecken und erforschen, schauen mit Teleskopen bis in die tiefsten Abgründe des Universums und entdecken gleichzeitig die kleinsten aller kleinen Teilchen, die sich dann, wie Sie später sehen werden, nur noch zeigen, wenn wir sie beobachten und ansonsten gar nicht vorhanden sind. Aber wir kommen nicht wirklich weiter. Irgendwann stellen wir fest, dass wir nicht alles verstehen können, dass es Dinge gibt, die man bestenfalls akzeptieren, vielleicht noch fühlen kann. Ist man erst einmal so weit gekommen, so wird man mehr und mehr der Seele Gehör schenken und ehrlich gegenüber sich selbst sein. Offensichtlich kommen wir mit dem Verstand und der Vernunft – die C. G. Jung als »*die Summe aller Voreingenommenheiten und Kurzsichtigkeiten*« (49) bezeichnete – nicht mehr weiter und beginnen vielleicht, alsbald auf unsere Seele, unsere Spiritualität zu hören. Wir akzeptieren plötzlich, dass wir sehr wenig wissen, wollen jedoch unserer Neugierde folgen und suchen die Wahrheit, anstatt uns einfach mit der Tatsache abzufinden, dass wir keine Ahnung vom wahren Leben haben. Dieser Weg führt uns zwangsläufig in unsere eigenen seelischen Tiefen. Sich selbst möglicherweise erstmals zu betrachten, ist oft nicht einfach. Wir sehen uns, wie wir wirklich sind, und nicht nur unsere Maske, die wir der Welt zeigen; wir sehen unser wahres Gesicht. Hierzu gehört ein gewisser Mut. Nicht jeder will hinter die in Jahrzehnten aufgebaute Fassade blicken, denn dann sehen wir, wie sehr wir selbst verantwortlich sind für unser Leben, und können nicht mehr die anderen dafür verantwortlich machen. Es liegt an jedem Einzelnen von uns, dies zu beginnen, nicht an den anderen, nicht an unserer Umgebung. Ändern wir uns selbst als Teil eines großen Ganzen, so ändert sich das große Ganze ebenfalls. Sobald wir unsere eigene Denkweise und Sicht der Dinge ändern, werden wir feststellen, dass sich auch unsere Umwelt ändert. Jegliche spirituelle Arbeit an uns wirkt sich auch gesellschaftlich aus.

Und wie machen wir dies? Wenn man in die zahlreichen kleinen Spezialitätenbuchhandlungen oder Esoterikabteilungen geht und dort von der unglaublichen Vielfalt der Bücher in allen Farben des Regenbogens und mit den exotischsten Themen erschlagen wird, sollte man meinen, dass es genug erprobte Rezepte gibt. Es gibt zu jedem Thema mindestens ein Buch, eher zehn, es gibt zu jeder These eine Gegenthese, der eine glaubt an dies, der andere an das. Für jedes Problem gibt es ein Rezept, und wenn es nur ist, das Gewünschte doch einfach beim Universum zu bestellen.

Mein Wunsch, dieses Buch zu schreiben, ist entstanden, als ich in meiner Schamanenausbildung Dinge erlebte, die auf erstaunliche Art und Weise funktionierten, ich jedoch dabei keine Ahnung hatte, wie dies alles möglich war. Es funktionierte und half meinen Klienten, was genau aber geschah, blieb mir ein Rätsel. Insofern wurde dieses Buch zu einer Geschichte, einer Geschichte, die sowohl mein Leben und meine Erfahrungen beinhaltet als auch das Wissen und die Lehren vieler weiser Menschen gepaart mit fiktiven Personen und Ereignissen, die so oder ähnlich hätten passieren können. Realität und Fiktion gehen nahtlos ineinander über, nichts ist, wie es scheint.

Einige Dinge habe ich zum besseren Verständnis vereinfacht, vielleicht finden sich auch einmal logische Ungereimtheiten und Widersprüche, doch dies erscheint mir nur natürlich bei einem Thema, das unser Verstand nicht erfassen kann und zu dem es so viele Ansichten und Theorien gibt. Ob der Mensch an sich überhaupt in der Lage ist, dieses wichtige Thema verstandesmäßig zu erfassen, darf angezweifelt werden; wir müssen uns auf unser Gefühl verlassen. Es ist nicht möglich, von unserem materiell fundierten Standort aus einen geistigen Weg zu verstehen. Ein wenig Glaube und Liebe ist erforderlich. Erwin Schrödinger, der österreichische Physik-Nobelpreisträger, sagte einmal:

> »Einem einzelnen Verstand ist es beinahe unmöglich geworden, mehr als nur einen kleinen spezialisierten Teil der Wissenschaft zu beherrschen. Wenn wir unser wahres Ziel nicht für immer aufgeben wollen, dann dürfte es nur einen Ausweg aus dem Dilemma geben: dass einige von uns sich an die Zusammenschau von Tatsachen und Theorien wagen, auch wenn ihr Wissen teilweise aus zweiter Hand stammt und unvollständig ist – und sie Gefahr laufen, sich lächerlich zu machen.« (69)

In diesem Sinne verzeihen Sie mir Fehler bei der Erklärung gewisser Sachverhalte. Ich selbst kam mir in den letzten Jahren manchmal wie ein kleiner Junge vor, der die Welt neu entdeckt. Ich veränderte mich. Dieses Buch ist Ihnen nicht zufällig in die Hände gefallen ist. Es gibt keine Zufälle. Ihr Leben, Ihre Seele haben Sie dazu gebracht, dieses Buch gerade jetzt in der Hand zu halten. Es hat entschieden, dass für Sie der Zeitpunkt gekommen ist, es zu lesen. Möglich, dass dieses Buch für Sie ein erster Schritt in die Spiritualität ist. Vielleicht spüren Sie danach – wenn Sie es bisher nicht schon taten – eine Verbindung, eine Einheit mit »Etwas« oder besser mit »Allem«. Als Kinder konnten wir uns alle noch über so viele Sachen wundern, wir saßen staunend vor der Pusteblume und beobachteten, wie die Samen im Wind flogen. Als Erwachsene empfinden wir das alles als normal. Wenn wir uns jetzt noch wundern, dann meist über das Verhalten anderer Menschen, das uns nicht passt. Wo ist unsere Neugierde geblieben? Wenn wir meinen, wir hätten mehr oder weniger alles, was wir brauchen, und deshalb nicht mehr suchen, irren wir uns. Es gibt immer noch viel mehr zu entdecken, als wir überhaupt erahnen können. Auch in der persönlichen Entwicklung dürfte bei den meisten noch erheblicher Spielraum sein, aber wir meinen, wir wüssten schon alles, und bleiben stehen. Wir wollen uns nicht verändern, unsere Bequemlichkeit verlassen, Neues über uns lernen und in uns entdecken. Das Leben ist durchorganisiert und angepasst, daran hängen wir. Es war schließlich oft mühsam genug, überhaupt so weit zu kommen. Wenn wir jetzt eine neue Sichtweise kennenlernen wollen, müssen wir uns dem Neuen öffnen, ohne es mit unseren eigenen vorgefassten Meinungen und Urteilen abzugleichen. Tun Sie nichts als esoterischen Unfug ab, lassen Sie das Ihnen bisher Unbekannte, das Neue zu; es ist nicht wirklich neu, es steckt schon immer in Ihnen, denn jede Wahrheit steckt in allem, wie Sie später sehen werden. Erlauben Sie sich selbst, diese neue Sichtweise zu erfühlen, indem Sie nicht ständig an allem zweifeln und meinen, es mit Ihrem Verstand hinterfragen zu müssen. Lassen Sie Ihren Verstand erst einmal außen vor und lesen Sie dieses Buch, als ob es keinen Zweifel an den darin enthaltenen Gedanken gäbe. Sie können sich nachher immer noch ärgern und alles als unlogische Hirngespinste abtun. Lesen Sie dieses Buch einfach unter der Annahme, dass alles genau so ist, wie es hier steht. Es kostet Sie nur etwas Zeit – Zeit, die es in unserem Sinne so nicht gibt, wie Sie dann später wissen werden – es kostet Sie also letztendlich nichts und am Ende können Sie immer noch entscheiden, ob Sie alles für Unfug halten wollen oder Ihrem Leben eine Chance geben werden.

Seien Sie neugierig wie ein Kind, das Dinge hinterfragt und sich noch nicht auf dem Erreichten ausruht. Sie werden neue Dinge entdecken. Wecken Sie Ihre intuitiven Fähigkeiten wieder, Ihre Seele wartet nur darauf und wird es Ihnen danken.

1. Kapitel – Venlo

In der dunklen Kapelle des alten Klosters bei Venlo liegen auf Decken kreuz und quer fünfzehn Personen in Rückenlage auf dem Boden. Davor hocken, knien und sitzen fünfzehn Juniorschamanen, kreisen mit den Händen über imaginären Chakras, suchen Energiefelder, rühren in ihnen, jeder guckt, was der andere gerade tut, keiner weiß, was er da eigentlich genau macht.

Neben mir beginnt eine der auf dem Boden liegenden Frauen laut und stoßend zu lachen, weiter hinten hört man ein leises Wimmern, das dann zu einem beängstigenden, wahren Weinkrampf wird. Einige Minuten später singt jemand, allerdings nur konstant einen glasklaren Ton, der hin und wieder die Höhe wechselt. Einige schluchzen jetzt laut. Wo bin ich hier nur gelandet? Pass bloß auf, dass du nicht auch noch so endest, denke ich. Das hätte mir noch gefehlt. Panik, mein Ego meldet sich. Meine vor mir liegende Klientin regt sich nicht auffällig, was mich einerseits beruhigt, mir andererseits aber auch Sorgen macht. Warum schreit, zuckt oder singt sie nicht, was mache ich nur falsch? Keine Träne, nichts. Die Nervosität steigt, was soll ich hier eigentlich sehen, wie sieht denn so ein Chakra aus, wo finde ich den Schmutz, den andere seit Minuten mit Schweiß auf der Stirn aus den Chakras schaufeln? In meiner Vorbereitung auf diesen Kurs – eine gute Vorbereitung ist die halbe Miete, hatte ich mir gedacht, und alles Passende noch schnell gelesen – hatte ich bei dem großen Schamanenausbilder Alberto Villoldo erfahren, dass man einfach so tun solle, als ob man etwas »sehen« würde, und das mache ich also auch.

Dann kommt mir der Gedanke, dass vielleicht ein wenig Fantasie nicht schaden könne. Mehr als nichts »sehen« kann ja wohl nicht passieren (gegen Ende dieses Buches werde ich sogar wissen, dass es gilt, dieses Nichts – allerdings in einem anderen Sinne – zu erleben). Ich beschließe, eine Blume in das Sexualchakra, sprich den Bauchnabel meiner Klientin, zu pflanzen. Ich setze also einen fiktiven Samen, bedecke ihn gedanklich vorsichtig mit Erde, die ich leicht fest puste. Keiner merkt etwas, das kann ja heiter werden. Eine ganze Woche soll die Geschichte hier dauern? Mit ein wenig gepustetem Regen entwickelt sich nach und nach ein kleiner gelber Keim, sprießt aus der Erde, will von mir gepflegt werden. Ich umwedle ihn wie ein Schlangenbeschwörer mit den Händen und puste dabei gelegentlich vorsichtig. So wächst mein kleines Pflänzchen wohl behütet im Bauchnabel meiner Klientin zu einer fetten, fleischig-grünen Pflanze mit behaarten Blättern und länglichen violetten Blüten.

Eine der Assistentinnen, die jetzt hinter mir steht, flüstert mir zu: »Mach weiter so, sie kommt.«

Sie kommt?! Ich schaue mir meine Klientin nochmals genauer an, und siehe da, könnte da nicht eine kleine Träne kommen, zittert die Halsschlagader nicht ein wenig mehr als vorher? Sind da nicht viel weniger Fliegen auf ihren Armen? Achtet auf die Zeichen, hatte der Meister gesagt. Begeistert mache ich weiter. Zum Abschluss habe ich die fette, fleischige und leicht behaarte Pflanze, einer Sonnenblume nicht unähnlich, natürlich wieder weggepustet; eine Blume gehört nicht ins Chakra, sagen die Fachleute. Nichts gehört da hinein, ein Chakra hat glasklar zu sein. Ich hatte keine Ahnung, ich hatte noch nie eins gesehen, aber das war hier wohl auch egal. Meine Klientin hat sich nachher massiv bei mir beschwert, wie ich auf die Idee käme, ihr eine Blume dort hineinzupflanzen. Und warum ich so wenig gepustet hätte, die anderen hätten viel mehr und auch besser gepustet. Nicht schön, wenn der erste Patient, den wir Klient nennen sollen, bereits eine Reklamation hat. Ich glaube aber schon, dass es auch geholfen hat. Nach dieser ersten wirklichen Heilung und deren Wirkung auf einige meiner Mitschüler entschließe ich mich tief drinnen, hier erst einmal nicht an mein eigenes Eingemachtes zu gehen, bevorzuge es, nur die meiner Ansicht nach zweit- bis drittwichtigsten Themen, sprich Probleme meines Lebens, zu offenbaren und behandeln zu lassen. Schadet ja nicht, wenn man die auch los wird. Themen in diesem Sinne sind die eigenen Probleme jedweder Art – Schmerzen, Krankheiten, Sorgen oder was auch immer –, die man gerne loswerden würde.

Es ist der dritte Tag des einwöchigen Heilerkurses einer Energieschule, eine Woche, die mein Leben auf den Kopf stellen sollte. Auf den ersten Blick war ich hier aus reiner Langeweile gelandet. Der Job machte keinen Spaß, ich hatte gerade Zeit und irgendwie hatte ich auch noch diese körperlichen Wehwehchen, die ich schon länger mal weghaben wollte. Mal wieder ganz ohne Stuhl oder Treppe die Schnürsenkel verknoten, das wäre doch was. Irgendwann im Leben kommt wohl jeder an den Punkt, an dem er innehält und zurückblickt. Man schaut auf seine gemachten Erfahrungen, seine Erfolge – oft werden die Fehler jedoch mehr beachtet – und sieht, was man aus all dem gelernt hat oder auch nicht. Haben wir etwas für die Zukunft mitgenommen, haben wir Verhaltensmuster geändert? Wir wissen jetzt, wie wir funktionieren und gebaut sind. Unsere Enttäuschungen und Ängste, Verletzungen und Verluste haben uns geformt. Für viele Menschen gab es Zeiten, in denen sie vielleicht nur noch wenig Hoffnung hatten, dass sich die Situation wieder verbessern würde. Zum ersten Mal war das bei den meisten wohl so, als die erste große Liebe zerbrach. Ich persönlich hatte als Motto in einer schwierigen Zeit meines Lebens: »Immer nur ein- und ausatmen«. Ich war mir sicher, dass es irgendwann wieder bergauf gehen würde, wenn ich dies beherzigte. In jedem von uns steckt eine Kraft, die uns das Leben leben lässt, auch wenn wir vielleicht manchmal das Gefühl haben, dass sich gerade alles gegen uns richtet.

Zu diesem Schamanenkurs hatte ich mich in dem klaren Bewusstsein angemeldet, dass, wenn ein einziger in dem Kurs durchfiele – sprich nicht zu heilen lernte – ich das sein würde. Natürlich hoffte ich insgeheim darauf, dass der Meister recht hatte, als er sagte, dass das wirklich jeder lernt. Na ja, dachte ich, er kennt mich noch nicht.

Nun, der eigentliche Auslöser für mich war mein Nachbar in Köln. Angefangen hatte alles im Treppenhaus unseres Mietshauses, als dieser, auch ein Bauingenieur wie ich, meinte, ich solle doch mit meinem Bandscheibenvorfall mal einen Schamanen ausprobieren. Es gäbe da einen in Köln, der hätte ganz sensationelle Erfolge. Ich und zum Schamanen, sonst noch Wünsche? Was für eine idiotische Idee. Fehlt ja nur noch, dass ich zu den Ärzten meiner Mutter gehe: Homöopathen, Heilpraktiker, Psychologen, alle esoterisch alternativ angehaucht, die in D200-Verdünnungen das Heil der Welt sehen. Schließlich war ich doch sogar bei Prof. Grönemeyer gewesen, der Koryphäe in Sachen Bandscheibenvorfall und Mikrochirurgie. Und selbst der konnte mit all seinen Methoden und Mittelchen nichts ausrichten. Während meiner langjährigen Odyssee hatte ich alle nur erdenklichen Therapien probiert bzw. probieren lassen. Angefangen bei Massagen, Wärmepackungen, Osteopathie, Cranio-Sacral- und Dorn-Therapie, Therapien, deren Namen ich schon gar nicht mehr weiß, allen möglichen und unmöglichen Medikamenten, von denen dann auch noch eines während der Behandlung vom Markt genommen wurde, weil dabei zu viele Todesfälle aufgetreten waren, über Akupunktur bis hin zu Infusionen und Krafttraining. Weiter mit dem Racz-Katheder, eine sehr unangenehme Erfahrung, bei der ein Schlauch vom Steißbein aus in den Wirbelkanal bis zur betroffen Stelle geführt wird, dort zwei Tage verbleibt und man das Vergnügen hat, sich selbst über eine Pumpe die entsprechende Medikamentendosis zu verpassen. Wegen des Drucks auf den Nerv hatte ich erhebliche Schmerzen, die nur langsam nachließen, aber dafür gab es einen Cocktail aus Tramal und Novalgin zum Selbermischen. Der half, der Cocktail. Für ein paar Stunden, das war‹s aber auch schon. Später gab es unter dem Computertomographen dann noch Injektionen direkt an den Nerv, das half immer nur für einen Tag, wenn der Schmerz der Behandlung erst einmal nachgelassen hatte. Die Rückfahrt von Bochum nach Köln war jeweils mein eigener Krankentransport, nur bei der Kasse abrechnen konnte ich das nicht. Als auch die OP mittels eines feinen Lasers, der die Bandscheibe durch Hitze schrumpfen lassen sollte, nicht half und ich aufgab, habe ich die Krankheit zumindest teilweise angenommen (zur Bedeutung von »angenommen« später mehr). Ich hatte den Ärztemarathon satt und sagte mir, dann guckst du halt nur noch fern und arbeitest ausschließlich im Stehen. Sitzen war nicht drin. Fernsehen hat mich zwar nicht geheilt, allerdings waren die Schmerzen nach vielleicht einem Jahr Fernsehen und Herumliegen deutlich erträglicher als während der gesamten zweijährigen Behandlung.

Aber zurück zum Nachbarn. Den »Schamanentipp« gab er mir noch zwei-, dreimal im Treppenhaus, aber ich ignorierte das konsequent. Ich hatte keine Lust, mich umtanzen zu lassen von einem wild angemalten Typen, der mich mit Cola anspuckte und möglicherweise auch noch ein Meerschweinchen über meinem Kopf erst umherschwenken und dann abstechen würde. Irgendwann drückte mir der Nachbar dann auf seiner Geburtstagsfeier das Buch des Schamanen Martin Brune in die Hand. Noch im Bett fing ich aus Neugierde an, zu lesen, und hörte erst in der Nacht mit der letzten Seite auf. Er hatte mich gekriegt. Etwas, was jeder lernen kann, etwas, was immer funktioniert, etwas, woran man nicht glauben muss. Ideal für mich: Diese Voraussetzungen erfüllte ich allein durch meine Existenz auf dieser Erde. Am nächsten Tag rief ich beim Schamanen an und vereinbarte einen Behandlungstermin, natürlich gegen Vorkasse. Ich machte mich also zum vereinbarten Datum auf nach Neuehrenfeld in eine der schönen Ecken Kölns, voll von Gründerzeithäusern und baumbestandenen Straßen. Zur Sicherheit war ich 15 Minuten früher da, man konnte ja im Wartezimmer noch Zeitungen lesen, wahrscheinlich lagen die neuesten esoterischen Magazine und Horoskopzeitschriften herum. Komisches Schamanismus-Institut, sieht von außen aus wie ein Wohnhaus. Ich klingle, und im Treppenhaus ruft jemand, ich solle um Punkt Eins wiederkommen, man sei gerade in einer telefonischen Behandlung. Auch das noch, Fernbehandlung per Telefon, der Brune ist sich wirklich für nichts zu schade. Schon klar, übers Telefon, sonst noch was? Jetzt will ich es wirklich wissen und stehe vor ein Uhr wieder vor der Tür und begehre um Einlass.

Der für mich gebuchte Schamane ist eine Schamanin, die ganz normal aussieht. Es ist warm, allzu viel an hat sie nicht, ein Wolfsfell hat sie auch nicht über den Kopf gezogen. Aber warum gibt es hier gar keine Praxis, sondern nur ein Wohnzimmer, das sie mir als heiligen Raum vorstellt, aus dem nichts, was wir machen, herausdringen könne? Meine Sturheit zahlte sich hier aus, ich wollte wissen, was dran ist an der Geschichte, auch auf die Gefahr hin, dass ich über mich selbst reden und Details preisgeben musste, die nicht einmal meine langjährige Freundin und damalige zukünftige Frau wusste. Wenn das der Preis war, bitte. Im Laufe dreier Sitzungen, die ich dann auch bar bezahlen konnte, hatte ich meine Existenzängste, meinen Rücken und meine Beziehung ausgebreitet und behandeln lassen. Während ich auf dem Tisch lag und die Schamanin mal hier und mal da pustete, mit einer Flüssigkeit prustete, die nach Zahnarzt roch, aber etwas ganz Besonderes von den Originalschamanen aus Peru sein sollte, und wer weiß was sonst noch machte, erlebte ich nichts. Gar nichts. Was für ein Beschiss. Wieso war ich zu blöd, ein normaler Schamanenpatient zu sein, das konnte doch gar nicht wahr sein. Sie hatte mich vorher gewarnt, ich könnte zittern, schreien, weinen, was auch immer. Aber: nichts. Nur die Müllabfuhr vor dem Fenster und ein paar spielende Kinder. Ja, und diese Helligkeit, als ich die Augen wieder öffnete, die ich aber als völlig normal betrachte, wenn ich eine halbe Stunde mit geschlossenen Augen im Dunkeln verbracht habe.

Also gut, es half alles nichts, ich musste selbst Schamane werden, um der Sache auf den Grund zu gehen. Vielleicht fehlte mir die theoretische Grundlage. Vielleicht musste ich das Ganze mal logisch angehen, ingenieurmäßig halt. Ich buchte den nächsten Kurs, bezahlte (natürlich wieder vorab) und wurde per E-Mail vom Institut beglückwünscht zu diesem mutigen Schritt, mir wurden wunderbare Erfahrungen versprochen. Billig war die Sache ja nicht gerade; angesichts der spartanischen Unterkunft sowie des miserablen Essens war sie eigentlich sogar verdammt teuer. Aber so weit, so gut. Wenigstens passierte mal etwas Neues in meinem Leben. Die Reaktionen meiner Familie und Freunde waren unterschiedlich, so etwas hatte man von mir nicht erwartet. Alle amüsierten sich königlich darüber, dass ich eine Woche lang bei Wasser und Brot in einem Mehrbettzimmer mit allen Ökos und Esoterikern dieser Welt Mantren chanten würde.

Trotzdem überkam mich nach der Anmeldung der Wahn,

dass ich Schamane werden würde. Und ein richtiger Schamane braucht auch eine richtige Ausbildung, Brune hin oder her, da musste es noch mehr geben. Ich durchforschte tagelang das Internet, bis ich meinen privaten Ausbildungsplan fertig hatte. Der brasilianische Wunderheiler XY sollte im Herbst in Bad Hersfeld sein, kurz nach dem Alpenschamanentreffen in Österreich und kurz vor der Esoterikmesse in Köln. Danach ging es dann zum Esoterikkongress nach München, welcher sich gut mit der jährlichen Immobilienmesse verbinden ließ, auf der ich sowieso immer war. Vorher bestand die Möglichkeit, mit einem österreichischen Psychologen zu Don Agustin nach Peru zu fahren und dort eine Originalbehandlung im tiefsten Amazonasdschungel beim Profi mitzumachen. Zur Sicherheit meldete ich mich da gleich auch noch an. Nach meiner geistigen und körperlichen Säuberung am Amazonas wollte ich dann Macchu Picchu besuchen, wo die Schamanen vor 1000 Jahren zu Dutzenden gelebt hatten, ein verdammt magischer, spiritueller Ort also. Schnell hatte ich verstanden, welche Heilmethoden man zügig lernen konnte und entschloss mich, irgendwann auch Reiki-Meister zu werden, die erste Stufe war schließlich in drei Tagen drin. Cranio-Sacral ging ebenfalls an einem Wochenende, nur die NLP-Ausbildung wurde problematisch, die dauerte elf Wochenenden und ließ sich beileibe nicht mit meinen anderen Veranstaltungen koordinieren. Also stellte ich das erst mal zurück.

Zwischendurch wollte ich heiraten, und entsprechend gut gefiel meiner Freundin die Vorstellung, dass ich nach der Hochzeit drei Wochen allein in den Dschungel gehen wollte, um dort irgendwelche halluzigenen Drogen zu nehmen, nach denen man bekanntermaßen erst einmal stundenlang kotzte, um dabei einen LSD-artigen Trip zu erleben. Wer weiß, was da alles passieren kann. Lust, den Trip zu zweit zu machen, hatte sie dann aber auch nicht. Und ich ebenso wenig. Seine Probleme bearbeitet man schließlich allein. Hatten wir das nicht zu Hause so gelernt? Parallel zu diesen ganzen Vorbereitungen war ich übrigens wieder beim Orthopäden gelandet. Ich konnte mir die Schuhe wieder gerade so selbst zuschnüren und brauchte keinen Tisch, auf den ich erst mal das Bein hieven musste; ich ging etwas übereifrig joggen, hatte mich im Tennisverein angemeldet und mich dann natürlich nach wenigen Wochen so richtig verletzt. An allen Ecken und Enden meines Körpers entzündeten sich plötzlich die Übergänge von der Sehne zum Knochen. Das wurde mittels Krankengymnastik, Osteopathie und Cortisonspritzen bekämpft – nach der Methode: Ach, da ist noch was drin in der Spritze, dann spritzen Sie das doch bitte noch hier und hier hin, da tut´s auch weh. Der Erfolg hielt nur für einen Tag an. Zum Abschluss seiner nicht ganz so erfolgreichen Therapierungsversuche fragte ich irgendwann meinen Kölner Arzt: Es ist psychisch, oder? Er nickte, froh, dass ich einsah, dass es an mir lag und nicht an ihm. Diese Symptome habe ich übrigens jetzt, wo ich diese Zeilen schreibe, immer noch; wir werden sehen, wie es gegen Ende dieses Buchs aussieht. Wie gesagt, ein ordentlicher Schamane, sprich deutscher Ingenieur, will gut vorbereitet sein. Wenn ich dort beim Kurs auf diese ganzen Esoteriktanten treffen würde, musste ich wenigstens halbwegs Bescheid wissen. Also suchte ich mir die entsprechende Literatur, hangelte mich über Empfehlungslisten, Internetlinks und so weiter quer durch die Engel bis hin zu den schwergängigen Philosophen. Ich bestellte der Reihe nach, was mit mindestens 4,5 Sternen bei amazon. de bewertet wurde und sich nicht allzu abgehoben anhörte. So kann man sich auch Druck machen: Stell dir einfach 20 Bücher ins Regal mit der Aufgabe, diese schnellstmöglich zu lesen.

Nun, da saß ich also am ersten Kurstag in einer großen Runde, und jeder sollte sich kurz vorstellen und sagen, warum er da war, dazu kurz rasseln und laut »Houuu« rufen. O Gott, dachte ich, das hat dir gerade noch gefehlt. Als ich an der Reihe war, sagte ich, dass ich wissen wollte, ob das wirklich jeder lernen könne und wenn ja, dass ich dann Schamane werden wolle, um endlich meinen Traum wahr machen zu können und irgendwo am Meer zu leben. Als Strandschamane auf Mallorca leben, das wär´s doch. Gegen Kursende hatte ich verstanden, was ich da für einen Mist verzapft hatte – und nicht nur ich, auch die meisten anderen. Jeder lügt sich selbst in die Tasche und verdrängt seine Probleme, keiner war zufällig dort, niemand war da, um eine Zusatzausbildung zu machen, keiner der Coaches und Heilpraktiker. Es gibt keine Zufälle. Es hat alles einen tieferen Sinn. Um das zu verstehen, brauchte ich jedoch noch etwas länger. Nach einer Woche verließ ich Venlo in einer so verdammt guten Stimmung, dass ich lange dachte, dies wäre die beste Woche meines Lebens gewesen. Noch ein Grund mehr, der Sache endgültig auf den Grund zu gehen. Warum schreibe ich also nicht parallel ein Buch über all das, was ich auf meiner Suche entdecke und lerne? Vielleicht interessiert es noch mehr Menschen?

2. Kapitel – Köln

»Onkel Olli, was ist denn eigentlich ein Schamane? Mama hat gesagt, dass du meinst, dass du Schamane bist und zaubern kannst, und sie hat auch gesagt, dass das alles Quatsch sei. Und Papa hat gesagt, dass das nichts für kleine Kinder ist.«

Gerade war meine letzte Klientin gegangen, ich räumte noch schnell alle meine Utensilien weg. In Gedanken war ich schon in den guatemaltekischen Bergen, da stürmte Fiona in mein Zimmer, in den heiligen Raum, in dem ich gerade behandelt hatte. Ich war ihr Patenonkel, und da ihre Eltern einmal in Ruhe shoppen gehen wollten, hatten wir die Achtjährige für diesen Samstagnachmittag in unserer Obhut. Ihre Mutter, meine Schwester, hatte eine natürliche Abneigung gegen alles Spirituelle und dies offensichtlich auch zu Hause schon kundgetan; das hielt sie aber nicht davon ab, sich bei Schmerzen gerade mal die Hand auflegen zu lassen. Man konnte ja nie wissen.

»Was sind das denn hier für komische Sachen? Was ist denn in der Flasche? Warum riecht es hier so fies? Was hast du denn gerade mit der Frau gemacht?«

»Ja, weißt du, die Frau war so furchtbar traurig und da habe ich ihr geholfen, wieder ein wenig glücklicher zu werden. Und die Sachen hier sind meine Werkzeuge, die ich dafür brauche.«

Mit vor der Brust verschränkten Armen stand sie vor mir; wie immer, wenn sie irgendwo zu Besuch war, für meinen Geschmack zu schick, unpraktisch und wenig kindgerecht angezogen. Mit kritischem Kinderblick beäugte sie mich.

»Bist du denn Arzt? Ist ein Schamane ein Arzt?«

»Na ja, nicht so richtig. Ein Schamane heilt mit Energie, er hat keine Medizin und operiert auch nicht. Es ist sogar verboten, wenn man Schamane ist, die Leute, die man behandelt, Patienten zu nennen. Deswegen sagen wir Klienten.«

Sie schaute immer noch fragend. Ich erklärte ihr, dass ein Klient eine Art Patient oder Kunde ist.

»Und die Frau von gerade ist jetzt nicht mehr traurig?«

»Ich weiß es noch nicht, aber ich hoffe, es geht ihr bald besser. Weißt du, es dauert immer etwas, bis man die Wirkung der Behandlung merkt.«

»Warum ist denn die Frau so traurig, ist jemand gestorben?«

»Ach, das kann so viele Gründe haben, man kann sehr einsam sein, man kann Angst vor dem Tod haben, oft haben die Menschen sehr große Angst, dass sie keiner mag. Aber was die Frau gerade hatte, darf ich dir nicht erzählen, das ist geheim. Als Schamane darf ich das nicht weitersagen.«

Fiona war eigentlich eher still und zurückhaltend, so viele Fragen hatte sie mir bisher noch nie gestellt. Gelegentlich hoffte ich zwar, dass dieser durch alles hindurch schauende, leicht abwesende Blick vielleicht darauf hindeutete, dass sie gewisse spirituelle Neigungen hatte, aber das war reine Spekulation. Wirklich aufgefallen war ihren Eltern und mir nur, dass sie, als ich sie wenige Tage nach meinem Schamanenkurs besuchte, plötzlich auf mich zustürmte und ihre Stirn ganz fest an meine drückte. Bis zu dem Tag hatte sie mir gegenüber immer eine ziemliche Distanz bewahrt, was bis zu schreiendem Davonlaufen reichte, wenn ich auf sie zuging. Offensichtlich sah sie an diesem Tag etwas, was die anderen nicht sahen, eine Veränderung in mir, die auch ich selbst fühlte. Kinder haben bis zu einem gewissen Alter eben die Fähigkeit, Dinge zu sehen, die Erwachsene nicht mehr erkennen. Ein ganz wichtiger Aspekt übrigens, wenn Eltern beispielsweise der Ansicht sind, dass ihr Kind nicht gehorcht, sie tyrannisiert und ihnen selbst den schönsten Urlaub zur Hölle macht. Das hat dann oft weniger mit falscher Erziehung zu tun. Das Kind sieht und spürt lediglich die Probleme der Eltern, die diese vielleicht verdrängen. Es merkt, dass die Eltern nicht authentisch sind, dass es da eine Spannung gibt, die vertuscht wird. Ein Kind aber reagiert noch instinktiv, es will diese Spannungen nicht und reagiert sich durch entsprechendes Verhalten ab. Kinder sprechen beim Spielen ja auch mit fiktiven Menschen neben sich, sehen Elfen, Geister und Feen. Irgendwann hört das dann auf, beim einen früher, beim anderen später. Ich für meinen Teil kann mich allerdings überhaupt nicht daran erinnern, jemals Geister gesehen zu haben. Überhaupt war meine Kindheit wenig spirituell, eben 60er-Jahre-Standard.

»Und was hast du dann mit der Frau gemacht?«, bohrte Fiona weiter.

»Wenn du möchtest, mache ich mir jetzt einen Tee und dir einen Kakao, und dann setzen wir uns draußen auf die Bank unter dem großen Baum und ich erzähle dir, was ein Schamane ist.«

Sie war einverstanden. Vielleicht wollte sie auch nur einen Kakao mit Sahne. Als ich dann mit Tee und Kakao, Kind und ein paar Keksen unter dem Baum saß, versuchte ich, Fiona zu erklären, was ein Schamane ist. Sie saß erst einmal ganz gespannt auf der alten grünen Holzbank, über uns das sommerliche, dichte Laub der Eiche, hielt den Kakao in beiden Händen und wartete.

»Weißt du, der Schamanismus ist die älteste Heilmethode der Welt. Er versucht, mit dem Geist zu heilen, mit der Seele. Soweit ich weiß, gab es die ersten Schamanen in Sibirien bei einem Volk, das ein bisschen aussah wie die Eskimos. Jedes Dorf hatte einen Schamanen, der war nicht nur wie ein Priester, sondern auch ein Zauberer, ein Magier. Der Schamane war etwas ganz Besonderes und außergewöhnlich; er konnte Dinge, die die anderen Menschen nicht konnten, deswegen hatten sie natürlich riesengroßen Respekt und manchmal auch Angst vor dem Schamanen.«

»Und seit wann gibt es Schamanen?«

»Fast schon immer. Es gibt einen Archäologen, der heißt Horst Kirchner, und er lieferte ein eindrucksvolles Zeugnis für die These, dass schon vor 13 000 Jahren in Frankreich schamanisiert wurde, nämlich die bekannte Zeichnung aus der Höhle von Lascaux. Darauf siehst du einen Vogelkopf auf einer Stange, ein Bison und einen Mann (mit offensichtlichem Ithyphallus*) in Schräglage. Kirchner meint, dass dies eine schamanische Geisterbeschwörung mit einem Hilfsgeist, dem Vogel auf der Stange, einem Schamanen natürlich und einem Opfertier, dem Bison, ist.«

»Und was konnte der Schamane denn so Besonderes, dass die Leute Angst vor ihm hatten?«

»Man glaubt, dass der Schamane schon vor vielen tausend Jahren in der Zeit reisen konnte, er konnte in das Reich der Toten gehen und auch wieder zurückkommen. Du musst dir vorstellen, dass das heute schon etwas ganz Besonderes wäre, und damals waren die normalen Menschen ja noch den ganzen Tag damit beschäftigt, zu überleben, also Essen zu finden. Der Schamane muss wesentlich bewusster gewesen sein als seine Mitmenschen. Er konnte zwischen unserer Welt und anderen Welten reisen und vermitteln, und das tat er immer so, dass es seinen Leuten half, wenn sie ein Problem hatten oder krank waren. Der Schamane sieht alles als vom Geist durchdrungen. Krankheiten sind für ihn ein Problem der Seele. Der Schamane wusste schon immer, dass wir alle Teil eines großen Ganzen sind. Er wusste, dass alle Tiere mit uns eins sind und dass wir sie lieben sollten wie uns selbst.«

---

*   Anmerkung des Autors: Ein Ithyphallus ist die stark vergrößerte Nachahmung des Phallus, hauptsächlich in der griechischen Antike. Er ist ein Fruchtbarkeitssymbol und schon in den ältesten Kulturen bekannt.

Fiona wurde hellhörig: »Was erzählst du denn da, was sollen das für andere Welten sein?«

»Das ist ganz schwer zu erklären. Die Leute haben damals geglaubt, dass es eine Unterwelt gibt, die Welt der Toten, und eine Oberwelt, so ähnlich wie der Himmel. Wir selbst leben in der mittleren Welt. Der Schamane konnte also die Toten besuchen und auch die Engel.«

»Ach so. Und wie hat er das gemacht?«

Das Thema »andere Welten« war Gott sei Dank abgehakt, ich wäre auch gewaltig ins Schwimmen gekommen, wenn ich dies genauer hätte erklären sollen.

»Die Schamanen konnten ihren Geist verändern, sie gerieten in Trance. Das ist ein bisschen, wie wenn die Erwachsenen heute zu viel Rotwein trinken, nur war der Schamane eben nicht betrunken. Er wusste die ganze Zeit genau, was er tat, er kontrollierte die Situation. Wenn er in Trance war, konnte er mit seiner Seele reisen und der Körper blieb einfach zurück. Dabei traf er andere Seelen, Geister und vielleicht auch Ungeheuer, mit denen er kämpfen musste.«

Ich schaute sie an und erwartete weitere Fragen und das Problem, dies alles einem Kind zu erklären, wo doch meine eigene Frau es bis heute nicht verstanden hatte. Doch Fiona nahm das einfach mal so hin.

»Der Schamane war also schon damals in der Lage, sein Bewusstsein über das seiner Mitmenschen zu erheben, er war geistig weiter entwickelt. Du kannst dir vorstellen, dass manche Leute auch sehr neidisch auf ihn waren, weil er solche Dinge konnte und sie nicht. Er hatte nicht nur Freunde, sondern auch Feinde, sodass er sein Wissen immer geheimhielt und nur ganz wenige, die einmal später seine Arbeit weitermachen sollten, einweihte.«

»Und warum heißt der Schamane Schamane und nicht einfach Doktor?«

Was für eine Frage, ich stutzte.

»Genau weiß man das gar nicht, es gibt Leute, die sagen, dass es von dem Wort šaman kommt. Das ist aus dem Evenkischen, einer Sprache, die man in einem Teil Sibiriens in der Gegend des Baikalsees einmal sprach. Das Wort ša bedeutet dort ›denken‹ oder ›wissen‹. Andere sagen, es bedeute ›mit Hitze und Feuer arbeiten‹ und komme aus einer ähnlichen Sprache, die die Leute dort sprechen, das Mandschu-Tungusische. Und dann gibt es auch noch Leute, die sagen, dass das Wort aus dem Indischen kommt. Samana, oder cramana in einer anderen indischen Sprache, dem Sanskrit, heißt ›Bettelmönch‹ oder ›Asket‹. Heute werden die Schamanen in allen Ländern unterschiedlich genannt – kein Wunder, wenn es sie doch schon seit Jahrtausenden gibt. Und sie heißen nicht Doktor, weil sie zwar früher ein Doktor für die Leute waren, sich aber heute nur Menschen, die Medizin studiert haben, Doktor nennen dürfen.«

Fionas Interesse schien doch nachhaltiger zu sein, als ich erwartet hatte, denn nun wollte sie wissen, was denn der Schamane genau macht.

»Früher scheint es so gewesen zu sein, dass ein Schamane immer erst in Trance geraten musste. Durch rhythmisches Trommeln, Tanzen, durch Drogen oder auch durch Fasten gelangte er in einen Trancezustand, also in eine Welt zwischen unserer Erde, der Unterwelt und dem Himmel. Um von der Erde in den Himmel zu gelangen, kletterte er einfach in Gedanken auf einen Baum, den Weltenbaum. In der Oberwelt hat er die Ahnen des Wissens und auch verstorbene Seelen getroffen. Genauso konnte er an den Wurzeln des Weltenbaums tief in die Erde, in die Unterwelt hinabsteigen. Dort konnte er dann Dinge sehen, die kein anderer Mensch jemals zuvor gesehen hatte, er konnte Dinge tun, die niemand sonst konnte. In der Unterwelt fand der Schamane die Tiergeister und wählte aus ihnen sein Krafttier. Jeder richtige Schamane hatte immer mindestens ein Krafttier bei sich, das ihm half, die Menschen zu heilen. Mit diesen besonderen Fähigkeiten konnte er Menschen helfen, wieder gesund zu werden, und auch in die Zukunft sehen. Manchmal hat er auch einfach ein wenig gezaubert, glaube ich. Er war also Arzt und Psychiater, Priester und Zauberer in einem.«

Neugierig hakte Fiona nach: »Was ist denn ein Krafttier? Hat er ein echtes Tier mitgenommen? Geht das auch mit einem Pony?«

»Ein Krafttier ist ein Tier, das der Schamane nur in seinen Träumen sehen kann. Es kann ein Pferd, ein Vogel, ein schwarzer Panter oder eine Schlange sein. Aber es ist immer das gleiche Tier, das er gefunden hatte, als er Schamane wurde, und das sein Freund und Helfer geworden ist.«

»Wenn ich ein Pony als Krafttier haben darf, dann will ich auch Schamane werden, geht das?«

»Ja, ich denke schon, dass das geht, wenn du einmal erwachsen bist. Jeder kann Schamane werden, wenn er meint, er sollte es werden, denn jeder besitzt schamanische Anlagen dazu.

Ob du dann ein Pony oder ein Kaninchen als Krafttier hast, wird sich zeigen, denn du suchst es dir nicht selbst aus, sondern es kommt zu dir. Vielleicht ist es auch ein Regenwurm.«

»Iiiiih!« Fiona sprang auf und lief schreiend und Faxen machend ins Haus zurück. Irgendwann würde ich ihr erzählen, dass es Schamanen und ähnliche Erscheinungen in fast allen frühen Kulturkreisen gegeben hat, zum Beispiel den Animismus, den Totemkult, den Ahnenkult, den Geisterglauben und die verschiedenen Praktiken der Naturreligionen. In Großbritannien waren es die keltischen Druiden. Der »alte Bön«, die ursprüngliche, vorbuddhistische Religion Tibets, enthält ebenfalls viele schamanistische Elemente. Auch die im Rahmen des tibetischen Buddhismus, des Vajrayana, bekannten, als »Orakel« bezeichneten Medien werden zum Teil auf die vorbuddhistische Bön-Religion zurückgeführt. Schamanische Rituale gehören in diesen Religionen zu den auch heute noch gebräuchlichen Praktiken. In den afrikanischen Religionen, die später auch nach Amerika gelangten, kannte man den Voodoo-Kult. Insbesondere in Mittel- und Südamerika gibt es indianische Kulturen mit noch immer sehr aktivem Schamanismus, zum Beispiel die Shuar oder die Conibo. Natürlich hatte ich Fiona auch nicht erzählt, dass es im Mittelalter die Hexenverbrennung gab, bei der Menschen, die besondere Fähigkeiten hatten und die wir heute vielleicht auch Schamanen nennen würden, bei lebendigem Leib verbrannt wurden. Der Schamane versteht Krankheitssymptome, Schmerzen oder Leiden nicht als Probleme oder Gegner, die es zu bekämpfen gilt. Für ihn sind sie Helfer auf dem Weg, ein ganz anderes, das ursprüngliche Problem, zu lösen, sodass auch die Symptome verschwinden können. Er bezeichnet sich nicht als Arzt oder ersetzt ihn, hin und wieder arbeitet er jedoch mit Ärzten zusammen. Auch wenn viele glauben und zum Teil bewiesen haben, mindestens ebenso gute Heilungserfolge wie Ärzte erzielen zu können, ist dies schon aus rechtlichen Gründen nicht zulässig. Ein Schamane darf in Deutschland im Gegensatz zu Ärzten nie eine Heilung versprechen. Zum anderen heilen Schamanen nicht selbst – Ärzte tun das übrigens auch nicht – sie sind nur Medium für das Eine, für Gott, Allah, Buddha und wie man es sonst noch nennt. Auch Ärzte heilen prinzipiell nicht anders, sie arbeiten ebenfalls daran, der Natur die Heilung zu ermöglichen. Manche geben dies zu, andere nicht. Mein Internist sagte einmal, als ich ihn auf Schamanismus ansprach: »Wer heilt, hat recht«. (Paracelsus)

Als ich dann allerdings erwähnte, dass ich Schamane werden wollte, bekam ich zur Antwort: »Ach, lassen Sie den Quatsch, Sie haben doch einen vernünftigen Beruf gelernt!«

Alle seriösen Heiler, egal aus welcher Richtung sie kommen, bereiten der Natur und dem Menschen nur den Weg zur Selbstheilung. Ein interessanter Aspekt dabei ist, inwieweit der Klient daran glauben muss oder inwieweit er unterbewusst daran glaubt – darauf werde ich aber später noch eingehen. Die Macht des Schamanen ist nicht seine eigene, er ist nur Werkzeug für die Macht der Natur. Diese kann er nutzen, um andere zu heilen, nicht aber um der Macht selbst willen. Ein guter Heiler ist jedoch immer auch selbst involviert. Alle Menschen sind ständig energetisch miteinander verbunden. Als Heiler kann ich nur helfen, wenn ich erkenne, dass wir, der Klient und ich, immer beide involviert sind. Der Klient kommt nicht zufällig zu mir, ich behandle ihn nicht zufällig. Es gibt keine Zufälle. Jede Begegnung mit einer anderen Person hat einen Sinn, den wir finden können und sollten. Wir können diese Chance ergreifen oder vorüberstreichen lassen. Als Heiler muss ich in der Lage sein, ein Fehlverhalten des Klienten zu verstehen, und dazu muss ich mich mit ihm verbinden, um zu seinem spirituellen Kern zu gelangen. Grundsätzlich hat der Heiler zwar die Aufgabe, zu heilen, er soll Mut machen und Zuversicht geben, nicht mitleiden, aber er ist immer auch selbst mittendrin im Problem und findet sich selbst letztlich ständig wieder in den Problemen seiner Klienten. So entwickelt der Schamane sich weiter in der Behandlung anderer Menschen, er ist immer gleichzeitig Klient. Er heilt nicht nur den Klienten, er heilt auch sich selbst. Der Klient aber sollte immer wissen, dass der Schamane ihm nur beisteht und er für sich selbst mehr tun muss und mithilfe des Schamanen auch mehr vermag, als jeder Schamane, Heiler oder Arzt es könnte. Der Klient muss die Verantwortung für sein Leben übernehmen und behalten.

Bei meinen ersten Klienten war zum Beispiel sehr auffällig, dass sie alle einen finanziellen Engpass hatten, der so weit ging, dass ich sie kostenlos oder mit einem großen »Rabatt« behandelte. Ob mir dies zeigen sollte, dass man auch ein bescheideneres Leben führen kann, oder ob es eine Fügung war, dass ich diesen Menschen half, weiß ich nicht. Bei anderen war es dagegen offensichtlich, dass sie nicht bereit waren, für ihre Seele so viel zu investieren wie für anderes im Leben. Letzteres dachte ich zumindest bei der modisch und ganz in Schwarz gekleideten, frisch manikürten und ihrer Ansicht nach kurz vor Hartz IV stehenden Klientin, von der ich nach der ersten Sitzung nie wieder etwas gehört habe. Es soll ihr jetzt besser gehen. Betrachte ich also Heiler und Klienten als Subjekt und Objekt, ist meine Wahrnehmung nicht geeignet, dem Klienten zu helfen. Diese Trennung zwischen mir, also meinem Inneren, und dem Rest der Welt, dem Außen, funktioniert so nicht. Dann bewerte ich aus meiner absolut subjektiven Sicht und bin gefühlsmäßig nicht entsprechend verbunden. Eine beim Schamanen vorhandene Liebe zu den Menschen, ein gerüttelt Maß an Herzensbildung scheint also hilfreich bei der Behandlung zu sein. Ein guter Schamane oder Heiler kann gefühlsmäßig sicher nicht allzu stark engagiert sein, ansonsten wäre es unmöglich, mehrere Klienten hintereinander zu behandeln. Er ist jedoch auch nicht nur Beobachter, und eine gewisse Betroffenheit lässt sich gar nicht verhindern. Wer angesichts der ernst zu nehmenden Probleme seiner Klienten nicht berührt ist, ist vielleicht auch nicht für deren Heilung geeignet.

3. Kapitel –
Die Arbeit des Schamanen

Ich wollte noch schnell meine Reisekiste durchstöbern, einen großen alten Aluminiumkasten, in dem ich alles aufbewahre, was ich auf meinen Reisen irgendwann brauchen könnte oder von dem ich zumindest meine, es könnte sich als nützlich, unersetzlich oder gar lebenserhaltend erweisen. Angefangen bei praktischen Dingen wie Adaptern für alle erdenklichen Steckdosen, Kerzen-Notbeleuchtung für den totalen Stromausfall, einem Allzweckmesser für den kleinen Hunger in der Wildnis, über alles Mögliche gegen Mücken und anderes Ungeziefer bis hin zu Ohrstöpseln für zu dünne Zimmerwände oder zu laute Nachbarn. Ist es nicht schön, zu wissen, dass man gegen alles Unbill des Lebens ausreichend gewappnet ist?

Am nächsten Tag sollte mein Flug nach Guatemala City um 11.00 Uhr ab Frankfurt gehen, und ich packte schnell die restlichen Dinge zusammen, denn eine Behandlung stand noch aus. Ein neuer Klient, ein mir unbekannter Mann, hatte schnellstmöglich eine Behandlung gewünscht. Eine telefonische Behandlung kam für ihn nicht infrage, lieber nahm er eine längere Anreise in Kauf. Pünktlich um 18.00 Uhr klingelte er dann auch. Kurz vorher hatte ich noch den heiligen Raum, den fiktiven Raum, der das Behandlungszimmer wie eine Art energetische Hülle umgibt, durch ein Gebet geöffnet, einen alten Text, der in den Anden schon immer benutzt wurde. Durch ihn werden die Kräfte von Schlange, Adler, Kolibri, Jaguar, Mond und Sternen sowie Mutter Erde um Hilfe gebeten. Vor mir stand dann ein sichtlich verunsicherter, gebräunter, ansonsten dynamisch aussehender Mittvierziger, nennen wir ihn Jens, mit schnittigem silbrig-grauen Kurzhaarschnitt; Ich bat ihn erst einmal, sich zu setzen. Selbstverständlich bin ich mir darüber im Klaren, was es für eine Entscheidung für jeden durchschnittlichen Menschen ist, beim Schamanen anzurufen und einen Termin zu vereinbaren. Für die wenigsten ist das etwas völlig Normales. Mir ging es ja selbst nicht anders.

»Ich werde dir zunächst einmal erklären, was ich heute machen und nicht machen werde, was du dazu tun kannst und was passieren wird. Außerdem werde ich versuchen, dir eine Ahnung davon zu vermitteln, wie die Heilung funktioniert.«

Er nickte einwilligend. Klar, so blieb ihm noch eine Galgenfrist, bis wir zur Sache kommen würden.

»Wir werden gleich beginnen, indem du mir von deinem Thema erzählst, das dich bewogen hat, hierher zu kommen. Ich hatte dir ja gesagt, dass du bitte deine drei größten Probleme überdenkst und auch die Gefühle, die Emotionen aufschreibst, die du mit ihnen verbindest. Gleich kannst du spontan wählen, welches Thema dir heute am nächsten liegt.«

Jens nickte und ich ahnte, dass er überlegte, ob er jetzt wirklich sein größtes Problem besprechen sollte oder nicht. Bei mir und den meisten anderen war es beim ersten Mal schließlich genauso gewesen.

»Danach wirst du dich auf diese Matte legen und dich nicht mehr bewegen, während ich dich behandle, bis ich dich nach etwas einer halben Stunde wieder dazu auffordere. Ich werde dich dabei nur anfangs und kurz vor Ende berühren. Der moderne Schamane oder Energieheiler arbeitet ausschließlich im Energiefeld des Klienten. Dementsprechend lege ich dir nicht die Hand auf oder leite irgendwelche Energien in dich ein. Ich bin lediglich Medium für »etwas«, das die Selbstheilungskräfte in dir anregt, indem ich mit deinen eigenen Energien arbeite. Die Energiemedizin stützt sich auf eine universelle Vitalkraft, Du hast vielleicht schon von Qi oder Prana gehört, ich nenne sie einfach Energie. Alles besteht aus Energie unabhängig von Raum und Zeit.«

Mein Klient nahm dies erst einmal so hin, sicherlich hatte er sich zuvor im Internet ein wenig schlau gemacht, wohin die Reise gehen würde.

Ich fuhr fort: »Jeder Mensch hat um sich herum ein Energiefeld, seine Aura. Ein einfaches Beispiel für dessen Auswirkung ist, wenn dir jemand körperlich zu nahe kommt. Dann merkst du, dass dich etwas daran stört, denn jemand ist mit seinem Energiefeld in deines eingedrungen. Auch sendet jeder Mensch energetische Signale aus, die wir empfangen können. Wenn wir fühlen, dass es dem anderen nicht gut geht, dass er traurig ist, dann »sehen« wir schon einen Teil seiner Energie. Dieses Gefühl, das bleibt, ist Intuition. Das erklärt am besten, was Energie mit uns macht, nämlich: Gefühle hervorrufen. Gefühle sind die Sprache der Seele, deine echten, tiefen Gefühle werden dich niemals täuschen. Grundsätzlich können wir alle Energie sehen, da alles, was wir sehen, Energie ist. Der Schamane hat gelernt, auch diese Energien zu spüren, zu sehen, die tief in uns verborgen und nicht so einfach zu sehen sind.«

»Und was machst du dann da genau, wie siehst du was wo?«

»Nun, das ist schwer zu erklären. Das Spüren von Energie stellt ja die Grundlage für die schamanische Arbeit dar. Gleich, wenn ich dich behandle, werden wir beide in eine leichte Trance geraten. Keine Sorge, diese Trance ist nicht wie unter Drogeneinfluss, es ist auch keine Ekstase, sondern lediglich ein entspannter Zustand, in dem du dich deinen Selbstheilungskräften öffnest und ich die Energien wahrnehmen kann. Deine Energien spüre ich vor allem in deinen Chakras, und dort finde ich normalerweise Energien, die dort nicht hingehören. Dabei ist es gleich, ob ich diese Energien als »gute« oder »schlechte« Energien bewerten würde. »Schlechte Energie« ist nicht wirklich schlecht, sie ist nur an einem Ort, wo sie nichts zu suchen hat und entsprechend vom Schamanen entfernt wird. Aber auch die gute Energie hat in einem Chakra keinen Sinn.«

»Was und wo sind denn diese Chakras, wie muss ich mir die vorstellen?«

»›Chakra‹ ist ein Ausdruck aus dem Sanskrit und bedeutet eigentlich ›drehendes Lichtrad‹. Insgesamt gibt es sieben Hauptenergiezentren in unserer Aura. Diese Körper-Chakras sind wie Trichter entlang der Wirbelsäule angeordnet. Man kann sie sich als Energiestrudel vorstellen, die sich wie das Wasser um einen Siphon drehen und unseren Energiekörper mit Informationen versorgen. Jedes Chakra hat eine eigene Prägung bzw. Charakteristik, die bei der schamanischen Arbeit eine zentrale Rolle spielt. Das 1. Chakra, auch Wurzelchakra genannt, steht beispielsweise für Lebenskraft und Vitalität. Schamanen arbeiten oft mit diesem Chakra, wenn der Klient schwach und energielos ist. Überall auf der Welt haben feinfühlige und hellsichtige Menschen diese Energiezentren in unserer Aura entdeckt, sei es in Indien, Südamerika oder in China. In den Chakras werden aus schamanischer Sicht psychische und physische Erfahrungen abgespeichert. Schwerwiegende Gefühle wie zum Beispiel Ängste-werden nicht allein durch die Psyche, sondern vom Energiekörper aus erzeugt und wirken sich auf die Chakras aus. Nun sind wir in der Lage, die meisten täglichen ›Angriffe‹ auf unser Energiefeld abzuwehren. Der Stress auf der Autobahn, wenn der Hintermann zu dicht auffährt, erzeugt zwar negative Energien, dabei handelt es sich jedoch um ›leichte‹ negative Energien, die im Chakra nicht abgespeichert werden. Dieser unangenehme Moment verschwindet genauso, wie er entstanden ist. Anders ist es bei Traumata, die haften bleiben. Als Trauma bezeichnet man in der Klinischen Psychologie eine von außen einwirkende Verletzung der seelisch-psychischen Integrität.«

Da Jens aber von mir behandelt werden wollte und keine Vorlesung zum Thema Schamanismus benötigte, bin ich auf das wichtige Thema Trauma nicht weiter eingegangen. Hier möchte ich aber doch noch einige Worte darüber verlieren. Traumata spielen bei den Problemen und Themen, mit denen Menschen zum Schamanen oder Therapeuten gehen, eine erhebliche Rolle. Dinge, die uns zumeist in unserer Kindheit, aber auch noch in späteren Jahren zustoßen, können schwere Traumata zur Folge haben. Der Begriff bezeichnet also nicht das bedrohliche Ereignis selbst, welches die psychischen Verarbeitungskapazitäten eines Menschen komplett übersteigt, sondern er beschreibt die von solchen Ereignissen schwer verletzte Seele und daraus resultierende Symptome und Verhaltensweisen. Hierzu gehören Situationen, in denen Lebensgefahr bestand, jemand zu Tode kam bzw. schwer verletzt wurde, oder die körperliche Unversehrtheit der Person selbst oder eines anderen bedroht war. Wie viele Menschen haben Traumata davongetragen aus Erlebnissen wie Flucht, Krieg, Folter, Unfällen, Katastrophen, Kindesmisshandlung, Vernachlässigung, sexuellem Missbrauch, Mobbing, Krankheiten, Verschüttungen? Ein Trauma kann genauso durch den Verlust einer wichtigen Bezugsperson, eines geliebten Menschen, ausgelöst werden. Nicht selten ist die Folge das Vermeiden von Nähe innerhalb von Beziehungen, weil man große Angst davor hat, auch diese Person zu verlieren. Kommt es nach einem solchen Verlust zu einem erneuten Verlust einer wichtigen Bezugsperson, wird meist das erste Verlassenheitstrauma reakti-

viert und man spricht von einer Retraumatisierung. In den 70er-
und 80er-Jahren, als Eltern noch nicht bei ihren Kindern im
Krankenhaus bleiben durften, ist es bei vielen Kleinkindern und
Säuglingen zu solchen Verlassenheitstraumata mit Sofort- und
Spätfolgen gekommen. Die Kinder erkannten zum Teil ihre El-
tern nicht wieder, ließen sich nicht mehr so tief auf Beziehungen
ein oder klammerten verstärkt. David Servan-Schreiber sagt in
»Die neue Medizin der Emotionen« (70), nach der Theorie von
EMDR, einer auf Augenbewegungen beruhenden Therapie, dass
der Auslöser des Traumas nicht entsprechend verarbeitet wird.
Bilder, Gedanken, Geräusche, Gerüche, Gefühle, körperliche
Empfindungen und Überzeugungen, die man im das Trauma aus-
lösenden Moment empfand oder hatte, werden so gespeichert,
wie sie sind, und in keiner Weise verarbeitet. Tritt nun etwas
ein, das auch nur die kleinste Erinnerung an das ursprüngliche
Ereignis oder auch nur an ein damit verbundenes Gefühl oder
einen Geruch weckt, so reagiert der Betroffene. Ein sogenannter
Trigger ist also ein Ereignis, das den Traumatisierten unbewusst
an sein Trauma erinnert. An das eigentliche traumatische Ereignis erinnert man sich in vielen Fällen gar nicht, besonders
wenn es im Kleinkindalter stattgefunden hat. Maßgeblich für die
Folgewirkungen des Traumas ist interessanterweise nicht die äu-
ßere Intensität des erlebten Ereignisses, sondern die subjektive
Wahrnehmung der eigenen, zwangsläufig verdrängten, schweren
Kränkung bzw. Verletzung. Nicht jedes Ereignis, welches hier als
Trauma definiert ist, muss eine psychische Störung auslösen.
Manchmal gelingt es Personen, die traumatischen Ereignisse
auch ohne professionelle Hilfe zu bewältigen. Hierbei ist die
Schwere des Traumas entscheidend. Je schwerer die belastende
Situation war, desto mehr vergrößert sich die Wahrscheinlich-
keit, dass eine Störung entwickelt wird.

Ein Symptom, das auf ein Trauma hinweisen kann, ist zum Beispiel ein stark kontrollierendes Verhalten, da ein Trauma als ein extremer Kontrollverlust erlebt wird. Häufig beinhaltet dies die gedankliche Vorwegnahme des Schlimmsten, damit man nicht überrascht wird. Reaktionen des Traumapatienten sind oft Panikattacken, Angst- oder Zwangserkrankungen. Auch eine Selbstverstümmelung, zu der ich auch ständiges Nägelkauen und Ähnliches zählen würde, können ein Merkmal einer durch ein Trauma verursachten psychischen Störung sein, ebenso wiederkehrende Albträume. Traumatische Erlebnisse werden unter anderem auch als ein maßgeblicher Faktor für die Borderline-Persönlichkeitsstörung angesehen.

Die Auswirkungen von Traumata beeinflussen in starkem Maße das Leben der Betroffenen. Traumatisierte Menschen schwanken häufig zwischen dem Vermeiden von Erinnerungen an die seelische Verletzung und deren Folgen auf der einen und dem plötzlichen »Überfallenwerden« durch Erinnerungen auf der anderen Seite. Ursache, also Trigger für diese scheinbar spontanen »Überfälle«, die natürlich überhaupt nicht spontan sind, können Bilder, Stimmungen, Gefühle oder Gerüche sein, die dann Gefühle und Angstreaktionen auslösen, ohne dass der Betroffene dies auf etwas Bestimmtes zurückzuführen könnte. Oft ignoriert der Betroffene seine eigene fatale Situation und redet sich ein, dass alles ganz normal sei, eine vom Unterbewusstsein gesteuerte und zum Teil über Jahre hinweg antrainierte Schutzreaktion, um erneute Traumatisierungen zu vermeiden.

Ich erklärte also meinem Kienten: »Traumata sind prägende, in der Regel schlimme Ereignisse, die sich als Energie in uns festsetzen können. Diese schweren Energien, die auch schon einmal als ›schwarze Flecken‹ bezeichnet werden, setzen sich in der äußeren Schicht der Aura fest und behindern von da an den

Energiefluss im Körper. Fühlt die Seele sich nicht verstanden oder ist der Schmerz zu groß, um verarbeitet zu werden, wandert der schwarze Fleck in die inneren Ebenen. Daraus resultieren dann meist seelische und körperliche Schmerzen, die teilweise erst nach ein paar Jahren zum Ausdruck kommen. Ein anderes Wort dafür ist ›Seelenverlust‹. Ein Teil unserer Seele hat uns verlassen, da er die Welt so nicht ertragen konnte, und ist quasi abgetaucht. Die Ursachen, die einen Seelenverlust, ein Trauma auslösen, habe ich dir vorhin bereits genannt. Ein physisches oder emotionales Trauma kann also bewirken, dass ein Teil unserer Seele, unserer Essenz, aus dem Körper flüchtet, um diese schlimme Erfahrung zu überleben. Dieser Seelenverlust ist eine Art Selbstverteidigung, die verhindert, dass wir die volle Kraft des Schmerzes fühlen müssen. Wenn du einen Teil deiner Seele verloren hast, bist du nicht mehr vollständig, du kannst gar nicht mehr du selbst sein. Wenn wir dazu in Betracht ziehen, dass es durchaus möglich ist, auch mehrmals Teile der Seele zu verlieren, kann man sich vorstellen, wie unvollständig man dann in seinem Inneren ist. Man fühlt sich irgendwie abgetrennt vom Leben, weiß aber selbst nichts über die Ursache dahinter. Jeder von uns hat im Laufe seines Lebens den einen oder anderen Seelenverlust erlitten; in unserer modernen Gesellschaft lässt sich dies kaum noch vermeiden. Aus dem Seelenverlust resultieren dann die gerade erwähnten Ängste, Panik in gewissen Situationen, aber auch rein körperliche Krankheiten. Das Problem ist, dass diese verlorenen Seelenanteile nicht unbedingt von selbst wieder zurückfinden. Wir verspüren eine Disharmonie in uns oder es sind gar Fähigkeiten verlorengegangen, die wir für unser Leben brauchen könnten.«

»Ich habe irgendwo gelesen, dass man die Seele auch durch Magie stehlen kann, gibt es das?«

»Nun, manche sagen, dass es Seelendiebstahl und Seelenvergewaltigung gibt und auch, dass es Geister gibt, die dies unterstützen. Ich bin mir da nicht so sicher, ich habe jedenfalls noch keinen solchen Geist gesehen. Ich denke, dass dies dann doch eher symbolhaft gemeint ist.«

»Und wohin verschwinden diese Seelenteile dann?«

»Man könnte sagen, dass diese Seelenanteile in einer Parallelwelt weiterleben. Es gibt die Ober- und die Unterwelt, was aber nichts mit Himmel und Hölle zu tun hat. Aber ehrlich gesagt bin ich nicht in der Lage, zu definieren, wohin diese Anteile gehen. Ich sehe sie bei einer Behandlung, ich kann sie zurückbringen, aber eine örtliche Festlegung nach unserem Verständnis kann ich nicht treffen.«

»Also, mal angenommen, ich glaube, dass du meinen verloren gegangenen Seelenanteil woher auch immer zurückholst. Was passiert dann mit ihm, wie wird er wieder eingesetzt, oder wie nennt man das?«

»Ob du es glaubst oder nicht, ist zweitrangig. Mir reicht es, wenn du dein Problem ernsthaft loswerden willst. Bei der Seelenrückführung geht es darum, dieses Stück Lebensenergie zurückzuholen, diesen Seelenanteil zu finden, der sich aufgrund eines früheren traumatischen Ereignisses abgespalten hat. Hast du nach einem Vorfall gewisse Talente oder Persönlichkeitsmerkmale verloren, kann dies zum Beispiel ein Indiz für einen verlorenen Seelenanteil sein. Oft passiert dies schon im frühen Kindesalter, beispielsweise ist ein Kind nicht so fröhlich wie andere Kinder, weil es seine Kindlichkeit aufgeben musste und damit auch ein Stück Optimismus in seinem Leben verloren hat. Das Prinzip der Seelenrückführung ist nun, dass ich diese verlorenen Anteile wieder zurückhole, indem ich eine Reise ins Unterbewusstsein bzw. in die Unterwelt antrete. Nachdem ich den Seelenanteil gefunden habe, werde ich dir diesen wieder in deine Seele einsetzen, indem ich ihn in eines deiner Chakras puste. Danach liegt es allein an dir, etwas daraus zu machen. Du wirst nie genau wissen, welcher Seelenanteil es war, der zurückgekommen ist, jedoch wirst du feststellen, dass sich Dinge in deinem Leben ändern. Diese musst du zulassen und ihnen eine Chance geben. Auch die Zeit, die du benötigst, um deinen Seelenanteil wieder zu integrieren, ist unterschiedlich. Dies kann in ein, zwei Wochen geschehen, es kann aber auch ein halbes Jahr dauern.

Ich wollte aber gerade noch etwas zu der Bildung der schwarzen Flecken sagen. Ein erstes, vielleicht gar nicht so schlimmes Ereignis hat also die Basis für den ersten ganz kleinen schwarzen Fleck gelegt. So kann aus einer ursprünglich harmlosen Geschichte ein schwarzer Fleck entstehen. Fällt ein Kind hin und die Eltern reagierten entsetzt und überängstlich, kann beim Kind, das dieses Ereignis ansonsten eine Minute später abgehakt hätte, ein erster kleiner schwarzer Fleck entstehen. Bei ähnlichen Geschehnissen bis in das Erwachsenenalter hinein legt sich zwiebelartig eine Schicht nach der anderen um diesen Fleck, sodass der Erwachsene zuletzt ein reales Problem hat, ohne zu wissen, woher es ursprünglich kam. Die Auswirkung solcher Disharmonien im Energiekörper ist essenziell, denn diese nehmen Einfluss auf unser ganzes Dasein und hindern uns daran, das glückliche Leben zu führen, das uns eigentlich bestimmt ist. Die betreffenden Energien kann ich sehen und du wirst sie mit meiner Hilfe selbst auflösen können. Als Schamane arbeite ich nun an deinem Energiekörper und reinige ihn. Ich spüre die schwarzen Flecken im Energiefeld auf und entferne sie nach und nach, ohne den Ursprung der Störung genau zu kennen. Das bereinigte Chakra kann dadurch seine Funktion wieder ungehindert aufnehmen und dein Selbstheilungsprozess wird aktiviert. Diese Fähigkeit hat weniger mit Wunderheilung zu tun als mit einem uralten Wissen, das erlernt werden kann. Oftmals ist es auch so, dass die Symptome derart stark ausgeprägt sind, dass ein Gespräch über ein Trauma nicht möglich ist, sei es aufgrund von Vermeidungsstrategien oder Flashbacks oder aufgrund von sonstigen Symptomen. Dann genügt es schon, das dazugehörige Gefühl wahrzunehmen, damit eine Behandlung möglich wird.«

Jens wollte etwas fragen: »Was siehst du denn da eigentlich, wie muss ich mir das vorstellen?«

Dies ist eine der Fragen, die schwer zu beantworten sind, wenn man es nicht selbst erlebt hat.

»Sehen ist jedenfalls erst einmal nicht gleichbedeutend mit unserem normalen Sehen. ›Sehen‹ in diesem Zusammenhang kann Fühlen, Spüren, Wahrnehmen oder Ähnliches sein. In der Regel sehe ich dabei aber keine Blitze, Energien oder leuchtende Irrlichter und Magmagebilde, wie ich es mir früher einmal vorgestellt hatte, sondern Bilder, die Symbole für die Energie sind. Durch die mentale Verbindung mit dem Klienten spüre ich dessen Energien, sehe aber nicht dessen Bilder. Ich sehe eigene Bilder dazu, die nicht mit den deinen übereinstimmen müssen. Sind diese Bilder weg, so ist das Chakra sauber und klar. Ziel der Behandlung ist also ein glasklares Chakra ohne Bilder, ohne alles. Hier könnte man einen Bezug zu den asiatischen Religionen sehen, die die absolute Leere als höchstes Ziel ansehen. Interessant ist, dass der Schamanenlehrling bei der Arbeit an den Chakras diese Energien anfangs oft überhaupt noch nicht sieht, die Behandlung jedoch genauso erfolgreich ist.«

»Arbeitest du auch mit Krafttieren? Ich habe gestern noch im Internet recherchiert und einige merkwürdige Sachen über Schwitzhütten, Rituale und eben diese Krafttiere gelesen, die auch einem Klienten mitgegeben werden.«

»Nein, momentan arbeite ich ohne Krafttiere oder ähnliche verbündete Geister und gebe auch meinen Klienten keine mit. In der Heilung dienen sie als Hilfe und Unterstützung des Schamanen auf seiner Reise in die andere Welt. Das Krafttier kann aufkommende Fragen beantworten, es kann Mut machen, es hilft dem Schamanen, wenn er einmal nicht mehr weiter weiß. Nach klassischer Tradition hat jeder Mensch ein Krafttier, das ihn beschützt, eine Art Schutzengel; vielleicht ist dies sogar das gleiche nur aus einer anderen Perspektive betrachtet. Jedes dieser Krafttiere hat sein spezielles, nennen wir es Fachgebiet, in dem es uns etwas lehren kann. Meiner Ansicht nach ist es aber immer nur ein Konstrukt meines eigenen Geistes, und von daher wird es nicht mehr können, als ich selbst kann. Ich bin aber auch kein Freund von all diesem Hokuspokus, wenn er nicht wirklich etwas bringt. Bei manchen Schamanen gehört es dazu, bei manchen nicht, jeder handhabt es so, wie er es für richtig hält. Von mir wirst du kein Krafttier bekommen, weil du selbst die Verantwortung für dein Leben und alle deine Entscheidungen übernehmen solltest. Da hilft es auch nicht, eine Schlange zu fragen, was sie dazu meint.«

Jens grinste leicht zweifelnd und nahm einen kräftigen Schluck Wasser.

»Da bin ich ja mal gespannt. Ich glaube nicht wirklich daran, dass so etwas möglich ist, aber schaden kann es ja wohl auch nicht, oder? Und Petra, die mich hierher geschickt hat, hat anscheinend unglaubliche Wirkungen gespürt. Was machen wir denn jetzt?«

»Jetzt erzählst du mir einfach, warum du hier bist. Welches Thema hast du dir für heute überlegt?«

»Hmm, eigentlich bin ich hier, weil ein Bekannter meinte, ich solle doch mal deine Behandlung ausprobieren.«

»Und was meint dein Bekannter, was wir behandeln sollten?«

»Nun ja, das Problem ist, dass ich mir bei meiner Arbeit immer wie ein Hochstapler vorkomme.«

Der Anfang ist verständlicherweise immer schwer, insbesondere für Männer, wie ich sowohl bei mir als auch bei anderen bemerkt habe. Sie meinen immer, sie würden schon über ihre Gefühle sprechen, obwohl sie noch weit davon entfernt sind. Ich muss aber für meine Arbeit das jeweilige Problem des Klienten auch gar nicht selbst verstehen, es reicht, wenn er erkannt hat, dass er eines hat.

»Was meinst du mit ›Hochstapler‹?«

»Ich weiß nicht, irgendwie habe ich bei meiner Arbeit immer das Gefühl, dass ich nur so tue, als ob ich meinen Job beherrsche, also, als ob ich mich nur so durchmogele. Ich weiß zwar eigentlich, dass ich meine Arbeit gut mache, und ich weiß auch, dass andere nicht besser sind, trotzdem habe ich immer das Gefühl, nicht gut genug, eben ein Hochstapler zu sein.«

»Und was empfindest du dabei? Welche Gefühle hast du bei dem Gedanken?«, hakte ich nach.

»Ein bisschen traurig vielleicht?« Fragend schaute er mich an.

»Nur traurig, was sonst noch?«

»Natürlich habe ich auch Angst davor, aufzufliegen.«

»Was macht denn diese Angst mit dir?«

»Ach, wenn ich nur daran denke. Wenn ich meine Arbeit verlieren würde, wäre mein Lebenslauf versaut. Wahrscheinlich würde ich nie wieder einen neuen Job bekommen, ich bin 45 Jahre alt, hochbezahlt, da findet man nicht so leicht etwas Neues.«

»Bewegt sich da noch mehr in dir? Was fühlst du bei diesem Gedanken tief in dir drin?«

»Also, wenn ich mir vorstelle, ich würde arbeitslos, bekomme ich Panik. Dann sehe ich mich schon als verarmten Rentner im Park sitzen, der sich nichts mehr leisten kann.«

Man konnte ihm förmlich ansehen, wie gut seine Vorstellungskraft in diesem Punkt war. Ich bat ihn, sich für einen Moment auf diese Angst zu konzentrieren, sie so intensiv zu fühlen, wie es ihm gerade möglich ist. Dann forderte ich ihn auf, dieses Gefühl dreimal feste in einen der drei Steine, die ich ihm in der flachen Hand hinhielt, zu pusten. Er wählte einen Stein und pustete, froh, nicht mehr reden zu müssen, und legte sich auf den Behandlungstisch. Während der Behandlung sah ich verschiedene interessante Bilder. Eines war, wie sich im Nachgespräch herausstellte, besonders passend. Ich sah nämlich eine Gruppe von etwa elfjährigen Jungs, Jens, ebenfalls elf, vor der Gruppe stehend und wiederum vor ihm ein anderer einzelner Junge allein. Ich spürte, dass Jens ein furchtbar schlechtes Gewissen hatte und irgendetwas ausgefressen zu haben schien. Später in der Nachbesprechung erzählte er mir, dass er seit seiner Jugend Kampfsport betrieben und mit zwölf Jahren seinen ersten Kampf gehabt hatte. Anstatt jedoch den Regeln gemäß auf die Matte zu gehen, den Gegner zu begrüßen und dann zu kämpfen, ging er einfach auf seinen Gegner zu und schlug ihm mit der Faust ins Gesicht. Dieses Geschehnis schien noch heute sehr präsent zu sein, so gut konnte er sich erinnern. So etwas zu sehen, freut dann auch den Schamanen. Auch wir sind schließlich nicht vor Selbstzweifeln gefeit und da tut es gut, das Richtige gesehen zu haben. Grundsätzlich ist es jedoch völlig nebensächlich und auch nicht Ziel einer Sitzung, dass ich die gleichen Bilder sehe wie der Klient. Nach Reinigung der Chakras und Vernichtung einiger schwerer Energien, die ich vorfand, machte ich noch eine Seelenrückführung mit ihm und berührte ihn danach leicht an der Schulter als Zeichen dafür, dass wir fertig waren. Er war bei der Behandlung fast eingeschlafen und konnte sich kaum noch daran erinnern, was in ihm vorgegangen war. Bei unserem Nachgespräch sind wir diese Bilder, die er während der Behandlung hatte, durchgegangen. Ebenso berichtete ich von dem, was ich festgestellt hatte. Es spielte keine Rolle mehr, weil diese Bilder mit schweren Energien zusammenhingen, die nicht mehr vorhanden waren. Mir persönlich ist das immer sehr recht, denn ich halte wenig davon, über Besetzungen und deren Ursprung zu theoretisieren. Weg ist weg, damit ist das Thema für den Klienten erledigt. Zur Nachbereitung bat ich ihn noch, reichlich Wasser zu trinken, vielleicht nach Möglichkeit ein Salzbad zu nehmen und dann auch keinen Alkohol zu trinken.

Oft passiert es nach Behandlungen und Arbeiten im Energiekörper, dass der Klient in den Tagen danach echte körperliche und psychische Symptome zeigt. Der Behandelte ist plötzlich erkältet und fühlt sich müde und erschöpft wie bei einer ganz normalen Grippe. Dies ist Ergebnis der Behandlung des Energiefeldes, die auch zur Auflösung und Neuordnung von Energien im Körper führt, was sich kurzfristig entsprechend auswirken kann. Auf psychischer Ebene kann es je nach Sensibilität des Klienten durchaus zu Rückfällen und einer kurzfristigen Verschlimmerung des behandelten Problems kommen, da das gesamte Energiefeld neu strukturiert wurde und dies im energetischen Sinne ein erheblicher Eingriff ist. Sowohl die körperlichen als auch die seelischen Nebenwirkungen legen sich jedoch zumeist innerhalb weniger Tage.

Jens und ich verabredeten einen nächsten Termin, der allerdings wegen meiner Reise erst in einigen Wochen stattfinden konnte. Dann wollte er gerne etwas gegen die Rückenschmerzen machen, mit denen er sich seit Jahren herumquälte, und dafür bin ich mit meiner Leidensgeschichte schließlich Spezialist. Ich hatte schon spaßeshalber mal gesagt, dass ich irgendwann noch Medizin studieren und mich ausschließlich auf die Bandscheibe spezialisieren würde. Angesichts der schwammigen und unklaren Diagnosen bei den doch ganz ordentlichen Schmerzen gibt es hier offensichtlichen Bedarf. Der eine Arzt sagt, das sei der Stress, der andere meint, die Bandscheibe drücke auf den Nerv, der dritte Fachmann wiederum weiß, dass ein Nerv gar kein Schmerzempfinden hat und also auch nicht wehtun kann, egal wie heftig man ihn drückt. Ein heilloses Durcheinander, dass jeden Patienten in den Wahnsinn treibt. Ich erläuterte Jens, dass auch körperliche Probleme und insbesondere alle Krankheiten, die auf psychosomatische Ursachen zurückgeführt werden, erstaunlich oft geheilt würden, auch wenn ihm dies niemand versprechen könne. Je nach Störung wird die Heilung unterschiedlich schnell erfolgen. Körperliche Krankheiten oder Beschwerden sind zum Beispiel Symptome einer schweren Energie, die schon lange in uns wirkt. Meist manifestiert sich die Störung vorher in Form von dauerhaften seelischen Schmerzen, wiederholtem Stress etc. Daher verschwinden diese Symptome auch nicht immer unmittelbar nach der energetischen Arbeit – denn der Körper wird als letztes Glied reinformiert, erst werden immer Seele und Geist geheilt. Andererseits kann eine Heilung auch von einem Moment auf den anderen erfolgen.

»Ich kann dir niemals garantieren, dass ich erfolgreich sein werde. Ich kann immer nur einen Stein ins Rollen bringen. Ist der Klient noch nicht bereit zur Selbstheilung, kann auch ich nichts ausrichten. Ich habe die Erfahrung gemacht, dass manche Probleme nicht verschwinden, weil der Klient zwar nach der Behandlung klarer sieht und eigentlich auch weiß, dass er Dinge in seinem Leben verändern sollte, aber nicht entsprechend handelt. Möglich, dass die Seele sich bei so viel Sturheit erst recht wieder meldet … Wenn mehrere Sitzungen ein Problem nicht lösen, ist es an der Zeit, die Lösung im Außen zu suchen. Dann solltest du dein Umfeld prüfen, deine berufliche Situation, deine Partnerschaft und all diese Dinge. Wesentlich für eine Heilung ist die Bereitschaft des Kranken, sich darauf einzulassen. Ohne seine eigene Erkenntnis und das ›Ja‹ zur Heilung wird sich kein Erfolg einstellen. Diese Bereitschaft ist aber grundsätzlich bereits da, wenn du dich entschieden hast, einen Heiler aufzusuchen. Dann bist du bereit, dein altes Selbst aufzugeben und die größte Veränderung deines Lebens anzugehen, auch wenn du Letzteres vorher nicht ahnst.«

Ich wusste, was er jetzt dachte. Etwas wie: »Na gut, ich habe eine gute halbe Stunde bequem gelegen, es roch ganz nett nach irgendwelchen Räucherstäbchen, es war ein wenig spannend, dieses Pusten war so, wie ich es mal im Fernsehen gesehen habe, aber die größte Veränderung meines Lebens? Wohl kaum, oder?« Jedenfalls hatte er sich eingestanden, dass es ihm gar nicht so gut ging, wie er immer vorgab, dass er mit seinem Latein am Ende war, dass er Hilfe brauchte. Dieser Schritt ist enorm wichtig – nicht das Hilfesuchen, sondern die Erkenntnis, dass etwas nicht stimmt und geändert werden sollte. Dies gilt natürlich ebenso für eine normale Psychotherapie, weswegen diejenigen, die sie freiwillig beginnen, vielleicht sogar gesünder sind als die, die von sich behaupten, keine Probleme zu haben und keine Therapie zu benötigen. Dieses Eingeständnis kann zunächst einmal auch nur innerlich sein; Jens selbst hatte noch gar nicht gemerkt, dass gar nicht die Neugierde der Grund dafür war, einen Heiler aufzusuchen. Er wurde von seiner Seele geleitet und hatte ausnahmsweise auf sie gehört.

Wir verabschiedeten uns und ich machte mich daran, den heiligen Raum wieder zu schließen, diesmal für einige Wochen. Im Gespräch hatte Jens einige Dinge durchblicken lassen, die nicht in Ordnung waren. Ich war gespannt, ob er das nächste

Mal wirklich wegen seines Rückens kommen würde oder wegen etwas anderem. Ich war sicher, dass die Rückenschmerzen lediglich Symptome für etwas anderes waren. Das Problem musste ihm aber selbst bewusst werden. Es hat keinen Sinn, dass ein anderer entscheidet, was sein Problem ist, auch wenn es glasklar auf der Hand zu liegen scheint. Im Rahmen einer schamanischen Energieheilung wird der Schamane seinem Klienten also nie ein Problem nahelegen, sondern im Rahmen des Vorgesprächs versuchen, den Klienten nur vorsichtig an sein Problem heranzuführen. Oft beginnt der Klient in einer Sitzung mit der detaillierten Erläuterung eines Problems, beleuchtet es von allen Seiten, analysiert sich und alle daran Beteiligten und merkt dabei gar nicht, dass er gefühlsmäßig kaum näher an sein Thema herangekommen ist. Er hat seinen Verstand benutzt, um sein Gefühlsleben gar nicht erst einbringen zu müssen. Diese Rationalisierung der Behandlung hilft dem Klienten nicht, früher oder später wird er sein Problem direkt angehen müssen. Durch das Gespräch mit dem Schamanen hat der Klient die Chance zu reflektieren; die Fragen des Schamanen helfen ihm, tiefer zu gehen. Ich arbeite daher immer auch mit den Gefühlen neben der Beschreibung des Problems durch den Klienten. Es ist meine Aufgabe, auch die damit verbundenen Gefühle zu wecken, das Innere zu integrieren, um damit die Selbstheilung zu ermöglichen. Ihm werden die Augen geöffnet, er sieht die Welt ganz anders. Seine oft große Angst, das Problem anzugehen, die ihm das Ego vorgespielt hatte, ist blitzartig verschwunden und er empfindet ein Gefühl von Leichtigkeit und Stärke.

Dabei zeigt sich häufig, dass das besprochene Thema gar nicht das eigentliche Problem ist, sondern dass dahinter etwas ganz anderes steht. Obwohl es Tausende von Problemen gibt, die verschiedenartigsten Krankheiten und Schmerzen, lassen sich diese in der Regel auf erstaunlich wenige Grundthemen zurückführen. Die ganz tief sitzenden Gefühle, die diese Themen beim Klienten auslösen, sind immer Angst, Wut, Traurigkeit, Einsamkeit, Aggressionen und ganz oft einfach nur die Suche nach Liebe und Anerkennung. Hierher führt uns der Schamane durch seine Erfahrung, er ermöglicht es uns, diese Gefühle wirklich zu fühlen, wenn wir den Mut dazu haben. Aufgrund der vielschichtigen Struktur der menschlichen Energiefelder sowie ihrer Funktionen ist die Heilung einer Krankheit in verschiedene Schritte aufgeteilt, die sich sowohl auf der psychischen als auch auf der physischen Ebene abspielen. So wird als erster Schritt ein falsches Glaubenssystem beim Klienten entdeckt, vergegenwärtigt und infrage gestellt. Die Liebe des Heilers überträgt sich auf den Klienten, und die Energiefelder werden neu aufgeladen und gereinigt. Die mentale Ebene gibt bei dieser Erfahrung ihre Widerstände auf und ist bereit, sich zu ändern. Falsche Denkprozesse werden bewusst und Erfahrungen unserer Kindheit, die zur Grundlage unserer Glaubenssätze geworden sind, können jetzt als Behinderungen der Verwirklichung unserer Lebensaufgabe erkannt werden. Neue Lösungsansätze werden entwickelt; fantastisch dabei ist, dass auch traumatische Erlebnisse aufgelöst werden, ohne dass der Klient diese nochmals durchleben muss. Wer schon einmal Geisteraustreibungen an exotischen Plätzen im Fernsehen gesehen hat, hat sicherlich das Brimborium drumherum bemerkt. Als geistige Wesen benötigen wir offensichtlich auch einen gewissen Show-Effekt. Wie sonst ließe sich erklären, dass in Amsterdam Knie-Operationen durchgeführt werden, bei denen der Patient seine Operation auf einem Monitor live verfolgen kann? Tatsächlich wird er aber gar nicht operiert, die Ärzte machen nur einen kleinen Schnitt, der Rest ist Show und wirkt trotzdem. Die Patienten reagieren genau wie richtig Operierte und sind geheilt. Offensichtlich schafft es der Mensch nicht ohne eine Portion Drama durchs Leben. Vielleicht sind wir auch mittlerweile so weit aus der (geistigen) Spur gekommen, dass wir alles andere gar nicht wahrnehmen würden.

4. Kapitel – Abreise

Am nächsten Morgen stand ich bereits um fünf Uhr auf, um noch Zeit für meine allmorgendliche Meditation zu haben. Meine Frau wollte ich erst danach wecken. Ich brauchte Ruhe und keine Ablenkung. Irgendwie hatte ich beim Meditieren in letzter Zeit das Gefühl, dass ich etwas nicht beherzigte, jedenfalls war ich zwar nach einer halben Stunde Meditation und dem Versuch, an nichts zu denken, schön entspannt und ausgeglichen, ein Aha-Erlebnis oder gar die allseits angestrebte Erleuchtung hatte sich jedoch nicht angedeutet. Stattdessen prasselten einmal wieder alle möglichen Gedanken auf mich herein. Nicht unter Druck setzen und einfach weitermachen, sagte ich mir. Wer´s glaubt …

Danach machte ich Frühstück, holte die Zeitung fünf Stockwerke hoch und versuchte, den Abschied für meine Frau ein wenig netter zu gestalten. Sie hatte zwar nichts dagegen, dass ich mal allein wegfuhr, dass es allerdings gleich vier Wochen sein sollten, war dann vielleicht doch zu viel verlangt. Warum ich sie nicht gefragt hätte, ob sie nicht auch zwei Wochen mitkommen wolle, wollte sie wissen. Wohl weil dies nicht der Plan war, ich brauchte nämlich Zeit. Ein paar Stunden später würde mein Flieger Richtung Guatemala City gehen. Der Plan war diesmal nicht die durchorganisierte Rucksackreise mit regelmäßigen Strandaufenthalten als Abwechslung zu Kultur und Landesinnerem, und ich hatte sowieso wenig Hoffnung, dort saubere Betten und Bäder vorzufinden. Ich musste einfach mal wieder raus, und das allein – ohne Rücksicht nehmen zu müssen, ohne die vermeintliche Verpflichtung zu reden, um einfach mal wieder Zeit zu haben für was auch immer. Ich hatte so meine Fragen zum

Sein, auf die ich Antworten suchte. Worum ging es in meinem Leben eigentlich? Warum hat mich diese Frage so viele Jahre gar nicht interessiert? Gibt es ein Rezept zum Glücklichsein, was ist der Tod, wo geht es lang im Leben?

Aus irgendeinem Grund hatte ich in den letzten Monaten immer wieder dieses Bild vom Atitlán-See vor Augen gehabt. Vor etwa zehn Jahren war ich dort zum ersten Mal gewesen, eine traumhafte ursprüngliche Landschaft, zwar nicht verschont vom Tourismus, aber der war immer noch gering ausgeprägt im Vergleich zu den Stränden Mittelamerikas. Die ebenmäßigen Vulkane hinter dem klaren blauen See, die oben kahlen und weiter unten ins Grüne wechselnden Berghänge, die fröhlichen Mayas in ihrer bunten, traditionellen Kleidung wollte ich einmal wieder sehen. Irgendwie hatte ich das Gefühl, dass ich dort finden würde, was ich suchte. Ich hatte vor, mich erst einmal in einem der kleinen Mayadörfer am See zu akklimatisieren und mich dann treiben zu lassen, wohin mich das Leben auch führte. Ich wollte lesen, schreiben, nichts tun.

Die Besorgnis meiner Frau, ob es denn nicht zu gefährlich sei, dort in den Bergen zu leben, ob ich Mittel gegen Malaria und die ganzen Tropenkrankheiten hätte, ob ich denn schon wüsste, wo ich wohnen würde, war verständlich. Im Internet gab es Geschichten von zwei Touristen, die den See zu Fuß umrunden wollten – eine Tour von mehreren Tagen – und denen von Einheimischen mit einer Machete beide Arme abgehackt wurden, bevor sie sie ausraubten. Ich kannte diese Geschichten schon von früher und hatte keine Ahnung, ob etwas Wahres daran war oder nicht. Es war mir aber auch egal, mir war auf keiner meiner Reisen je etwas passiert.

»Hast du denn jetzt alles zusammen, hast du genug Handtücher und ein Bettlaken?«, wurde ich gefragt.

Nein, ein Handtuch reichte mir und Bettzeug hatte bisher jedes Bett, in dem ich geschlafen hatte, vielleicht nicht neu und mit einigen Löchern, jedoch immer noch gut genug zum darauf Schlafen; verwöhnt war ich nicht – so lange mich nichts biss oder stach jedenfalls. Meine Frau gab auf, sie verstand nicht, warum ich 15 Bücher mit mir schleppen wollte, jedoch nur ein bisschen Unterwäsche. Unterwäsche konnte ich waschen, Bücher schreiben dauerte deutlich länger. Auch wenn ich genau dies vorhatte.

»Weißt du, wenn ich nicht dabei bin, kannst du auch gar keine Unterhose mitnehmen, mir ist das doch egal!«, so schloss sie die Diskussion genervt und verständnislos ab. Ich wollte endlich einmal vorankommen mit meinem Buch über alternative Heiler und hoffte, in den guatemaltekischen Bergen oder bei den Mayas in Mexiko ein paar Heiler zu finden, die noch nicht allzu verwestlicht waren. Wie das aussehen sollte, war mir nicht ganz klar. Vielleicht wie in den Büchern von Carlos Castaneda eben. Ein in typischer Tracht gekleideter, wild guckender Indianer würde mich erblicken, wie ich verloren auf dem Dorfplatz stand und zu mir sagen: »Da bist du ja endlich, ich habe sooo lange auf dich gewartet! Komm, lass uns gehen!«

In den nächsten Wochen würde er mich alle Magie und Kunst der dortigen Heiler, der Curanderos, lehren, und mein natürliches Talent zum Schamanen erkennen. In Deutschland würden die Menschen bald zu mir pilgern, um geheilt zu werden. Im Nachhinein eine ziemlich abwegige Vorstellung.

Einige Stunden später ließ ich mich in meinen Flugzeugsitz fallen und atmete tief durch. Es ging los, endlich. Die Diskussion in der Firma, ob ich denn gerade jetzt und dann noch so lange fahren musste, hatte sich erledigt. Hatte ich überhaupt wirklich vor, dort wieder zu arbeiten? Diese Frage war auch einer der Gründe, warum ich raus musste. Wie lange wollte ich mir diese

Arbeit noch antun, die mich zwar ganz ordentlich leben ließ, aber nicht wirklich glücklich machte – ganz im Gegenteil, akzeptabel war der Job lediglich, wenn der Chef nicht im Haus war. Ansonsten konnte man dessen eigene innere Anspannung geradezu körperlich wahrnehmen, dafür musste man nicht einmal Schamane sein, alle im Büro spürten dies. Entsprechend hoch war die Fluktuation.

Für den 15-stündigen Flug mit Umsteigen in Atlanta hatte ich mir reichlich zu lesen und meinen MP3-Player mitgenommen. In einem der Bücher ging es um Besetzungen, Exorzismus, Teufelsaustreibung und Schamanismus. Ich bemerkte, dass mein Sitznachbar angesichts des Titels bereits neugierig guckte.

Scheinbar ist der durchschnittliche Exorzismus auch nichts anderes als die katholische Form einer schamanischen Behandlung, in der eine Besetzung aufgelöst wird. Unter einer Besetzung versteht man landläufig, wenn der Geist eines Toten in den Körper eines noch lebenden Menschen einzieht, ihn besetzt. Man spricht auch davon, dass jemand vom Bösen, von Dämonen oder vom Teufel besetzt ist. Die entsprechenden Menschen bezeichnet man als besessen. Übrigens versteht man in der Psychiatrie unter einer Besetzung etwas anderes; dort ist eine Besetzung ein Hingezogensein zu etwas, eine Bindung an einen anderen Menschen oder eine Sache. Wir lieben einen Menschen, fühlen uns zu ihm hingezogen und besetzen das geliebte Objekt. Aber darum ging es in meinem Buch nicht.

Das Austreiben einer Besetzung wird in einigen Religionen als Exorzismus bezeichnet. Erstmalig erwähnt wird diese Dämonenaustreibung im Markusevangelium des Neuen Testaments:

> *»Und er zog durch ganz Galiläa, predigte in den Synagogen und trieb die Dämonen aus."* (Mk 1,39)

Weiter wird berichtet, wie Jesus einem Besessenen gleich eine ganze Legion von Dämonen austreibt (Mk 5,1–20). Auch Jesu Apostel erhalten die Macht, Dämonen auszutreiben. Ein interessanter Aspekt, denn mir gefiel schon immer der Gedanke, Jesus als einen großen Schamanen anzusehen. In den Anfängen des Christentums war der Glaube an Dämonen und an die Notwendigkeit von Exorzismen weit verbreitet, teilweise übernommen aus heidnischer, insbesondere schamanischer Tradition und fest verwurzelt im Volksglauben. Aber auch für die Kleriker war der Dämonenglaube selbstverständlich, und so wurde das kirchliche Amt des Exorzisten speziell für diese Aufgabe geschaffen. Irgendwann hatten die meisten größeren Gemeinden zumindest einen Exorzisten. Praktischerweise wurde der Exorzismus auf abtrünnige Christen ausgeweitet, die nicht die Meinung der Kirche vertraten. Mittel zur Dämonenaustreibung gab und gibt es reichlich: das Kreuz, der Name Christi, das Taufsiegel, Anblasen, Ausspucken, Räuchern (auch andere Gerüche), Erz, Eisen, Feuer, Knoblauch, Zwiebeln, Glockenläuten sowie der Verzicht auf Schweinefleisch. Ich hatte den Eindruck, dass es der moderne Schamane da einfacher hat. Er benötigt lediglich sich selbst.

Der Exorzismus ist auch heute noch Bestandteil von katholischer Lehre und Liturgie. Es wird dabei der »Einfache Exorzismus« vom »Großen Exorzismus« unterschieden. So beinhaltet der Taufritus einen einfachen Exorzismus, da er den Täufling von der Erbsünde und derem Anstifter, dem Teufel, befreit, von dem sich der Täufling – oder dessen Pate, für ihn – lossagt. Der Vollzug des Großen Exorzismus ist einem Priester vorbehalten und bedarf der besonderen Genehmigung des Bischofs. Von Besessenheit unterschieden werden ausdrücklich – da sind sich alle ausnahmslos einig – die Geisteskrankheiten. Diese zu behandeln ist Sache der Ärzte. Noch immer werden heute Exorzisten ausgebildet, 2003 waren es in Italien etwa 200 Priester. Im Jahr 2005 nahm sogar erstmals eine Frau, die katholische Theologin Alexandra von Teuffenbach, an der Exorzistenausbildung teil. Es ist schon ein wenig verwunderlich, dass der Teufel nichts gegen Frauen hat (er akzeptiert sie zur eigenen Austreibung), Gott hingegen in der Kirche keine Frauen als Pfarrer wünscht.

Der Ablauf eines Exorzismus wird nach römisch-katholischer Lesart gegliedert in Bedrohung – Namenserfragung (kennt der Exorzist den Namen des Dämons, hat er – der Bibel folgend – Macht über ihn) – Ausfahrwort – Rückkehrverbot. Wegen der fortschreitenden Erforschung von Geisteskrankheiten steht der Vollzug des Großen Exorzismus in den Großkirchen Europas heute eher am Rande und wird auch nicht gerade öffentlich propagiert. Es gibt ihn aber immer noch und zuletzt vielleicht auch wieder verstärkt. Anders verhält es sich in Afrika, wo die charismatische Bewegung Massenerweckungen auslöst, die mit weithin beachteten exorzistischen Heilungen einhergehen. In der charismatischen Bewegung* und in den Pfingstkirchen gibt es den so- genannten Befreiungsdienst, bei dem es auch um das Vertreiben von Dämonen geht, allerdings handelt es sich in vielen Fällen um relativ unspektakuläre Ursachen, hinter denen ein dämonischer Einfluss vermutet wird, wie Rauchen, Pornografie oder gar nur das Lesen von Horoskopen, und das Verfahren besteht üblicherweise aus einem kurzen Gebet mit Handauflegen. Einzelne pfingstkirchliche Theologen leiten aus gewissen Bibelstellen auch die Existenz sogenannter »Territorialmächte« ab, die angeblich ihren Einfluss auf ein Haus, einen Ortsteil oder eine ganze Stadt geltend machen können, und praktizieren bzw. emp-

---

* Eine christliche, konfessionsübergreifende geistige Strömung, die die besonderen Begabungen hervorhebt, die Gott einem Menschen verleiht (»Gnadengaben«, »Geistesgaben«).

fehlen eine Art »Freibeten« solcher Plätze oder Räume, eine Art Exorzismus also, die sich auf Sachen und Räume bezieht.

Eine schamanische Erklärung für eine Besetzung ist, dass die Energie von Verstorbenen nicht dorthin geht, wo sie eigentlich hingehen sollte, etwa aufgrund eines plötzlichen Todes oder Angst. Stattdessen nistet sie sich als fremde Energie einfach im Energiefeld einer vertrauten Person ein. Sie kostet ihren Wirt Kraft, behindert dessen Energiefluss und macht ihm das Leben schwer. Es ist ebenso möglich, dass eine Besetzung in einer Familie seit Jahrhunderten vererbt wird. Beim Tod des Großvaters geht sie über auf den Vater, bei dessen Tod wieder auf den Sohn. Daher rührt auch, dass viele Besetzungen, die der Schamane findet, aussehen, als ob sie aus einer ganz anderen Zeit kämen. Als Besetzung kann auch der Geist einer liebenden Person nur negativ wirken. Ob man nun von den Energien eines guten oder von denen eines schlechten Menschen besetzt ist, beides ist schlecht. Auch wenn wir dies alles nur bildlich sehen, gibt es doch so enorme Behandlungserfolge, die die Richtigkeit dieser Theorie stützen, dass ich die Existenz von Besetzungen akzeptiert habe. Wenn ich während der Behandlung eine Besetzung finde, führe ich diese Energien ans Licht und befreie sie von ihrer Rolle als Hindernis im Leben des Besetzten. Das Energiefeld des Klienten ist danach rein und er kann beginnen, sein Leben unbeeinflusst von den Toten zu leben, ganz gleich ob ich persönlich daran glaube, dass da ein Geist war, oder nicht. Ähnliche und für den Nichteingeweihten gleichermaßen verblüffende Erfolge erzielt ein Schamane auch mit der Seelenrückführung, auf die ich bereits eingegangen bin.

Der Flug zum ersten Zwischenstopp Atlanta verlief unspektakulär, aber die Prozedur für die Einreise in die USA, um dann nach einer Stunde wieder auszureisen, ist immer wieder gleich nervig. Transit scheint dort noch immer ein Fremdwort zu sein. Der Weiterflug nach Guatemala City wurde dann schon zum ersten Abenteuer. Offensichtlich hatte die Maschine ihre besten Tage schon lange hinter sich. Abgewetzte Bezüge, eine nicht mehr abwaschbare Nikotinschicht auf allen Kunststoffverkleidungen aus der Zeit, als es noch Raucherflüge gab und tropfende Leitungen der Klimaanlage verschafften mir das Gefühl, dass das ersehnte Abenteuer begonnen hatte. Die Verpflegung bestand aus drei Tacos in einer undefinierbaren scharfen Soße. Obwohl es fast wolkenlos war, rüttelten starke Turbulenzen das Flugzeug durch, sodass ich beim Anflug auf Guatemala City quer durch die umliegenden Vulkanberge nassgeschwitzt war. Ich habe das Fliegen schon immer gehasst. Als Ingenieur wusste ich zwar um die Statistiken zur Sicherheit, ich war allerdings der Meinung, dass es mir auch nichts nützen würde zu wissen, dass ein tödlicher Autounfall oder ein Schiffsunglück wahrscheinlicher wären. Sicher ist lediglich, dass der Mensch keine Flügel hat und nicht zum Fliegen geboren ist. Ich bevorzuge im Zweifelsfall jedenfalls einen Autounfall, Autos fallen zumindest nicht vom Himmel.

Bei der Landung in Guatemala City war es bereits Abend und stockduster. Noch in Köln hatte ich ein paar Wochen zuvor versucht, mein Spanisch wieder aufzufrischen, um die gröbsten Fehler zu vermeiden und wenigstens die Orientierung zu vereinfachen. Der erste Test misslang allerdings völlig; die Frage des Zöllners, ob ich Spanisch spreche, bejahte ich mutig. Das war aber auch schon alles, was ich vom darauffolgenden Redeschwall verstand. Ich schob es auf den vermutlich guatemaltekischen Akzent des Zöllners. Als ich mich mit Quetzales, der Landeswährung, aus dem Geldautomaten versorgt hatte, verließ ich die Empfangshalle. Trotz der Dunkelheit wurde ich noch von der

Hitze erschlagen. Ich ignorierte die zahlreichen an mir zerrenden Gepäckträger und Taxifahrer, schnallte mir den Rucksack auf und ging zielstrebig die Straße hinauf auf der Suche nach einer Bushaltestelle. Eine halbe Stunde später und schon wieder nass geschwitzt erreichte ich eine Straßenkreuzung. Währenddessen wurde ich immer wieder von Reisebussen und hupenden Taxis überholt, aber der Stolz eines Globetrotters lässt es nicht zu, Taxi zu fahren. Auch wenn es weh tut. Eine Bushaltestelle war jedoch weit und breit nicht zu sehen. Ich ging zu einer Gruppe bunt gekleideter Menschen, die im Gras saßen und offensichtlich ebenfalls auf etwas warteten. Ihre Gesichter waren wettergegerbt. Sie lachten viel und auf meine Frage nach dem Bus nach Guatemala City bedeuteten sie mir, dass ich dort richtig sei und nur warten solle. Ich hatte schon fast wieder vergessen, dass es in Guatemala kaum Bushaltestellen gab und dass man sich einfach an die Straße stellte und die Hand hob. Und wenn 50 Meter weiter ein anderer steht, hält der Bus eben noch mal. Und wenn dazwischen jemand aussteigen möchte, wird ebenfalls gehalten. Ich setzte mich also auch an den Straßenrand und beobachtete die Einheimischen. Ich musste ihnen wie ein Riese vorkommen, ein weißer Riese. Die Mayas waren von einem Markt unterwegs nach Hause. Die Frauen hatten große, schwarze Tücher mit neonfarbenen Mustern auf dem Rücken, in denen sie Decken, Taschen und andere Handarbeiten aufbewahrten. In ähnlichen Tüchern wurden auch die Babys transportiert. Die Männer trugen schwarze Hüte und große Macheten im Gürtel.

Nach gut einer Stunde kam dann doch ein Bus. Ich war bereits kurz davor gewesen, ein Taxi anzuhalten. Bis zum Tagesziel Antigua hatte ich noch eine weite Strecke vor mir und dort wollte ich zumindest noch mein Hotel geöffnet vorfinden. Der Bus schien voll zu sein. Als ich mit meinem Rucksack versuchte, zwischen den Mayas einzusteigen, gab der Busfahrer mir ein Zeichen, ich solle mein Gepäck in die Gepäckfächer unterhalb des Busses legen. Unvorstellbar, wie viele Personen in einen bunt bemalten, alten amerikanischen Schulbus passen. Ich musste in gebückter Haltung stehen, weil die Decke so niedrig war. Die Luft war zum Schneiden, die Hitze und der Schweiß vieler Menschen war während der Fahrt nur durch den Fahrtwind zu ertragen, der durch die offenen oder nicht mehr vorhandenen Fenster blies. Ich fühlte, dass ich nach diesem Tag keineswegs besser riechen konnte als die anderen und sehnte mich nach einer Dusche.

Durch endlos lange Vorstädte und Gewerbegebiete, bestehend aus einfachen Schlossereien, Reparaturwerkstätten für alles Erdenkliche und anderen Geschäften ging es bergauf und bergab in die Stadt. Die Busbahnhöfe liegen in Mittelamerika nie in den schönsten Stadtteilen. Jedoch übertraf der Busbahnhof von Guatemala City was das anging alle bisherigen, und ich war entsetzt. Er bestand aus einer wilden Mischung von Menschen, Marktständen, Müllhaufen, Dreck und Bettlern sowie Hunderten von Bussen aller Größen, jeden Alters und in allen möglichen Farben. Leider wirkte alles zusammen nicht gerade malerisch, wie Armut und Schmutz manchmal erscheinen mögen. Es stank entsetzlich nach verdorbenem Obst, Menschen, Fäkalien und nicht vorhandener Kanalisation. Die Hitze tat ihr Übriges. Ich versuchte schnellstmöglich den Bus Richtung Antigua ausfindig zu machen, was angesichts der zahlreichen Bettler und dubiosen Gestalten, die mir folgten und irgendetwas wollten, nicht ganz einfach war. Zum ersten Mal sah ich hier die beinamputierten Menschen, die, sich mit den Händen am Boden abstoßend, auf Rollbrettern fortbewegten und die mir in allen ärmeren Gegenden wieder begegnen sollten. Vielleicht wäre ich doch besser auf die Möglichkeit eingegangen, mit dem Zimmer auch den Transfer zu buchen. Der Vermieter hatte gegen ein paar Dollar angeboten, mich am Flughafen abzuholen, und ich ärgerte mich über meine Sturheit, als ich endlich einen Bus mit der mit Kreide aufgemalten Beschriftung »Antigua« fand. Der Motor lief und ehe ich mich versah, wurde mir mein Gepäck vom Rücken gerissen und im Bus verstaut. Natürlich waren alle Sitzplätze vergeben, was sich aber als nicht so negativ erwies, da sich immer drei Mayas zwei Plätze teilten und dies angesichts meiner Größe nicht bequemer gewesen wäre. Wenigstens fehlten die Ziegen und Hühner, die ansonsten oft auch noch mitreisten, aber der Geruch war authentisch. Als der Bus dieses Chaos verließ und die Außenbezirke der Stadt erreichte, besserte sich meine Stimmung schon. Zwei Stunden später und nach zahleichen Stopps erreichten wir Antigua, La Antigua Guatemala, das alte Guatemala, wie es vollständig heißt, eine der schönsten Städte Guatemalas, etwas höher in den Bergen gelegen und von daher mit einem sehr angenehmen Klima ausgestattet – kein Vergleich zu Guatemala City. Kleine Gassen aus jahrhundertealten Pflastersteinen, gesäumt von frisch restaurierten und bunt bemalten Häusern im Kolonialstil, die schon zahlreiche Eroberer gesehen haben mussten, und sogar europäisch anmutende Cafés, in denen noch Licht brannte und Menschen saßen, stimmten mich zuversichtlich.

In der Nähe des zentralen Markplatzes verließ ich den Bus und machte mich auf die Suche nach meiner Unterkunft. Das im Reiseführer »Lonely Planet« als sauber und preislich günstig empfohlene Hotel Crystal war ein auberginefarben gestrichenes, altes Haus mit den typischen tönernen Dachpfannen und einem großartigen, schattigen Patio. Um den Patio herum waren zwei Etagen angeordnet, die jeweils von steinernen Säulen getragen wurden. In meinen Augen war es ein durchaus überdurchschnittliches Hotel, verglichen mit den anderen Unterkünften, die ich im Laufe der Jahre gesehen hatte. Jedes Zimmer hatte ein akzeptables eigenes Bad mit heißem Wasser und ein Fenster. Das Bett war okay, Ungeziefer war auch nicht zu entdecken. Ich kaufte mir beim Nachtpförtner noch ein »San Miguel« und ging bald ins Bett.

5. Kapitel – Auf der Suche

Als ich aufwachte, war es gerade vier Uhr. Die Zeitverschiebung jedenfalls würde mich für die nächsten Tage wieder einmal zum Frühaufsteher machen, was mir ganz recht war. So hatte ich Zeit, in der morgendlichen Kühle zu meditieren. Danach ging ich am verdutzten Nachwächter vorbei auf die Straße und stellte fest, dass die Stadt wie tot war. Den ersten heißen Kaffee fand ich gegen sieben Uhr; bis ich endlich ein richtiges Café zum Frühstück entdeckte, hatte ich bereits die halbe Stadt besichtigt. Der ganz ordentliche café con lêche in einem dieser traumhaften alten Patios voller blühender Pflanzen, möbliert mit massiven steinernen Tischen und vielen exotischen Blumen, weckte das erste wahre Urlaubsgefühl in mir. Die frischen Früchte hier schmeckten immer viel besser, saftiger und süßer als zu Hause, das konnte doch nicht nur am Transport bis nach Deutschland liegen. Oder wird uns nach Europa nur die minderwertige Ware geliefert? Ich vertrödelte den Tag auf den Straßen Antiguas, trank noch einige Kaffee und Cola, kaufte mir auf der Straße Tamales, diese mit Käse, Hack- oder Hühnchenfleisch gefüllten Teigtaschen, und schaute den Menschen auf dem Zocalo, dem kleinstädtischen Marktplatz zu. Abends kamen nach und nach die lokalen Musiker in prachtvollen schwarzen Anzügen mit goldenen Pailletten und riesigen Hüten auf den Platz, brachten ihre Gitarren und verschiedenste Blechblasinstrumente mit und spielten für ein paar Quetzales ihre Lieder – eine Sache, die für den Westeuropäer immer ungewohnt, hier aber völlig normal ist. Man bestellt für seine Liebste ein Lied, das mit aller Leidenschaft vor allen an Ort und Stelle gespielt wird. In Deutschland undenkbar.

Am nächsten Morgen wollte ich mit dem ersten Bus weiterreisen, ich hatte die Stadt ja nun gesehen. Ein Tag mehr hätte kaum neue Erfahrungen gebracht, eine Woche mehr meinte ich nicht zu haben. Der Bus nach Panajachel verließ Antigua bereits um fünf Uhr morgens. Für mich war das kein Problem, da war ich bereits seit einer Stunde auf den Beinen. Diesmal handelte es sich um einen Non-Stop-Bus, der ausschließlich Rucksackreisende als Passagiere hatte. Einen Moment lang fühlte ich mich um 18 Jahre zurückversetzt, als ich das erste Mal mit Rucksack und einer guten Freundin durch Mexiko reiste. Diesmal waren um mich herum alle etwa diese 18 Jahre jünger, nun ja, fast alle. Ein paar Pärchen waren altersmäßig irgendwo dazwischen. Immer auf und ab und in teilweise wilden Serpentinen fuhren wir durch eine beinahe europäisch anmutende Berglandschaft, irritierend verfälscht durch Palmen und Bananenstauden, alles noch grün von der letzten Regenzeit. Neben der Straße waren immer wieder kleine Siedlungen zu sehen, die meist aus kleinen, strohbedeckten Hütten bestanden. Diese Hütten der Mayas bestanden aus einem großen, gemauerten Raum, einer Tür und ein, zwei Fenstern. Rundherum war alles Gras gerodet, nur der nackte dunkle Erdboden war noch da. Umgeben waren die Häuser von allen Arten tropischer Pflanzen: riesigen Bananenstauden mit leuchtend grünen Blättern, Palmen, Mangobäumen voller Früchte und Blumen. Hühner, Schweine, Hunde und Katzen liefen kreuz und quer durcheinander. Ob es hier schon Schamanen gab?

Panajachel selbst, direkt am Ufer des Atitlán-Sees gelegen und umgeben von ursprünglicher Landschaft und hohen Vulkanen, hatte sich zu einem ziemlichen Touristenzentrum entwickelt. Händler, die jeden Tag ihre Holzkarren über Kilometer ins Stadtzentrum schoben, versuchten, ihre Decken, Kissenbezüge oder einfachen Armbänder zu lächerlich geringen Preisen an die um den letzten Peso handelnden Rucksacktouristen zu verkaufen, die ihr knappes Budget nicht überlasten wollten. Ursprünglich hatte ich überlegt, hier einige Tage zu bleiben, aber der Rummel war nun wirklich nicht das, was ich suchte. Also ging ich geradewegs die Hauptstraße entlang den Berg hinab, links und rechts Hunderte von Verkaufsständen, und gelangte zum Schiffsanleger. Erst bei einer Fahrt über den See konnte man die Ursprünglichkeit der Landschaft und der Menschen erkennen. Die kleinen Dörfer auf der anderen Seite des Sees sahen die Touristen nur zweimal am Tag, wenn das Schiff anlegte. Auch dort versuchte man natürlich sein Geschäft mit den reichen Gästen zu machen, dies war jedoch deutlich angenehmer und auf wenige Stunden des Tages beschränkt. Kein Ort der Welt kann eben angesichts des Tourismus unverändert bleiben.

Das Schiff fuhr immer die gleiche Route rund um den See und man konnte ein- und aussteigen, wo man wollte. San Pedro, eines der größeren Dörfer, war direkt der erste Stopp. Vom See aus machte es einen ruhigen entspannten Eindruck, wie sich der Ort den Berg hinaufzog, das gefiel mir. Auch die Tatsache, dass ich zwei Terrassen über dem See sah, die zumindest optisch nette Restaurants vermuten ließen, bewog mich dazu, hier auszusteigen. Nachdem ich den Souvenirverkäufern und Kindern klargemacht hatte, dass ich nichts brauchte und auch kein Geld verschenken wollte, konnte ich mich umsehen und steuerte erst einmal das nächste Café an, wo ich meinen schweren Rucksack in die Ecke fallen ließ.

Agua con gaz und café solo kamen erstaunlich zügig. Ich konnte mich an früher erinnern, wo wir oft ewig warten mussten. Ist es eine Auswirkung der Globalisierung, dass das Glas Wasser in den Bergen Guatemalas zügiger gebracht wird? Am Nachbartisch spielte ein großer, hagerer Gringo Backgammon mit einem langhaarigen Typen, einem Kanadier, wie sich später herausstellte. Sie sprachen wenig, spielten dafür aber umso schneller. Dies weckte natürlich meine Neugierde; ich hatte mein Backgammon ebenfalls im Gepäck.

Der große Hagere sah, dass ich sie beobachtete, und sagte: »Hi, ich bin Earl! Suchst du ein Zimmer?«

»Ja, sieht man das? Ach, ich bin übrigens Oliver.«

Der Kanadier hieß Guy, er und Earl lebten zeitweise hier.

»Warte einen Moment, wir spielen noch diese Runde. Vielleicht kann ich dir helfen.«

Nachdem die beiden fertig gespielt hatten und Guy offensichtlich ein paar Dollar verloren hatte, nickte Earl mir kurz zu. Wir gingen ein paar hundert Meter die lokale Hauptstraße hinauf, die eher einer riesigen Treppe glich, so steil war der Hang. Earl bog links ab und nach kurzer Zeit öffnete er ein grünes, schmiedeeisernes Gittertor. Ich nahm an, dass er dort wohnte, doch er klopfte erst einmal an die Haustür. Eine freundlich aussehende Einheimische öffnete. Sie sprach ganz gut Englisch und er erklärte ihr, dass ich für einige Zeit ein Zimmer suchte. Das Haus lag unter einigen hohen Bäumen direkt über dem See und eröffnete einen herrlichen Blick auf die gegenüberliegende Seite. Die Frau hatte ein Apartment, das sie aber nur wochenweise vermieten wollte. Das Apartment war fast neu, in mexikanischem Stil grobweiß verputzt und mit einigen bunten Keramikteilen verziert. Vor der Eingangstür lag eine durch einen Sichtschutz vom Haupthaus abgetrennte kleine Terrasse mit Tisch und Stühlen. Nachdem auch das Bad unglaublich viel besser aussah, als ich es in diesem kleinen Dorf erwartet hatte, waren wir uns schnell einig. Earl half mir, mein Gepäck hineinzutragen. Ich begann, meine Tasche auszupacken, als er mich fragend ansah. In der

Reisetasche hatte ich meine fünfzehn Bücher über Gott und die Welt, über Philosophie und Religion, über Schamanismus und Weltanschauungen, eben meine guten Vorsätze für die nächsten vier Wochen.

Er lächelte und deutete mir an, ich sollte mich auf das Bett setzen. Dann fragte er, was ich denn mit dem Plunder hier wolle, ob dies die neue lokale Bibliothek werden solle. Er setzte sich neben mich auf das Bett und schlug sich immer wieder vor Lachen auf die Schenkel. Ich verstand nicht und versuchte ihm lang und ausführlich zu erklären, dass dies Grundlage meiner Arbeit sei, dass ich seit einiger Zeit versuche, möglichst alles zu lesen, was mich meiner Meinung nach geistig und spirituell weiterbringen könnte, dass ich etwas in meinem Leben verändern wolle.

Er amüsierte sich offensichtlich königlich – später verstand ich dann auch warum – und meinte nur trocken: »Das, was du suchst, wirst du in all deinen Büchern nicht finden! Aber lass uns ein anderes Mal darüber sprechen, jetzt lebe dich erst einmal hier ein. Vielleicht willst du ein gutes Buch lesen, genug dabei hast du ja«, stellte er lachend fest. »Morgen reden wir dann weiter.«

6. Kapitel – Der Guru

Am nächsten Morgen hatte ich gerade eine Decke zusammengerollt, sie als Yogakissen auf der kleinen Terrasse platziert und mich darauf gesetzt, um zu meditieren, da hörte ich Schritte, öffnete die Augen und sah Earl um die Ecke kommen.

Er grinste: »Hab ich mir gedacht, dass du hier in irgendeiner verrenkten Haltung sitzt. Hab ich früher auch gemacht.«

»Buenos dias! Die Sonne geht gerade erst auf, was machst du hier schon?«

»Ich möchte dir einen Vorschlag machen. Als ich das erste Mal vor mehr als zwanzig Jahren hier nach San Pedro kam – und glaub mir, das war damals ein richtiges kleines Indianernest – war ich wie du. Ich hatte die Schnauze voll von unserer Gesellschaft, vor allem aber von mir selbst. Ich fand mich nicht besonders sympathisch und suchte nach dem Sinn des Lebens. Ich hatte keine Ahnung, wer ich eigentlich war. Irgendwie definierte ich mich damals nur über Vergleiche mit anderen. Wer hatte mehr Geld, die hübschere Frau auf dem fetteren Motorrad, die cooleren Klamotten? Ist dir einmal aufgefallen, dass wir alles, was wir über uns zu wissen meinen, aus Vergleichen mit anderen Menschen ableiten? Egal, was wir gut können, diese Einschätzung resultiert immer aus der Erfahrung, dass wir etwas besser können, als die meisten anderen. Bei allem, was wir tun, vergleichen wir uns mit anderen. Der, der gerade dieses Buch schreibt, in dem wir beide die Hauptrolle haben, meint, dass er niemals gut genug sein könnte, ein Buch zu schreiben und zu veröffentlichen. Na ja, schreiben kann er es, er ist schließlich bereits auf Seite 412 angekommen, aber wer soll das schon lesen wollen, zweifelt er – wo es doch schon so viele bessere Schriftsteller gibt.«

»Was, wer schreibt ein Buch, wovon sprichst du?«

»Ach, nicht so wichtig. Genau wie ich damals, bist du noch festgelegt auf deinen Verstand, er bewertet und stuft ein, er definiert dich. In den Staaten habe ich auf meiner Suche alle möglichen Geschichten ausprobiert: Esoterik-, Tantra- und Selbstverwirklichungskurse und all diesen Kram, ich war in einem Zenkloster und schreckte auch nicht vor allen Arten von Drogen zurück. Damals habe ich hier am See einen weisen Mann kennengelernt, der mich durch seine einfache, klare Sicht der Welt sehr beeindruckt hat; viel mehr als durch das, was er sonst noch konnte. Er war nämlich einer der letzten großen Curanderos dieser Gegend. Er starb vor einigen Jahren, aber sein Sohn arbeitet jetzt als sein Nachfolger und führt die Familientradition fort.«

Ich wurde hellhörig, es gab also noch Heiler hier.

Er fuhr fort: »Sein Name war Don Marcuso, seine Familie kam aus dem Department Baja Verapaz, und er sprach neben Spanisch und dem hiesigen Dialekt vor allem seine alte Sprache Rabinal K'iche‹, ein Kauderwelsch, das für mich nie zu verstehen war. Als Heiler war er Jahre lang unschlagbar, bis die Menschen auch hier die Behandlung mit Tabletten und Medikamenten aus der Apotheke vorzogen. Vielleicht erzähle ich dir einmal mehr über ihn. Wenn du willst, werde ich dir all das, was er mir beigebracht hat, und auch anderes, was ich auf der Suche nach dem Sinn und dem Ursprung des Lebens gelernt habe, erzählen.«

Meine Neugier hatte er natürlich geweckt, auch wenn ich mir kaum vorstellen konnte, dass dieser etwa 55-jährige, dünne, Kaugummi kauende Ami der Guru sein sollte, auf den ich mein Leben lang gewartet hatte. Gut, er war merkwürdig entspannt, wirkte irgendwie gesund und in sich selbst ruhend, aber sonst sah er nicht gerade wie ein Erleuchteter aus.

»Was muss ich denn dafür tun?«, fragte ich nach.

»Nicht viel, nur zuhören und dir Zeit nehmen. Es ist kein Zufall, dass du mich getroffen hast, es ist kein Zufall, dass ich dich getroffen habe. Weißt du, es gibt keine Zufälle, auch darüber werden wir sprechen. Wenn du dich aber entscheidest, diesen Weg zu gehen, so würde ich mich freuen, wenn du nicht aufgibst, sobald die ersten Schwierigkeiten auftreten und dein Ego sich bemerkbar macht. Die, die zu früh aufgeben, verhalten sich, als ob sie in eine unreife Banane beißen. Sie werfen sie weg und glauben ab diesem Moment, eine Banane sei ungenießbar. Es gibt Dinge im Leben, denen sollte man eine Chance geben, auch wenn sie auf den ersten Blick noch so abwegig erscheinen.«

Ich hatte bereits gelesen, dass es keine Zufälle gab und fand das jetzt auch alles völlig logisch, deswegen war ich schließlich hierhergekommen. Total erfreut sagte ich ihm, dass ich dies sehr gerne lernen würde. Und überhaupt, etwas Besseres hatte ich sowieso nicht vor.

»Okay, aber halte mich nicht für einen Guru«, antwortete er.

»Ich bin keiner und ich werde in diesem Leben auch keiner mehr werden. Ein Guru ist ein Erleuchteter, ein Mensch, der nach vielen Jahren des Lernens bei seinem eigenen Meister so weit gekommen ist, dass er als Nachfolger seines Lehrers diese Weisheit weitergeben kann. Seine Persönlichkeit ist so weit gereift, dass sein Leben von diesen Weisheiten bestimmt wird. Ich aber bin ein ganz normaler Mensch und soweit ich weiß, bin ich nicht einmal erleuchtet. Ich bin nicht weise, sonst würde ich nicht trinken und rauchen. Ich kann dir mein Wissen weitergeben, die Inspiration musst du in dir finden. Ein Guru lebt das, was er predigt. Ich nicht.«

Ich war mir zwar sicher, dass Rauchen und Trinken keine K. O.-Kriterien für einen Guru waren, aber was soll's. Ich hatte den Eindruck, dass es ihm lediglich darum ging, nicht als Meister auf ein Podest gestellt zu werden, weil ihm das unangenehm zu sein schien. Mein Gefühl sagte mir, dass Earl durchaus im Einklang mit sich und seinem Wissen lebte; ein Guru muss schließlich kein Mönch sein. Im frühen Indien verglich man einen Guru mit einem Baum, der allen zur Verfügung stand. Jeder konnte seine Früchte ernten. Er war einfach da, wenn Bedarf war, er musste sich nicht anbiedern. Genauso sollen die Menschen von der Weisheit des Gurus angezogen werden, nicht er sollte die Menschen suchen. Wer genug Früchte für sich genommen hatte, der benötigte den Baum nicht mehr. War nicht auch unser Vater ein Guru, als er uns das Fahrradfahren beigebracht hat? Ein Guru ist also in der Regel ein temporäres Ereignis; wenn man meint, ausgelernt zu haben, sollte man sich wieder auf den Weg machen.

»Ich erwarte von dir also Geduld, Respekt und vor allem Hingabe, nicht mir gegenüber, sondern gegenüber der Sache. Du bist hierher gekommen, weil du Zweifel an deinem alten Leben hattest, richtig? Du wirst feststellen, dass du in Kürze deine alten Standpunkte wieder verteidigen wirst, da dir die neuen, die ich dir vorstelle, gar zu ungeheuerlich erscheinen werden. Wenn du wüsstest, wie wichtig Zweifel für eine persönliche Weiterentwicklung sind! Wer nimmt sich heute schon noch die Zeit, um die existenziellen Fragen des Lebens zu beantworten, seine Zweifel zu verfolgen und nach Antworten zu suchen? Zweifel sind eminent wichtig für unsere menschliche Entwicklung; wenn wir Dinge nicht infrage stellen, werden wir den Dingen nie auf den Grund gehen. Wer zweifelt, nimmt sich die Freiheit, nicht alles Vorgegebene zu glauben – nicht die Lehren der verschiedenen Religionen, nicht die Aussagen der Politiker, nicht einmal die

Worte unserer Eltern und Freunde müssen wir akzeptieren. Der amerikanische Nobelpreisträger Richard P. Feynman hat einmal gesagt:

> *›Wir müssen unbedingt Raum für Zweifel lassen, sonst gibt es keinen Fortschritt, kein Dazulernen. Man kann nichts Neues herausfinden, wenn man nicht vorher eine Frage stellt. Und um zu fragen, bedarf es des Zweifelns.‹ (89)*

Zweifel ist auch und insbesondere in unserer westlichen Religion nicht vorgesehen. Wer das Wort Gottes anzweifelt, ist des Teufels, ganz im Gegensatz zu den fernöstlichen Religionen, die auf dem Zweifel aufgebaut sind. Du aber hast eine Menge Zweifel in dir, nur fehlen ganz offensichtlich noch die Lösungen für all deine Fragen. Irgendwann hast du bemerkt, dass jahrhundertealte Glaubenssätze nur wegen der Tatsache, dass die Menschen seit Ewigkeiten daran glauben, noch lange nicht richtig sein müssen. Noch hast du nicht verstanden, welche Rolle dein Ego dabei spielt. Bisher hattest du dich damit abgefunden, dass du bei vielen Dingen mit Wissen aus zweiter Hand gelebt hast. Selbstverständlich kann niemand alles lernen und wissen, wir müssen den Ärzten und Lehrern in großen Teilen unseres Lebens vertrauen. Das ist völlig in Ordnung, jedoch, wenn es um den Sinn des Lebens geht, siehst du, dass du diesen mit Informationen aus zweiter Hand nicht erkennen wirst. Du kannst eine Tendenz, eine Richtung bemerken, doch gehen musst du diesen Weg selbst.«

»Und wo finde ich diesen Weg? Ich habe zwar gemerkt, dass etwas nicht stimmt in meinem Leben, und später als die meisten Menschen vielleicht fing ich an, über den Sinn nachzudenken, aber es macht mich ganz krank, dass ich noch immer auf der Stelle trete.«

»Du bist auf der Suche und meinst, wenn du ganz strategisch vorgehst, Kurse besuchst und schlaue Bücher liest, kommst du der Wahrheit am schnellsten näher? Alles Quatsch, Spiritualität kann man nicht lernen. Aber darauf komme ich später noch zu sprechen. Erst einmal ist es ein wichtiger erster Schritt, dass du deinen Zweifeln nachgehst. Wenn Du alle Illusionen aufgelöst hast, werden Deine Zweifel verschwunden sein. Illusionen sind künstliche Gebilde, die uns massiv daran hindern, in unserem inneren Frieden zu leben. Diesen inneren Frieden, den ich meine, erlebst du zum Beispiel, wenn du »in Nichtgedanken versunken« in der Natur bist und alles um dich herum vergisst. Du spürst eine Stille um dich herum und auch in dir. Vielleicht empfindest du Liebe oder Freude. Du wirst in den nächsten Wochen und Monaten lernen, dass alles, was du bis zum heutigen Tage gesehen und gehört hast, nicht so ist, wie du es gesehen hast, und auch wiederum genauso ist, wie du es gesehen hast. Wenn du wüsstest, wie nahe du deinem Ziel schon bist. Die meisten Menschen meinen, sie wüssten alles bereits, sie leben mit einer Gewissheit, die keinen Raum für Fragen lässt. Mit dem Alter wird daraus langsam eine Ungewissheit, eine Nervosität, mit der sie dann mehr oder weniger verzweifelt sterben. Bereits Seneca sagte vor 2000 Jahren:

> ›Wir sind schlechter bei Eintritt des Todes als bei unserer Geburt. Die Schuld liegt an uns, nicht an der Natur; die Natur muss sich über uns beschweren und sagen: ›Was soll das? Ich habe euch ohne Begierden geschaffen, ohne Furcht, ohne Aberglauben, ohne Unredlichkeit und ohne die sonstigen Laster: wie ihr ins Leben eintratet, so sollt ihr hinausgehen.‹ Der hat die Weisheit erlangt, der bei seinem Tod genauso sorgenlos ist wie bei der Geburt.‹ (90)

Wie viel schöner ist es, mit Ungewissheit zu starten und das Ziel des Verstehens vor Augen zu haben. Du wirst Gewissheit erreichen, die dir immer erhalten bleibt, du wirst deine Ängste verlieren. Du wirst immer wissen, wie du zu entscheiden und zu handeln hast, du wirst eine klare Sichtweise auf dich und die Welt haben. Du wirst frei sein und eine ganz neue, erfrischende Art von Intelligenz erfahren. Du wirst etwas sehr Kostbares finden, das du aber nie jemandem erklären und das du auch nicht teilen kannst.«

Also, wenn nur die Hälfte von dem stimmte, was dieser Ami mir hier ankündigte, hatte sich der Trip nach Guatemala bereits gelohnt.

»Es ist augenscheinlich, dass es nicht der menschliche Körper ist, der sich im Laufe des Lebens weiterentwickelt, die Evolution des Individuums passiert im Bewusstsein. Beim einen mehr, beim anderen weniger. Der Körper verfällt trotz aller Bemühungen immer mehr; auch wenn wir von schweren Krankheiten verschont werden, so wird bei niemandem der Verfall aufzuhalten sein. Spirituell jedoch können wir uns bis zum letzten Tag weiterentwickeln. Spirituelles Bewusstsein kommt nicht schlagartig, es kommt langsam und ist mit Mühen verbunden. Es dauert, die eigene Person zu studieren. Spirituelles Bewusstsein erlangen zu wollen, bedeutet lebenslanges Lernen. Meine Rolle kann dabei nur sein, dich ein wenig anzuleiten, dir einige Dinge zu erklären. Ich bin kein Meister, kein Lehrer, aber ich werde mein Bestes geben, da ich mich noch genau daran erinnere, wie verwirrt ich selbst einmal war, als ich diesen Weg, den du jetzt antrittst, gegangen bin. Wie gesagt, ich kann dich nur anleiten, es ist unmöglich, spirituelle Weisheiten zu lehren, du wirst sie letztendlich selbst, sozusagen am eigenen Leibe erfahren. Alles andere wäre angelerntes Wissen, und das ist pure Vergangenheit, wie du später noch sehen wirst. Aber sei gewiss, genau in dem Maße, wie du an dir arbeitest, wie du suchst, wird von unbekannter Seite auch an dir gezogen. Etwas unterstützt dich und deinen Willen.«

Ich war sprachlos, woher hatte dieser Ami diesen Vortrag geholt? Woher wusste er, was ich suchte? Und vor allem, wie passte diese offensichtliche Weisheit mit den Faxen zusammen, die er schon wieder angesichts meiner Verblüffung machte? Er schien jedenfalls einen tierischen Spaß daran zu haben.

»Okay, ich schlage vor, du packst alle deine Bücher wieder weg und beobachtest stattdessen ganz einfach dich und die Welt. Von mir aus setz dich auch wieder in dieser unbequemen Haltung auf das Kissen und meditiere. Schaden kann es jedenfalls nicht. Morgen um sechs Uhr hole ich dich ab und dann gehen wir ein Stück zusammen. Adios, muchacho!«

»Ja, wunderbar, in Ordnung, dann bis morgen«, stotterte ich nur.

Von da an gingen wir fast jeden Morgen kurz nach dem Frühstück zusammen los. Auch jetzt war es erst früh am Morgen und er hatte mich bereits so neugierig gemacht, dass ich mir wünschte, es wäre schon der nächste Tag. Ich beschloss, erst einmal ins Café zu gehen und mir ein ordentliches Frühstück zu gönnen, das aus Tortillas, Rührei mit Chili, Tomaten und Zwiebeln sowie den obligatorischen roten Bohnen als Brei bestand. In den ersten Tagen freut man sich noch über diesen vertrauten, braunen Bohnenbrei, nach einer Woche hat man genug und nach zweien will man ihn nie wieder sehen – bis zum nächsten Urlaub. Ich beschloss für diesen Tag, ein wenig durch das Dorf zu spazieren, zu schauen, zu beobachten und mir zu merken, wo es was zu kaufen gab.

7. Kapitel – Alles ist eins

»Holá cabron!«, begrüßte mich Earl schon von Weitem. »Heute schon meditiert?«

Klar hatte ich meditiert. Auch wenn ich keine wirklichen Erfolge feststellen konnte, zog ich es durch.

»Lass uns etwas gehen und ich werde dir dabei einige Dinge erzählen. Du wirst sicherlich nicht alles verstehen, das macht nichts. Im Großen und Ganzen geht es darum, ob du bereit bist, dein Denken, Fühlen und Handeln in Einklang zu leben. Wenn du zunächst einfach zuhörst und die Dinge zulässt, reicht dies für den Anfang völlig aus.«

»Okay«, willigte ich ein, »das hört sich machbar an.«

Wir gingen in normalem Tempo den Berg hinauf und verließen dann das Dorf. Die kleinen Häuser wurden weniger, die Natur dagegen direkt unheimlich üppig.

Währenddessen begann er: »Ich möchte anfangen mit der Einheit der Dinge. Wenn du frei werden möchtest, musst du zunächst erkennen, wovon du dich befreien musst, was dich festhält und woran du festhältst. Um dies aber zu erkennen, musst du wiederum die Welt verstehen, du musst sie mit ganz anderen Augen betrachten. Sobald du dann verstanden hast, dass du nicht getrennt von der dich umgebenden Welt existierst, dass du Teil des Kosmos bist, kannst du frei werden. Alles ist eins. Alles gehört zusammen. Hier könnte ich eigentlich aufhören zu erklären; wenn du diese Aussage verinnerlichen könntest, hättest du verstanden. Alles ist Eins. Die früher in dieser Gegend lebenden Menschen wussten schon:

›Du bist das andere Ich, ich bin das andere Du.‹

Im Original heißt es `In lak`ech – a lak`en.` Schon die Mayas, von denen diese Weisheit herrührt, hatten dies erkannt. Und nicht nur die Mayas wussten es; in Afrika gibt es diese Sichtweise ebenfalls schon lange, das Wort Ubuntu, das in verschiedenen Formen in den Bantusprachen vorkommt, enthält die Vorstellung: ›Ich bin, weil du bist, und du bist, weil ich bin‹ oder: ›Meine Identität hängt mit deiner Identität zusammen‹. In den verschiedensten mystischen Richtungen wusste man schon immer, dass unsere Welt die Projektion eines höheren Bewusstseins ist. Dazu gehörte auch, dass alles auf einer höheren Ebene eins ist. Alles gehört zusammen, nichts ist nur für sich allein da. Auch in der Physik und in der östlichen Philosophie gibt es die Trennung der Dinge in Ich und Du nicht. Alles ist untrennbar miteinander verbunden, die Dinge sind ›nicht-lokal‹. So wie in der Quantenphysik zwei ehemals aus derselben Quelle stammende kleinste Teilchen wie zum Beispiel zwei Lichtstrahlen, wenn sie schon lange getrennt sind und mittlerweile auch örtlich weit auseinander liegen, immer noch ›merken‹, wenn das jeweils andere sich verändert, obwohl dies mit unserem herkömmlichen Physikverständnis zum einen gar nicht und zum anderen zumindest nicht in dieser Geschwindigkeit möglich ist, so funktionieren natürlich auch wir. Zumindest unsere Körper sind schließlich auch nur aus kleinsten Teilchen zusammengesetzt, die alle aus einer gemeinsamen Quelle, vielleicht dem Urknall oder was auch immer, stammen.

Entsprechend sind auch Probleme und Krankheiten nicht lokal, sie sind ein Problem aller und werden erst durch unsere eigene Festlegung unser Problem. Bis dahin ist das Problem überall und nirgends; es ist ein Problem und es ist keines. Mit der Lösung eines Problems helfen wir nicht nur uns, sondern auch allen anderen und umgekehrt. Ich möchte dir die Aussagen einiger Philosophen nennen, die sich mit diesem Thema beschäftigt haben. So sagt Lama Anagarika Govinda, übrigens trotz seines Namens ein Landsmann von dir:

›Der erleuchtete Mensch aber,
dessen Bewusstsein das Universum umfasst,
hat das Universum zum Körper,
während sein physischer Körper zur Manifestation des universellen Geistes wird,
seine Schauung zum Ausdruck höchster Wirklichkeit
und seine Rede zum mantrischen Machtwort und heliger Verkündigung.‹ (39)

Vimalakirti, ein Anhänger des Buddha, sagte:

›Die Welt ist krank, also bin auch ich krank. Die Menschen leiden, also leide auch ich.‹ (104)

Und C. G. Jung, den ich sehr schätze, hat, basierend auf dem kollektiven Unbewussten, den Zusammenhang alles Lebens dargestellt, indem er sagte:

›Das kollektive Unbewusste ist alles weniger als ein abgekapseltes persönliches System, es ist weltweite und weltoffene Objektivität. Ich bin das Objekt aller Subjekte in völliger Umkehrung meines gewöhnlichen Bewusstseins, wo ich stets Subjekt bin, welches Objekte hat.‹ (91)

Vielleicht ist der Vergleich der Welt mit einem Hologramm, den der zeitgenössische amerikanische Quantenphysiker David Bohm zieht, passend für den Aufbau unserer Welt. Es gibt ein großes Ganzes, doch das Wissen über alles ist auch im kleinsten Teilchen selbst noch enthalten; wie bei einem Hologramm, das zerbricht und bei dem man auch in beleuchteten Bruchstücken noch das ganze ursprüngliche Bild sehen kann. Jeder Teil des Hologramms beinhaltet ein Bild des Ganzen. Genauso ist schließlich auch in jedem Baumsamen jegliche Information vorhanden, die das Korn benötigt, um einmal eine hundertjährige Eiche zu werden.«

Ich hatte ein wenig den Überblick verloren. Das alles ging mir deutlich zu schnell, und dann die vielen Zitate. Wieso sollte ich gleichzeitig du, also er, sein? Und er war ich? Aber ich dachte, lass dir mal einfach nichts anmerken, vielleicht kriegst du den Faden ja wieder.

»Denk an die Eiswürfel in deinem Wasser, das du jetzt gerne hättest. Sind sie Teil des Wassers, so lange sie Eis sind? Und danach? Sind sie dann ehemalige Eiswürfel oder einfach nur das Wasser in deinem Glas? Sie scheinen eigenständig, doch für wie lange? Würden wir den menschlichen Körper in den minimalen Dimensionen der Quantenphysik betrachten, würden wir uns verdammt schwer tun, überhaupt die Grenze zur ihn umgebenden Luft oder zum Stuhl zu finden, auf dem er sitzt. Oft wird in diesem Zusammenhang das Bild der Wellen im riesigen Ozean benutzt. Der Mensch ist eine Welle auf dem Ozean, er ist Teil des Ozeans. Wir können die Welle nicht ohne den Ozean definieren, sie ist der Ozean. Die Wellen kommen und gehen, der Ozean bleibt. Keine Welle gleicht der anderen und doch sind sie eins. Wir können auch keine Welle des Ozeans mit nach Hause nehmen, im voll geschöpften Eimer wäre nur noch Wasser.

Der Mensch ist ein Teil der Natur, du bist die Natur. Wenn du es schaffst, eine Beziehung zur Natur aufzubauen, wirst du ein Teil von ihr. Als Teil der Natur bist du verantwortlich für sie: Verhältst du dich verantwortungsvoll gegenüber der Natur, verhältst du dich verantwortungsvoll gegenüber dir selbst. Bist du in Harmonie mit der Natur, bist du in Harmonie mit dir und den Menschen. Du bist viel machtvoller, als du meinst, dies wird dir in den nächsten Tagen klar werden. Andererseits bist du aber auch nur ein kleines Rädchen in einem riesigen Uhrwerk, der Welt, in der sich alles gegenseitig beeinflusst und nichts ohne das andere sein kann. Wenn du das nächste Mal in der Natur bist, verharre für eine Weile bei einem Baum oder auf einer Wiese, horche auf die Stille und achte auf die wahre Schönheit der Dinge. Neben der äußerlichen Schönheit gibt es eine weitere, eine Art innere, heilige Schönheit. Du fühlst sie, wenn du eins mit den Dingen bist. Denn jede Trennung, jede Aufteilung der Dinge, wie zum Beispiel in Nationalitäten oder Rassen, ist nur vom Ego konstruiert worden, um eine Daseinsberechtigung zu erlangen. Religionen spalten – trotz aller guten Absichten, die ich einmal unterstellen möchte, auch wenn es oft nicht so erscheint – mehr, als dass sie vereinen. Durch sie wiederum wollen wir uns aber auch mit anderen Menschen vereinen, um uns gegen unsere Ängste abzusichern und die Angst vor der Einsamkeit zu bekämpfen. Wir suchen uns unser Rudel und verbrüdern uns. Wir haben das Gefühl eines Zuhauses. Ist das nicht paradox? Erst trennen, dann wieder verbrüdern? Warum beschränken wir uns so auf unser Rudel, wo wir vorher die gesamte Menschheit hatten?

Hast du dich von dem Gedanken der Trennung entfernt, wirst du lernen, dass alle Ängste, alles Leiden, aber auch alle Freude allen Menschen gemeinsam ist. Du hast nicht dein eigenes, persönliches und privates Leiden. Dein Leiden ist mein Leiden. Wenn es dir schlecht geht, geht es mir schlecht. Wenn es dir gutgeht, geht es mir gut. Dies funktioniert analog in ganzen Gesellschaften. In einer Gesellschaft, in der der Großteil leidet, vielleicht wegen eines gerade erst beendeten Kriegs und der vielen verloren Angehörigen, leiden alle Menschen. Der Einfluss von unbewussten oder versteckten Emotionen anderer Menschen auf dich ist dir bisher wohl selten aufgefallen. Wenn du mehr darauf achtest, wirst du wahrnehmen, dass du zum Beispiel in der Nähe eines traurigen Menschen selbst traurig wirst. Dass du in der Nähe eines nervösen Menschen selbst nervös wirst. Dass du neben einem Menschen in Angst selbst Angst verspürst. Anders herum betrachtet heißt dies, dass du, wenn du plötzlich vermeintlich ohne Grund traurig bist, einmal deine Mitmenschen betrachten solltest: Vielleicht ist jemand anderes traurig und du hast es gespürt. Wir sind alle ein großes Ganzes und insofern gibt es eine Verantwortung und eine Schuld – wobei Schuld hier nicht ganz das richtige Wort ist, da es keine Schuld im originären Sinne gibt – des Einzelnen auch für die Dinge, die nicht er getan hat, sondern ein anderer. Wenn die Menschheit tötet, tötest auch du. Jeder Einzelne ist das Ganze und hat die Macht, Dinge zu verändern. Was du in dir änderst, wird sich auf alle Menschen auswirken. Aus diesem wichtigen Grund wünsche ich mir, dass sich möglichst viele Menschen ändern wollen, dass sie erkennen, wohin die Entwicklung unserer Gesellschaft geht, wenn wir jetzt nicht beginnen, uns zu ändern – jeder Einzelne für sich und damit für alle. Unsere Welt ist in Unordnung geraten, aber wir können sie wieder ändern, du kannst sie ändern. Und nur du kannst dich ändern, das kann kein Meister, kein Lehrer, kein Guru. Aber wenn du an dir arbeitest, arbeitest du an der Welt. Ich müsste hier eigentlich ein wenig auf das Thema Wahrnehmung vorgreifen, damit du das verstehst. Doch dazu heute nur so viel: Du schaffst dir deine Realität, das, was du wahrnimmst, selbst. Sehen wir uns und die Welt als eins und haben wir ebenso erkannt, dass wir allein durch unsere Beobachtung unsere Realität selbst schaffen, ist der Schritt nicht mehr weit dazu, festzustellen, dass jeder seine Probleme selbst schafft. Auch Albert Einstein hat erkannt, dass die Dualität der Dinge ein Irrtum ist:

> ›Ein menschliches Wesen ist ein Teil des Ganzen, das wir ›Universum‹ nennen, ein in Raum und Zeit begrenzter Teil. Es erfährt sich selbst, seine Gedanken und Gefühle als etwas von allem anderen Getrenntes – eine Art optische Täuschung seines Bewusstseins. Diese Täuschung ist für uns eine Art Gefängnis, das uns auf unser persönliches Verlangen und unsere Zuneigung für einige wenige uns nahe stehende Personen beschränkt. Unsere Aufgabe muss es sein, uns aus diesem Gefängnis zu befreien.‹

Der deutsche Philosoph Gottfried Wilhelm Freiherr von Leibniz, der um 1700 lebte, schrieb:

> ›Jedes Stück Materie kann gleichsam als ein Garten voller Pflanzen oder als ein Teich voller Fische aufgefasst werden. Aber jeder Zweig der Pflanze, jedes Glied des Tieres, jeder Tropfen seiner Säfte ist wieder ein solcher Garten und ein solcher Teich.‹ (59)

Wir sind bereits mit anderen Menschen verbunden, wenn wir über sie nachdenken. Wenn wir uns jetzt hier unterhalten, ist diese Verbindung energetisch offensichtlich und kann mit einem

Pendel jederzeit bewiesen werden, denn es wird immer in Richtung der beiden Gesprächspartner ausschlagen.«

»Alles klar«, warf ich überfordert ein. »Gibt es das auch als Buch zum Nachlesen? Das Einzige, was ich verstanden habe, ist, dass alles eins sein soll. Aber schon dafür fehlt mir die Vorstellungskraft.«

»Mach dir keine Sorgen, ich werde auf viele Dinge später noch einmal zurückkommen. Im Übrigen ist das gesammelte Wissen der Menschheit in allem, in jedem kleinsten Teilchen, also auch in dir. Du brauchst nichts mit zu schreiben, nichts lesen und mir eigentlich auch gar nicht zuzuhören, du musst nur in dich hineinhorchen, denn du weißt selbst die Antworten auf deine Fragen. Versuche, deinen Verstand weniger und deinen Bauch mehr zu benutzen. Was ich dir erkläre, ist verstandesmäßig nicht zu begreifen!«

Na hoffentlich, dachte ich nur, denn da haperte es bei mir gerade etwas. Wir waren jetzt bereits zwei Stunden gegangen und befanden uns weit außerhalb des Dorfes zu Füßen des Vulcano San Pedro. Die ganze Pracht dieses Vulkans sah man zwar nur von der anderen Seeseite, aber mit seinen 3500 m wirkte er auch hier noch gewaltig.

»Komm, wir setzen uns hin und trinken was«, schlug ich vor und holte mein Wasser aus dem Rucksack. Daneben hatte ich noch eine Staude dieser kleinen, fleckigen Bananen dabei, die es in Deutschland kaum zu kaufen gab und die hier sowieso viel besser schmeckten.

Kauend fuhr Earl fort: »Weißt du, über eines bin ich mir klar geworden. Die Welt ist nicht so, wie du meinst, und nicht so, wie ich meine. Egal, wie sie wirklich ist, sie ist nicht so, wie du sie wahrnimmst. Vielleicht hat Jung recht, wenn er postuliert, dass wir nie imstande sein werden, zu entdecken, wie die Welt an sich beschaffen ist, da wir immer das physische Geschehen der Welt in unseren eigenen psychischen Prozess umsetzen müssen, was nie objektiv sein kann. Platon entwickelte die Ideenlehre, nach der die sinnlich wahrnehmbare Welt einer unsichtbaren »Welt der Ideen« nachgeordnet ist. Die späteren griechischen Philosophen hingegen, allen voran Aristoteles, waren in ihrer Naturphilosophie anderer Ansicht und haben sich in der westlichen Welt durchgesetzt. Es gilt, was verifizierbar ist, am besten sowohl experimentell als auch theoretisch. Es scheint, als ob sich dieser Sieg angesichts der neuen spirituellen Entwicklungen in eine späte Niederlage verwandeln könnte. Es hat sich gezeigt, dass das Denken bzw. die menschliche Logik kein objektiver Vorgang, sondern eine der jeweiligen Persönlichkeit zuzuordnende, absolut subjektive, psychische Funktion ist. Der amerikanische Schriftsteller und Anthropologe Carlos Castaneda hat sich ebenfalls damit beschäftigt und festgestellt:

›Die erste Wahrheit über das Bewusstsein lautet, dass die Welt dort draußen nicht wirklich das ist, wofür wir sie halten. Wir halten sie für eine Welt der Gegenstände, und das ist sie nicht. Sie ist nicht so fest und so wirklich, wie unsere Wahrnehmung uns glauben macht. Aber sie ist auch keine Fata Morgana. Die Welt ist keine Illusion, wie man immer sagt; sie ist einerseits real und andererseits irreal. Wir nehmen wahr. Aber wir lernen, was wir wahrnehmen sollen. Unsere Sinne nehmen wahr, wie sie es tun, weil die besondere Beschaffenheit unseres Bewusstseins sie zwingt, so wahrzunehmen. Nur das Bewusstsein ist der Grund, warum wir annehmen, dort draußen sei eine Welt von Gegenständen.‹ (13)

Du wirst bei den Gedanken, die ich dir versuche zu vermitteln, immer einmal Widersprüche finden. Insbesondere, wenn man einige theoretische Ansätze konsequent zu Ende denkt, scheinen viele praktische Erklärungen und bildliche Beschreibungen ganz und gar nicht zusammenzupassen. Das liegt in der Natur der Sache; der Verstand will dies alles gar nicht wahrhaben, er wird immer versuchen, die Unsinnigkeit dieser Gedanken zu beweisen. Nur wenn wir unsere reale Welt als Manifestation von Gedanken sehen und diese weltlichen Regeln und Mechanismen darauf aufbauen, erscheint alles kongruent. Stell dir ein aufwendiges, nahezu reales Computerspiel vor. Es gibt einige spirituelle Ansichten, die das Leben als Spiel betrachten, das wir selbst geschaffen haben. Das Spiel ist unsere Welt, die Spielregeln wurden von uns erstellt. Nur scheinen wir diese Tatsache vergessen zu haben, wir wissen nicht mehr, dass wir die Regeln jederzeit ändern können. Wir müssen uns nicht an diese Regeln halten, diese Erkenntnis wäre dann aber auch das Ende des Spiels. Oder ist der Programmierer das namenlose Eine, Gott, oder wie auch immer wir es bezeichnen wollen? Oder sind wir das namenlose Eine? Die Figuren in unserem Spiel des Lebens scheinen zu eigenen Handlungen fähig, gehorchen aber trotzdem den Regeln, die der Programmierer für sie festgelegt hat, auch wenn wir diese nicht sehen. An diesem Punkt könnten wir ansetzen und das Spiel umprogrammieren, wie es uns gefällt, oder wir spielen nach den vom Programmierer manifestierten Regeln. Jeder Mensch kann für sich entscheiden, wie weit er gehen möchte. Das Programmieren müssten wir sowieso erst wieder erlernen. Genauso ist es auch mit der Spiritualität. Sie kommt nicht von jetzt auf gleich. Nicht jeder wird sich so weit eindenken wollen oder können. Bei manchen kommt sie schnell, andere werden Jahre brauchen. Vielen Menschen reicht es auch, erst einmal das Prinzip ihres PC-Spiels zu erkennen und nur ein paar einfache Dinge zu ändern. Hat der Programmierer festgelegt, dass die Spielfigur bei einer bestimmten Handlung Kopfschmerzen bekommt, und hat er des Weiteren festgelegt, dass die Figur in eine Apotheke gehen kann, sich Aspirin kauft und die Schmerzen verschwinden, wird das jeder nachvollziehen können. Ein ganzheitlicher Ansatz wäre, dass das Programm selbst umgeschrieben wird und die Figur keine Schmerzen mehr hat. Hier lässt sich einwenden, dass die Figur ja schlecht selbst das Programm, das sie erfunden hat, umschreiben kann. Aber unser Leben ist auch kein einfaches Computerspiel und dies ist nur ein bildhaftes Beispiel dafür, wie Dinge funktionieren. Genauso unverständlich werden viele reagieren, wenn man so weit gehen würde, zu behaupten, dass, wenn die ganze Welt von uns selbst erdacht wurde, auch die Tatsache, dass wir essen und trinken müssen, nur eine selbst auferlegte Regel ist. Rein theoretisch könnten wir diese Regel für uns ändern und müssten nie mehr essen. Es stellt sich nur die Frage, wie wir eine seit zigtausend Jahren aufgestellte und durch die Gedanken der Menschen manifestierte Regel mal so eben ändern sollen. Wenn wir dieser Regeländerung nicht zu einhundert Prozent vertrauen, wird es nicht funktionieren. Andererseits ist es aber auch nicht auszuschließen, dass ein bedingungsloser Glaube, besser ein Wissen, an diese Theorie dazu führt, wirklich nicht mehr essen zu müssen. Vielleicht hast du von dieser umstrittenen Australierin Ellen Greve, genannt Jasmusheen, gehört, die behauptet, nie zu essen, und dies auch in Kursen lehrt. Nach eigener Aussage ernährt sie sich ausschließlich von Licht und ab und zu etwas Wasser. Den Beweis blieb sie allerdings schuldig, abgesehen davon entwickelte sie auch noch einige weitere merkwürdige Ansichten. Aber warum sollte es grundsätzlich nicht möglich sein, wirklich so zu leben? Sehen wir uns einmal an, woraus unsere Nahrung letztlich besteht: Wenn die kleinsten Teilchen nur Wahrscheinlichkeiten und eigentlich gar nicht vorhanden sind, so nehmen wir beim Essen eigentlich »nichts« zu uns. Russische Forscher haben entsprechend die Hypothese aufgestellt, dass wir uns von Luft ernähren könnten – wenn unsere Psyche dies akzeptieren würde, wohl gemerkt, nicht der Körper muss es akzeptieren, sondern der Kopf!«

»Wieso existieren kleinste Teilchen denn nicht, wieso gibt es sie nicht?«, hakte ich ein.

Diese Geschichte, dass man nicht einmal essen musste, um zu überleben, schien mir deutlich zu weit zu gehen, und in Physik war ich in der Schule auch nicht so schlecht gewesen, als dass ich noch nichts von Atomen gehört hatte.

»Mir wäre es lieb, wenn ich dir das ein anderes Mal erklären könnte. Es reicht für heute, morgen werde ich dir etwas über die Meditation sagen, was dir vielleicht hilft, die schlimmsten Sitzbeschwerden zu vermeiden.«

Er spielte wohl darauf an, dass ich nach meiner Morgenmeditation im Lotossitz jedes Mal kaum hochkam und Minuten brauchte, bis die Durchblutung meiner Beine wieder halbwegs funktionierte.

»Aber was wir machen können, ist, dass wir uns gegen fünf Uhr zum Kaffee auf der Terrasse am See treffen, Backgammon spielen und dann dort mit Guy und wem auch immer zu Abend essen.«

Ich war einverstanden. Zügig gingen wir zurück zum Dorf, jeder zu seinem Haus. Ich hatte zwei Stunden Zeit bis zu unserer Verabredung und wollte einfach etwas auf der Terrasse sitzen und auf die spiegelglatte Oberfläche des ruhig vor mir liegenden Sees schauen.

8. Kapitel – Backgammon

Kurz nach fünf begann es in dieser Gegend bereits zu dämmern, um sechs Uhr war es nahezu dunkel. Durch die den Atitlán-See umgebenden Berge waren die Tage noch ein wenig kürzer als sowieso schon in diesen Breitengraden. Daran schien es auch zu liegen, dass die Einheimischen so furchtbar früh schlafen gingen, sie orientieren sich an dem natürlichen Tagesrhythmus, der hier immer nahezu gleich ist. Lange Sommer- oder kurze Winternächte gibt es also nicht. Wir saßen auf der Terrasse des Media Luna, einem von zwei etwas mehr auf den europäischen Geschmack ausgerichteten Restaurants, sozusagen dem besten Haus am Platze. Daneben gab es noch das Tortillita sowie einige lokale Küchen, die lecker und preiswert waren, leider jedoch jede nette Atmosphäre vermissen ließen: zwei bis drei meist nicht abgewischte Plastiktische mit den bekannten weißen Plastikstühlen, von der Sonne spröde geworden, die einen 90-Kilo-Europäer kaum länger trugen, dazu der obligatorische, zu laute Fernseher.

Das Media Luna hatte eine Terrasse, die stegartig über dem See lag, eine Etage höher und zurückgesetzt gab es eine Art lange, überdachte Veranda für schlechteres Wetter sowie einen kleinen Gastraum im Haus, der nur in Notfällen genutzt wurde. Alles war mit viel Liebe aus dunklem Holz gezimmert worden, dazu gab es bunte Akzente wie Bilder von lokalen Malern, einige Lampions und Vodoo-Masken, die eine gemütliche Mischung aus Maya-, Reggae- und Kolonialstil ergaben. Der Besitzer Leon, ein kleiner, drahtiger Argentinier, lebte hier seit einigen Jahren und hatte als Erster eine Abwechslung zum Standardessen Hühnchen, Reis und Bohnen in das Dorf gebracht. Neben Earl und mir waren Guy und George an unserem Tisch, allesamt also eingemeindete Gringos aus Nordamerika. Im Hintergrund lief der alte Chet-Baker-Song Sweet Valentine – genau das Richtige für diese Nachsonnenuntergangsstimmung. Dem lokalen Rhythmus entsprechend wurde auch heute relativ früh gegessen; man traf sich in der Regel auf ein Bier zum Sonnenuntergang und ging dann zum Essen über, sodass man spätestens um acht fertig war. Im Laufe des Abends hatte ich verstanden, dass Guy, der Kanadier, von irgendeiner staatlichen Pension lebte, die zwar nur gut 1000 Dollar monatlich betrug, jedoch völlig ausreichte, um durch Mittelamerika zu gondeln und monatsweise oder länger zu bleiben, wo es ihm gefiel. So lebte er zumeist in einem heruntergekommenen, dunkelbraunen VW-Bus, den er sich vor Ort von den Kindern, denen er Farben gekauft hatte, von oben bis unten hatte bemalen lassen – Flowerpower pur also. Er war der Typ Mann, der abends am Strand die Gitarre rausholt, anfängt zu zupfen und dem dann die hübschesten Bikini-Schönheiten zulaufen. So waren seine Freundinnen auch immer deutlich jünger als er. Sein Running Gag war der Spruch: »Frauen über 30 können sehr attraktiv sein. For some years …«

Guy stellte sich wie alle anderen auch als weitgereister Globetrotter heraus. Was mich natürlich am meisten interessierte, waren seine Erfahrungen in einem indischen Ashram, wo er sechs Monate gelebt hatte. Irgendwie sah er auch aus wie ein Yogi: eher klein und dünn, drahtig und braungebrannt mit schulterlangen braunen Haaren und einem sehr offenen Gesicht. Er schien immer gut gelaunt zu sein. Im Ashram hatte er täglich mehrere Stunden meditiert und insbesondere auch die dahinterliegende hinduistisch geprägte Weltanschauung und Lehre gelernt. Nachdem ich ihn bekniet hatte, mir doch einmal eine Einweisung in die Meditation zu geben, willigte er ein, dies am nächsten Morgen zu tun. Earl nickte zufrieden und stimmte zu, dass Guy dafür prädestiniert wäre. Zufrieden bestellte ich mir zum Essen einen Fisch aus dem See mit scharfer grüner Soße, dazu eine Art Bratkartoffeln aus Süßkartoffeln sowie einen Salat. Die bildschöne Bedienung sah irgendwie nicht guatemaltekisch aus, sondern schien einen spanischen Einschlag zu haben. Sie war groß und schlank, mit einer perfekten Figur, die sie nicht versteckte, und bronzefarbener Haut. Die Haare trug sie á la Frida Kahlo zu einem Kranz um den Kopf geflochten, die dunklen Augen blitzen über einer kleinen, leicht hakenartigen Nase. Earl steckte mir, dass sie Anfang 20 sei, Amanda heiße und aus Mexiko käme. Verschwörerisch grinste er mich an, und ich wandte mich lieber George zu, ehe noch ein dummer Spruch kam.

Ganz im Gegensatz zu Guy bestand Georges Meditation offensichtlich daraus, mit einem Joint im Mundwinkel irgendwo rumzuhängen. In San Pedro gab es überhaupt keine Polizeistation, sodass die Gefahr, erwischt zu werden, äußerst gering war. George saß also die meiste Zeit mit seiner strohblonden Rastafrisur und einem Joint, den er bereitwillig mit jedem teilte, bei uns und entspannte sich. Später stellte ich fest, dass er offensichtlich auch immer die gleichen, ehemals weißen, Klamotten trug; ich habe keine Ahnung, ob er mehrere Sätze davon hatte oder nicht. Jedenfalls besaß er ein absolut traumhaft gelegenes Grundstück über dem See, das er vor Jahren schon für kleines Geld gekauft hatte. Auf der Veranda seines bunt bemalten Holzhauses hatte er ein Café eingerichtet, das manchmal offen, manchmal geschlossen war, sodass durch Letzteres enttäuschte Gäste nicht oft wiederkamen, was George aber nichts ausmachte, denn er war schließlich nicht zum Arbeiten hergekommen. Das Highlight auf seinem Land waren die Tubes: große, schwarze, in den Hang eingegrabene Plastikwannen, die gegen Bezahlung mit von der Sonne erwärmtem Wasser aus riesigen Vorratsbehältern gefüllt wurden. Jede Wanne war weitgehend vor fremden Blicken geschützt und hatte einen herrlichen Blick über den See. Handtücher gehörten zum Service, Badezusätze waren jedoch bis auf einige Kräutermischungen verboten, da das Wasser nach Gebrauch direkt in den See floss. Wenn George die Nase voll von der Gegend hatte, packte er seinen Kram und fuhr für ein paar Wochen an die mexikanische Karibikküste, wo er sich sein Geld als Masseur in einem Luxushotel verdiente. Er genoss einen sehr guten Ruf als Masseur und ich wollte es bei Gelegenheit auch einmal ausprobieren.

Nach dem Essen packte Earl sein Backgammon aus und wir begannen, um einen Cent pro Punkt zu spielen. Bald merkte ich, dass er deutlich schneller spielte als ich und dass ihn meine längeren Bedenkphasen reichlich nervten. Als er dann auch noch begann, meine Züge mit einem »I wouldn't do that« zu kommentieren, versuchte ich, mich ranzuhalten und verdoppelte einige Male, sodass ich plötzlich fast einhundert Punkte zurücklag. Der eine Cent war mir zuerst lächerlich vorgekommen, jetzt war ich heilfroh. Richtig um Geld hatte ich Backgammon noch nie gespielt, diese Lektion hatte mich also Gott sei Dank nur ein Bier gekostet.

»Soll ich dir nicht einmal ein paar grundsätzliche Dinge über dieses Spiel beibringen?« fragte er.

»Ja, warum nicht.«

Ich hatte bisher nur zum Spaß mit Freunden gespielt, und wie sich später herausstellte, hatte dies nie wirklich etwas mit Backgammon zu tun gehabt. Mir war nicht klar gewesen, wie viel man dabei rechnen und kalkulieren konnte. Im Laufe der nächsten Wochen lernte ich einiges und Earl schien Spaß daran zu haben, sich einen Gegner heranzuziehen. Streckenweise klappte mein

Spiel auch ganz ordentlich, ich gewann, doch immer wieder hatte ich Aussetzer, die alles bis dahin Gewonnene zunichte machten. Vielleicht fiel ich aber auch nur auf diesen Zocker herein, der mich mit ein paar leichten Siegen locken wollte. An diesem ersten Abend beließen wir es dabei. Die anderen erzählten mir bei ein paar Bier ihre Abenteuer, bis wir dann zeitig aufbrachen. Auf dem Weg zurück fragte ich Earl, wo er so gut gelernt hatte, Backgammon zu spielen. Es stellte sich heraus, dass er nicht nur Backgammon liebte, sondern jedes Spiel, bei dem man zocken konnte. Ich war bei einem ehemaligen Profispieler gelandet. Später merkte ich, dass er nur richtig motiviert mit mir spielte, wenn es um etwas ging: je mehr, desto besser. Ohne Einsätze jedoch war er dermaßen unkonzentriert, dass wir es besser ganz sein lassen konnten. Er hatte jahrelang bei großen Backgammon-Turnieren um Geld gespielt, dann aber bewusst damit aufgehört, weil er erkannt hatte, dass er nicht immer gewinnen konnte. Im Laufe der Wochen in San Pedro lernte ich ihn immer besser kennen und stellte fest, dass Earl in seinem Leben so viele, teilweise absurde Geschichten erlebt hatte, wie der Rest meiner Freunde nicht zusammen.

So hatte er Jahre in Spanien gelebt und dort versucht, einen Motorradhandel aufzuziehen, geworden war daraus aber lediglich eine Motorradwerkstatt, die er gemeinsam mit einem Freund hatte und die sie so gerade über Wasser hielt. Während die RAF ihr Attentat auf einen deutschen Wirtschaftsboss verübte, saß er mit einem Bündel Marihuana im Zug von Holland nach Deutschland. Da er im Radio von dem Mord hörte, kann man sich vorstellen, was er bei der Grenzkontrolle im Zug erwartete. Er hatte Glück und wurde nicht gefilzt. Zwei Jahre lebte er in Kolumbien und kannte dort jedes Nest. Die meiste Zeit verbrachte er in Cartagena, einer wunderschönen alten Festungsstadt mit einer attraktiven Mischung aus spanischen Kolonialbauten und karibischer bunter Holzbauweise. So richtig rückte er nicht mit der Sprache heraus, was er eigentlich dort gemacht hatte. Ich dachte mir also einfach meinen Teil. Auf Jamaika wiederum hatte er einen farbigen Neffen, mit dem er zwar nicht leiblich verwandt war, von dem er jedoch schon so behandelt wurde. Der Vater des Jungen war wohl ein alter Kumpel aus Jugendjahren. Irgendwann lebte Earl auch davon, balinesische Tücher in die USA zu importieren und dort zu verkaufen, was so lange gutging, bis im Zuge von Globalisierung und Internet jeder dieses Geschäft betreiben konnte und die Margen in den Keller rutschten. Zu guter Letzt erzählte Earl, dass er aktuell in Chicago in Immobilien machte und sich während des Sommers zum Arbeiten dort aufhielt. Erst wenn das Wetter kälter wurde, sodass er nicht mehr im T-Shirt auf seiner BMW durch Chicago jagen konnte, packte er seinen Kram und überwinterte in Guatemala und Mexiko. Das waren die Momente, in denen ich wirklich neidisch wurde.

Wir verabschiedeten uns und jeder ging zu seinem Haus. Auf der Bank vorm Haus gönnte ich mir noch ein kühles Bier und genoss es, solch einen schönen Platz für die nächsten Wochen gefunden zu haben. Dazu hatte ich offensichtlich auch noch genau die richtigen Leute kennengelernt. Ich hatte mich irgendwann zu jener Zeit dafür entschieden, dass ich in jedem Menschen, den ich kennenlernte, einen Sinn suchte. Mit der Annahme, dass es keine Zufälle gab, musste demzufolge jeder neue Kontakt in meinem Leben einen Sinn haben. Diesen Sinn kann man suchen, aber man kann natürlich die Gelegenheit auch vorüberziehen lassen. Zudem hatte dieses Zusammentreffen also auch einen Hintergrund für Earl und die anderen. Nur, was sollte ich Heimatloser ihnen beibringen?

9. Kapitel – Meditation

»Immer mehr Menschen meditieren, sie sind auf der Suche nach sich selbst und versuchen eine Einheit von Körper, Seele und Geist zu finden. Die Meditation soll helfen, die ablenkenden Gedanken zum Verstummen zu bringen; man sucht im Nebel der Gedanken und Erwartungen eine wie auch immer geartete Verbindung zu einem mystischen Unbekannten. Die westliche Welt wird von einer spirituellen, mystischen Welle überrollt, wobei auch die Meditation in aller Munde ist und dadurch Gefahr läuft, ihren ursprünglichen Sinn zu verlieren. Vergleichbares hatte der Westen vorher nicht. Jedenfalls nicht in der Öffentlichkeit, denn die verschiedenen Mönchorden bei euch in Europa beispielsweise kennen ähnliche Wege der Besinnung. Mit der Meditation übernahm man kritiklos und völlig aus dem Zusammenhang gerissen die Wege des Ostens, passte sie dem westlichen Gedankengut an und war erstaunt, dass dies nicht so funktionierte wie erhofft. Oft ebenso erfolglos waren östliche Meditationslehrer, die ihre Methode im Westen lehrten, denn die kulturellen Unterschiede waren größer als erwartet und irgendetwas passte nicht.«

Es war früh morgens, die Sonne schickte sich an, hinter den Vulkanen hervorzukommen. Für mich war dies die schönste Stunde des Tages: Die Luft war noch frisch und unverbraucht, bevor die Hitze vom Tag Besitz ergriff, das blaue Licht des Morgens schien eine Einheit mit dem See, dem Himmel und den Bergen zu bilden. Ich genoss es, mit einer Tasse Tee mit Milch und Zucker auf meiner Terrasse zu sitzen und die Umgebung zu betrachten, bevor ich meditierte. Heute stand also das Kapitel

Meditation mit Guy auf dem Programm, nachdem ich mich gestern beschwert hatte, dass ich dabei irgendwie keinerlei Fortschritte machte. Guy stand dann auch pünktlich zum Sonnenaufgang vor meiner Hütte und begann mit seiner Einführung in die Grundlagen der Meditation.

»Die Meditation wurde in Asien einstmals entwickelt, um zu einer tiefen Bewusstheit zu gelangen, die verstandesmäßig nie erreichbar wäre. Der Verstand soll zum Schweigen gebracht werden, dein Bewusstsein, die Intuition soll dich leiten. Jetzt ist dein Bewusstsein noch gefangen in deinen Gedanken, es hat keinen Raum. Das Wort ›Meditation‹ selbst stammt hingegen nicht aus Asien, sondern kommt von dem lateinischen *meditatio*, was ›das Nachdenken über‹ oder auch ›zur Mitte ausrichten‹ heißt. Das ursprüngliche Wort im Sanskrit bedeutete nicht nur ›nachdenken‹, ›schauen‹, ›prüfen‹, sondern auch ›messen‹ in der Bedeutung von ›werden‹. Meditative Praktiken sind ein wesentlicher Bestandteil vieler Religionen. Im Hinduismus, Buddhismus und Daoismus besitzt die Meditation eine ähnliche Bedeutung wie das Gebet im Christentum oder Islam. Das Gebet im Christentum war einmal viel mehr als ein kurzes Wunschkonzert, es war eine meditative Versenkung. Die Meditation lässt sich bis zu den Upanishaden und der buddhistischen Tradition in Indien zurückverfolgen. Mit der Meditation werden nahezu ausnahmslos spirituelle Ziele verfolgt. Aber auch in den mittelalterlichen Klöstern des Christentums wurden die ›geistlichen Übungen‹ *meditatio*, also gegenständliche Betrachtung, und contemplatio, also gegenstandfreie Anschauung oder Kontemplation, zur Sammlung des Geistes betrieben. Besonders in den mystischen Traditionen sollten damit der Verstand und das Denken zur Ruhe kommen, um den ›einen Urgrund‹ freizulegen. Die Vielfalt der Meditationstechniken ist nicht zu überschauen. Sie unterscheiden sich nach ihrer traditionellen religiösen Herkunft, nach unterschiedlichen Richtungen oder Schulen innerhalb der Religionen und oft auch noch nach einzelnen Lehrern. Die jeweilige Methode ist also ausgehend von der speziellen Weltanschauung im Hinblick auf ein Ziel entwickelt worden, und dies handhabt dann auch noch jeder Guru anders. Ohne Kenntnis von Ausgangspunkt und Ziel ist es reine Glückssache, ob die dir begegnende Meditationsmethode die richtige für dich ist oder nicht. Auch wurden die meisten Methoden vor ein- bis zweitausend Jahren entwickelt, und unsere Welt, unsere Weltsicht hat sich geändert. Wir leben im Zeitalter der Raumfahrt und der Computertechnik, nicht mehr in Indien 600 Jahre vor Christi Geburt. Genau aus diesen Gründen kann ich dir hier einiges erklären und dir auch einige Möglichkeiten zeigen, die richtige Meditation kannst du jedoch nur bei einem wirklich guten Lehrer erlernen. Alles andere wären reine Entspannungsübungen, die ja auch nicht schlecht sind. Es ist wie in der Liebe, du kannst sie nicht erklären. Du kannst sie nicht in Regeln fassen und mit Methoden erlernen. Ich kann es jedenfalls nicht.« Er zog eine Augenbraue hoch.

»Aber worin liegt denn der Unterschied in der Meditation? Letztendlich sitze ich doch immer still und versuche, nicht zu denken«, warf ich ein.

»Ach, weißt du, schon ganz früh wurden im Buddhismus sechs Typen von Menschen unterschieden, die jeweils einen anderen Weg benutzen sollten. Dazu kommt das Zusammenspiel von Schüler und Lehrer, deren Persönlichkeiten, deren Kultur, deren Entwicklungsstadium. Bist du ein logischer Mensch, bist du mystisch angehaucht, was sind deine Ziele? Aber das ist mir schon alles zu kompliziert und verstandesmäßig erklärt. Meditation ist nicht kompliziert. Was sie uns für kompliziert macht, ist der Druck, dem viele sich in der Meditation aussetzen. Indem man versucht, ein Ziel zu erreichen, wird man in der Meditation scheitern, sie lässt sich nicht erzwingen. Hast du schon einmal versucht, dich zum Einschlafen zu zwingen? Das wird auch nicht besonders erfolgreich gewesen sein. Meditation ist ein Hilfsmittel, um einen vom Alltagsbewusstsein unterschiedenen Bewusstseinszustand zu üben, in dem das gegenwärtige Erleben im Vordergrund steht, frei von gewohntem Denken, vor allem von Bewertungen und von der subjektiven Bedeutung der Vergangenheit, also den Erinnerungen, und der Zukunft, also Plänen und Ängsten. Viele Meditationstechniken sollen helfen, einen Bewusstseinszustand zu erreichen, in dem äußerst klares, hellwaches Gewahrsein und tiefste Entspannung gleichzeitig möglich sind. In vielen Kulturen wird dabei einige Tage vorher zur Vorbereitung gehungert, um den Alltag leichter hinter sich lassen zu können. Das Ergebnis, das Ziel der Meditation kann nicht durch den Verstand erfasst werden, man kann es sich nicht erklären lassen. Ganz im Gegenteil, die von einem anderen vorgebeteten oder angelesenen Wahrheiten sind als nicht selbst gemachte geistige Erfahrungen ein Hindernis auf dem Weg des Prozesses.«

Genau das war es, was mir solche Schwierigkeiten machte, ich wusste nicht genau, was ich überhaupt erreichen wollte, was mich erwartet. Ich meditierte und hatte keine Ahnung, was kommen würde.

»Vergiss also jeden Zwang bei der Meditation, mache sie nicht zum Selbstzweck. Es ist überhaupt nicht erforderlich, für die Meditation eine bestimmte Haltung einzunehmen oder gar in eine bestimmte Himmelsrichtung zu schauen. Wenn du nicht als Hindu im Lotossitz geboren wurdest, ist es für dich wahrscheinlich trotz allen Übens nie möglich, länger so zu sitzen. Sinn und Ziel der Meditation ist es eben nicht, eine Stunde im Lotussitz verbleiben zu können! Dies ist für einen Hindu seit Generationen die übliche Art zu sitzen, die er für Stunden aushält. Du jedoch nicht. Setz dich stattdessen aufrecht auf einen Stuhl, eine Bank, ein Kissen oder bleib einfach stehen. Der wesentliche Punkt ist, dass du bequem und auch lange genug so verweilen kannst. Versuche jede Künstlichkeit aus der Meditation herauszunehmen.«

»Das heißt, ich muss hier überhaupt nicht eine gute halbe Stunde im Schneidersitz hocken, bis mir beide Beine eingeschlafen sind und ich fünf Minuten brauche, bis ich wieder aufstehen kann?«

»Nein, natürlich nicht. Genauso ist übrigens Askese ein beliebter Irrtum bei Anfängern auf der Suche nach dem Sinn des Lebens. Askese als Selbstzweck wird niemals auch nur einen Schritt weiter zum Ziel führen; selbst Buddha scheiterte auf diesem Wege. Egal ob Meditation oder Askese oder welches Hilfsmittel auch immer, dies alles kann nur einen Sinn haben, wenn es zur Erreichung eines Zieles eingesetzt wird und zugleich als Mittel zum Zweck, also als Hilfe auf dem Weg laufend überprüft werden, sodass sich ihre Angemessenheit bestätigt. Meditiere ohne Ziel. Wenn du ein Ziel dabei anstrebst, kannst du sicher sein, es nicht zu erreichen. Das Gegenteil wird dein Ergebnis sein. Jeder Leistungsgedanke wird die Meditation in ihr Gegenteil verwandeln. Sie hat keine Motive, keine Worte, keine Gedanken. Meditation bedeutet keine Trance, kein Mantra, sie ist willenlos. Lass sie nicht zum stumpfen Ritual werden, jedes Ritual ist unsinnig und hemmend. Meditiere bewusst.«

Es war mir schon immer merkwürdig vorgekommen, wenn ein Dutzend Menschen sich an den Händen haltend und glückselig grinsend im Kreis saßen und dabei Mantren sangen, die aus einer anderen Sprache und einem anderen Kulturkreis stammten. Im besten Fall erschien mir dies als friedlich, ansonsten eher als völlig daneben und unangemessen und nicht authentisch.

»In der Meditation kannst du lernen loszulassen, sowohl die Begierde als auch den Widerstand. Dadurch erreichst du einen Zustand innerer Ruhe, der es dir möglich macht, dein Gedankenchaos in Ruhe zu betrachten. Du bist nicht deine Gedanken, denn diese sind nur Erinnerungen daran, wie es einmal war, oder Vorstellungen davon, wie es einmal sein könnte. Gedanken sind reine Gehirnakrobatik, die zumeist überflüssig ist, gelegentlich allerdings auch sehr sinnvoll. Beobachte also den nicht enden wollenden Strom deiner Gedanken, bewerte sie nicht, lass sie einfach kommen und gehen. Du kannst sie sowieso nicht verhindern. Schau, wie der neue Gedanke kommt, schau, wie er wieder geht, aber wende deine Aufmerksamkeit nicht einem einzelnen Gedanken zu.«

Jetzt wollte ich aber auch endlich einmal wissen, wofür ich meditierte und was mir bestenfalls passieren würde.

»Gib nicht auf, wenn du nicht so schnell die Erfolge hast, die du suchst. Solange du suchst, wird nichts passieren, erst wenn du nur noch meditierst wird sich etwas in dir ereignen. Meditation ist nicht anstrengend, Erfolge können nicht beschleunigt oder erzwungen werden, lass dir die Zeit, die notwendig ist, und erwarte nichts. Hin und wieder wirst du kurze Momente erleben, in denen deine Gedanken eine Pause machen. Diese Momente werden mit der Zeit länger und länger, und während dieser Momente erhaschst du unter Umständen einen Blick auf die. höheren Ebenen. Regelmäßige Meditation wirkt jedoch per se stark beruhigend und ausgleichend, wenn sie zum einen regelmäßig und zum anderen über einen längeren Zeitraum von mindestens sechs Monaten hinweg betrieben wird. Das allein ist in unserer hektischen Welt viel wert. Das Ziel der Meditation ist die Erleuchtung, ein kaum zu beschreibendes Erlebnis. Die Erleuchtung ist vielleicht ein Bewusstsein jenseits von allem;

dieser Zustand ist für den Verstand nicht zugänglich, er kann nicht beschrieben, nur erlebt werden. Die Erleuchtung kann von einem Augenblick auf den anderen kommen, sie kann aber auch schrittweise erfolgen. Auf diesem Weg existieren entsprechend zahlreiche Zwischenstationen, sodass ein jeder seinen Fortschritt bis zu einem gewissen Punkt machen kann. Die Meditation stoppt das Ego, um die Transzendenz zu einer höheren Ebene zu ermöglichen. Insofern ist Meditation derzeit das Mittel und der Weg zur weiteren Entwicklung des persönlichen Bewusstseins. Sie befähigt dich, die Welt und dich selbst in einem größeren Zusammenhang zu sehen.

Benutze die Meditation jedoch nicht als Flucht vor dem Alltag, es ist sinnlos, sich täglich drei Stunden in einer vorgeschobenen Meditation vor der Wirklichkeit abzuschotten. Dies gilt übrigens genauso für die Askese. Beide stehen niemals außerhalb unseres Lebens, sie sind eine Hilfe zur Fokussierung auf das Wesentliche. Die Kräfte des Meditierenden werden wie in einem Brennglas gebündelt und ermöglichen ihm, Vorgänge auszulösen und zu konzentrieren, die er ansonsten vielleicht nie erfahren würde. Wir können die Meditation nutzen, um dem Alltag und einem Problem für eine Stunde zu entfliehen und zur Ruhe zu kommen, dann müssen wir jedoch der Wirklichkeit wieder ins Auge schauen. Meditation kann keine Flucht vor dem Alltag sein, sie ist nicht der Weg, um vor schwierigen Situationen oder Entscheidungen davonzulaufen. Auch kommt es nicht darauf an, möglichst lange zu meditieren, möglichst viele Arten der Meditation zu kennen oder in den merkwürdigsten Positionen zu sitzen. Es gab einmal einen Mönch, der stundenlang meditierte und meditierte, bis ihn sein Lehrer fragte, warum er sich so offensichtlich anstrenge. Der Mönch antwortete, dass er möglichst schnell Buddha werden wolle. Der Lehrer hob einen Ziegelstein auf und begann, ihn an seinem Gewand zu reiben und zu polieren. Auf die Frage, was er da mache, sagte der Lehrer: ›Ich mache mir einen Spiegel.‹ – ›Wie kann man denn aus einem Ziegelstein einen Spiegel machen?‹ Daraufhin fragte der Meister: ›Und wie wird man durch stundenlanges Sitzen zum Buddha?‹«

Ich lächelte, offenbar war der eher sklavische Ansatz der katholischen Religion, in der ich als Kind erzogen wurde, nicht vergleichbar mit der Freiheit des Buddhismus.

»Ich denke, Earl wird dir in der nächsten Zeit auch über das Dao erzählen, eine sehr puristische Sichtweise der Dinge. Im Daoismus gibt es zwar eine Art Yoga mit entsprechenden Atemtechniken, jedoch keine Vorschriften, wie man meditieren soll, keine festen Zeiten und Regeln. Beim Dao liegt die Meditation im Alltag, in der alltäglichen Sicht der Dinge. Du meditierst im Sinne des Dao, wenn du aufmerksam bist. Aber dazu später mehr. Das westliche Denken in Quantitäten solltest du aufgeben, es behindert dich lediglich. Ich zum Beispiel habe anfangs aus Langeweile die Atemübungen dazu benutzt, zu sehen, wie lange ich die Luft anhalten konnte. Dass dies nicht gerade der Weg der Erleuchtung war, ist offensichtlich, oder? Vermeide jeglichen Zeitdruck. Es ergibt wenig Sinn, sich noch schnell am frühen Morgen hinzusetzen, um zu meditieren, wenn man dabei ständig daran denkt, ob man seinen Flieger noch rechtzeitig bekommt. Dann ist es besser, zehn Minuten im Flugzeug zu meditieren. Weder Dauer noch Vielfalt der Meditation spielen eine Rolle, lediglich die Intensität ist wichtig.«

Guy setzte sein Grinsen auf, und ich wusste, dass jetzt eine eher weltliche Anmerkung kommen würde: »Und bitte, tue dir und deinen Nachbarn und Mitmenschen einen Gefallen, sing keine Mantren oder Ähnliches, die du nicht wirklich verstehst. Und du verstehst kein einziges. Mantren haben in dem Kulturkreis, dem sie entstammen, einen tiefen Sinn, sie sind nicht gedacht als esoterische musikalische Begleitung von Meditation und Ähnlichem. Die Erklärung eines einzigen Mantras benötigt ein ganzes Buch, das solltest du respektieren. Vielleicht findest du einmal einen Lehrer, der dich in die Geheimnisse der Mantren einweisen wird. Finde einfach deinen Weg, folge ihm dann aufrichtig und blockiere dich nicht durch ständig neue Varianten. Also bitte, kein Om, kein So Ham, kein Shiva Shiva!«

»Warum singen dann alle Bhagwans oder Oshos ständig Mantren?«

»Nun, nicht jeder sieht die Funktion und Wirkung der Mantren wie ich. Das Wort Mantra bedeutet so viel wie ›Werkzeug des Geistes‹. Der Klang der Mantren soll aus den Urtönen der Welt zusammengesetzt sein und entspringt unmittelbar dem kosmischen Geist. Dafür hat ein Mantra keine Bedeutung, es ist der reine Klang. Die Vibrationen, die die Klänge in uns hervorrufen, ist der Rhythmus der Natur. Gemäß den Veden entfaltet ein Mantra seine spezielle Wirkung insbesondere durch die Vibrationen. Ein Sutra hingegen ist ein Mantra mit einer Intention. Das Sutra ist also ein kurzer Satz, der sich selbst erklärt, und eine Umschreibung würde Bücher füllen können. Dazu kommt natürlich, dass sich dieser Weg durch den jahrhundertelangen Gebrauch zumindest in Indien bewährt hat. Gewisse Wirkungen und Resultate könnten sich leichter manifestieren, die Gedanken vieler Menschen haben mehr Kraft als die einer einzelnen Person. Aber ehrlich gesagt, ich weiß es nicht. Alles hat die Macht, die du ihm selbst verleihst, nicht mehr und nicht weniger. Und ich meditiere ohne Mantren.«

»Was mache ich denn dann überhaupt, wenn ich da sitze?«

»In der Meditation ist dein Geist glasklar, du versetzt dich nicht in einen Dämmerzustand, der Geist ist lediglich absolut passiv. Er registriert alles um sich herum, analysiert und interpretiert jedoch nichts. Er lässt sich nicht ablenken. Betrachte beim Meditieren die Dinge von einem universellen Standpunkt aus, lass dein Ich außen vor. In der Meditation erhältst du völlig neue Einblicke in dein Bewusstsein, du erkennst, dass deine Sicht der Dinge ein Produkt deines Bewusstseins ist. Du lernst, dass du die Welt in der du lebst, selbst erschaffst. Vielleicht sollte man das Wort ›Meditation‹ selbst erst einmal abschaffen, denn es ist verbraucht und vermarktet, die ursprüngliche Bedeutung ist irgendwann verloren gegangen. Das, was es wirklich meint, ist kaum zu erklären, es bedeutet eine Bewegung und die Stille, es ist in dir und außerhalb von dir. Wenn es dir schwer fällt, den Fluss deiner Gedanken zu stoppen, so achte stärker auf deinen Atem. Nicht umsonst ist das bewusste Atmen in den östlichen Philosophien so wichtig. Beobachte den Atem, wie er in dich herein- und wieder hinausströmt. Fühle dabei deinen tiefen Bauch, atme tief nach unten in den Körper. Stell dir dabei vor, dass du Licht und Liebe einatmest und Stress und Schmerz wieder ausatmest.«

»Du hattest vorhin gesagt, dass es auf dem Weg zur Erleuchtung auch Zwischenstationen gibt. Bedeutet dies, dass es einen fließenden Übergang von meinem jetzigen, sagen wir mal Ursprungszustand zur Erleuchtung gibt?«

»Der Buddhismus kennt neun Stufen geistiger Sammlung. In den ersten vier Stufen ist der Geist noch auf die Dinge unserer Welt ausgerichtet, in den weiteren fünf Stufen verweilt er in der formlosen Welt. In der ersten Stufe befinden wir uns, wenn unser Denken noch nicht zur Ruhe gekommen ist. Dann nehmen Achtsamkeit, Sammlung, Friede, Gleichmut und Glück immer mehr zu. In den weiteren Stufen werden wir immer bewusster, verlassen die Welt der Formen und gewinnen die Einsicht. Dies ist ein Zustand, der mit der Begrifflichkeit unserer dreidimensionalen Welt nicht zu beschreiben ist. Nichtsdestotrotz scheint es möglich, eine höhere Dimension und damit eine bisher unbekannte Ganzheit der Dinge in der Meditation zu erfahren. Lama Govinda, der so unendlich viel dazu beigetragen hat, dem Westen den Buddhismus näherzubringen, schrieb:

> ›So wird ein Erlebnis höherer Dimensionalität durch die Integrierung der Erlebnisse verschiedener Bewusstseinszentren erreicht. Daher die Unbeschreibbarkeit gewisser Meditationserlebnisse auf der Ebene dreidimensionalen Denkens und einer diesem angepassten und es einschränkenden Logik.‹ (39)«

»In der Meditation bin ich also gar nicht in Trance?«, wollte ich wissen.

»Meditation ist nicht mit Trance gleichzusetzen. Unter einer Trance versteht man einen Bewusstseinszustand, der durch hochgradig eingeengte Aufmerksamkeit oder durch stark herabgesetzte Wachheit gekennzeichnet ist. In der Meditation hingegen bist du hellwach.«

Da wir einen relativ eng gefassten Begriff des normalen Wachzustandes haben, gibt es entsprechend eine sehr weitreichende Palette von Trancen. Sie reichen einerseits von Zuständen der leichten Entspannung über Tagträume und Schlafzustände bis hin zum Koma. Andererseits können alle stark erregten manischen Zustände, zum Beispiel Angst und Panik, aber auch Hypernervosität, zu den Trancen gerechnet werden. Innerhalb dieses weiten Bereiches der Bewusstseinszustände gibt es einige, die lebenswichtig sind, wie Schlafzustände, und andere, die sehr erstrebenswert sind, zum Beispiel Meditationszustände. Wieder andere wirken eher schädlich auf uns, beispielsweise manische oder komatöse Zustände. Ich hatte im Rahmen meiner Recherchen zum Schamanismus einiges über Trance gelesen und gelernt, dass es die verschiedensten Arten gibt und meine Vorstellung davon doch von der Wahrheit abwich. Die spirituelle Trance, die ich selbst bei meinen schamanischen Behandlungen erlebe, kann in vielen verschiedenen Ausprägungen auftreten. Manchmal ist man unfähig, sich willentlich zu bewegen, manchmal tanzt man sogar oder führt rhythmische Bewegungen aus, wozu ich als Schamane allerdings nie einen Drang verspürte. Auch in vielen Religionen wird die Trance als Mittel angesehen, um mit der spirituellen Welt, mit Gott oder Geistern in Kontakt zu kommen und so Botschaften zu erhalten oder spirituelle Erkenntnisse zu erlangen. So wurde im alten Griechenland die weissagende Person für Orakel manchmal mithilfe von Drogen in einen Trancezustand gebracht.

In der schamanischen Tradition vieler Völker wurde und wird die Trance durch Rasseln, Trommeln oder Singen erreicht. Ich selbst benutze dafür eine Originalrassel aus dem Amazonasgebiet Perus. Unterstützt wurde die Trance häufig durch Fasten oder längeres Alleinsein sowie natürlich immer auch durch spezielle Kräuter und Pflanzenextrakte. Bei einigen Völkern geht der zu Initiierende so lange zum Fasten in den Wald, ohne zu essen, bis er das gewünschte Tranceerlebnis hat. Bemerkenswert dabei ist, dass der sich auf einer »Trancereise« Befindende je nachdem, welche Position und Körperhaltung er währenddessen einnimmt, unterschiedliche Erlebnisse hat, die auch duplizierbar sind. Weltweit wurden und werden immer noch Bilder, kleine Figuren und Statuen gefunden, die teilweise sehr alt sind und offensichtlich schamanische Positionen für eine Trance darstellen. Jede Position hatte einen anderen Zweck. Versuche haben gezeigt, dass sich der entsprechende Effekt auch bei Wiederholungen an anderen Orten mit anderen Menschen einstellt. Neben diesen Wegen gibt es eine Vielzahl von Techniken, um eine Trance auszulösen. Die meisten stützen sich auf repetitive, rhythmische Sinnesreize und Bewegungen wie Trommelmusik, Tanzen, Gesänge, Lichtblitze etc. Hier wird auch die Verbindung zur Trancemusik deutlich, die sich eben durch durchgängige Rhythmen und – in der Disco – durch visuelle Stimulation auszeichnet.

Die folgenden Meditationsübungen gab Guy mir mit, um zu meditieren. Zu Beginn einer jeden Meditation hatte ich mir angewöhnt, zwei Atemübungen zu machen, die mittlerweile jedem Meditierenden geläufig sind: Anuloma Viloma und Kapalabhati.

Beim *Anuloma Viloma* atme ich kräftig vier Sekunden lang durch das linke Nasenloch ein, halte 16 Sekunden lang den Atem an und atme acht Sekunden lang wieder durch das rechte Nasenloch aus. Das jeweils nicht beanspruchte Nasenloch halte ich mit Daumen und Ringfinger zu. Ich denke nicht, dass es besonders wichtig ist, welche Finger man nimmt, aber schaden kann es ja auch nicht, wenn man es wie die alten Hindus macht. Danach atmet man vier Sekunden lang durch das rechte Nasenloch ein usw. Diese Übung macht man zehn Mal.

Beim *Kapalabhati* atme ich zweimal sehr tief und kräftig in den Unterleib ein und aus, wobei der Bauch sich weitet und beim Ausatmen bewusst eingezogen wird. Darauf folgt ein 30- bis 40-maliges schnelleres und kräftiges Ausatmen, ohne bewusst wieder einzuatmen (dies geschieht automatisch ausreichend). Danach folgen wieder die zwei tiefen Atemzüge vom Anfang, ein dritter, nicht ganz so tiefer Atemzug wird dann etwa eine Minute lang angehalten. Diese Atemübung wiederhole ich noch zwei weitere Male. Beide Übungen sollen stärken, ausgleichen sowie für einen klaren Geist sorgen.

Übung Meditation 1

Setze dich im Meditationssitz auf ein Kissen, du kannst dich aber auch bequem hinstellen. Schließe die Augen. Wenn du merkst, dass du bei der Meditation mit geschlossenen Augen zu viele Gedanken hast, probiere eine Zeit lang, die Augen ganz leicht geöffnet zu halten, und schau dabei in Richtung einer Kerze, einer Blume oder eines anderen Gegenstandes. Achte auf deinen Atem, atme ruhig und natürlich. Es ist nicht notwendig, besonders tief oder konzentriert ruhig zu atmen. Atme bei jedem Einatmen die Zukunft, die Liebe und die Schönheit ein. Beim Ausatmen atmest du die Vergangenheit, die Schmerzen, die Unruhe, die Angst aus. Vergangenheit und Zukunft sind nicht zwangsläufig miteinander verbunden, wir können alles beeinflussen durch unsere Art der Wahrnehmung.

Übung Meditation 2

Setze dich oder stelle dich so, dass du nicht gerade einschlafen kannst. Schließe die Augen, entspanne dich völlig. Atme bewusst und ganz normal ein, atme nicht besonders tief oder flach, sondern wirklich normal. Entspanne deinen Körper und konzentriere dich auf das dritte Auge, auf die Stirn. Atme ganz ruhig und normal in den Bauch, nicht in den Brustkorb. Atme ein und aus. Atme bewusst in die Stirn ein und wieder aus. Spüre dabei deinen Körper, vielleicht fühlst du ein Energiefeld, das in und um deinen Körper ist. Gehe jeden Körperteil durch und atme mit Liebe, Zuneigung und Vertrauen jeweils zweimal in ihn ein und aus. Atme in jeden Zeh, jeden Finger, Beine, Arme, Augen, Ohren und so weiter. Gehe den Körper in Abschnitten durch:

der untere Bauch, der Bauchnabel, der Solarplexus, der Brustkorb, der Kehlkopf – erst vorne, dann hinten. Gehe zum Kopf, zur Kopfhaut, zum Gesicht, zum Kiefer, zur Zunge. Beende diese Meditation mit den inneren Organen. Wenn du Zeit hast, atme in jeden Rückenwirbel, in alle Knochen. Danach wirst du dich wunderbar fühlen. Anfangs werden dir laufend andere Gedanken in den Sinn kommen, das macht überhaupt nichts. Nach vielleicht 20 Minuten wirst du feststellen, dass du ein anderes Gefühl entwickelst. Bei dieser Übung kannst du besonders gut auch kürzere Meditationszeiten einrichten, wenn du die Zehen und Finger nicht einzeln durchgehst oder Körperteile als Gesamtes nimmst, je nachdem, wie viel Zeit dir zur Verfügung steht. Nimm dir dann für jeden Körperteil – also zum Beispiel deinen linken Arm – etwa fünfzehn Sekunden Zeit.

10. Kapitel – Religionen

Wie jeden Morgen stand Earl am nächsten Tag wieder pünktlich um sieben Uhr vor meiner Tür. Nie zuvor hatte ich einen Menschen getroffen, der mir so in sich zu ruhen schien, ohne dass ich mich dadurch provoziert fühlte. Er hatte nicht dieses auf die Stirn geschriebene »Ach, was bin ich entspannt«-Gehabe, das mich in Deutschland so oft nervte. Gerade in Bio-Supermärkten war mir aufgefallen, dass die Kundschaft zwar schwer esoterisch war, jedoch genau das gleiche unentspannte Verhalten an den Tag legte wie jeder sonst, wenn sich an der Kasse einmal jemand nicht schnell genug bewegte. Earl hingegen erschien überhaupt nicht bewusst esoterisch, er war einfach ruhig und authentisch.

Wir hatten uns vorgenommen, auf den Vulkan San Pedro zu steigen und dort zu übernachten, um mit etwas Glück vielleicht auch einen kleinen Ausbruch bei Nacht beobachten zu können. Earl hatte mich gefragt, inwieweit ich mich in den östlichen Religionen und Philosophien auskannte. Nun ja, bis auf ein Buch vom Dalai Lama und meine tägliche Meditation hatte ich dazu bisher überhaupt keinen Bezug. Ehrlich gesagt hatte ich nicht nur zu den fernöstlichen Religionen keine Bindung, selbst zur christlichen Religion bestand eher eine Abneigung bzw. ein Desinteresse. Vor 15 Jahren war ich bereits aus der katholischen Kirche ausgetreten und hatte sie dann auch nicht wieder vermisst.

Mir war klar, dass der Konflikt des Menschen, der daraus resultiert, dass er einerseits Teil der Natur ist, sich andererseits aber auch seiner selbst bewusst ist, zwangsläufig dazu führt, dass er sich Fragen stellt. Man sucht in Büchern und philosophischen Sichtweisen nach Antworten, man konstruiert sich seine Weltanschauung, seine Landkarte des Lebens, wie Earl später noch erklärte, sein Glaubenssystem. Dabei stößt man zwangsläufig irgendwann auch auf die verschiedenen Religionen. Mein Widerstand gegen jede Art von Religion hatte bisher aber dazu geführt, dass ich mehr über Schamanismus wusste als über das Christentum. Woher dieser Widerstand rührte, ist mir bis heute nicht klar. Das Einzige, was mir einfiel, war, dass ich mich als Kind mit Händen und Füßen dagegen gewehrt hatte, beichten zu gehen. Meine Mutter hatte darauf bestanden, dass wir Kinder viermal jährlich zu den entsprechenden Festen beichten gingen; ich erinnere mich, dass dies bei mir regelmäßig zu Tränen und Verzweiflung führte. Ich wollte diesem Pfarrer nichts erzählen, ich sah überhaupt nicht ein, was ihn meine kleinen Sünden angingen. Ja, ich ging sogar so weit, dass ich kleine Sünden erfand und diese beichtete, um die größeren für mich behalten zu können. Im Nachhinein betrachtet halte ich es für noch zweifelhafter als damals, Kinder zur Beichte zu schicken. Was sollen sie denn überhaupt Schlimmes verbrochen haben, das der Pfarrer wissen müsste? Und so hielt ich mich konstant fern von allem, das nach Religion oder Ähnlichem roch, obwohl gerade Religion ein System ist, das Antworten auf unsere Fragen zu geben versucht. Neutral betrachtend, was ich aber aus oben genannten Gründen nicht konnte, könnte man sagen, dass jemand, der sich mit der Frage nach dem Sinn des Lebens beschäftigt, ein religiöser Mensch ist. Im Gegenzug würde der sich nicht mit diesen Fragen beschäftigende Mensch dann als unreligiös zu bezeichnen sein, auch wenn er katholisch getauft oder als Buddhist geboren wurde. Die reine Zugehörigkeit zu einer der großen Religionen definiert also nicht die Religiosität des Einzelnen. Religion ist dementsprechend nicht in diesen Systemen zu finden, sondern in uns selbst. Dieser Gedanke von Religion gefiel mir deutlich besser als das, was wir als Kinder in Schule und Kirche gehört hatten. Zu den Ritualen der Kirche hatte ich nie einen Zugang gefunden, und der sonntägliche Kirchgang, zu dem ich bis ins Alter von etwa 14 Jahren verdonnert worden war, hatte meine Abneigung nur noch gesteigert. Regelmäßig in die Kirche zu gehen, kann religiös sein, mir aber kam es vor wie der einfache Konsum von Vorgedachtem in der Masse, wodurch eigene Fragen und Antworten hinfällig wurden, vor allem fand ich aber auch die Gottesdienste bei uns auf dem Dorf sterbenslangweilig. An Gott zu denken, heißt nun mal nicht, dass man Gott in sich fühlt. Viele, die in die Kirche gehen, vielleicht die meisten, nehmen teil an einer Zeremonie, nein, eigentlich nehmen sie nicht teil, sie schauen zu. Sie erleben einen Event, der mit feierlicher Stimmung und wuchtiger Orgelmusik zur reinen Unterhaltung wird. Gibt es da noch einen Unterschied zu einer Sportveranstaltung? Ist es denn nicht so, dass, wenn ich ernsthaft an etwas so Gewaltiges wie Gott glaube, dies dann nur noch der Mittelpunkt meines Lebens sein kann? Wäre der Verstand dabei nicht nur hinderlich? Müsste ich mein Ego für den Glauben nicht völlig aufgeben? Ein religiöser Mensch dürfte seinen Verstand gar nicht benutzen, um seinen Glauben zu analysieren. Unter wirklicher Religiosität stelle ich mir Hingabe vor, ein Sich-öffnen, den Wunsch nach innerem Wachstum. Der eigentliche Antrieb kann nie das Streben nach der Vergebung der Sünden oder der Errettung vor der Hölle oder Ähnlichem sein. Wer die Religion als Mittel zur Erreichung eines Ziels benutzt, missbraucht sie. Oft versuchte man, die Menschen durch Druck und Drohungen zu beeinflussen. Die Furcht vor den angedrohten Konsequenzen soll zu einem religiös adäquaten Verhalten führen. Sünde und Hölle sind unauflöslich mit der christlichen Religion verbunden. Ob dies der richtige Weg und die passende Motivation zur Entwicklung des Menschen ist, darf angezweifelt werden. Man wird sicherlich versuchen, gemäß den vorgebeteten Dogmen zu leben, und aufgrund dessen immer angstgesteuert sein. Sicher, die meisten religiösen Gründer hatten ehrenhafte Ideale und strebten danach, die Welt zu verbessern. Auch in der Bibel findet man immer wieder sehr wahre und intelligente Sätze, die heute überlesen werden. Der wahre spirituelle Inhalt der meisten Religionen ist mittlerweile leider verdeckt von unwichtigen und oft falschen Interpretationen. Geworden ist daraus ein Machtgefüge, eine Institution mit ausgeprägter, nahezu monarchischer Hierarchie, eine Anhäufung von materiellen Reichtümern, ein Staat im Staat. Verlangt werden Gehorsam und die Fügung in das Schicksal sowie in die Wünsche der Kirche. Für die meisten Menschen hat sich die Religion in Ritualen und Politik verloren; sie betrachten ihre eigene Religiosität, ihren regelmäßigen Kirchgang nur als eine Art Versicherungspolice für die Unsterblichkeit und den Zugang zum Paradies.

Wie soll ein Mensch Liebe entwickeln als Mitglied dieser organisierten Institution? Die Vertreter dieser Institutionen, die zumeist – nicht immer – lediglich Wissen aus zweiter Hand predigen, geben Dogmen vor, die ihren eigenen Glaubenssätzen entsprechen, und verhindern damit jede religiöse Erfahrung des Individuums. Nicht Ideale werden vorgegeben, sondern reine Dogmatik. Ideale sind jedoch nicht ausschließlich, ihre Kraft erwächst aus ihnen selbst, wohingegen ein Dogma eine autoritäre und totalitäre Sache ist, die der von der Kirche mehr oder weniger eigenmächtig festgelegten Definition einen Wahrheitsgehalt zuschreibt. Kritik daran gilt dann gleich als Missachtung der Autorität. Wenn wir aber die Essenz der verschiedenen Religionen betrachten und dabei die kirchliche Hierarchie und das, was die Institution Kirche in 2000 Jahren daraus gemacht hat, außer Acht lassen, werden sich die meisten Menschen mit diesen Inhalten identifizieren können. Der Konflikt ergibt sich aus der Institution und dem Wort selbst, denn es ist verbraucht.

Die Religionen haben bekanntermaßen viel Unglück in die Welt gebracht und noch mehr Unglück nicht zu verhindern versucht. Es wurden Kriege im Namen der Religion geführt, nur weil andere Völker andere Götter hatten. Aber kann es mir nicht egal sein, an welchen Gott der andere glaubt? Ist mir nicht seine ureigene Antwort auf die Frage des Seins viel wichtiger? Diese Antwort ist bei jedem Menschen, wenn er sie selbst und für sich sucht und dann einmal findet, eine andere, sie kann gar nicht vorgegeben sein von einer Kirche oder wovon auch immer. Für jeden gilt es, seine individuelle Religion herauszufinden und zu verstehen. Dies ist übrigens ein ganz wesentlicher Aspekt bei unserem Bemühen, andere Menschen zu verstehen. Erst wenn wir ein Gefühl für die dem anderen zugrundeliegende Religion haben, können wir ihn verstehen. Mit Religion in diesem Sinne ist denn auch eine deutlich umfassendere Definition gemeint, als ursprünglich einmal gedacht. Aus schamanischer Sicht entstehen die meisten Probleme als körperliche und seelische Konsequenzen dieser Religion, die geprägt wurde von persönlichen Erfahrungen, Antworten und Glaubenssätzen. Bei Erich Fromm habe ich einmal folgende Beschreibung von Religion gelesen:

»Die Religion ist die formulierte und ausgearbeitete Antwort auf das Dasein des Menschen, und da man sie bewusst und durch das Ritual gemeinsam mit anderen gibt, ruft selbst die niedrigste Religion allein schon durch die Gemeinschaft mit anderen das Gefühl hervor, dass sie vernünftig ist und Sicherheit bietet.« (31)

Das kann ja nicht alles sein, wirkliche Religion sollte dann doch eher Freiheit und Liebe bedeuten und uns helfen, die Welt zu verstehen. Mein zweites großes Problem mit der Kirche besteht in dem Begriff »Gott«. Das Wort ist, glaube ich, zu stark vorbelastet. Jeder hat spontan ein subjektiv verfälschtes Bild vor sich, sodass es oft sinnlos erscheint, mit diesem Begriff zu arbeiten. Kaum jemand sieht ihn noch als das Prinzip des Seins an. Das, was wir als »Beschreibung« von Gott gelernt haben, ist nicht das, was man unter dem Begriff zusammenfassen könnte, also die Allnatur, den Kosmos oder die Weltseele. Zunächst einmal ist »Gott« nur ein Wort, das es zwei Menschen ermöglicht, über dieses »Ding« zu kommunizieren. Da Gott aber kein Ding ist, nichts Greifbares, haben diese beiden Menschen sicherlich eine unterschiedliche Vorstellung von Gott; wenn nicht, gehören sie möglicherweise einer bestimmten Religion an, die ihnen diese eine Vorstellung von Gott vorgibt, ähnlich der, die wir als Kinder gelernt hatten. Die meisten Religionen haben einen Gott, auch wenn dieser Gott manchmal in unterschiedlicher Gestalt auftritt wie bei den Indianern oder im Hinduismus. Es gibt einen christlichen Gott, einen jüdischen, einen oder mehrere buddhistische und so weiter. Zu allen gibt es prachtvolle bildliche Darstellungen und Statuen, ein nicht vorstellbares Namenloses wurde personifiziert und vermenschlicht. Jeder hat eine Meinung dazu und benutzt Gott für seine Zwecke. Als Kinder wurde uns Gott vorgestellt als ein weiser alter Mann mit langem weißen Bart, der umgeben von Engeln auf einer Wolke im Himmel sitzt und irgendwann einmal die Welt in knapp einer Woche geschaffen hat. Zusätzlich beschützt er uns, solange wir lieb sind. Er sieht aber auch alles, was wir an großen und kleinen Sünden begehen, und dafür wird er uns eines Tages bestrafen. Mir gefällt der Ausspruch von Ludwig Feuerbach dazu:

»Denn nicht Gott schuf den Menschen nach seinem Bilde, wie es in der Bibel steht, sondern der Mensch schuf … Gott nach seinem Bilde.« (28)

Diese Erkenntnis ist nicht neu, schon Xenophanes, auch »Sturmvogel der griechischen Aufklärung« genannt, spottete bereits 570 Jahre vor Christus, dass, *»wenn Pferde Götter hätten, diese Götter wie Pferde aussehen würden.«*

Der Mensch hat sich die Götter geschaffen, weil er vergessen hat, dass er selbst schon alles ist. Er weiß zwar, dass da mehr ist, dass es etwas Gottähnliches geben muss, sucht aber nicht in sich, sondern in anderen. Die Lösung ist die Schaffung eines bildlichen Gottes als Projektionsfläche seiner Wünsche. Trotz aller Unterschiede in den Religionen und ihren Ritualen ist anzunehmen, dass es sich um denselben Gott mit unterschiedlichen Namen handelt. Wenn wir den Glauben als Baum sehen, so wären wohl die Religionen die Zweige, die sich immer mehr verästeln in die verschiedenen Unterreligionen. Ein wichtiger großer Unterschied zwischen Christentum, Islam und Judentum auf der einen Seite und den östlichen Religionen auf der anderen Seite ist, dass Gott bei den Ersteren von der Schöpfung getrennt ist und als Schöpfer und Richter in sie eingreift. Gott schuf die Welt, Gott herrscht über die Welt und am Ende beim Jüngsten Gericht richtet Gott über die Welt. Die Asiaten hingegen suchen Gott in sich selbst und kennen eine solche Trennung nicht.

Das im Laufe der Jahrtausende aufgebaute System der katholischen Kirche wurde zum Dogma und schirmte die Menschen ab gegen das Unbewusste, indem es ihnen einen Ersatz aus Bildern, Riten, Ängsten und Mysterien bot. C. G. Jung interpretiert den Bruch mit der Religion als Erwachen der Vernunft. Viele der Bilder haben für den modernen Menschen keinerlei Sinn, er sieht zwar die Botschaft der Liebe, die dahintersteht, er sieht aber auch die Fehler und Ungereimtheiten in den jahrtausendealten Bildern. Plötzlich kommt es uns vor, als ob wir nie hinter diese Bilder und Lehren gesehen hätten, was wohl darauf beruht, dass wir die Archetypen als so wesentlich, als Grundlage allen Bewusstseins ansehen, dass darauf beruhende Bilder gar nicht erst angezweifelt werden müssen (49).

Mit dem Wissen, das ich von Earl und anderen lernen durfte, habe ich heute verstanden, dass es nun einmal die Eigenschaft des Egos ist, zu trennen. Es trennt alles Existierende in individuelle Einheiten. So wurde auch Gott individualisiert als der Schöpfer aller anderen Individuen und als über allem trohnend. Gott ist im Christentum nicht mehr eins mit seiner Schöpfung, ganz im Gegensatz zum Zen, der einen solchen Gottbegriff nicht hat, folgerichtig also nicht den Schöpfer von der Schöpfung trennt. Im Zen gilt noch:

> *Du bist die Schöpfung, du bist der Schöpfer! Gott ist das Sein.*

oder auch

> *Gott ist in uns, wir sind Gott, alles ist Gott.*

Willigis Jäger, ein deutscher Benediktinermönch und Zen-Meister, sagt:

> *Wahre Religion erhellt das Geheimnis, das wir selber sind: Leben Gottes! Es gibt nichts zu bekennen, nichts zu bitten, es gilt nur, Gott zu leben. Die wahre Religion kennt*

keine Götter, keine Helden und keine Gefolgsleute. Sie
kennt auch keinen Ort der Verehrung. Der wirklich religi-
öse Mensch ist ein Heimatvertriebener, ein Vagabund, der
überall und nirgends daheim ist. Er selber ist ja die Offen-
barung Gottes. Seine Heimat ist er selber. Es gibt keinen
Platz, wo nicht Offenbarung Gottes wäre. Gott wird nicht
hier oder dort angebetet, er wird und entwird in jedem Au-
genblick in uns und in den Dingen.« (47)

Willigis Jäger wurde bezeichnenderweise vom Vatikan ein Buß-
schweigen auferlegt, weil er seine persönlichen Erfahrungen
nicht den Glaubenswahrheiten der Kirche unterordnen wollte.
Nichtsdestotrotz stehen auch in der Bibel, wenn man sie einmal
richtig liest, so viele Weisheiten, dass allein das bewusste Lesen
der Bibel heilen kann. Mir scheint, dass ein wesentlicher Aspekt des Glaubens an Gott ist, dass man diesen ausschließlich
selbst erfahren und nur die eigene Erfahrung der Weg zu Gott
sein kann. Im Außen ist er wohl nie zu finden. Ich weiß nicht
mehr genau, was davon ich Earl erzählte und was ich nur dachte,
jedenfalls war er verblüfft über meine emotionale Reaktion auf
dieses Thema und meinte, dass da ja wohl noch einiges im Argen
läge. Ich könne ja mal zu einem Schamanen gehen und mich
behandeln lassen, er kenne da einen.

»Sehr komisch«, erwiderte ich. »Erklär mir lieber, was es mit
den östlichen Religionen auf sich hat!«

Mittlerweile gingen wir in Serpentinen einen steinigen, aber
gut zu erkennenden Pfad den Vulkan hinauf. Es erstaunte mich
immer wieder, wie schnell es warm wurde. Die Sonne war kaum
aufgegangen und schon entwickelte sich aus der angenehmen
Morgenfrische eine Hitze, dass ich mich fragte, wer eigentlich
die Idee gehabt hatte, heute auf den Vulkan zu steigen, dazu

auch noch Proviant, reichlich Wasser, Schlafsäcke und eine Iso-
matte auf dem Rücken. Immerhin hatte ich als Überraschung
eine kleine Flasche Rum zur Belohnung für den langen Aufstieg
und als Einstieg in die Nacht dabei.

»Sicher ist dir aufgefallen, dass der moderne westliche Mensch
sich immer mehr zu den Religionen, den Ritualen und Lebens-
weisen des Ostens hingezogen fühlt«, begann Earl, während
wir langsam weitergingen. Rechts von uns am Hang lag ein
Orangenbaumhain, es duftete nach Orangen, die dunkelgrü-
nen Blätter waren fett und noch sauber vom letzten Regen. Ein
ganz leichter Luftzug kam auf und ich wurde der Stille, die uns
ansonsten umgab, gewahr. Bis auf die Insekten, die überall um
uns und insbesondere um die Blüten des Orangenbaums flogen,
war kein Geräusch zu hören. Alles war absolut friedlich und ich
bemerkte die Stille und Ruhe auch in mir. Von oben konnten
wir auf das Dorf hinunterblicken und sahen, wie neue Besucher
mit dem Schiff ankamen, die von hier wie Ameisen aussahen.
Der alte Kahn selbst schien frisch gestrichen, man konnte nahezu noch die noch nicht trockene Farbe riechen. Dies war einer
der Momente, in denen ich genau wusste, dass es richtig gewesen war, hierherzukommen. Ich hatte Tränen in den Augen vor
Glück. Earl zwinkerte mir zu.

»Natürlich gab es schon immer die Mystiker, die die Religion
und den Gottbegriff ganz anders interpretierten, als wir sie heute verstehen. Bei der Mystik geht es ja um die Erfahrung einer
höchsten Wirklichkeit, um die Erleuchtung. Dies finden wir in
den asiatischen Religionen wesentlich häufiger als bei uns, auch
wenn der Westen hin und wieder große Mystiker wie die beiden
Deutschen Meister Eckehart oder Jakob Böhme hervorgebracht
hat. Die Mystiker suchen nach der Verschmelzung mit der Allnatur, mit der Welt, mit Gott, und sie versuchen dies durch Me-

ditation und Ähnliches zu erreichen. Sie wollen in der Weltseele aufgehen und ihr Ich, das Ego, aufgeben. Nun sucht der moderne westliche Mensch sich selbst nicht mehr in den mittelalterlichen Schriften eines Meisters Eckehart, sondern wendet sich lieber gleich dem Buddhismus und anderen fernöstlichen Ansichten zu. Vielleicht rührt dieser Trend daher, dass die westlichen Kirchen ihre Geheimnisse verloren haben und unsere Fantasie nicht mehr anregen können. Die Dreifaltigkeit und die jungfräuliche Geburt werden bestenfalls als Bildnis abgehakt und die Religionen des Ostens bieten hochinteressantes und geheimnisvolles Neuland. Wir haben ja auch in der westlichen Kultur nichts, was mit den bekannten Meditationstechniken, Yoga, Ayurveda oder Akupunktur zu vergleichen wäre, sehen wir einmal von den Wadenwickeln nach Kneipp ab, sodass diese Dinge für viele Menschen der erste Zugang zu östlichen Denkweisen sind. Durch einschlägige Literatur wird uns deren Inhalt leicht verdaulich und für den westlichen Geschmack vorgefiltert serviert.

So wird das religiöse Bedürfnis des kultivierten Westeuropäers unweigerlich vom Hinduismus in Indien, vom tibetischen Buddhismus oder vom chinesischen Daoismus angezogen – wie vielleicht früher einmal die alten Griechen von den aufkommenden christlichen Ideen. Interessant ist, dass auch der Buddhist mittlerweile die Lehren des Christentums verfolgt und wiederum von ihnen angezogen wird. Niemand ist also mit dem zufrieden, was er hat. Dein deutscher Psychopapst C. G. Jung sagt dazu, dass all diese Bilder auf dem kollektiven Unbewussten basieren und uns allen immanent sind, und so haben sie auch auf uns alle eine starke Anziehungskraft, deren Wurzel wir nicht erkennen. Jung spricht in diesem Zusammenhang auch über ›die Götter der Fremden, die noch unverbrauchtes Mana hätten‹. (49)

Was man nicht kennt und möglicherweise auch gar nicht versteht, ist immer interessanter. Auch wenn sich die östlichen Religionen in vielen Dingen unterscheiden, können wir doch auch viele Gemeinsamkeiten feststellen; ihre Sicht der Welt ist ähnlich. Immer liegt die Betonung auf der Gesamtheit, alles ist verbunden, es gibt kein einzelnes Individuum. Alles ist Teil eines Gesamtkosmos, der nicht mit Worten beschrieben, sondern lediglich erfahren werden kann. Hier entstehen unübersehbare Parallelen zu unserer modernen Physik, die ebenfalls festgestellt hat, dass alles zusammenhängt, in Beziehung zueinander steht und voneinander abhängt.«

Earl versprach, mir diese Parallelen bei Gelegenheit einmal zu erklären, hoffte aber noch auf die Ankunft eines alten Bekannten, der darin viel fitter war als er selbst.

»Auch respektieren die östlichen Philosophien die Würde des Einzelnen, sowohl die des Menschen als auch die der Tiere und Pflanzen bis hin zum kleinsten Lebewesen. Im Gegensatz zum beredten und immer argumentierenden und diskutierenden Westen schweigt der Osten. ›Reden ist Silber, Schweigen ist Gold‹, heißt es zwar bei uns, kaum jemand hält sich jedoch daran. Wir fassen alles in Worte, die Worte werden zu Materie, sie gewinnen an Gewicht. Der westliche Geist analysiert in der Tradition der alten Griechen alles, wir gehen ›wissenschaftlich‹ und ›objektiv‹ an die Dinge heran, uns kann niemand täuschen. Wir haben unsere Ordnung und Schemata, unsere Schubladen und unsere Glaubenssätze. Das Gefühl bleibt bei der Analyse der Dinge außen vor, dies wäre uns viel zu subjektiv; es zu gebrauchen würde jeden Sinn einer gründlichen Untersuchung zerstören. Wir differenzieren bis ins Kleinste, verallgemeinern im Sinne unserer Weltanschauung, und wer sich diesem System nicht beugt, dem zwingen wir unseren Willen eben auf. Ganz im Gegensatz dazu versucht der Mensch des Ostens zu integrieren, er analysiert und unterscheidet nicht, er erlaubt jede Subjektivität in dem Wissen, dass es Objektivität nicht geben kann. Er muss nicht alles in seine kleinsten Einzelteile zerlegen, um es kennenzulernen. Er kann sich an einer Blume am Wegesrand einfach erfreuen, er ist die Blume, die Blume ist er. Der westliche Mensch sieht die Blume, pflückt sie, im besten Fall stellt er sie zu Hause in eine Vase und erfreut sich dort an ihr. Im schlimmsten Fall hält er sie sich dicht vor seine Augen, schaut sie ganz aus der Nähe an, untersucht sie, riecht an ihr und lässt sie dann fallen. Es ist erstaunlich, wie weit die östliche Philosophie bereits 300 Jahre vor Christi Geburt war. Dschuang Dsi sprach damals über das Chaos, das Konton:

> ›Es gab eine Zeit, da lebten die Menschen mit dem Chaos und waren glücklich, sie hatten dem Chaos viel zu verdanken. Natürlich wollten sie sich beim Chaos dann auch bedanken und ihm etwas schenken. Nach einigen Überlegungen kamen sie darauf, dass das Chaos gar keine Augen hatte, um seine Umwelt zu sehen. Auch hatte es gar keine Nase zum Riechen, keinen Mund zum Schmecken, keine Haut zum Fühlen. Jeden Tag schenkten sie nun dem Chaos ein neues Sinnesorgan, bis es am Ende der Woche ein fühlendes Wesen mit allen erforderlichen Sinnesorganen war. Während die Menschen ihre gute Idee feierten, starb das Chaos.‹ (27)

Das Chaos, der Osten, wird von den Menschen, dem Westen, der es nur gut meint, letztlich getötet. Wenn wir uns fragen, warum das, was wir unter zivilisatorischem Fortschritt verstehen, großteils im Westen entstanden ist, wogegen der Osten chaotisch und offensichtlich unzivilisiert sein muss, kann dies damit beantwortet werden, dass der Osten zufrieden ist mit dem ›primitiveren‹ Zustand. Die Arbeit wird gerne mit der Hand verrichtet, denn die Handarbeit befriedigt die Menschen, auch wenn sie hart ist. Der östliche Mensch will nicht der Sklave seiner Maschinen sein. Auch hierzu ist eine Geschichte von Dschuang Dsi überliefert:

›Ein Bauer grub einen Brunnen, um mit diesem sein Land bewässern zu können. Das Wasser holte er mit einem Eimer aus dem Brunnen, den er per Hand heraufzog. Ein anderer ging vorüber und sah das; er fragte den Bauern, warum er kein Ziehgestänge benutzen würde. Das wäre doch viel einfacher. Darauf antwortete der Bauer: »›Ich weiß, dass es Arbeit spart, und gerade das ist der Grund, warum ich es nicht tue. Ich will nicht dem Maschinendenken verfallen und davon abhängig werden, dies führt zu Indolenz und Faulheit.‹«* (27)

Ich fragte Earl, woher er eigentlich all diese Geschichten kannte und wie er sie behielt. Er wies mich darauf hin, dass er sich zum einen seit Jahrzehnten mit der Thematik beschäftigt hatte und ich zum anderen ja auch gar nicht merken würde, wenn er eine Geschichte erfände.

»Aber: Bist du dir überhaupt sicher, dass ich dir diese Geschichten erzähle?«

»Wie, wer denn sonst? Was meinst du?«

»Nun, vielleicht geht es uns wie Sofie in ›Sofies Welt‹. Vielleicht gibt es uns gar nicht, vielleicht sind wir nur Figuren in einem Buch?«

Da ich ›Sofies Welt‹ nicht gelesen hatte, verstand ich nicht ganz, was er wollte. Wieso sollte ich eine Figur in einem Buch sein?

»Die Menschen des Ostens lieben das Leben, so wie es ist, sie tun die Dinge um ihrer selbst willen, sie machen ihre Arbeit mit Liebe und um der Arbeit selbst willen, nicht, um damit fertig zu werden. Sie leben im Augenblick, nicht in der Zukunft. Würden sie Maschinen benutzen, würden diese immer besser, immer schneller werden, sie würden gehetzt von der Maschine und würden in das westliche Denken verfallen, alles möglichst schnell abzuschließen. Die Arbeit würde ihren Wert verlieren.«

»Ist das nicht ein wenig idealistisch? Das, was ich in Asien gesehen habe, sah zum großen Teil nicht danach aus.«

»Ja, leider geht dies auch in Asien immer mehr verloren, und die Menschen hetzen dem Materiellen viel mehr hinterher als früher. Im Zen ist das oberste Ziel die Überwindung der Gier, der Gier nach Besitz, der Gier nach Liebe, der Gier nach allem. Gier ist die Ursache der meisten Probleme; wer ihr entsagt, wird ein tiefes Verständnis der Welt erlangen. Zusätzlich bedeutet dies, die Verantwortung für sich selbst zu übernehmen und anderen weder die Schuld an eigenen Problemen zu geben noch ihnen die eigenen Entscheidungen zu überlassen. Es ist unübersehbar, dass der Verlust dieser wichtigen Denkweise in großen Teilen Asiens droht. Im Zuge der Globalisierung und eines enormen Anpassungsdrucks verliert der Osten seine Identität, seinen Ursprung. Das neue Ziel des Ostens ist die Individualität, die Spaltung von Seele und Materie, die Trennung von Mensch und Natur, die Loslösung des Einzelnen vom Ganzen. Die individuelle Freiheit wird wichtiger als die absolute Freiheit. Der Westen, die Trennung der Dinge, die Maschinen scheinen gesiegt zu haben. Andererseits merkt der Westen wiederum seit einigen Jahrzehnten, dass seine Philosophie nicht mehr zielführend ist, dass er vom Weg abgekommen ist, ja, dass der Weg das Ziel selbst ist. Er erkennt, dass Mensch und Maschine ein Widerspruch in sich sind, der den Menschen nicht bekommt. Vielleicht kennst du diese kleine Geschichte von Heinrich Böll?

›Ein Fischer sitzt leise lächelnd am Strand eines warmen Landes und schaut auf das Meer, seine Kleidung ist ausgeblichen und alt, seine Haut windgegerbt und braungebrannt. Als ein Tourist vorbeikommt und sieht, wie kaputt Kleidung und Schuhe des Fischers sind, wie klein und vom Wind geschüttelt die Hütte des Fischers wenige Meter weiter ist, fragt er den Fischer, wovon dieser lebe. Der Fischer entgegnet, dass er am Strand jeden Tag einige Stunden angle und auch mit dem Netz fische, womit er seine Familie ernähren könne. Der Tourist will dem Fischer etwas Geld leihen, sodass er sich eine zweite Angel kaufen und so doppelt so viele Fische fangen könnte. Wenn er diese verkaufen würde, könnte er sich nach einiger Zeit ein kleines Boot kaufen und weiter draußen auf dem Meer größere Fische fangen. Mit dem wiederum damit verdienten Geld könne er sich dann ein größeres Boot kaufen und auch Personal einstellen. Daraufhin fragt der Fischer: ›Warum soll ich das tun?‹ Der Tourist entgegnet, dass er dann ohne Sorgen und viel Arbeit den ganzen Tag am Strand sitzen und auf das Meer schauen könne. Kopfschüttelnd sagt der Fischer: ›Warum sollte ich mir das antun? Ich sitze doch schon jetzt den ganzen Tag am Strand.‹ (92)

Nett, nicht wahr?«

Es war Zeit für eine Pause. Uns beiden stand der Schweiß auf der Stirn, die letzten paar hundert Meter waren etwas steiler geworden. Ich kramte einige dieser kleinen schrumpeligen Bananen aus meinem Rucksack, die so viel besser schmecken als die, die wir bei uns bekommen. Unser Rastplatz schien wie gemacht für eine Pause, unter einem merkwürdigen Laubbaum mit dornenübersätem Stamm und Zweigen lagen ein paar größere glatte Felsblöcke, die hervorragend als Sitz taugten. Nach wenigen Minuten, in denen wir schweigend aßen, kamen uns ein paar Kinder in ihrer typischen bunten Tracht entgegen: den roten gewobenen Oberteilen mit aufgestickten bunten Blüten und Mustern und den leichteren, grün-blauen, bodenlangen Röcken. Als sie uns sahen, verstummte ihr Lachen etwas. Fremde sah man hier schon seltener und sie musterten uns schüchtern, während sie an uns vorbei in Richtung Dorf liefen.

11. Kapitel – Buddhismus

Nach weiteren drei Stunden heftiger Kraxelei waren wir am Kraterrand angekommen. Vor uns lag still und friedlich der Krater eines uralten Vulkans, der so gar nicht nach Feuer, Lava und Explosionen aussah. Der Großteil des Kraterinneren war dort, wo die Wände dafür nicht zu steil waren, grün bewachsen. Rundum hatten wir eine grandiose Sicht über die Dschungel und Berge Guatemalas, außer dem Gezwitscher einiger Vögel und dem leichten Säuseln des Windes war es wiederum absolut still. Ich begann, diese Stille zu genießen und es fiel mir auf, wie wenig Stille wir in unserem Leben ansonsten haben. Earl stapfte voran und ging zielstrebig zu einem Platz, wo wir auch die Nacht verbringen wollten. Einige Meter in den Krater hinein gab es eine größere Nische in der Wand, die Schutz vor Sonne und Wind bot. Hier oben war es jetzt, nachdem mein Kreislauf sich beruhigt hatte, gar nicht mehr so heiß. Auf Earls Anweisung hatte ich auch warme Kleidung im Rucksack, die wir nachts noch brauchen würden. Wir ließen unser Gepäck fallen und begannen, in der Umgebung nach Holz für ein Lagerfeuer am Abend zu suchen. Da wir nicht die Ersten waren, die hier oben diese Idee hatten, benötigten wir doch eine gute Stunde dafür. Ich war an Armen und Beinen ziemlich zerkratzt von den eng zusammenstehenden Büschen – alles, was hier wuchs, hatte Dornen oder Stacheln. Weiter unten im Krater sah ich Wasser, es schien ein kleiner See dort zu sein, dessen Oberfläche durch die Baumkronen blitzte. Ich wäre gerne dort hinab-gestiegen, es schien mir noch reichlich Zeit dafür, doch Earl erzählte mir, dass die Indianer ihn gewarnt hätten, dass dort unten böse Geister lebten, die jeden töten würden, der dort unbefugt hinkäme. Er hatte es so interpretiert, dass giftige Gase aus dem Krater kamen, die tödlich sein konnten. Also setzten wir uns zusammen, kochten Wasser für eine Kanne löslichen Kaffee und er schlug vor, mir eine Kurzeinweisung in die fernöstlichen Philosophien zu geben. Er betonte, dass er diese als Philosophien und nicht als Religionen sah, da es seiner Meinung nach mehr um den Weg zur Erkenntnis ging und weniger um dogmatische Lehren, die wir mit dem Begriff »Religion« in Zusammenhang bringen.

»Etwa im 4. oder 5. Jahrhundert vor Christi Geburt lebte Buddha, dessen ursprünglicher Name Siddhartha Gautama war, in Nordindien. Er entstammte einer wohlhabenden Familie und konnte ein sorgenfreies Leben führen. Sein Name Siddhartha bedeutet ›der sein Ziel erreicht hat‹, der Beiname Shakyamuni bezieht sich auf seine Herkunft und bedeutet ›der Weise aus dem Geschlecht von Shakya‹. Nach der Geburt Siddhartas wurde vorausgesagt, dass er entweder ein Weltenherrscher oder aber, wenn er das Leid der Welt erkennt, jemand werden würde, der erleuchtete Weisheit in die Welt bringt. Aufgewachsen als verwöhnter Prinz in einem Palast mit wenig bis gar keinem Kontakt zur Außenwelt, sah er sich eines Tages doch der Realität des Lebens und dem Leiden der Menschheit gegenübergestellt und erkannte die Sinnlosigkeit seines bisherigen Lebens. Die Legende berichtet von Begegnungen mit einem Greis, einem Fieberkranken, einem verwesenden Leichnam und schließlich einem Mönch, woraufhin Buddha beschloss, nach einem Weg aus dem allgemeinen Leid zu suchen.

Mit 29 Jahren, bald nach der Geburt seines einzigen Sohnes Rahula (›Fessel‹), verließ er sein Kind, seine Frau Yasodhara und seine Heimat und wurde auf der Suche nach Erlösung zunächst Asket. Sechs Jahre lang wanderte der Asket Gautama durch das Tal des Ganges, traf berühmte religiöse Lehrer, studierte und folgte ihren Systemen und Methoden und unterwarf sich selbst strengen asketischen Übungen. Da ihn all dies seinen Zielen nicht näherbrachte, gab er die überlieferten Religionen und ihre Methoden auf, suchte seinen eigenen Weg und übte sich dabei vor allem in der Meditation. Er nannte dies den ›Mittleren Weg‹, weil er die Extreme anderer religiöser Lehren mied. In diesem Bemühen um Erlösung erreichte Siddharta Gautama in seinem 35. Lebensjahr die vollkommene Erleuchtung, im Indischen Bodhi genannt, nach der er als der Buddha – der Erleuchtete – bekannt wurde. Das geschah am Ufer des Neranjara-Flusses bei einem Ort namens Gaya unter einer Pappelfeige, die heute als Bodhi-Baum, ›Baum der Weisheit‹, verehrt wird. Er sprach: ›Möge meine Haut schrumpfen und meine Hand verdorren, mögen meine Gebeine sich auflösen – solange ich nicht die letzte Erkenntnis gefunden habe, werde ich mich nicht von der Stelle rühren‹. Daraufhin fiel er unter dem Baum liegend in eine ekstatische Ohnmacht.

Nach seiner Erleuchtung hielt Gautama, der Buddha, vor einer Gruppe von fünf Asketen, seinen früheren Gefährten, seine erste Lehrrede. Diese fünf wurden damit die ersten Mönche der buddhistischen Mönchsgemeinschaft, der Sangha. Von jenem Tage an lehrte und sprach Gautama 45 Jahre lang vor Männern und Frauen aller Volksschichten, vor Königen und Bauern, Brahmanen und Ausgestoßenen, Geldverleihern und Bettlern, Heiligen und Räubern. Der Weg, den er lehrte, stand allen Männern und Frauen offen, wenn sie dazu bereit waren, ihn zu verstehen und zu gehen. Im Alter von 80 Jahren verstarb Gautama der Legende nach an Ruhr. Seine Weisheiten wurden ca. 200 bis 300 Jahre lang nach seinem Tod von seinen Jüngern mündlich weitergegeben und erst dann aufgezeichnet. Buddha ist übrigens kein Gott, er kann nicht mit Jesus verglichen werden. Buddha war ein Mensch und wird als Vorbild angebetet, nicht als Gott.

Die erste Lehrrede, die Buddha nach seinem Erwachen vor seinen früheren Gefährten hielt, handelte von den ›Vier Edlen Wahrheiten‹, die das Wesentliche seiner Lehre zusammenfassen.

Die erste Wahrheit handelt von der Existenz des Leidens. Vieles im Buddhismus basiert auf Leiden. Ohne Leiden kann keine Entwicklung geschehen, wer vor dem Leiden flieht, findet keine Erlösung. Nur Leiden kann uns den Weg zur inneren Befreiung leiten. Darum bezeichnete Buddha es als ›heilige Wahrheit‹. Das Leiden entsteht aus unserer Unfähigkeit, das Leben anzunehmen, wie es ist, es als unbeständig zu akzeptieren. Versuchen wir dagegen anzukämpfen, werden wir scheitern. Wenn wir uns an Dinge, Ereignisse, Menschen oder Ideen klammern, werden wir scheitern.

Die zweite Wahrheit handelt von den Ursachen des Leidens, unserer Ignoranz. Solange wir die Welt in einzelne individuelle Dinge aufteilen, werden wir nicht in ihr aufgehen können.

Die dritte Wahrheit spricht von der Möglichkeit, das Leiden zu beenden und Wohlsein zurückzuerlangen.

Die vierte Wahrheit handelt von dem Weg, der zum Wohlsein führt: dem Achtfachen Pfad.

Vielleicht bemerkst du die für uns absolut ungewöhnliche Art der Bezeichnungen. Auf den ersten Blick scheinen diese wenig mit dem Bezeichneten zu tun zu haben. Dies rührt daher, dass die Sprache der Menschen immer aus ihrer Kultur kommt, und die östliche Kultur hat sich nun eben völlig anders entwickelt. Das Wertesystem ist ein anderes, für viele Dinge gibt es viel mehr Wörter als bei uns, für andere gibt es gar keine. Das macht es natürlich besonders schwierig, diese Dinge zu übersetzen.

Der Achtfache Pfad wiederum beinhaltet die Rechte Anschauung, Rechtes Denken, Rechte Rede, Rechtes Handeln,

Rechter Landerwerb, Rechte Anstrengung, Rechte Achtsamkeit und Rechte Sammlung. Buddha stellt also an den Anfang die vorurteilsfreie Beobachtung der Welt, um zu gewährleisten, dass wir uns einer neuen Betrachtungsweise öffnen. Da Buddha genau wusste, dass es nur subjektive Wahrheiten gibt, dass jeder Mensch die Welt anders wahrnimmt und dass alles Begriffliche ungenau ist, war er sich auch dessen bewusst, dass nie jemand eine dogmatische Wahrheit verkünden könnte. Sein Ziel war das Erleben der Wahrheit für jeden Einzelnen. Er versuchte, alles Dogmatische im Denken der Menschen aufzulösen. Jeder sollte seinen eigenen Weg finden und nicht einfach fremdes Gedankengut übernehmen. Unkritisches Lernen allein blockiert nur die eigene Entwicklung, stattdessen sollten wir offen für und neugierig auf alles sein. Wahrheiten können nicht von anderen übernommen werden, sie sind zum einen subjektiv, zum anderen verändern sie sich ständig.

Es gibt kein Gut und Böse, es gibt nur heilsam und nicht heilsam. Der Buddhismus ist nicht moralisch, er kennt keine Sünde, er ist eben absolut undogmatisch. Nichts muss geglaubt werden, alles soll selbst erfahren werden. Auch die Wiedergeburt wird zwar von Buddha erwähnt, ist jedoch nicht essenziell für den Buddhismus. In den ›Zwölf Drehungen des Rads‹ werden jeder der ›Vier edlen Wahrheiten‹ wiederum jeweils drei Schritte zugeordnet: die Erkenntnis, die Ermutigung, die Verwirklichung. Auch wird viel Wert auf die Achtsamkeit gelegt, die im Sutra über die vier Grundlagen der Achtsamkeit beschrieben wird. Wir sollen achtsam gegenüber uns selbst, unserem Körper, der Umwelt, den Mitmenschen und unseren Gefühlen sein. Das Selbst ist im Buddhismus nicht unendlich und unsterblich, es ist jedoch zeitlos und transzendent. Es ist eins mit allem, es verschmilzt mit dem Universum und befreit sich so von allen Ängsten. Es erkennt, dass das Selbst und die anderen eins sind und verliert seine Lebensangst; es erkennt, dass Sein und Nichtsein eins sind und verliert seine Todesangst.

Der Buddhismus kennt keine Bekehrung, niemals hat er versucht, Kreuzzüge oder Ähnliches zu initiieren. Er zeigt seine Lehre jedem Interessierten, lässt jedoch jedem Menschen die Freiheit zu entscheiden, ob er von der Richtigkeit dieses Weges überzeugt ist. Er kennt kein ›Du musst‹ oder ›Du sollst‹ und sieht nicht auf andere Religionen hinab. Buddhismus war immer ein mittlerer Weg, der sich zwischen den Extremen und gleichzeitig jenseits von ihnen bewegte. Der Buddhist sieht die Welt so, wie sie ist, er interpretiert nicht, er diskutiert nicht, was wahr oder unwahr, richtig oder falsch ist. Die Welt wird beschrieben als Sunyata, als Leerheit. Höchstes Ziel eines jeden Buddhisten sollte das Erreichen des Nirwanas sein. Nirwana ist allerdings kein Paradies oder Ähnliches, sondern Buddha selbst definierte es als ›das Erlöschen von Gier, Hass und Wahn‹. Auch geht es nicht um das Glauben an etwas Absolutes, an eine Wahrheit, da es ›die Wahrheit‹ nicht gibt. Wer will, kann an alle möglichen Götter glauben, dies hindert ihn nicht daran, ein guter Buddhist zu sein. Jeder sollte nach seiner eigenen Überzeugung leben, solange er wahrhaftig lebt.«

Earl unterbrach sich mit der Bemerkung, er hätte jetzt genug gesprochen und bräuchte eine Pause und etwas zu essen. Ich hatte bereits gemerkt, dass das Einzige, was ihm schlechte Laune bereitete, Hunger war. Kein Wunder, wog er doch bei einer Größe von 1,90 m vielleicht knapp 70 kg. Er versicherte einmal, dass er essen könne, so viel er wolle, er würde nie zunehmen. Seine Behauptung, dass er seit Jahren zweimal die Woche zum Sport ging, nahm ich ihm kaum ab. Er war sehnig, geradezu dünn, und ich konnte nicht erkennen, wo die Muskeln geblieben sein sollten. Aus seinem Rucksack holte er ein paar Blätter Papier hervor, die er mir reichte.

»Hier, lies das. Der Autor, Thich Nhat Hanh, ist ein vietnamesischer Mönch, der hervorragende Bücher über den Inhalt des Buddhismus geschrieben hat. Es kann dir nicht schaden, dies einmal zu lesen.« »Vielen Dank, das werde ich«, entgegnete ich.

12. Kapitel – Hinduismus

Ach ja, wenn ich doch nur jemals so weit wie dieser Thich Nhat Hanh sein würde. Ich las die Seiten, die Earl mir gab, mit großem Interesse. Langsam wurde es dann aber zu dunkel zum Lesen und wir begannen, das Lagerfeuer ordentlich aufzuheizen. Hier oben in den Bergen war es abends kühler, als ich erwartet hatte. Auf einer einfachen, dicken Maya-Decke breiteten wir unseren Proviant aus, einen ganzen Stapel Tortillas, kaltes Hühnchen, Avocado, Chili, Zwiebeln und eine Dose Bohnenbrei, also die landestypische Kombination. Tortillas, Hühnchen und Bohnen wärmten wir kurz am Feuer auf, dann rollten wir uns einen Taco nach dem anderen, bis wir satt waren. Earl hatte auch noch eine kleine, grüne Flasche mit einer höllisch scharfen Soße dabei, die, vorsichtig genossen, dem Ganzen den nötigen Pfiff gab. Wir unterhielten uns kaum, jeder kaute versonnen vor sich hin und zumindest ich genoss die Stille und die gesamte Atmosphäre in der hereinbrechenden Dunkelheit. Es schien Neumond zu sein, jedenfalls entdeckte ich noch keinen Mond, dafür waren die Sterne hier oben völlig klar zu sehen. All das, was man in Köln normalerweise wegen des Streulichts und der Luftverschmutzung so nie sah, bot sich hier ungehindert unseren Blicken dar. Die Sterne schienen viel näher zu sein, alles war glasklar, vor uns lag fast greifbar die Milchstraße.

Ich entschied, dass dies der richtige Moment wäre, um die kleine Flasche Rum zu opfern, den wir pur tranken. »Earl, sag mal, wo ist denn eigentlich der Unterschied zwischen Buddhismus und Hinduismus?«

»Frag mal einen normalen Inder, welche Religion er hat! Die

meisten Hindus wissen gar nicht, dass sie Hindus sind. Dieser Ausdruck wurde von den Europäern irgendwann für die indische Religion erfunden. Es gibt aber gar keine eigentliche Hindu-Religion, sondern ein ganzes Bündel an religiösen Richtungen; Philosophie und Religion lassen sich nur schwer trennen. Der Hinduismus ist deshalb eine Religion, die aus verschiedenen Richtungen mit recht unterschiedlichen Schulen und Ansichten besteht. Eine eigene Strömung bilden Gruppen von Asketen. In diesen Gruppen werden die Entsagung und Abkehr von der Welt sowie der Rückzug in die meditative Einsamkeit des Waldes als Voraussetzung für die Erleuchtung und Befreiung des Individuums gesehen. Es gibt auch keinen Religionsgründer wie Jesus, Buddha oder Mohammed. Jede Glaubensrichtung hat eigene, nur für sie verbindliche heilige Schriften. So haben zum Beispiel die Vishnuiten das *Bhagavatapurana*, die Shakti-Anhänger haben das Devi Mahatmya, ein puranisches Werk zur Verehrung der Göttin. Dagegen gelten die Veden mit den Upanishaden und die Bhagavad Gita als Bestandteil des Mahabharata als die grundlegenden heiligen Texte für alle Hindus. Ich glaube, wenn ich mich richtig erinnere, gibt es um die 300 Millionen Buddhisten, aber knapp eine Milliarde Hindus; damit ist der Hinduismus nach Christentum und Islam die drittgrößte Religion. Der Buddhismus ging übrigens damals aus dem Hinduismus hervor, den es schon viel länger gab, man rechnet ihn einer Kultur zu, die etwa 6000 vor Chr. begann. Die Inder selbst nennen ihre Religion die ›ewige Ordnung‹, was im Sanskrit Sanatana dharma heißt. Ihre Religion ordnet also ihr gesamtes Leben, den gesamten Kosmos. Im Hinduismus wird der Kosmos als geordnetes Ganzes angesehen, das vom Dharma, dem ›Weltgesetz‹, welches die natürliche und sittliche Ordnung darstellt, beherrscht wird. Das Dharma jedes einzelnen Menschen ist seine Aufgabe, seine

Pflicht, die er in der Welt zu erfüllen hat. Auch Pflanzen und Tiere unterliegen den Gesetzen des Dharma. Von der Erfüllung des Dharma hängt das Karma ab. Es gibt kein gemeinsames, für alle gleichermaßen gültiges Glaubensbekenntnis; der Hinduismus hat keine Dogmen, die von einer Kirche vorgegeben werden und an die man als Hindu zu glauben hat. Das Ideal ist einfach nur das richtige Handeln, die richtige Sitte. Aufgrund der vielen unterschiedlichen religiösen Traditionen existiert keine Institution Kirche als Autorität.

Die Lehren über spirituelle Belange und sogar die Gottesvorstellungen sind in den einzelnen Strömungen sehr verschieden, selbst die Ansichten über Leben, Tod und Erlösung stimmen nicht überein. Die meisten Hindus glauben, dass die Seele ewig lebt und immer wieder neu geboren wird, bis sie eines Tages erlöst wird. Diesen sich immer wiederholenden Prozess nennen sie Samsara. Götter, Menschen und Tiere durchwandern nach hinduistischer Glaubensvorstellung also in einem durch ewige Wiederkehr gekennzeichneten Kreislauf die Weltzeitalter. Dabei häufen sie während jedes Lebens je nach Verhalten gutes oder schlechtes Karma an, das in das nächste Leben mitgenommen wird.«

»Wenn es keinen wirklichen Religionsgründer und so viele verschiedene Glaubensrichtungen gibt, jedoch keine Dogmen, gibt es dann überhaupt eine Art Bibel oder Ähnliches? Ich habe ehrlich gesagt noch nie von so etwas gehört.«

»Es gibt verschiedene heilige Schriften, die wichtigsten sind die Veden, die zwischen 1500 und 500 v. Chr. als religiöses Wissen niedergeschrieben wurden. Jede Glaubensrichtung, beispielsweise Vishnuiten oder die Shakti-Anhänger, hat dann auch noch eigene, nur für sie verbindliche heilige Schriften. Die Veden sind jedoch für alle Hindus die Basis. Damals entstand auch dieses für

Indien typische Kastenwesen, das uns heute so unverständlich ist. Zuerst entstand der Priesterstand, der ein Monopol auf das heilige Wissen beanspruchte. Du siehst, so frei ist es dann auch im Hinduismus nicht; wo Menschen sind, da entstehen Machtgefüge.«

»Woher kommt es eigentlich, dass es in den fernöstlichen Religionen so locker und frei zugeht, bei den Christen jedoch nicht?«, unterbrach ich ihn.

»Gute Frage, ich denke, dass liegt daran, dass sich die westliche und die östliche Welt schon vor etwa 2000 Jahren in gegensätzliche Richtungen entwickelt haben. Davon blieb natürlich auch das Konstrukt Religion bzw. Kirche nicht verschont. Die Kirche entwickelt sich entsprechend der Gesellschaft, in der sie existiert. Der Westen suchte sein Glück im Materialismus, der Osten im Sein.«

»Wer wird denn dann angebetet? Wenn ich in Deutschland mittlerweile in jedem zweiten Blumengeschäft ein Dutzend Götterfiguren aus den verschiedensten Materialien und in allen Größen sehe, scheint es mir, als ob die Hindus alles anbeten: einen Elefantengott, diesen Gott mit den vielen Armen und ich weiß nicht, was noch alles.«

»Das scheint nur so, denn der Hinduismus ist keine polytheistische Religion, sondern ein Henotheismus, das heißt, dass alle Götter Ausdruck des einen höchsten persönlichen Gottes oder auch der unpersönlichen Weltseele Brahman sind. Die drei Hauptgottheiten Brahma, der Schöpfer, Vishnu, der Hüter, und Shiva, der Zerstörer, stehen für die drei Aspekte des Lebens. Shiva steht für den Fluss des Lebens, für die ständige Veränderung. Die verschiedenen hinduistischen Traditionen und Philosophien vertreten durchaus verschiedene Gottesbilder, diese sind aber letztlich jedem selbst überlassen. Letztendlich steht hinter jedem angebeteten Gott der wahre Eine. Es gibt Strömungen im Hinduismus, die an Ishvara, was ›der Höchste Herr‹ heißt, als obersten Gott glauben. Ishvara untergeordnet sind die Devas, die du als Götter, Halbgötter, Engel oder Geist betrachten könntest.«

»Und was ist so das Wesentliche im Glauben der Hindus, gibt es etwas wie eine Kernaussage?«

»Ja, natürlich gibt es die, das wichtigste ist das Brahman, der höchste kosmische Geist. Mit Brahman bezeichnen die Hindus die Tatsache, dass alles nur verschiedene Manifestationen derselben eigentlichen Wirklichkeit sind. Brahman ist also etwas für den menschlichen Verstand nicht zu Beschreibendes und nicht zu Begreifendes. Brahman ist das Grenzenlose, das Unendliche, das wir nie verstehen werden, Brahman ist unerschöpflich und alles, zugleich aber auch nichts. Brahman ist ewig und immer. Es hat keinen Anfang, es hat kein Ende, es ist in allem und es ist nichts. Es ist der Ursprung von allem und das Ziel von allem. Aus ihm kommt die Schöpfung. Die Upanishaden beschreiben es als das eine und unteilbare, ewige Universalselbst, das in allem anwesend ist und in dem alle anwesend sind. Nach der Lehre Shankaras, der Advaita Vedanta, was ›Nichtdualität‹ bedeutet, ist der Mensch in seinem innersten Wesenskern mit dem Brahman identisch, und diese Identität gilt es zu erkennen. Andere Richtungen trennen aber auch mehr oder weniger streng zwischen Seele und Gott. Die persönliche Erleuchtung und Erlösung ist Ziel und Endpunkt der Entwicklung des Geistes. Die Erlösung ist das Aufgehen des Atman, das ist das dem Menschen innewohnende Brahman. Es ist nicht wirklich das, was wir im Christentum unter Seele verstehen, da unsere Seele üblicherweise individuell ist, das Atman im ›kosmischen Bewusstsein‹ aber immer das gleiche ist. Die erste Formel des Yoga sagt, dass du in den Tempel deines Körpers eingehen sollst.

Dein Körper ist der Tempel deines Bewusstseins, in ihm manifestiert sich dein Geist, Arbeit an deinem Körper bedeutet Entwicklung deines Geistes.«

Earl beendete seinen Vortrag mit einem Zitat aus den Upanishaden, in dem es heißt:

> *Das, was der feinste Stoff ist, ist die Seele der ganzen Welt.*
> *Das ist das Wahre. Das ist Atman, das bist du.* « (80)

Längere Zeit saßen wir schweigend und starrten beide in das Lagerfeuer, das langsam erlöschte. Ansonsten war es stockdunkel und absolut windstill. Die Geräusche, die ein krabbelnder Käfer im Laub machte, erschienen plötzlich so viel deutlicher als sonst. Ein Hundebellen war gut zu hören, konnte aber auch mehrere Kilometer entfernt sein. Wieder war da diese Stille, die alles umgab. Neben dem Geruch von Erde und Wald bemerkte ich einen ganz leichten Schwefelgeruch, doch Earl versicherte mir, dass dieser hier oben kein Problem sei. Plötzlich stieß er mich an, und wir sahen, dass der Atitlán-Vulkan in einiger Entfernung Feuer spuckte. Immer wieder schoss rot glühende Lava senkrecht empor und umgab den Vulkan mit einem magischen Licht. Der Atitlán war als ungefährlich bekannt, was ihn aber nicht daran hinderte, immer wieder kleine Ausbrüche zu inszenieren und durchgehend Rauchwolken auszustoßen. Aus unserer sicheren Position war dieses Schauspiel unglaublich. Eine gute Stunde lang beobachteten wir die Magmamassen, hin und wieder war ein leichtes Grollen zu hören. Der schwarze Nachthimmel, die Millionen von Sternen, immer wieder eine Sternschnuppe dazwischen, als Kulisse für dieses Spektakel waren jede Anstrengung des Aufstiegs wert.

13. Kapitel – Daoismus

Zwei Tage nach unserem Aufstieg auf den Vulkan waren wir wieder zu Fuß unterwegs, diesmal nach Santiago Atitlán. Der Weg dorthin führte immer am See entlang nach Süden, wobei wir wegen einer fjordartig geschnittenen Bucht mindestens das Dreifache der Luftlinie von knapp acht Kilometern vor uns hatten. In Santiago wollten wir dann am Abend das Schiff zurück nehmen. Am Seeufer standen immer wieder, etwas erhöht, kleine Hütten der Mayas, die hier ihre kleine Landwirtschaft hatten, einige Tiere aufzogen und sich ihr Essen ansonsten täglich im See fingen. Jede Familie hatte einen sehr einfachen Einbaum, manche mit einem kleinen Ausleger, mit dem man zum Angeln paddelte. Diese Boote waren schon aufgrund ihrer Bauweise aus einem Stück immer rissig, und so war es erforderlich, immer wieder das Wasser zu schöpfen. Die Menschen waren sicherlich arm, sahen aber zugleich alle doch ziemlich glücklich aus, offensichtlich glücklicher als die Menschen auf deutschen Straßen. Sie lebten einfach, hatten aber ausreichend zum Leben. Die Familie hielt zusammen, auch auf das Dorf und die Nachbarn war Verlass. Nur machte der Fortschritt auch vor dieser Idylle nicht halt, und so sah man die ersten Anzeichen der westlichen Konsumkultur auch hier. Der Erste hatte Strom und einen Fernseher, irgendwann besaß jemand ein Auto, Neid entstand. Es ist immer einfach, zufrieden zusammenzuleben, wenn alle gleich wenig haben. Schwierig wird es, wenn die Ersten ihren neuen Reichtum zeigen und der Neid die anderen dazu bringt, nach Dingen zu streben, die ihnen vorher unbekannt und gleichgültig waren. Aufzuhalten ist diese Entwicklung wohl nie.

Earl begann seine heutige »Vorlesung« über den Daoismus, die

»Lehre des Weges«, auch Taoismus genannt. Klar strukturiert, wie er war, hatte er entschieden, dass ich zunächst einmal die Grundlagen der verschiedenen fernöstlichen Philosophien verstehen sollte, da diese in einigen Punkten viel weiter waren als der Westen.

»Der Daoismus ist eine chinesische Philosophie und Religion und wird als Chinas eigene und daher authentisch chinesische Religion angesehen. Wann genau die daoistische Lehre entstanden ist, bleibt unklar, historisch datiert man ihre Ursprünge auf das 4. Jahrhundert v. Chr., als das Daodejing des Lao-Tzu oder auch Laotse entstand. Lao-Tzu und Konfuzius sind ja als reine Namen auch bei uns jedem ein Begriff, was dahinter steht, wissen jedoch die wenigsten. Zusammen mit Konfuzianismus und Buddhismus prägte der Daoismus das chinesische Leben. Ein gewisser Chung Yung hat das Dao so beschrieben:

›Das Dao ist das, von dem man nicht abweichen kann; das, wovon man abweichen kann, ist nicht das Dao.‹

Als der Buddhismus also kurz nach Christi Geburt nach China kam, traf er dort auf eine seit etwa 2000 Jahren in Entwicklung begriffene Kultur, die aus zwei Richtungen bestand: der weltlichen, praktischen, aus der sich der Konfuzianismus entwickelte, und der religiösen oder philosophischen, dem Daoismus. Der Daoismus hatte ein eigenes Weltbild, dazu gehörte auch die kosmologische Vorstellung von Himmel und Erde. Die Lehre vom Qi, der Energie, Yin und Yang und das Yijing oder auch I-Ging genannt, entstammten ebenfalls aus dem Daoismus. Durch vielerlei Methoden wie Körper- und Geisteskultivierung mithilfe der Atemkontrolle und Techniken wie Taijiquan und Qigong wurde versucht, Wege zur Unsterblichkeit zu entwickeln. Die

Unsterblichkeit ist ein wesentlicher Aspekt des Daoismus. Das Daodejing oder Dao te King ist das grundlegende Werk des Daoismus. Verfasst wurde es von Lao-Tzu; ob es allerdings diesen Denker namens Lao-Tzu, was ›der Alte Meister‹ bedeutet, wirklich gegeben hat, weiß kein Mensch. Viele gehen davon aus, dass das Buch das Werk vieler ist. Das Buch ist so geschrieben, dass es sich an einen Herrscher richtet und versucht, ihm den Weg zum Frieden zu weisen. Es gibt keine Chronologie oder Struktur im Daodejing, vielmehr handelt es sich um verschiedene, mehr oder weniger zusammenhanglose und mehr oder weniger mystische Aphorismen.

Hermann Hesse war einer der wenigen Dichter, die das asiatische Gedankengut intensiv erforscht und auch in ihren Werken verarbeitet haben. Dabei war sein Bezug zu den chinesischen Philosophien deutlich größer, als der zum Buddhismus und Indien. Indien empfand er als resignativ, als Askese, als Weltflucht. Wie wichtig der Daoismus für ihn war, zeigt diese Aussage:

›Er ist für mich seit vielen Jahren das Weiseste und Tröstlichste, was ich kenne, das Wort Dao bedeutet für mich den Inbegriff jeder Weisheit.‹ (93)

Ein anderes wichtiges Werk ist das ›Wahre Buch vom südlichen Blütenland‹. Es wurde kurz nach der Entstehung des Daodejing von Dschuang Dsi verfasst. Dabei handelt es sich um subjektive Interpretations- und Erläuterungsversuche des Daodejing, und das Ideal des Buches ist der weltabgewandte Weise. ›Dao‹ bedeutete im Chinesischen einmal ›Weg‹, wurde dann aber auch in der Bedeutung ›Methode‹, ›Prinzip‹ oder ›der rechte Weg‹ benutzt. Mit dem Daodejing erhielt der Begriff seine heutige Bedeutung und Wichtigkeit, das Dao ist das Prinzip der Welt, es beinhaltet und durchdringt alles, es ist das kosmische Gesetz, aus dem alles entsteht, in das alles übergeht, es ist das Absolute. Das Dao ist nicht mit Worten zu beschreiben und nicht mit dem Verstand zu begreifen. Es ist jenseits von allem. Philosophisch könnte man das Dao als jenseits aller Begrifflichkeit fassen, weil es der Grund des Seins, die transzendente Ursache ist und somit alles, auch den Gegensatz von Sein und Nichtsein, enthält. In diesem Sinne kann nichts über das Dao ausgesagt werden, weil jede Definition eine Begrenzung enthält. Das Dao ist aber sowohl unbegrenzte Transzendenz als auch das dem Kosmos, dem All immanente Prinzip. Aus dem Dao entsteht die Welt. Du kennst Yin und Yang?«

»Das ist doch dieses schwarz-weiße Symbol, oder? Ehrlich gesagt habe ich keine Ahnung, wofür das steht. Ich habe es immer für esoterischen Schnickschnack oder eine Art von Talisman gehalten.«

»Nun, Yin und Yang sind schon etwas mehr. Die Zweiheit des Yin und Yang entsteht aus dem Dao, sie steht für alle Wandlung und Veränderung in unserer Welt. Die Idee des Yin und Yang ist, dass nicht alles im Leben positiv sein kann: Zu jeder positiven Sache gibt es eine negative und umgekehrt. Es gibt keine Position ohne ihre Negation. Das eine kann nicht ohne das andere sein, nichts kann ohne sein Gegenteil sein. Wenn wir kein ›heiß‹ kennen, kennen wir kein ›kalt‹. Was wir nicht kennen, können wir nicht wahrnehmen. Lao-Tzu hat es so beschrieben:

> *›Alle wissen, dass schön das Schöne*
> *So gibt es das Häßliche*
> *Alle wissen, dass gut das Gute*
> *So gibt es das Böse*
> *Denn:*

Voll und leer gebären einander
Leicht und schwer vollbringen einander
Lang und kurz bedingen einander
Hoch und niedrig bezwingen einander
Klang und Ton stimmen einander
Vorher und nachher folgen einander
Darum tut der Weise ohne Taten
Bringt Belehrung ohne Worte
So gedeihen die Dinge ohne Widerstand
So lässt er sie wachsen und besitzt sie nicht
Tut und verlangt nichts für sich
Nimmt nichts für sich, was er vollbracht
Und da er nichts nimmt
Verliert er nicht.‹ (58)

Yin und Yang stehen also im chinesischen Ursprung für die beiden grundlegenden Seiten der Welt: das Weibliche und das Männliche und auch für alle anderen begrifflichen Paare wie passiv/aktiv, unten/oben, kalt/warm, Dunkelheit/Helligkeit, Wasser/Feuer, Erde/Sonne, Schuld/Unschuld, Schwarz/Weiß, oben/unten und gut/böse, aber auch für Materie/Energie, Teilchen/Welle, Bewegung/Ruhe oder Existenz/Nichtexistenz. Yang ist dabei die starke, männliche, schöpferische Kraft und symbolisiert die Bewegung. Yin wiederum steht für das dunkle, empfangende, weibliche Element und symbolisiert die Ruhe. Nun sollten Yin und Yang nicht aus der westlichen Sicht der Gegensätze gesehen werden – ganz im Gegenteil stellen sie die zwei Seiten einer Medaille dar, sie bilden das Ganze, sind verschiedene Aspekte derselben Sache. Da Gegensätze abstrakte Begriffe sind, sind sie nie die Wirklichkeit, sondern nur eine Beschreibung des von uns Beobachteten. Erst durch deine Aufmerksamkeit erschaffst du diese Gegensätze. Erst dadurch, dass du etwas als schön empfindest, gibt es etwas anderes, das hässlich ist. D. T. Suzuki hat einmal über den Buddhismus, bei dem dieser Aspekt der Gegensätze ebenfalls eine wichtige Rolle spielt, gesagt:

>Die Grundidee des Buddhismus ist, über die Welt der Gegensätze hinauszugehen, über die auf intellektuellen Unterscheidungen und emotionalen Verunreinigungen aufgebaute Welt, und die spirituelle Welt der Unterschiedslosigkeit zu erkennen, die das Erreichen einer absoluten Ansicht beinhaltet.< (73)

Ein Ziel ist es im Daoismus nun, diese Gegensätze zumindest ausgeglichen zu halten. Wenn du aus einer vielleicht überwiegend negativen Stimmung durch Heilung oder >Ganzwerden< ein in etwa ausgeglichenes Verhältnis schaffst, ist das Ziel erreicht. Die Chinesen sagen übrigens, dass es besser ist, zu wenig zu haben als zu viel; dass es besser ist, etwas nicht zu tun als zu übertreiben, da, wenn das Yin seinen Gipfel erreicht hat, zwangsläufig der >Absturz< kommt und das Yang folgt – und umgekehrt. Wer Reichtümer anhäuft, wird arm enden. Yin und Yang sind die Pole des Wandels. Wang Ch`ung sagte:

>Hat Yang seinen Gipfel erreicht, zieht es sich zugunsten des Yin zurück;
hat Yin seinen Gipfel erreicht, zieht es sich zugunsten des Yang zurück.< (87)

Der Mittlere Weg, eine der drei großen Richtungen im Buddhismus, berücksichtigt dies ebenfalls. Es ist sinnlos, nur nach dem Guten zu streben, da der Logik zufolge dann das Böse wieder

Oberhand gewinnen müsste. Besser folgen wir einem Gleichgewicht aus Gut und Böse, berücksichtigen wir das Yin und Yang. Auch unser Gehirn ist geteilt in zwei Gehirnhälften, wobei die linke Seite für das männliche logische Denken, die rechte für das weibliche Seelische steht. Zum weiblichen Teil gehört auch die Spiritualität. Bei den meisten Menschen überwiegt mittlerweile die logische (materialistische) Seite, die spirituellen Aspekte kommen zu kurz und das führt zu einem deutlichen Ungleichgewicht. Seit unserer Kindheit wurden die meisten von uns entsprechend erzogen und geprägt, gefragt waren Logik und Wissenschaft, sodass in dieser Beziehung ein deutliches Ungleichgewicht herrscht. Die Ureinwohner Amerikas, die Indianer, sprachen nicht von zwei Gehirnhälften, sondern von zwei kleinen Männchen in uns: Der eine denkt und überlegt, der andere orientiert sich an der Spiritualität und hört auf die Seele.

Für alle Naturvölker war und ist es völlig normal und auch überlebenswichtig, auf die spirituelle Seite, den Instinkt zu hören. Sie spüren eine Gefahr oder die Anwesenheit einer anderen Person oder eines Tieres. Ich denke, dass jeder Mensch diese Fähigkeit in sich hat, die wenigsten nutzen sie jedoch noch. Obwohl der Instinkt immer zuerst seine Antwort gibt, akzeptieren wir diese nicht mehr spontan, sondern der moderne Mensch benutzt zunächst einmal seine Logik und überlegt und prüft und wendet, anstatt einfach seinen Bauch entscheiden zu lassen. Auf seine Gefühle, seine Seele, sein Herz zu hören, ist einer der wichtigsten Punkte des Lebens. Prüfe bei all deinen Entscheidungen, ob deine Seele damit glücklich ist. Dein Herz weist dir automatisch den richtigen Weg. Jeder kennt das Gefühl, eigentlich etwas ganz anderes machen zu wollen. Wie oft hast du schon gedacht, dass du gar nicht dein eigenes Leben lebst, sondern fremdbestimmt bist? Die erste Reaktion hierauf ist zumeist: Na gut, dann höre ich halt mehr auf meinen Bauch. Da dies normalerweise eine vom Verstand getroffene Entscheidung ist, hält diese aber nur so lange vor, bis eine Situation eintritt, in der eigentlich der Bauch entscheiden sollte. Genau dann meldet sich der Verstand zurück und teilt uns mit, dass dies nun wirklich keine Sache sei, die der Bauch entscheiden sollte. Vielleicht kann ja der Bauch beim nächsten Mal ran. Denn es ist schwer für uns, den Verstand außen vor zu lassen. Jeder findet tausend Gegenargumente für alles, was ihm sein Inneres mitteilt: ›Das kann ich doch nicht einfach machen‹, ›Wenn das jeder machen würde‹, ›Wovon soll ich denn dann leben?‹, ›Dafür bin ich zu alt‹ und so weiter. Trotzdem: Jedem steht es frei, im Leben seinen Weg zu wählen. Jedem stehen unendlich viele Wege und Möglichkeiten offen, es liegt an uns selbst, welchen Weg wir wählen. Und jeder Weg hat einen Sinn, auch wenn er auf Anhieb vielleicht nicht zu erkennen ist.

Hören wir jedoch bewusst nicht auf unsere Seele und blocken sie ab, müssen wir uns auch nicht wundern, wenn sich die Seele für die Kommunikation eine Krankheit sucht und uns so zu wecken versucht. Die Seele ist zuerst geduldig, sie schaut sich vieles an, ohne unmittelbar Konsequenzen zu ziehen. Sie ist aber auch beharrlich, und wenn wir wiederholt nicht auf unsere innere Stimme hören, wird sie sich anderweitig Gehör verschaffen. Im Gegensatz zu uns gibt die Seele niemals auf. Sie ist unendlich und hat dementsprechend viel Zeit. Wenn sie in diesem Leben nicht zum Zuge kommt, dann vielleicht in einem anderen. Bis dahin wird sie uns immer wieder unter Zuhilfenahme eines Leidens daran erinnern, dass wir auf dem Holzweg sind.

Ich möchte noch einmal auf das Thema gut und schlecht zurückkommen. Wer entscheidet eigentlich, was gut oder schlecht ist, du? Die Gesellschaft? Die Regierung? Die Kirche? Gibt es nicht viele Dinge, die in verschiedenen Ländern und Kulturen sehr unterschiedlich gesehen werden? Ist ein Mensch, der Fleisch isst, schlecht? Darf man Hundefleisch essen? Ist ein Vegetarier jetzt gut oder schlecht? Wer stellt die Norm auf, an der wir gut und schlecht messen können? Sind diese Einstufungen nicht reichlich willkürlich?

Eine andere interessante Frage ist, woraus du lernst. Aus deinen Erfolgen, den guten Erfahrungen? Aus deinen Siegen? Bieten schlechte Erfahrungen dir nicht viel mehr Chancen und Möglichkeiten als gute? Was kannst du aus guten lernen? Die schlechten Erfahrungen bringen uns dazu, Dinge anders zu machen, an uns zu arbeiten. Es wird immer ein Auf und Ab geben; man könnte meinen, das Auf hält uns bei der Stange, und wenn wir dann wieder etwas erholt sind, kommt das Ab, aus dem wir lernen sollen. Yin und Yang bestimmen unser Leben. Die willkürliche Aufteilung in gut und schlecht aber ist eben hinfällig, beides ist auf deinem Weg notwendig. Alles ändert sich ständig, nichts ist für immer. Eins kann nicht ohne das andere sein. Lediglich die Bewertung erfolgt durch dich, du entscheidest, was du daraus machst. Der eine mag den Tag, die Sonne, der andere liebt die Nacht, das Dunkle. Beides kommt und geht, daran festzuhalten ist offensichtlich sinnlos. Egal, woran du meinst, festhalten zu müssen, gib es auf, es ist unmöglich, es ist nur dein Ego, das dir diese Möglichkeit zum Festhalten vorspielt. Es fällt auf, dass die meisten Menschen, die sich zur Spiritualität hingezogen fühlen, zuvor in einer schweren Krise steckten und begannen, etwas zu suchen, was sie zumeist überhaupt nicht kannten. Dies war bei mir so, es ist bei dir so. Erst wenn wir merken, dass wir den Schmerz nicht mehr ertragen können oder wollen, oder dass uns großer finanzieller Erfolg überhaupt nicht glücklicher macht, scheinen wir so weit zu sein, einen anderen Weg zu gehen. Plötzlich treffen wir eine Entscheidung, die uns eigentlich völlig fremd vorkommt, wir gehen zu einem Tantraseminar, verbringen Zeit in einem Ashram oder verreisen einfach spontan und treffen Menschen, die unser Leben von Grund auf verändern werden. Wir erfahren genau das, was wir brauchen, nur hat diesmal nicht unser Ego die Entscheidung getroffen, sondern eine innere Stimme, auf die wir gar nicht mehr geachtet hatten.«

Ich überlegte. Was hatte mich dazu gebracht, den Schamanenkurs zu machen? Rational war die Entscheidung auf keinen Fall erklärbar, war das also meine innere Stimme gewesen?

»Und genau in diesem Moment der Entscheidung für etwas bist du noch genau einen kleinen Moment von dem entfernt, was du suchst. Alles, was du danach in Seminaren lernst oder in Büchern liest, wird mehr dein Ego befriedigen, als dass du dadurch erleuchtet wirst. Solange du suchst, wirst du nichts finden.«

»Was meinst du, wenn du sagst, ich sei nur einen Augenblick von dem entfernt, was ich suche?«

»Nun, was ich meine, ist, dass alle Antworten auf deine Fragen in dir sind – nicht in San Pedro, nicht in Guatemala, nicht in Büchern, nicht in mir, sondern in dir selbst. Dort ist, wo du suchen musst. Na ja, Suchen ist natürlich der falsche Ausdruck; wer sucht, findet eben nicht. Wenn du nicht mehr suchst, wirst du finden.«

An seinem Grinsen erkannte ich, dass jetzt etwas anderes kommen würde.

»Da du aber wohl nicht der Typ bist, der sich unter einen Baum setzt und erleuchtet wird, müssen wir wohl oder übel einen anderen Weg finden und dir erst einmal ein Gefühl dafür geben, worum es eigentlich geht. Und ich betone das Wort ›Gefühl‹, es geht gar nicht darum, dies alles zu verstehen. Betrachte den

Verstand in dieser Beziehung einfach als unnötig. Es gibt halt Leute, die kommen ganz von allein drauf, und andere nehmen den schweren Weg.«

Ich war mir nicht sicher, wie ich diese Anmerkung auffassen sollte. War ich zu blöd, den einfachen Weg zu gehen? Gab es wirklich diese Leute, die einfach so erleuchtet wurden? Also entschied ich, darauf erst einmal nicht einzugehen und meinte nur: »Komm, erzähl weiter über den Daoismus!«

»Kern der Lehre des Daoismus ist, den Lauf der Dinge zu beobachten. Alle Gesetzmäßigkeiten des Lebens können wir durch Beobachtung der Dinge erkennen. Das Dao offenbart sich in der Natur, in allem. Es steht für Natürlichkeit, Spontaneität und Wandlungsfähigkeit. Das Dao zu erkennen, geht nicht mit dem Verstand, sondern nur auf erfahrende, intuitive Weise. Grundprinzip des Daoismus ist also die Spontaneität in Harmonie mit der Natur. Durch Beobachtung der Natur und Vertrauen auf die intuitive innere Stimme handeln wir entsprechend unserer wahren Natur. Huai Nan-tzu sagte:

›Die der natürlichen Ordnung folgen, fließen im Strom des Daos.‹ (61)

Das Dao bedeutet ständiger Wandel. Nichts bleibt, wie es ist, und so wird derjenige, der das Dao erkannt hat, sich immer anpassen, erneuern, verändern und an nichts haften. Das Prinzip des Wu Wei, was so viel wie ›Nichteingreifen‹ oder ›Nichthandeln‹ bedeutet, ist die Basis des Daoismus. Wu Wei meint, der Spontaneität ihren Lauf zu lassen und nicht einzugreifen. Wenn wir nicht eingreifen und den Dingen ihren Lauf lassen, werden sie ihrer Natur entsprechend sein. Wer nach dem Dao lebt, trachtet nicht danach, fortlaufend den Gang der Dinge zu beeinflussen oder diese zu bekämpfen, sondern lässt sie unbeeinflusst von eigenen Wünschen geschehen.«

»Das hört sich ja sehr einfach an: Ich kümmere mich um nichts, lasse mich treiben, lasse dem Dao seinen Lauf. Und das funktioniert so einfach?«

»Was heißt ›funktioniert‹? Was muss für dich erfüllt sein, damit eine Philosophie funktioniert? Willst du dies mit deinem Verstand entscheiden? Wie auch der Zen ist der Daoismus davon überzeugt, die Essenz der Dinge nicht in Worte kleiden zu können. Der Weise Chuang-tzu sagte dazu passend:

> ›Wenn jemand nach dem Dao fragt und ein anderer antwortet ihm, dann weiß es keiner von beiden.‹« (20)

In dem Sinne waren wir also beide reichlich am Anfang unserer Erleuchtung. Wieder waren wir an einem Punkt angekommen, wo es hieß, den Verstand nicht einzubeziehen, sondern die Intuition. Ich sah ein, dass es wenig Sinn ergab, diese Art von Gedankengängen in »funktioniert« oder »funktioniert nicht« einzuteilen. Zu diesem Zeitpunkt waren mir auch noch einige andere Zusammenhänge nicht klar, die ich im Laufe der Wochen noch erfahren sollte. Ich war mir noch nicht bewusst, wie sehr wir uns in unserem täglichen Leben gegen alles Mögliche wehren, anstatt uns dem Leben zu öffnen. Der Weise im Dao nutzt also die natürlichen Abläufe der Welt und gelangt so zu seinen Zielen. Wieso ich allerdings ein Ziel erreichen können würde, ohne auf dieses Ziel hinzuarbeiten, was aus meiner Sicht immer bedeuten musste, auch gegen Dinge, gegen Hindernisse auf diesem Weg anzukämpfen, erschloss sich mir nicht.

Earl fuhr fort: »Ich hatte dir gesagt, dass es nicht so einfach mit dem Verstand zu greifen ist, lass es auf dich einwirken und höre einfach zu. Indem der Weise das Gute und das Schlechte, das Yin und das Yang, alle Gegensätze nicht bekämpft oder bevorzugt, wird er unabhängig, er gelangt zu einer inneren Leere. Er akzeptiert die Gegensätze, die das Dao erzeugt. Nach daoistischer Auffassung führt nur die Übereinstimmung mit dem Dao zu dauerhaftem und wahrem Glück, während die Involviertheit in weltliche Angelegenheiten zu einem Niedergang der wahren Tugend führt. Alle Begierde ist insofern von Übel; unsere Konsumwelt steht dem Daoismus diametral entgegen. Um diese Geisteshaltung zu erreichen, um Erleuchtung zu erlangen und das Dao zu verwirklichen, übt man sich in unterschiedlichen Methoden wie Meditation, wozu auch und insbesondere Qigong und Taijiquan gehören, in Konzentration, Visualisation, also Reisen in die geistige Welt, wie du sie aus dem Schamanismus kennst, Imagination, Atemtechniken, Alchemie und so weiter. Die Visualisationen und Imaginationen führen in Reiche der irdischen Paradiese, der Götter, der stellaren Welten, der Bewegungen von Yin und Yang und der verschiedenen Formen der Energie Qi. Das Ziel dieser komplexen Techniken ist es, durch die Harmonisierung von Geist und Körper zur ursprünglichen Einheit zurückzukehren. Daneben war das Streben nach Unsterblichkeit ein weiteres Ziel, das wahrscheinlich aus schamanischen Techniken und Unsterblichkeitskulten entstanden ist. Das höchste Ziel des Daoismus ist die ewige Glückseligkeit als Xian, also als ›Unsterblicher‹. Man versucht, zum Ursprung aller Dinge zu gelangen, zum Dao. Der Daoismus hat dafür eine Reihe blumiger Begriffe, die das Ziel umschreiben, wie die Rückkehr zum Einen, zur Perle, die Rückkehr zum Zustand, bevor es Himmel und Erde gab, oder die Erschaffung des kosmischen Embryo.«

»Gibt es im Daoismus einen Gott oder mehrere?«

»Schwierige Frage. Hier merkt man den Unterschied in den

Sichtweisen der westlichen und östlichen Welt. Unsere Vorstellung von Religion ist einfach eine andere und kann nicht mal eben übertragen werden. So wie ich es verstanden habe, gibt es keine richtigen Götter, sondern für die Entwicklung der Philosophie oder des Landes wichtige Personen werden zu Göttern gemacht. Diese Götter werden auch ›Unsterbliche‹ genannt. Sie sind quasi eine Inkarnation von Funktionen als Individuen oder Götter. Die Triade der höchsten Gottheiten stellen die ›Drei Reinen‹ dar. Heutzutage verehren die meisten daoistischen Gruppierungen die ›Drei Reinen‹. Einige Gruppen verehren den vergöttlichten Lao-Tzu als höchste Gottheit, da sie annehmen, er sei das Dao selbst, habe bereits vor der Entstehung des Kosmos existiert und erscheine in unterschiedlichen Formen. In jedem daoistischen Tempel gibt es jedenfalls eine Halle der ›Drei Reinen‹. Ansonsten gehen die Chinesen sehr pragmatisch mit ihren Göttern um, schon zu Lebzeiten kann man Gott werden, genauso schnell aber auch den Status wieder verlieren. Daneben ist in China auch noch der Glaube an Geister, gute wie böse, sehr ausgeprägt. Auch diejenigen, die sich selbst als unreligiös und als Atheisten bezeichnen, glauben an sie. Die guten Geister werden Shen genannt, sie sind die vergötterten Ahnen, die bösen sind die Gui. Jeder noch so atheistische Chinese wird sich davor hüten, einen bösen Geist zu verärgern.«

Mittlerweile hatten wir gut die Hälfte der Strecke nach Santiago Atitlán zurückgelegt, und den Weiler Tzantziapa durchquert. Es war warm geworden und wir setzten uns unter den nächsten Baum. Einige Maya-Frauen arbeiteten wenige Meter weiter auf einem kleinen Feld, sie schienen Süßkartoffeln oder Yucca zu ernten. Als sie kurz herüberwinkten, grüßten wir ebenfalls freundlich. Für einen Westeuropäer erscheint es immer merkwürdig, von wildfremden Menschen auf der Straße gegrüßt zu werden, was hier aber noch selbstverständlich ist. Diese Mayas lebten noch ihr ursprüngliches Leben, ihre runden Gesichter strahlten zumeist, mit ihrem gedrungenen Körper und dem kräftigen und viel zu kurzen Hals sahen sie aus wie aus einer anderen Zeit. Man konnte sich gut vorstellen, dass sie so auch schon vor 2000 Jahren ihre Felder bestellt hatten. Nach und nach wurden aber auch sie vom Fortschritt überrollt.

Vor uns lag der Fjord, eingeschlossen von langsam ansteigenden Hügeln, einer flachen Ebene auf der gegenüberliegenden Seite sowie den Anfängen der vier großen Vulkane, hinter uns der San Pedro. Vor uns lag Santiago in vielleicht zwei Kilometern Luftlinie, dazwischen der See, auf dem gerade vor uns zwei Männer in einem kleinen Boot mit den so typischen Schmetterlingsnetzen auf beiden Seiten des Bootes angelten. Wir beschlossen, weiterzugehen nach Santa Catarina Palopo, ein sich an einen Hügel klammerndes Dorf, und dort etwas Kaltes zu trinken. In Gedanken versunken stapften wir also in der mittlerweile sengenden Hitze weiter. Irgendwann hatte ich mir das »I-Ging«, das »Buch der Wandlungen« oder »Klassiker der Wandlungen«, einmal gekauft, weil ich gelesen hatte, dass man damit in die Zukunft sehen könne. Zum Buch gehörte ein Satz Stäbchen in unterschiedlichen Längen, ich war damit jedoch nicht wirklich weitergekommen. Das I-Ging ist der älteste der klassischen chinesischen Texte und eines der wichtigsten Bücher der Weltliteratur. Die früheste überlieferte Version des I-Ging wurde 1973 in einem Grab entdeckt, das 168 v. Chr. geschlossen worden, und ist unter dem Namen Mawangdui Boshu bekannt. Das I-Ging enthält die Kosmologie und Philosophie des alten China. Grundideen sind die Ausgewogenheit der Gegenteile und das Akzeptieren der Veränderung, wie es auch Grundlage des Daoismus ist. Bei uns kennen wir das I-Ging eben hauptsächlich als

Weissagungsbuch, das mithilfe von 64 Bildern, die aus je sechs durchgehenden oder unterbrochenen Linien bestehen, sowie den zugeordneten Erklärungen die Zukunft vorhersagt. Ich hatte gelesen, dass die Ursprünge in schamanischen Traditionen liegen, bei denen das Deuten von Kerben und Linien in durch Hitzeeinwirkung zerplatzten Schildkrötenpanzern üblich war.

Auch mittels Orakelknochen wurde vor knapp 2000 Jahren bereits die Wahrsagerei in Form eines Frage-und-Antwort-Spiels gebraucht. Da es das Buch noch nicht gab, muss der Antwortende intuitiv reagiert haben; möglicherweise wurden diese Lehren und Weisheiten zur Grundlage des I-Ging. Wie im Daoismus ist die Welt des I-Ging ein Ganzes, das aus den Kräften des Yin und des Yang besteht. Es gibt das Schöpferische und das Empfangende, wie Earl erklärt hatte. Alles besteht aus Yin und Yang. Das Schöpferische ist immer stark und mühelos, es ist die Leichtigkeit. Das Empfangende ist immer nachgiebig, es ist die Einfachheit. Zusammen ergeben sie das eigentliche Geheimnis der Wandlungen. Die erwähnten 64 Bilder leiten sich von Hexagrammen oder Sechssternen ab und sind als Bildnisse für immer wiederkehrende Grundkonstellationen aus Yin und Yang zu verstehen. Die Bilder sollen von den alten Weisen aufgrund von Beobachtungen geschaffen worden sein, alle nur denkbaren Entwicklungen im Leben lassen sich mithilfe der Bilder darstellen. Mit dem Verständnis des I-Ging und der Kenntnis der jeweiligen Interpretation ist man dann in der Lage, die Vorgänge des Dao zu verstehen, ihre Auswirkungen zu erkennen und insbesondere sein eigenes Schicksal zu beeinflussen. Veränderungen im Leben, die man aufgrund des Orakels beschließt, beinhalten Chancen und Möglichkeiten, aber auch Gefahren, aus denen man lernen kann. Das I-Ging ist daher nicht nur ein Orakel-, sondern auch ein Lehrbuch. Durch die Befragung des I-Ging erhält man keine Prophezeiung der Zukunft, sondern eine Analyse der gegenwärtigen Lage, die die notwendigen und sinnvollen nächsten Schritte ermöglicht. Das I-Ging bezeichnet denjenigen, der es beherrscht, als Edlen. Der Edle passt sich den Gegebenheiten an, er überdauert den ständigen Wandel, kämpft jedoch nicht dagegen an. Er handelt so, wie es für den jeweiligen Augenblick angemessen ist. Er geht mit der Zeit. Die Zeit verstreicht im I-Ging nicht passiv, sie ist ein aktiver Faktor unseres Lebens, der Ereignisse »zeitigt«. Der Gegensatz zum Edlen ist übrigens der Gemeine, der unter anderem die schlechten Eigenschaften des Menschen verkörpert. Der Edle ist sich immer der Gefahr bewusst, er ist auf jeden Wandel vorbereitet. Er lebt in einer Position der Mitte zwischen den Extremen, verfolgt seine Ziele in diesem Rahmen jedoch hartnäckig.

Offensichtlich war ich während der letzten zwei Stunden geistig völlig woanders gewesen, denn ich bemerkte plötzlich, dass wir durch die Straßen von Santiago gingen. Vor uns lag die von leichtem Rauch umwaberte weiße Kirche von Santiago, ähnlich der von Chichicastenango und anderen Orten. Die koloniale Vorderfront ist zumeist sehr aufwendig und schön gestaltet, doch schaut man um die Ecke, befindet sich hinter der Front ein ganz normales Gebäude. Gut zwanzig Stufen führten hinauf zum Eingangsportal, das hinter fünf hohen Säulen lag, auf denen sich ein hölzerner grüner Balkon über die gesamte Vorderfront der Kirche erstreckte. Auf den Stufen der Kirche saßen viele Menschen mit Blumen, Kerzen und alle möglichen und unmöglichen anderen Dingen, die sie für uns unbekannte, offensichtlich religiöse Rituale brauchten. Manche brannten duftendes Holz ab, andere eine Art Räucherstäbchen. Wir vermuteten, dass es sich um einen lokalen Feiertag handelte. Die Mayas hatten es verstanden, ihre alte Religion und deren Geister in den Katholizismus hinüberzuretten. Wir setzten uns auf eine Bank am Rande des Kirchplatzes und schauten dem Spektakel in Ruhe zu. Dieser Platz hatte eine ganz eigene Atmosphäre, er war erfüllt vom tiefen Glauben der Menschen, ihren gemurmelten Gebeten und den verschiedenen Gerüchen. Eine Leidenschaft war spürbar, die ich in deutschen Kirchen nie bemerkt hatte. Earl wies mich auf einen etwa vierzigjährigen Mann hin, der eine Art Weihrauchgefäß um eine ältere Frau schwenkte. Der Mann sah aus wie ein typischer Maya, mit kurzem, bläulich- schwarzem Haar, dunklen Augen und dem typischen runden Kopf ohne Hals. Gekleidet war er in eine Art Tracht, eine weiße Weste zu einer weißen Hose, alles mit roten Verzierungen bestickt.

»Da ist Don Marco, der Heiler.«

»Wie, das ist der Mann, von dem du mir erzählt hattest? Der sieht ja sogar aus, wie man sich einen Heiler vorstellt.«

Earl antworte: »In dieser Tracht habe ich ihn auch noch nie gesehen, normalerweise ist er so nicht angezogen. Das scheint hier ein besonderes Fest zu sein.«

Don Marco nahm gerade einen Schluck aus einer alten Colaflasche, die mit einer gelblichen Flüssigkeit gefüllt war, und spie und prustete diese Flüssigkeit mit theatralischem Getue über den Kopf der alten Frau. Die Behandlung schien abgeschlossen; mir kam es vor, als ob schon allein die Furcht vor einer zweiten Spuckbehandlung heilen könnte. Schnurstracks kam er nun auf uns zu, und er und Earl begrüßten sich wie alte Freunde. Ich wurde als Schamane aus Deutschland vorgestellt, der hier lernen wollte.

Don Marco fixierte mich kritisch mit halb zugekniffenen Augen und meinte dann: »Kommt übermorgen um acht Uhr abends zu mir in mein Haus, wir werden einige Rituale vollziehen und die Geister rufen. Es wäre schön, wenn ihr ein Opfer für die

Geister mitbringen würdet!«, drehte sich um und ging wieder zu den anderen.

»Respekt«, meinte Earl, »so schnell lädt er nicht jeden zu sich ein.«

»Na ja, wir Schamanen halten zusammen«, gab ich zurück.

Auf dem Rückweg nahmen wir das Schiff und waren gegen Einbruch der Dunkelheit wieder in San Pedro.

14. Kapitel – Zen

Für den Abend hatte ich mir vorgenommen, die letzte noch fehlende fernöstliche Philosophie, den Zen, anzugehen. Bier war
im Kühlschrank und zur Feier des Tages hatte ich meine Dose
Erdnüsse zum Verzehr freigegeben. Diese Dose war ein alter
Spleen. Auf jeder Reise hatte ich eine Dose Erdnüsse dabei, die
als eiserne Reserve diente und die ich nur aß, wenn es nichts
anderes gab oder wenn ich nicht damit rechnen musste, in eine
solche Situation zu kommen. Wie gesagt, ein Spleen. Ich hatte
ein Buch von Daisetz Taitaro Suzuki, einem der profiliertesten
Kenner des Zen, das ich mir in aller Ruhe zu Gemüte führen
wollte. Durch die individualistische Sicht der Welt, die im Zen
stärker ausgeprägt ist als im Buddhismus, scheint er für den westlichen Intellektuellen attraktiv und erfreut sich immer größerer
Beliebtheit. Zen-Buddhismus oder Zen ist eine in China etwa ab
dem 5. Jahrhundert entstandene Variante des Buddhismus, die
wesentlich vom Daoismus beeinflusst wurde. Der chinesische
Name Chan stammt von dem Sanskritwort Dhyana, das frei
übersetzt so viel wie »Zustand meditativer Versenkung« bedeutet, was kennzeichnend für den Zen ist. Suzuki bezeichnet ihn als
eine Verschmelzung von indischer Rationalität bzw. Abstraktion
und chinesischer Konkretheit bzw. chinesischem Rationalismus
und beschreibt ihn wie folgt:

> »Zen ist seinem Wesen nach die Kunst, in die Natur seines
> Seins zu blicken, und es zeigt den Weg von der Knecht-
> schaft zur Freiheit ... Wir können sagen, dass der Zen alle
> Energien freisetzt, die in jedem von uns richtig und natür-
> lich aufgespeichert, aber unter normalen Bedingungen ver-

krampft und verzerrt sind, sodass sie keinen angemessenen Kanal zur Betätigung finden ... Es ist deshalb das Ziel des Zen, uns davor zu bewahren, geisteskrank oder verkrüppelt zu werden. Das verstehe ich unter Freiheit, dass man allen schöpferischen und wohlwollenden Impulsen, die in unserem Herzen schlummern, freien Spielraum lässt. Im Allgemeinen sind wir der Tatsache gegenüber blind, dass wir alle notwendigen Fähigkeiten besitzen, die uns glücklich und anderen gegenüber liebevoll machen.« (74)

Zen benötigt keine Worte und Erklärungen, alles konzentriert sich auf die Erfahrung der Erleuchtung, die Erklärung ist nachrangig. Im Zen heißt es:

»Im Augenblick, da du über ein Ding sprichst, verfehlst du das Ziel.« (10)

Glaube oder Lehren sind obsolet, allein die direkte Erfahrung zählt. Dogmen, Glaubenssätze, Lehren oder Geheimnisse sind dem Zen fremd, Religion wäre eine absolut falsche Bezeichnung für ihn.

Im Zen wird gerade nicht klassisches Wissen erworben, Zen hat keine nützlichen Lehren. Andererseits bietet Zen die Aufhebung der Trennung von Innenwelt und Außenwelt. Zen bedeutet, das Leben zu leben – in seiner ganzen Fülle. Einziges Hindernis auf diesem Weg ist unser Verstand. Die niemals verstummende Flut unserer Gedanken blockiert uns. Unser Leiden entsteht aus dieser Ichbezogenheit. Zen bietet Wege aus diesem Chaos; er kann es uns ermöglichen, zu essen, wenn wir hungrig sind, zu schlafen, wenn wir müde sind, also die Dinge dann und so zu tun, wie sie ursprünglich sind. Zen sieht sich nicht als etwas Besonderes. Er hat kein Ziel. Wenn man ihm denn ein Ziel zuordnen wollte, könnte man am ehesten die Erleuchtung, Satori, annehmen. Diese Erleuchtung kann – genau wie im Daoismus – nie verstandesgemäß sein, sie widerstrebt allen unseren Denkschemata. Zen wird nicht mit dem Intellekt verstanden, er entzieht sich der Vernunft, er ist nicht mit Worten zu fassen. Im Zen wird die Tatsache deutlich, dass die letzte Frage und die letzte Antwort nicht mit dem Verstand entwickelt werden können und nicht begreifbar sind. Genauso wenig lässt Satori sich mit Worten erklären. Ein Satori, das sich in Worte kleiden lässt, ist kein Satori. Im Zen wird der Beobachtende eins mit dem Beobachteten; beobachte ich eine Blume, bin ich die Blume, die Blume ist ich. Die Blume kennt mich, weiß meine Gedanken, ich kenne die Gedanken der Blume, ihre Geheimnisse. Dies ist das Ende der Dualität, der Trennung. So erkenne ich das ganze Universum und bin eins mit ihm, ich bin nicht mehr auf der Suche. Die Tugenden des Zen sind die sechs Paramitas: Dana (Gebefreudigkeit), Sila (Zucht), Ksanti (Demut), Virya (Energie), Dhyana (Meditation) und Prajna (Weisheit). Zazen, das Sitzen in Versunkenheit auf einem Kissen, ist eine der Grundhandlungen. In Meditationshaltung sitzend, die Augen aber leicht geöffnet, wird versucht, der Gedankenflut Herr zu werden. Ein anderer Aspekt betrifft das alltägliche Leben und besagt, dass, egal, was man macht, man dies vollkommen konzentriert und möglichst gut und mit Liebe machen solle, ohne dabei an andere Dinge zu denken. Irgendjemand, ich weiß leider nicht mehr, wer, hat Zen als den weglosen Weg, das torlose Tor bezeichnet. Auch der Zen geht davon aus, dass alles Wissen dieser Welt in uns ist, dass wir nach nichts suchen müssen. Prajna, die Weisheit, würde sich sofort einstellen, wären wir in der Lage, die Illusion der Existenz eines »Ich« aufzugeben. Nun macht gerade dies den Weg des Zen für uns so schwierig. Das Aufgeben großer Teile unseres Denkens, unserer Ich-Bezogenheit, zu üben, dauert Jahre. Aber wie sagt man so schön: Der Weg ist das Ziel, ohne Weg gibt es kein Ziel.

Zen bedeutet also, immer wieder zu üben, im gegenwärtigen Moment zu sein, den Moment bewusst wahrzunehmen, ihm unsere volle Aufmerksamkeit zu schenken, ihn dabei aber nie zu bewerten oder zu beurteilen.

Gelehrt wird Zen von Zen-Meistern mittels verschiedener Techniken, die als Hilfestellungen dienen sollen, um das eigentlich Unerklärbare erlernen zu können. Auch wenn im Zen genauso wie im Daoismus die Wahrheit nicht mit Worten erfasst oder gar weitergegeben werden kann, haben die Zen-Lehrer Methoden entwickelt, ihre Lehre weiterzugeben:

»Eine besondere Übermittlung jenseits von Schriften,
nicht gegründet auf Wörter und Buchstaben,
direkt auf den menschlichen Geist zeigend,
in die eigene Natur blickend und Buddhatum erreichend.«
(10)

Ohne groß zu reden, wird direkt auf die Wahrheit gezeigt, entweder durch Handlungen oder auch durch Koan, die verwirrenden, paradoxen und scheinbar sinnlosen, sich selbst widersprechenden Sätze. Ein Koan ist im chinesischen Chan- beziehungsweise im japanischen Zen-Buddhismus eine Art sehr kurze Anekdote. Verlauf und Pointen dieser speziellen Anekdoten wirken auf den Laien meist vollkommen paradox, unverständlich oder sinnlos. Die Vorläufer der Koan waren berühmte Fragen und Antworten zwischen Meister und Schüler während der frühen Tang- und Song-Zeit, Fragmente einiger buddhistischer Sutren, bedeutungsvolle Reden von Chan-Meistern und Anekdoten über diese Meister. Trotz ihrer vordergründigen Unvernünftigkeit und Sinnlosigkeit verfügen sie über einen historischen Kern, der auch intellektuell nachvollziehbar ist und Aspekte der Chan-Philosophie ausdrückt. Im Chan und Zen werden Koan als Meditationsobjekte benutzt. Das bekannteste Koan, das inzwischen auch im Westen Allgemeingut geworden ist, ist die Frage nach dem »Geräusch einer einzelnen klatschenden Hand« von Meister Hakuin Ekaku. Der eigentliche Sinn dieser Koan, ihre wesentliche Funktion erschließt sich nur intuitiv, ohne Worte. Man muss sich aber auch dessen bewusst sein, dass ohne die Kenntnis der dahinterstehenden Kultur und Gesellschaft die Koan nie zu verstehen sind, da sie häufig Anspielungen und Andeutungen beinhalten, die sich einem westlichen Menschen nicht erschließen. Das Ziel der Koan-Praxis ist jedenfalls die Erkenntnis der Nichtzweiheit. Die Illusion, dass die Dinge unterschieden sind und dass das Ich eine eigene, vom Rest abgegrenzte Existenz hat, soll sich in der Übung mit dem Koan auflösen. Das 18. Koan des Mumonkan beispielsweise lautet:

> *»Ein Mönch fragte Tozan: ›Was ist Buddha?‹*
> *Tozan antwortete: ›drei Pfund Flachs.‹«*

Deutlich wird hier die Auffassung des Zen, dass in den existenziellen Fragen Bezeichnungen und Konzepte nutzlos sind. In selbstbezüglicher Weise gilt dies sogar für die Lehren des Buddhismus und des Zen selbst. Der amerikanische Psychologe Arnold Mindell vergleicht das Koan mit einer chronischen Krankheit – anscheinend nicht zu lösen. Ein Koan ist also eine nicht zu beantwortende Frage, deren Aufgabe es ist, dem Schüler klarzumachen, dass er die Welt nicht mit dem Verstand verstehen kann. Ein Koan ist letztlich eine andere Form unserer genauso wenig zu beantwortenden Frage »Woher kommen wir, wofür leben wir, wohin gehen wir?«

So fragte Hui-neng im 7. Jahrhundert einen ihn besuchenden Mönch: »Was ist es, das so kommt?«

Dieser Mönch soll acht Jahre benötigt haben, bevor er antworten konnte. Das ist aber der Punkt: Der Mönch ist zum Meister gekommen, um zu lernen, und er wird zumeist dort bleiben, bis er gelernt hat. In unserer westlichen Konsumwelt wird der Durchschnittsbürger über den oben genannten Satz gerade mal ein paar Sekunden nachdenken und ihn dann unverstanden abhaken. Das Koan trifft massiv das Ego, es überfordert es konsequent, die Lösung des Koans ist für das Ego absolut unmöglich. Der grübelnde Mönch gerät im Laufe seiner Meditationen, in denen er täglich über das Koan nachdenkt, in die gleiche Situation wie das Ego, er wird immer verwirrter und verzweifelter, genau wie das Ego in seinem täglichen Kampf. Wenn der Mönch also nicht aufgibt, gerät er irgendwann in eine wahre Lebenskrise, sein Ziel, das Koan zu verstehen, stellt er über alles, es ist Ziel seines Seins. Richard de Martino beschreibt die Situation des Egos sehr schön als ein sich mit den Zähnen an einem Zweig über dem Abgrund klammerndes Etwas, das nun auch noch aufgefordert wird, zu sprechen (31). Wenn es diesem Befehl gehorcht und die Lösung ausspricht, wird es sterben, es müsste sich aufgeben. Das Ego stirbt, wir verlieren unsere Ängste. Dieser »große Tod«, im Japanischen Taishi genannt, ist das Ziel, er ist gleichzeitig das »große Erwachen« oder Taigo. Das Sterben als negativer Vorgang beinhaltet als positive Auswirkung die Auflösung des großen Widerspruchs.

Ein Zen-Meister kann aufgrund der Philosophie des Zen nie ein Lehrer nach unserem westlichen Verständnis sein. Er hat lediglich seinen eigenen Geist gemeistert und lebt den Zen vor, erklären kann er ihn nie. Er würde dies auch nie versuchen, da er verstanden hat. Der Meister weiß, was der Schüler wissen will. Hat der Schüler das Wissen erworben, so wird sich seine Welt verändern, er gelangt zur Freiheit. Hat der Schüler gelernt, seine Gedankenflut zu stoppen, erlebt er die absolute Stille, die Leere, den Raum zwischen den Gedanken. Die mystische Erfahrung der Erleuchtung, also das Gefühl einer universellen Einheit, ist das zentrale Thema. Neben »Erleuchtung« sind andere Begriffe hierfür auch »Erwachen«, »Buddha-Werden« oder die Verwirklichung der eigenen »Buddha-Natur«. Dieses Einssein mit allem ist begrifflich nicht zu fassen. Ziel des Zen ist jedoch keine Askese oder zurückgezogenes Meditieren, sondern das Leben. Zen in Vollendung heißt, den Alltag natürlich zu leben. Ein Beispiel aus dem Zen ist diese Parabel:

»Ein Mönch sagte zu Joshu: »Ich bin soeben im Kloster angekommen. Bitte, unterrichte mich!« Joshu fragte: »Hast du deinen Reisbrei gegessen?« Der Mönch antwortete: »Ich habe gegessen.« Joshu sagte: »Dann wasche deine Schale aus.« (65)

Die Ethik des Zen wird beherrscht von dem Gedanken, dass sich jeder zunächst einmal selbst zu helfen, d. h. sich selbst zu befreien hat. Nur dann kann er auch anderen helfen. Im Sinne von »Alles ist eins« gibt es schließlich keine Grenze zu oder Trennung von den anderen, sodass jedes Fehlverhalten gegenüber anderen direkt auf uns zurück fällt. So kennt Zen auch nicht gut und böse oder richtig und falsch, ein Schuldbegriff existiert nicht, folgerichtig gibt es keine Vorschriften oder Verhaltensregeln. Eine große Rolle spielen Mitgefühl und Mitleid. Die Zen-Praxis hat das Wohl aller fühlenden Wesen im Blick.

Im Übrigen pflegt Zen eine Situationsethik, die immer nur im real eintretenden, konkreten Fall geistesgegenwärtig entscheidet. Sie stellt den Handelnden damit in eine große Verantwortung. Auch sonst liegt der Schwerpunkt des Handelns in der Interaktion mit anderen Menschen.

Langsam begann ich, ein Verständnis für die hinter den fernöstlichen Philosophien stehenden Gedanken zu bekommen, auch wenn ich noch lange nicht alles verstanden hatte. Umso besser, dass dies auch weder notwendig noch hilfreich war, ja, ganz im Gegenteil nur stören würde. Wo dann allerdings mein persönlicher Zugang sein sollte, das war mir noch absolut unklar.

15. Kapitel – Leere

Wir saßen auf der Veranda in Georges kleinem Hauscafé, das ausnahmsweise einmal geöffnet hatte. Er hatte hier für sich ein kleines Paradies geschaffen. Earl fragte mich, ob auch ich die Stille bemerkt hätte.

»Ja, ich muss zugeben, dass ich mich hier oft dabei erwische, wie ich irgendwie in diese Stille versunken bin, wobei ich genauer sagen würde, es ist nicht so sehr die Stille, sondern vielmehr der fehlende Lärm, dem ich lausche.«

»Die Stille, die Leere, der Raum sind essenziell für unsere Welt. Nicht das, was wir sehen, hören oder in den Händen fühlen, ist das Wesentliche, nein, es ist genau umgekehrt. Auf den Raum dazwischen kommt es an. Wir hören immer nur auf Worte, nie auf die Stille zwischen den Worten, es ist unser Verstand, unser Ego, das von den Worten genährt werden will. Warum nährst du deine Seele nicht auch mit der Stille dazwischen? Du sitzt gebannt hier vor mir, saugst meine Worte in dich auf, deutest, interpretierst, versuchst alles logisch nachzuvollziehen. Viel wichtiger aber ist die Stille, sie ist die Wahrheit, das Jetzt. Würdest du auf die Stille hören, würdest du mehr lernen, als aus meinen Worten. Wenn du einmal länger auf die Stille neben allen Geräuschen lauschst, wirst du erfahren, dass in der Stille viel mehr ist als nichts. Vor jedem Geräusch, vor jedem Ton herrscht die Stille. Nach jedem Gesang, nach der Musik, nach jedem einzelnen Ton herrscht die Stille. Neben allen diesen Klängen ist immer Stille. Heutzutage ist es schwer, die Stille wieder zu hören, sie zu fühlen. Unsere Gesellschaft ist rund um die Uhr aktiv, Zeit ist Geld, der uns umgebende Lärmpegel ist so enorm, dass man meinen könnte, die Stille wäre verschwunden. Aber sie ist da, immer und überall, in dir und außerhalb von dir. Genauso ist es mit dem Raum. Woraus besteht die Welt? Aus Materie? Was ist mit dem Raum dazwischen? Woraus besteht ein Zimmer? Aus den Wänden, den Möbeln, dem Teppich oder woraus? Wäre es überhaupt ein Zimmer ohne den Raum zwischen den Dingen?«

Trotz seiner Aufforderung, nicht an seinen Lippen zu hängen, tat ich dies selbstverständlich doch und versuchte, kein Wort zu verpassen. Ich hatte das Gefühl, dass wir nun langsam zum Kern der Geschichte kommen würden. Außerdem gefiel mir der philosophische Touch des heutigen Themas, viel zu lange hatte ich als normaler Ingenieur keinen Bezug zu diesen Dingen gehabt.

»Nicht nur in der östlichen Mystik, sondern auch in der modernen Physik spielt der leere Raum eine wichtige Rolle, die kaum ein Mensch vermutet. In der Physik ist man mittlerweile zu der Erkenntnis gelangt, dass Leere und Materie nicht mehr klar voneinander zu trennen sind, sie gehen ineinander über, eines ist nicht möglich ohne das andere. In der östlichen Mystik ist die Realität formlos und nicht mit Worten zu beschreiben. Sie ist die absolute Leere, wobei Leere nicht als pures Nichts zu verstehen ist, sondern als Urgrund von allem, sie enthält alles Geschaffene in sich. Die Buddhisten nennen die höchste Realität Sunyata, die Leere. In den Upanishaden steht:

›Brahman ist Leben. Brahman ist die Leere … Freude, wahrhaftig, ist das Gleiche wie die Leere. Die Leere, wahrhaftig, ist das Gleiche wie die Freude!‹ (80)

Im Daoismus, das hast du gesehen, wird das Dao oft als die absolute Leere bezeichnet. Lao-tzu vergleicht das Dao mit einem leeren Behälter, der in der Lage ist, unendlich viele Dinge zu enthalten. Er schreibt:

›Dreißig Speichen umringen die Nabe
Wo nichts ist
Liegt der Nutzen des Rads
Aus Ton formt der Töpfer den Topf
Wo er hohl ist
Liegt der Nutzen des Topfs
Tür und Fenster höhlen die Wände
Wo er leer bleibt
Liegt der Nutzen des Hauses
So bringt Seiendes Gewinn
Doch Nichtseiendes Nutzen!‹
(58)

Parallelen zu den Ergebnissen der Quantenphysik sind im Daoismus nicht zu übersehen. Auch im Chi, dem Lebensatem oder der Energie, wörtlich übersetzt ›das Gas‹ oder ›der Äther‹, dem Grundbegriff der chinesischen Naturmedizin, spielt die Leere eine Rolle. Das Chi ist gleichzeitig die große Leere wie auch der Baustoff jeder Materie, es verbindet dein Selbst mit der Quelle aller Kraft. Im buddhistischen ›Herz-Sutra‹, einem der bekanntesten Sutren, das auch ›Sutra der höchsten Weisheit‹, oder ›Sutra der Essenz des erhabenen Hinübergelangens ans jenseitige Ufer der Weisheit‹ genannt wird, heißt es:

›Form ist Leere, und Leere ist Form. Leere unterscheidet
sich nicht von Form, Form unterscheidet sich nicht von
Leere. Was Form ist, das ist Leere, was Leere ist, das ist
Form.‹ (64)

Und das Volk der Dogon in Nordmali hat eine einzigartige Vorstellung von der Welt. Dort sagt man:

›Am Anfang war völlige Leere,
dann Samen des Universums,
der explodierte in vier Himmelsrichtungen.
Dadurch entstanden die vier Himmelsrichtungen,
danach entstand Wasser und Land.‹ (54)

Zurückkommend auf die Physik habe ich gelesen, dass ein Vakuum, also ein absolut leerer Raum, nicht wirklich leer ist, sondern eine unbegrenzte Anzahl von Teilchen enthält, die entstehen und verschwinden. Ohne jede offensichtliche Ursache können Teilchen also aus dem Nichts entstehen und wieder in der Leere verschwinden. Das Vakuum enthält damit das Potenzial für alle denkbaren Formen und ›lebt‹. Der chinesische Weise Chang Tsai sagte, ohne im westlichen Sinne davon zu ›wissen‹:

›Wenn man weiß, dass die große Leere voll von Chi ist,
wird einem klar, dass es so etwas wie ›Nichts‹ nicht gibt.‹
(61)

Denkt man diese Gedanken zu Ende, so entsteht alles aus der Leere, auch wir, also auch unser Körper und unsere Seele. Alles, was wir sehen und wahrnehmen, entsteht aus der Leere in dem Moment, wo wir es beachten. Alles ist eine Konstruktion unseres Verstandes. Auch dies hat die östliche Philosophie bereits vor Jahrtausenden erkannt. Ashvaghosha, ein indischer Dichter und Philosoph, sagte bereits kurz nach Christi Geburt:

›Wenn die Einheit in der Gesamtheit der Dinge nicht erkannt wird, dann entstehen Unwissenheit und Vielfalt, und damit entwickeln sich alle Phasen des unreinen Geistes. Alle Phänomene in der Welt sind nur illusorische Manifestationen des Verstandes und haben keine eigene Realität.‹ (2)

Auch wenn wir Denkansätze dieser Richtung vorzugsweise im fernen Osten suchen, lohnt es sich jedoch auch, einmal eure deutschen Mystiker zu betrachten. So schreibt Jakob Böhme, der erste deutsche Philosoph, um 1600 bereits:

›Wer es findet, findet Nichts und alle Dinge. Aber wie findet er Nichts? Derjenige, der es findet, der findet einen übersinnlichen Abgrund, der keinen Grund hat, auf dem man stehen könnte; und er findet auch, dass nichts ihm gleicht, weshalb man es zurecht mit Nichts vergleichen kann, denn es ist tiefer als jedes Ding. Und weil es Nichts ist, ist es frei von allen Dingen und ist es jenes einzige Gut, das ein Mensch weder ausdrücken noch aussprechen kann, weil es Nichts gibt, mit dem man es, um es auszudrücken, vergleichen könnte.‹ (86)

Von diesem Jakob Böhme hatte ich noch nie vorher gehört und war also umso erstaunter, dass Earl ihn zitierte. Böhme war ursprünglich Schuhmacher gewesen, hatte nie studiert, war dann aber erleuchtet worden und schrieb für sich und seine Freunde einige Texte, die er gar nicht veröffentlichen wollte.

Earl erläuterte weiter: »Der deutsche Meister Eckehart, ein Benediktinermönch und Gelehrter, der aufgrund seiner Gedanken, genauso wie Böhme, bei der Kirche aneckte, schrieb bereits 400 Jahre früher:

›Der Urgrund Gottes und der Urgrund der Seele sind ein und dasselbe.‹

Wie in vielen Betrachtungen der Welt in den letzten Jahrtausenden scheint es eine Kraft zu geben, die in der Leere besteht, aus ihr entsteht. Eine Kraft der Stille, die ein Teil von uns ist und die in allem steckt. Unterschätze sie nicht! Die Stille hat eine Macht, die kaum jemand kennt, die aber immens wichtig für uns werden kann.«

Ich musste diese Aussagen alle erst einmal sacken lassen.

»Wie konnte es dann kommen, dass dieser Denkansatz im Westen nie weiter verfolgt wurde, wenn wir diese Ideen bereits vor Ewigkeiten hatten?«, fragte ich Earl.

»Nun, ich denke, da hat zum einen die Kirche eine erhebliche Rolle gespielt, die diese Sätze als Blasphemie angesehen und aufs Schärfste bekämpft hat. Und du musst dir darüber im Klaren sein, dass wir von einer Kirche zu einer Zeit sprechen, als ihre Macht noch viel größer war als heute. Die Menschen wurden mit der Furcht erzogen, nur die Kirche konnte sie erlösen, die Angst vor der Sünde und dem jüngsten Gericht war allgegenwärtig. Der andere Grund ist, dass sich unsere Art der Forschung und der Betrachtung der Welt eben auf der Basis des Verstandes entwickelt hat. Wie im Yin und Yang bereits vor Jahrtausenden verstanden, besteht das Leben aus Gegensätzen und Polaritäten, die wir uns selbst schaffen. Wir betonen eine Seite, vernachlässigen alle anderen und leiden darunter. So wie wir in Gut und Böse unterscheiden, in Leben und Tod, unterscheiden wir das Männliche und das Weibliche. Wir meinen, wir müssen uns für eines entscheiden. Die westliche Gesellschaft hat ihren Schwerpunkt in der männlichen Seite gefunden, die weibliche Seite wurde vernachlässigt. Das Männliche legt jedoch seine

Schwerpunkte auf rationales Denken und Konkurrenz, sodass die weibliche Seite, die das Mystische, Religiöse, Weiche beinhaltet, stark unterdrückt wird. Nun tendiert unser Bewusstsein dazu, sich auf wenige Inhalte zu konzentrieren und andere Inhalte entsprechend zu vernachlässigen, was zwangsläufig zu einer Einseitigkeit führt. Die westliche Gesellschaft hat sich, aufbauend auf der griechischen Philosophie, immer weiter in Richtung des Materiellen entwickelt.

Aller materielle Fortschritt führt aber nicht zum absoluten Glück, sondern wir stellen fest, dass uns immer noch etwas fehlt. Irgendwo tief im Inneren fühlen wir, dass da noch etwas ist, was wir vernachlässigt haben. Es fehlt uns die weibliche Seite, das Mystische und Geheimnisvolle, die Wärme und Geborgenheit. Der moderne Mensch hat das Reich des Unbekannten und Geheimnisvollen verlassen und sich im Reich des Funktionalen häuslich eingerichtet. Das Gleichgewicht der Gegensätze ist nicht mehr vorhanden. Im Gegensatz dazu ist die Entwicklung der östlichen Gesellschaft zu sehen, die schon immer beide Seiten betont hat. Das Gleichgewicht zwischen männlicher und weiblicher Seite ist eines der Hauptziele dort. Götterdarstellungen haben explizit sowohl weibliche als auch männliche Merkmale. Dies alles aber haben wir verdrängt und unterdrückt. Ich meine, dass auf dieser Unausgeglichenheit alle unsere Probleme beruhen, sowohl deine kleinen Sorgen als auch deine größeren Probleme und die Probleme ganzer Nationen und der gesamten Welt. But, what do I know.«

»Du hättest Priester werden sollen«, spöttelte ich, worauf ich ein kurzes amerikanisches »Shut up!« zurückbekam.

16. Kapitel – Don Marco

Heute also war der große Tag, an dem ich zum ersten Mal einen Heiler live bei der Arbeit erleben sollte. Mitten in der Wildnis von Zentralamerika würde ich an einer Zeremonie teilnehmen können, wie sie vielleicht schon seit Jahrhunderten durchgeführt wurde. In meiner Vorstellung übertrieb ich natürlich, jedoch, etwas Feierliches hatte das Ganze schon. Ich war reichlich nervös und überlegte sogar, was man denn bei einem Heiler anziehen sollte. Ich hatte die meisten Bücher von Carlos Castaneda über den Weisen Don Juan und verschiedene andere Geschichten über Schamanen und dies alles gelesen, wobei ich mir nie sicher gewesen war, wo die Wahrheit in den Geschichten aufhörte und die Fiktion begann. Viele Dinge konnte ich mir beim besten Willen nicht als wirklich geschehen vorstellen. Kurz vor acht holte Earl mich ab, von den anderen war keiner dabei. Earl bemerkte, dass Don Marco es nicht mochte, wenn ungeladene Gäste kamen, insbesondere keine Touristen. Umso erstaunlicher, dass er mich direkt eingeladen hatte. In der Hand hatte Earl einen Stoffsack, in dem etwas zu zappeln schien.

»Kannst du mir mal sagen, was du da in dem Sack hast?«, fragte ich entsetzt und mit den schlimmsten Befürchtungen.

Lapidar antwortete er: »Ja – ein Huhn. Don Marco hatte doch gesagt, dass wir was mitbringen sollen.«

»Und wofür brauchen wir ein Huhn? Können wir nicht Blumen, Schnaps oder Geld geben?«

»Klar könnten wir das, aber mit einem Huhn kann er eben mehr anfangen, du wirst sehen«, entgegnete er.

Kopfschüttelnd folgte ich ihm und wir gingen zügig einige hundert Meter durch das Dorf den Berg hinauf. Es war schon ziemlich ruhig hier, viele Häuser waren verschlossen, nur vereinzelt saßen noch Leute vor der Tür. Die meisten hatten bereits gegessen und würden bald zu Bett gehen. Ein einzelner Fernseher, auf dem offensichtlich eine der mexikanischen Telenovelas lief, die die Einheimischen so liebten, machte Lärm für drei und unterbrach die Stille. Wahrscheinlich saß die gesamte Nachbarschaft zusammen und schaute gemeinsam diese Serie. Wir bogen um eine weitere Ecke und sahen vor einem der Häuser ein Dutzend Leute versammelt.

»Hier ist es«, meinte Earl.

Dies würde also heute keine exklusive Veranstaltung für uns beide sein. Einerseits war ich enttäuscht, andererseits auch ganz froh, dass wir vielleicht erst einmal unauffällig zusehen konnten. Bei dem Haus handelte es sich um eines dieser ganz normalen mit Palmblättern gedeckten, weiß verputzten, rechteckigen Häuser mit einem kleinen Fenster an jeder Seite. Die Tür, die nur halbhoch und ansonsten durch einen dunklen Vorhang verdeckt war, öffnete sich und eine dicke ältere Frau, Dona Luisa, winkte alle herein. Sie war Don Marcos Assistentin und hatte bereits seinem Vater lange Jahre gedient. Nacheinander betraten wir das Haus, das eigentlich nur aus einem großen Raum bestand. Ein Teil war durch einen Stoff, der auf einer Leine hing, abgetrennt, vermutlich der Schlafbereich. Rechts an der Wand waren eine Kochstelle mit einem alten Kohleofen sowie verschiedene Küchenutensilien im Dämmerlicht zu erkennen. Alle drängelten sich direkt neben der Tür an der Wand, keiner wollte weiter vorne stehen, ich natürlich auch nicht. Beleuchtet war der Raum durch einige Kerzen. An der linken Wand stand eine Statue der Muttergottes mit ihrem Jesuskind im Arm, davor einige Blumen, Unmengen an Kerzen, Knochen, Fellresten und aller möglicher Krimskrams. Es roch nach Weihrauch, Kräutern, kaltem Rauch aus der Feuerstelle und vor allem nach Schweiß. Fünfzehn Menschen auf so kleinem Raum in einem Land, in dem tagsüber große Hitze herrschte, mussten so riechen. Natürlich begrüßten sich alle untereinander, auch Earl kannte einige, nur ich war neu. Don Marco sagte einige Sätze zu jedem, kam dann auf mich zu und sagte etwas in der örtlichen Maya-Sprache, während er auf mich zeigte. Ich hörte ein Raunen durch die Menge gehen, während er mich heranwinkte. Einer der anderen Besucher flüsterte uns zu, dass er mich als großen Schamanen aus Europa vorgestellt hatte. Ich hätte im Boden versinken können. Das hatte mir noch gefehlt. Nur zögerlich trat ich zwei Schritte vor und er wies mich an, auf dem Kissen neben ihm Platz zu nehmen. Mit einem Mal ging ein Windstoß durch das Haus, ich meinte, alle zusammenzucken zu spüren. Ich bekam eine Gänsehaut. Jetzt saß ich da mit dem Rücken zur Madonna neben dem örtlichen Schamanen und mir gegenüber standen zwölf Mayas und Earl, der offensichtlich seinen Spaß hatte. Bequem lehnte er mit verschränkten Armen in der Tür und beobachte das ganze Spektakel. Don Marco wies Dona Luisa an, die Fenster jetzt zu verhängen, sodass kein Licht mehr von außen hereindringen konnte. Dann begann er etwas Unverständliches zu murmeln, pustete dabei in alle vier Himmelsrichtungen sowie zu Himmel und Erde. Das Einzige, was ich verstand, war pacha mama, »Mutter Erde«. Dies schien das Eröffnungsgebet gewesen zu sein. Er nickte mir zu.

Als ich zögerte, flüsterte er: »Jetzt dein Gebet!«

Ich nahm mir eine Rassel, die vor dem Altar lag, und sprach auf Deutsch mein schamanisches Gebet zur Öffnung des heiligen Raumes. Mir war reichlich beklommen zumute, damit hatte ich nicht gerechnet. Mit einem etwas theatralischen »Puuh« beendete ich jede Strophe. Ich bat die Geister des Südens, die große Schlange um Hilfe, um unsere Vergangenheit vergessen zu können. Ich bat die Geister des Westens, vertreten durch Mutter Jaguar, uns den Weg durch den Tod zu weisen. Der Kolibri als Vertreter des Nordens sollte den Bezug zu unseren Vorfahren herstellen, der Adler im Osten sollte mir die Fähigkeit geben, die Dinge von oben zu betrachten. Das Gebet schloss mit der Bitte an Mutter Erde, uns zu heilen, und mit einem Dank an Vater Sonne, Großmutter Mond und die Nation der Sterne. Schnell setzte ich mich wieder. Don Marco sowie die Mayas schienen jedenfalls zufrieden. Er bat den ersten Patienten nach vorne. Eine vielleicht 25-jährige Frau kam mit ihrem Baby, das Schmerzen zu haben schien. Dona Luisa hatte nun die Rassel in der Hand und begann einen gleichmäßigen Rhythmus zu schlagen. Don Marco betrachtete erst die Mutter, dann das Kind und begann daraufhin, beiden mit flachen Händen über alle Körperteile zu streichen. Dann zündete er sich eine Zigarette an und blies den Rauch zunächst wieder in alle Himmelsrichtungen, danach führte er die qualmende Zigarette rund um den Körper der beiden. Zum Abschluss blies er Mutter und Kind je dreimal kräftig den Qualm ins Gesicht. Natürlich jammerte das Baby jetzt noch mehr. Er schien aber guter Dinge zu sein, die junge Mutter bedankte sich und steckte Don Marco etwas Geld zu.

Der nächste Patient war ein älteres Maya-Pärchen, das das Foto einer Frau in den Händen hielt. Ich verstand, dass die Frau auf dem Foto ihre Tochter war und in den USA als Zimmermädchen arbeitete. Offensichtlich war sie dort jedoch überhaupt nicht glücklich, was Don Marco ändern sollte. Er begann, die gleichen Rituale wie vorher zu machen, diesmal nur rund um das Foto. Den beiden alten Leuten gab er noch irgendein Kraut mit, das sie zu Hause verbrennen sollten.

Daraufhin kam ein Mann nach vorne, der sich den Rücken

hielt und offensichtlich Schmerzen hatte. Don Marco deutete ihm an, dass er zu mir gehen solle. Das durfte doch nicht wahr sein. Wie sollte ich den Mann behandeln, was, wenn er etwas Ernstes hatte? Offensichtlich war mein Widerstand jedoch zwecklos. Ich deutete ihm, sich mit dem Rücken auf den Boden zu legen, und bat Dona Luisa, etwas schneller zu rasseln. Ich selbst kniete mich neben ihn, schloss die Augen und wartete. Da ich kein Pendel dabei hatte und auch nicht großartig mit dem Maya kommunizieren konnte, entschied ich mich, diesen Teil einfach wegzulassen. Einen auf dem Boden liegenden Kiesel legte ich dem Mann auf seinen Brustkorb, dann passierte eine ganze Weile überhaupt nichts und ich war froh, dass keiner der Anwesenden wusste, was ich da machte. Ich hatte mich jedoch getäuscht, wie ich später erfuhr. Plötzlich kam ein Bild auf: Ich sah den Mann, meinen Patienten, einen Berg hinauf gehen, auf dem Rücken ein riesiges Bündel von schweren, großen Holzscheiten. Es war offensichtlich, dass diese Last für den Mann nicht zu ertragen war. Ich überlegte, ob ich das Holz einfach wegpusten sollte oder ob der Mann dieses Holz dringend brauchte. Die Lösung kam durch eine Gruppe von kräftigen, jungen Männern, die den Mann ansprachen und ihm anboten, ihm tragen zu helfen. Ich pustete dann noch einige Male kräftig in sein Herzchakra, um dieses Bild wieder zu entfernen. Als Nächstes sah ich meinen Klienten an einem alten Holztisch sitzen, ihm gegenüber eine Art Mönch, offensichtlich ein Europäer. Beide waren irgendwie merkwürdig gekleidet, bis mir die Idee kam, dass diese Szene möglicherweise aus einem früheren Leben stammte. Der Mönch schien ein Missionar zu sein. Ich trat mit ihm in Kontakt und er gab zu, schon lange tot zu sein, jedoch bei Jaime, so nannte er den Mann, bleiben zu wollen, da dieser noch nicht belehrt sei. Jaime war in seinen Augen noch nicht ausreichend in der katholischen Kirche gefestigt und benötigte einen Aufpasser. Wie schon oft, war auch diese Besetzung gar nicht so widerstrebend, als ich ihr sagte, dass es jetzt einmal genug sei und sie fragte, ob sie nicht lieber da wäre, wo sie hingehörte, nämlich ins Licht, anstatt Jaime das Leben schwerzumachen. Der Missionar gab zu, dass zweihundert Jahre jetzt schon lang wurden, er aber auch keine Ahnung hatte, wie er aus der Situation wieder herauskommen sollte. Ich schlug vor, dass ich dies übernehmen würde, und er willigte ein. Nachdem sich nun die Tür des Raumes geöffnet hatte, in dem die beiden saßen, leuchtete in der Tür ein gleißendes Licht auf, in das ich den Mönch blies.

Ich wartete dann noch etwas, bis ich sagte: »Jaime, du kannst jetzt wieder aufstehen.«

Der schaute mich verdutzt an, weil ich seinen Namen wusste. Dann aber drehte er sich vorsichtig mit dem Oberkörper, beugte sich nach vorne und nach hinten und lachte. Die Schmerzen waren fast weg – Mann, war ich froh und stolz.

Die letzte Patientin war eine sehr alte Frau, die eine dicke Ausbuchtung am Hals hatte. Das sah meiner Meinung nach gar nicht gut aus, ich befürchtete das Schlimmste. Don Marco begann mit den gewohnten Ritualen, bis er Dona Luisa bat, das Huhn zu nehmen. Unsanft packte sie das Huhn an den Füßen und er begann, es der Alten um den Kopf zu schwenken. Dabei murmelte er fortwährend irgendetwas, was sich teilweise wie leiser Gesang anhörte. Mir tat das Huhn leid, ich hoffte nur, dass er ihm jetzt nicht noch den Kopf abbiss. Gott sei Dank steckte Don Marco das Huhn dann wieder in den Sack, der achtlos in eine Ecke des Raums geworfen wurde. Nun stellte sich Dona Luisa hinter die Patientin und Don Marco begann wieder mit aller Kraft zu blasen, zu pusten und zu spucken. Jedes Mal drohte die Alte nach hinten umzukippen. Zum Abschluss suchte er verschiedene Dinge aus einigen Dosen, die ich nicht erkennen konnte, und sagte der Frau, sie solle diese am nächsten Tag kochen und den Sud trinken. Die Alte verbeugte und bedankte sich mehrfach und ging zurück an ihren Platz. Wir wurden angewiesen, uns jetzt alle auf den Boden zu setzen und uns ganz auf ein Problem, eine Sorge, zu konzentrieren, die uns quälte. Die Aufgabe ähnelte der einer Heilreise, wie ich sie als Schamane auch machte. Alle Kerzen wurden gelöscht, es war absolut dunkel im Raum, ich schloss die Augen. Eine ganze Weile herrschte bis auf das Atmen der Menschen eine meditative, erwartungsvolle Stille. Dann begann Don Marco mit hoher Stimme ein icaro, ein Heillied, zu singen. Ähnliche Lieder hatte ich einmal im Fernsehen gehört bei einem Pflanzenheiler des Amazonas, der so mit den Pflanzen kommunizieren konnte. Später erklärte Don Marco mir, dass dies das Lied der Vulkangeister sei, die in der ursprünglichen Religion dieser Gegend die mächtigsten Götter waren. Natürlich hießen diese nicht wie die heutigen spanischen Namen der Vulkane, sondern Xikil als Gott des San Pedro, Llachun als Gott des Atitlán und Xilmuxana als Göttin des dritten Vulkanes, des Toliman.

Eine ganze Weile sang Don Marco leise und monoton vor sich hin, als plötzlich wiederum ein starker Windstoß durch die Hütte ging, es raschelte im Palmendach, etwas schien vom Dach zu springen und landete mit einem dumpfen Aufprall. Ich merkte, dass jemand durch die Hütte schritt. Auch stellte ich einen neuen, anderen, angenehmen Geruch fest, es duftete süßlich nach Blumen. Zwei weitere Windstöße folgten, beide Male fiel etwas Großes, Schweres vom oder durch das Dach, jedenfalls von oben herunter, und landete auf dem Boden. Diesmal roch es nach Schwefel und Verfaultem, aber auch irgendwie frisch. Das alles war absolut unheimlich, und ich überlegte, ob es Don Marco war, der dort auf und ab ging, jedoch kam sein Singsang immer noch von derselben Stelle wie zuvor, er konnte es eigentlich nicht sein. Der Gesang endete und eine neue Stimme ertönte. Es handelte sich eindeutig um eine Frauenstimme, die in einer mir fremden Sprache redete. Ich bemerkte auch Unruhe unter den anderen in der Hütte. War dies jetzt ernsthaft Xilmuxana? Zwei Männerstimmen kamen hinzu, die drei schienen nicht zu diskutieren, sondern eine Art Gebet oder Litanei aufzusagen.

Jemand schrie auf einmal leise auf: »Aaah, es hat mich angefasst.«

Das Huhn in der Ecke begann nun auch noch zu gackern, mir schien, als ob jemand den Beutel aufgehoben hätte. Jedenfalls gackerte und zappelte das Huhn, bis es plötzlich schlagartig wieder still war. Ich hatte das Gefühl, dass ich weit entfernt Flöten hörte, jedoch war ich mir nicht sicher. Aus der Dunkelheit starrten mich sodann auf einmal direkt vor mir zwei gelb leuchtende Augen an, die Augen eines Raubtieres. Was zum Teufel war das, hatte ich Don Marcos Hauskatze übersehen oder halluzinierte ich? Die Augen starrten mich weiter an, bewegten sich aber nicht. Zwei weitere Augenpaare in irrealen Farben und Formen erschienen unmittelbar daneben. So sehen weder Tier- noch Menschenaugen aus, dachte ich. Was aber dann? So fasziniert von den Augen fiel mir auf, dass ich doch selbst die Augen geschlossen hatte. Blitzartig öffnete ich sie, es änderte sich jedoch gar nichts. Die drei Augenpaare blieben, wo sie waren. Das war noch unheimlicher, eine Halluzination hätte ich akzeptiert, aber wieso sah ich sie sowohl mit offenen als auch mit geschlossenen Augen? Ich schloss die Augen also sofort wieder. Einige Augenblicke später verschwanden die Augen genauso plötzlich, wie sie gekommen waren. Etwas schien jetzt durch die Hütte zu fliegen und zu flattern, aber das Huhn konnte es wohl kaum sein. Ob es hier Fledermäuse gab? Die machten aber eigentlich keinen

Lärm wie ein großer Vogel, der wiederum hätte aber in der Hütte keinen Platz gehabt. Irgendetwas flog jedenfalls kreuz und quer durch den Raum, ich konnte den Flügelschlag und den Luftzug spüren. Mit einem erneuten starken Windstoß sprang die Haustür nun quietschend auf, ich hörte, wie Earl, der dort gestanden hatte, zur Seite sprang. Etwas entwich aus der Tür und die Tür schlug wieder zu.

Don Marcos Gesang ertönte nun erneut, ich hörte, wie jemand aufstand und mit einem Feuerzeug die Kerzen wieder anzündete. Ich öffnete die Augen, alle schauten sich an, glücklich, dass die Geister gnädig gestimmt und sie nicht behelligt worden waren. Es schien mir, als ob die Geister auch wütend hätten sein können und die ganze Anrufung dann sogar hätte gefährlich werden können. Ich hatte keine Ahnung, was da drinnen vor sich gegangen war. Es stellte sich heraus, dass es die alte Frau war, die geschrien hatte. Das Etwas hatte ihre Beule am Hals berührt, die uns allen bereits jetzt deutlich kleiner vorkam. Das alles konnte doch gar nicht wahr sein.

Don Marco nahm mich zur Seite und meinte: »Buen trabajo! El hombre con el madero y un monje, he?« (Gute Arbeit! Der Mann mit dem Holz und ein Mönch, he?) Woher zum Teufel konnte er wissen, was ich gesehen und behandelt hatte?

»Die drei Götter der Vulkane waren hier bei uns, du konntest sie an ihrem Geruch erkennen. Xilmuxana, die Göttin des Toliman, riecht zumeist nach Blumen und Natur. Da der Toliman seit Ewigkeiten nicht mehr ausgebrochen ist, ist er von der Natur wieder zurückerobert worden. Der Atitlán-Vulkan jedoch lebt noch und stößt Feuer aus, Llachun erkennst du also am Schwefelgeruch, er riecht immer nach faulen Eiern. Der Vulkan San Pedro ist ebenfalls seit Langem nicht mehr aktiv, durch Regenwasser hat sich ein kleiner See an seinem Grunde gebildet, daher bringt Xikil den Geruch von frischem Regenwasser und feuchter Erde mit, den du bemerkt hattest. Ich bin mir sicher, dass alle eure Sorgen und Probleme, auf die ihr euch konzentriert habt, nun vergehen werden.«

Mein Blick fiel auf den Altar, der blutverschmiert und voller weißer Federn war. Das Huhn lag zerfetzt davor, irgendjemand hatte ihm den Körper aufgerissen. Die Götter hätten ihm Herz und Leber genommen als Zeichen unserer Dankbarkeit, erklärte Don Marco und war erstaunt, dass ich in Deutschland nicht mit Tieren arbeitete, ja, gar nichts opferte. Sein Vater hatte ihn jedenfalls gelehrt, den Göttern immer auch etwas zu geben, um sie nicht zu verärgern.

»Was hast du denn noch gesehen?« Ich schilderte ihm die Augen, die umherfliegenden Geister und all das. Hatte ich das nun alles wirklich erlebt, war das in der Realität passiert oder nur ein Gespinst meines Verstandes?

»Weißt du, wenn du Visionen von Geistern, Tieren und Göttern hattest, so waren diese für dich die Realität. Sei dir aber sicher, dass diejenigen, die dies alles anders erlebt haben, genauso in der Realität leben. Jeder hat seine eigene Realität. Diese Geister, die zu dir kamen, sind wirklich, sie haben eine Bedeutung für Dich. Sie sind ein Zeichen eines Prozesses in dir, den du mit deinem Verstand noch gar nicht erfassen kannst. Sie entstammen den Tiefen deines Unbewussten und sollen dir Wegweiser sein. Ich denke, dass der heutige Tag einen Prozess in dir ausgelöst hat, der dir in deiner weiteren Entwicklung sehr helfen wird. Du hattest Kontakt zu den drei mächtigsten Göttern weit und breit, selbst ich beschwöre diese nur sehr selten und an vorbestimmten Tagen, weil sie so stark sind.«

Die Versammlung löste sich nun auf, jeder ging seines Weges genau wie ich. Dieses Erlebnis musste ich erst einmal verarbeiten.

17. Kapitel –
Physik und Philosophie

»Hast du schon einmal in Erwägung gezogen, wie es wäre, wenn alles, was wir sehen, fühlen, riechen und schmecken, die Schöpfung eines wie auch immer gearteten Bewusstseins wäre? Es gäbe keine Grenzen für unsere Welt, alles, was denkbar ist, wäre real. Alles Materielle wäre das Ergebnis eines Bewusstseinsprozesses. Ob dieses Bewusstsein unseres ist oder ein anderes, dazu komme ich später.«

Earl hatte Besuch von seinem alten Freund John aus den Staaten bekommen und uns zu seinem Haus eingeladen. Er war in der Küche damit beschäftigt, das Abendessen vorzubereiten. Zur Hand ging ihm seine Vermieterin, die er dafür um Hilfe gebeten hatte. Das Haus war relativ groß für diese Gegend, komplett aus Holz, mit viel Glas, was schon sehr ungewöhnlich hier oben war. Es bestand neben einem großen offenen Wohnraum mit Küche und davor liegender Terrasse, auf der drei Hängematten gespannt waren, noch aus zwei kleineren Schlafzimmern und einem weiteren Zimmer, das verschlossen war. So ließ es sich leben. Dieser John war ein übergewichtiger, riesiger Collegelehrer für Mathematik, Physik und Philosophie von 48 Jahren mit wenig Haaren, der jetzt verschwitzt bei uns saß und eigentlich nicht so aussah wie jemand, der gerne in engen bunten Bussen durch Guatemala reist. Eher hätte man ihn sich als Popanz auf einer Sänfte vorstellen können. Offensichtlich verband ihn mit Earl etwas, das ihn dazu brachte, die Strapazen auf sich zu nehmen und ihn trotzdem zu besuchen. Den Philosophielehrer sah man ihm auf Anhieb nicht an, aber sein Eröffnungssatz passte dazu. Wir hatten angefangen mit einer Diskussion über die Welt und die Geister, und er bot an, uns einmal die neuesten, teilweise schrägen Erkenntnisse der Physik darzustellen. Ich war natürlich begeistert und George war es gleich, solange er etwas zu rauchen hatte, und Guy trug in der Regel alles mit.

John wand sich mit seiner zweiten Flasche Bier in der Hand wieder mir zu: »Hast du dir schon einmal die Evolutionstheorie bildlich vorgestellt? Alles Leben kommt aus dem Wasser. Irgendwann begann das Leben das Land zu besiedeln, noch später wurde die Luft erobert. Ich habe ernsthafte Schwierigkeiten damit, mir vorzustellen, dass ein Fisch irgendwann Beine hatte, erst einen Zeh, dann noch einige Zehen, einen Fuß und so weiter. Das Gleiche passierte seinen Artgenossen auch noch, denn sonst hätte er sich ja nicht vermehren können, und dann ging er eines Tages an Land. An Land angekommen wuchsen ihm dann auch noch Federn, eine nach der anderen im Laufe der Jahrtausende, bis der Fisch Flügel bekam und Fliegen konnte … Pffft, das glaubst du doch selbst nicht! Man hat eine Menge Fossilien gefunden, aber komischerweise fehlt immer eine ganze Reihe an Fossilien, die eigentlich die Zwischenschritte dokumentieren müssten. Suchen wir diese nur an den falschen Orten oder war die Verwandlung vom Fisch zum Vogel möglicherweise eine ganz andere Sache, nämlich eine einfache Imagination? Bilder in einem wie auch immer gearteten universalen Bewusstsein?«

So hatte ich es noch nicht gesehen. Ohne mich mit dem Thema bisher näher beschäftigt zu haben, war ich schon immer davon ausgegangen, dass es nur so gewesen sein konnte. Die einzige Alternative, die ich kannte, die Schöpfungsgeschichte der Bibel, schien mir noch abstruser.

»Die Wissenschaft hat dann auch festgestellt, dass diese Evolution durch reine Genmutationen gar nicht so schnell möglich gewesen sein konnte. Also forschte man weiter und mit der Entdeckung des ›alternativen Splicings‹ fand man eine Möglichkeit, die Evolutionsgeschwindigkeit zu erhöhen. Das alternative Spleißen stellt einen besonderen Vorgang im Rahmen der Transkription der Eiweißsynthese bei Eukaryonten dar. Einfacher: Dadurch erhöhen sich die Möglichkeiten der DNA, neue Proteine zu entwickeln, was die Evolution schneller vorankommen lassen könnte. Du wirst noch sehen, dass in der Regel das, was gesucht wird, auch gefunden wird in der Wissenschaft – übrigens eine sehr interessante Hypothese, die die Welt verändern wird, vielleicht noch nicht heute, aber irgendwann einmal. Eine andere Möglichkeit wäre natürlich die Annahme, dass alles die Schöpfung eines übergeordneten Bewusstseins sein und dieses auch rückwirkend in der Zeit diese Dinge ›erfinden‹ könnte. Angenommen, es gäbe keine Zeit in unserem Sinne, angenommen, Vergangenheit, Gegenwart und Zukunft fänden gleichzeitig statt. Oder zumindest angenommen, es bestünde die Möglichkeit, Dinge sowohl rückwirkend als auch im Voraus zu beeinflussen. Das könnte bedeuten, wir sehen uns jetzt in diesem Augenblick und überlegen uns eine Story, wie alles entstanden sein könnte, und sehen diese Bilder, die entstehen, als unsere Vergangenheit an. Über die Zeit sollten wir auch noch sprechen, die Zeit ist von ungeheurer Wichtigkeit. Gott sei Dank gibt es einige Wissenschaftler, die nicht so verbohrt sind und auch alternative Denkansätze zulassen. Diese Leute kennt der normale Erdenbürger jedoch gar nicht, ihre Veröffentlichungen liest er nicht, in den Schulen kommen deren Erkenntnisse überhaupt nicht oder mit 100 Jahren Verspätung an. Wenn ich nur sehe, dass Newton und das Periodensystem beispielsweise als der Weisheit letzter Schluss gelehrt werden …

Aber zurück zum Anfang der Geschichte. Betrachten wir einmal die Entstehung der modernen Naturwissenschaften und arbeiten uns systematisch vor. Man könnte zu der Ansicht gelangen, dass sich derzeit gerade nach 2500 Jahren ein Kreis schließt. Begann dieser einmal in der Mystik der alten Griechen, so kommen wir aktuell wieder zurück in mystische Bereiche, dazwischen nichts als Bullshit. Die Geschichte der Naturwissenschaften ist untrennbar mit der Geschichte der Philosophie verbunden, am Anfang sind sie noch ein und dasselbe, dann trennen sie sich irgendwann. Insofern sollten wir immer die Entwicklung unseres philosophischen Denkens ebenfalls bei der Betrachtung der Physik berücksichtigen. Physik und Philosophie stellen sich die gleichen Fragen: Woher kommen wir, woher kommt die Welt? Wie funktioniert alles? Wohin gehen wir? Was ist der Sinn? Beachtlich ist, dass parallel zur Entwicklung der Naturwissenschaften auch die westliche Philosophie einen auf der Logik basierenden Verlauf nahm, dies in der östlichen Philosophie hingegen nicht in diesem Umfang geschah. Offensichtlich benötigte der westliche Mensch erst einmal etwa zweieinhalbtausend Jahre, um alles seiner Ansicht nach ausreichend zu prüfen und zu beweisen; heraus kam, dass die Asiaten schon damals so falsch gar nicht lagen. Den Animismus, die respektvolle Weltsicht der Jäger und Sammler, lasse ich hier einmal aus, da über ihn so gut wie gar nichts überliefert ist, und wir gehen gleich ins alte Griechenland. Die Grundlagen, die Wurzeln unserer Naturwissenschaft, stammen aus dem Griechenland des 6. Jahrhunderts, dort finden wir auch die Ursprünge unserer westlichen Philosophie. Damals wurden allerdings, wie eben schon gesagt, noch nicht die verschiedenen Wissenschaften unterschieden, wie wir sie heutzutage kennen. Die Bedeutung des Wortes ›Physik‹ kommt entsprechend aus dem Griechischen und bedeutet ›die Natürliche‹, ein ziemlicher Unterschied zu dem und wesentlich umfassender in seiner Bedeutung als das, was wir heute unter Physik verstehen. Die damaligen griechischen Philosophen, auf die ich gleich als Erstes eingehen werde, nennt man heute auch die Naturphilosophen, weil die Natur für sie die Grundlage ihrer Überlegungen bildete. Sie meinten, dass ein Urstoff die Basis von allem sei. Damals trennten sich erstmalig die Wege von Philosophie und Religion, es wurden Fragen gestellt, Antworten gesucht. Man begnügte sich nicht mehr mit dem reinen Glauben. Übrigens nennt man auch die Jahrtausende später lebenden Kepler und Newton heute wieder Naturphilosophen.

Mancher sieht in der damaligen Weltsicht der Milesischen Philosophie, mit der ich beginnen möchte, einige Parallelen zu den Gedanken der alten östlichen Philosophien. Einer der Vertreter der Milesichen Philosophie war Thales, der als Begründer von Philosophie und Wissenschaft gilt: Als Urgrund allen Seins sah er das Wasser an. Das Wasser wählte er, weil er der Meinung war, dass der Urstoff überall verfügbar sein sollte und eben auch besonders wandlungsfähig sei. Allzu viel wissen wir jedoch leider nicht über ihn. Anaximander, der nächste Mileter, sah etwas stofflich Unbestimmtes, den Äther, als den Urgrund an, von ihm stammt der Begriff ›Kosmos‹. Den Äther stellte er sich mit ähnlichen Eigenschaften vor wie die Leere des Ostens, als räumlich und zeitlich unbegrenzt, als unendlich teilbar, als unermesslich und unsterblich. Er nahm schon damals an, dass der Mensch aus den Tieren, genauer aus den Tieren, die im Feuchten lebten, also den Fischen, hervorgegangen ist. Den Ursprung des Lebens also sah er auch im Wasser. Sein Schüler Anaximenes glaubte hingegen, dass die Luft der Urstoff alles Seienden sei. Alles andere, Wasser und Materie, entstehe durch Verdichtung. Durch Verdünnung hingegen entstehe das Feuer.

Nach den Miletern spielt dann ein gewisser Heraklit von

Ephesos um 500 v. Chr. eine wesentliche Rolle. Der zentrale Begriff der heraklitischen Philosophie ist der Logos als universelles und ordnendes Prinzip der Welt. Ähnlich wie im Yin und Yang sprach Heraklit von der Einheit von Gegensätzen, die miteinander in einem spannungsgeladenen Verhältnis stehen – wie etwa in der Beziehung von Tag und Nacht, Wachen und Schlafen, Leben und Tod, Eintracht und Zwietracht. Wer das eine nicht kenne, könne das andere nicht verstehen. Nach Heraklit beruht die Weltordnung auf einem Prozess beständigen Werdens und Wandels, weshalb er auch als ›Philosoph des Werdens‹ bezeichnet wurde. Zu dieser Charakterisierung trug auch die von Platon geprägte Kurzformel ›Alles fließt‹ bei, die Heraklits Denken jedoch nur einseitig beschreibt. Er wurde nie einer eigenen Lehrrichtung zugeordnet. Aus dem Feuer entstand nach Heraklit die Welt, die in allen ihren Erscheinungsformen eine den meisten Menschen verborgene, vernunftgemäße Fügung gemäß dem Weltgesetz des Logos erkennen lässt. Logos kann man als eine Art Weltvernunft oder als ein anderes Wort für Gott verstehen. Ein zentraler Aspekt von Heraklits Philosophie ist die Unterscheidung von lebensweltlichen Erfahrungen, wie sie die Masse der Menschen reflektiert, und tiefer gegründeten Zugängen zur Lebenswirklichkeit, die allein zu wahrer Erkenntnis im Sinne des Logos führen. In einem Fragment sagt Heraklit:

> ›Für diesen Logos aber, obgleich er ewig ist, gewinnen die Menschen kein Verständnis, weder ehe sie ihn vernommen noch sobald sie ihn vernommen. Alles geschieht nach diesem Wort, und doch gebärden sie sich wie Unerprobte, so oft sie es probieren mit solchen Worten und Werken, wie ich sie künde, ein jegliches nach seiner Natur zerlegend und deutend, wie sich‹s damit verhält. Die anderen Menschen

wissen freilich nicht, was sie im Wachen tun, wie sie ja auch vergessen, was sie im Schlafe tun.‹

Damit sind für Heraklit die meisten seiner Mitmenschen Unbelehrbare, die ihre trügerische Realitätswahrnehmung selbst dann nicht hinterfragen, wenn man ihnen den Logos so gründlich wie nur möglich entwickelt. So wie sie im Schlaf die Realität verlassen und eine individuelle, intersubjektiv gedeutete Welt betreten, konstruieren sie untereinander verschiedene Erklärungen der Wirklichkeit, ohne deren Beschaffenheit zu begreifen. Denn wahre Erkenntnis in einem dem Menschen zukommenden Maß setzt voraus, den Logos als Denk- und Weltgesetz zu erkennen und das eigene Handeln und Denken an ihm auszurichten:

›*Richtiges Bewusstsein ist die größte Tugend, und Weisheit ist es, Wahres zu sagen und zu handeln nach der Natur, auf sie hinhörend.*‹

Auch sagte Heraklith: ›Wer in dieselben Flüsse hinabsteigt, dem strömt stets anderes Wasser zu‹, eine frühe Beschreibung der Tatsache, dass jeder die gleiche Sache anders wahrnimmt und nichts so bleibt, wie es war. In einem weiteren Fragment thematisiert Heraklit die Feuertheorie, die er, abweichend von den traditionellen Göttervorstellungen, basierend auf dem Weltfeuer entwickelt hat:

›*Diese Weltordnung, dieselbige für alle Wesen, hat kein Gott und kein Mensch geschaffen, sondern sie war immerdar und ist und wird sein ewig lebendiges Feuer, nach Maßen erglimmend und nach Maßen erlöschend.*‹

Wie ihr seht, war damals die Welt noch in Ordnung. Kurz nach Heraklit aber begann mit Parmenides und später Platon die Trennung von Geist und Materie. Parmenides ging es darum, die Alltagswahrnehmung der Welt als eine Scheinwahrheit aufzudecken, während die wirkliche Welt ›ein Sein‹ sei: ein unveränderliches, ungeschaffenes, unzerstörbares Ganzes, das schon immer existiert habe. Absolut rationalistisch verließ er sich ausschließlich auf seinen Verstand und erklärte, dass die Sinne dem Menschen ein falsches Bild der Welt vermitteln würden. Empedokles, ein weiterer Grieche, allerdings nach heutigen Begriffen eher ein Italiener, da auf Sizilien geboren, setzte der Diskussion zwischen Heraklit, der sagte, dass sich alles fortlaufend verändere, und Parmenides, für den alles unveränderlich war, knapp 500 Jahre v. Chr. ein Ende. Er postulierte, dass zwar der Urstoff unveränderlich sei – Wasser bleibe Wasser und sonst nichts –, er fügte jedoch drei weitere Urstoffe hinzu, das Feuer, die Luft und die Erde. Alle für sich unveränderlich, waren sie jedoch in ihrer Kombination jederzeit flexibel. Aus diesen vier Elementen entstand alles und in diese vier Elemente zerfiel auch alles wieder. Als Ursache, als Anstoß zu diesen beiden Vorgängen sah er die beiden Urkräfte Liebe und Hass. Du wirst in der nächsten Zeit feststellen, wie nahe er bereits damals an gewissen Zusammenhängen dran war. Er sah die Liebe als die Kraft der Entstehung, den Hass als die Kraft der Zerstörung, der Auflösung an. Anaxagoras entwickelte die Theorie der Urstoffe weiter und stellte sich vor, dass alles aus kleinsten Teilchen bestehe und auch immer wieder teilbar sei. Selbst in der nächsten Teilung wiederum sollten diese Teilchen noch alles enthalten, was für die Bildung der Welt erforderlich ist. Als Schöpfungskraft sah er den Geist an.

Zwei andere Denker, Leukipp und Demokrit, postulierten ebenfalls bereits damals die Existenz von kleinsten Teilchen, die sie Atome nannten, auch wenn man nicht sagen kann, dass sie die Begründer der modernen Physik sind, da sie ihre Hypothesen auf rein philosophischen Untersuchungen aufbauten. Namensgeber unserer Atome wurden sie jedoch trotzdem. Alles Stoffliche setzt sich somit aus unendlich vielen Bauteilen, den Atomen zusammen, durch deren Umordnungen Werden und Vergehen erklärt werden kann. Demokrit nahm allerdings an, dass diese Bausteine nicht alle gleich waren, sondern eben alle unterschiedlich, da sich ansonsten nicht verschiedene Dinge bilden würden. Beachtlich dabei ist, dass die beiden diese Entdeckung nicht aufgrund von aufwendigen physikalischen Experimenten machten, sondern auf einer mythologischen Vorstellung kleinster Teilchen beruhte. Die Teilchen selbst waren unteilbar, unzerstörbar und ewig. Eine hinter allem stehende Kraft lehnte Demokrit ab, seiner Ansicht nach lag alles in den Naturgesetzen begründet, die es zu entdecken galt. Mittels der Atome würden auch unsere Sinne wahrnehmen; wir sehen, weil Atome des Gesehenen unser Auge treffen, wir hören, weil Atome des Gehörten unser Ohr treffen. Selbst die menschliche Seele sah er als aus Atomen gebildet an (immerhin billigte er diesen die Eigenschaft zu, besonders glatt und rund zu sein). Ein Leben nach dem Tod gab es also nicht, nach dem Tod lösen sich Körper und Seele wieder in ihre Bestandteile auf.

Bevor ich gleich zu Aristoteles komme, muss ich noch Platon und seinen Lehrer Sokrates erwähnen. Wir wissen heute gar nicht genau, was Sokrates eigentlich selbst gesagt hat und was von Platon ist, da wir kaum direkt von Sokrates Überliefertes haben. Er taucht in den Dialogen Platons als Figur auf, jedoch ist unklar, ob es sich dabei um Sokrates‹ eigene Aussagen handelt oder nicht. Platon war der Erfinder des Dialogs als Literaturgattung und zugleich als Lehrmittel. Mittels des Dialogs versuchte er, sich schwierigen Sachverhalten anzunähern. Im Dialog sah er den Vorteil, dass gegenteilige Meinungen auftreten konnten, dass auch Irrtümer ihren Platz hatten und Ironie und andere Stilmittel möglich waren. (Wie dir vielleicht auffällt, benutzt der Autor dieses Buches, in dem wir alle stattfinden und das du, lieber Leser, gerade in der Hand hältst, ebenfalls dieses Stilmittel. Damit muss er sich nicht festlegen auf eine einzige Meinung und kann uns alle zu Wort kommen lassen, sodass der Leser sich wiederum eine eigene Meinung bilden kann.) Aber was hier für unseren kleinen Physikexkurs wichtig ist, ist Platons ›Ideenlehre‹. Er war der Ansicht, dass alles, was wir wahrnehmen, der unsichtbaren Welt der Ideen nachgeordnet ist. Die Ideen sind also die Formen der Dinge, aber auch aller Eigenschaften, unvergänglich und unveränderbar. Die materiellen Dinge selbst sowie Gefühle und Eigenschaften entspringen immer diesen Ideen, sind jedoch selbst vergänglich. Alles Wahrnehmbare ist demnach vergänglich. Die ›Idee Mensch‹ bestimmt, wie ein Mensch aussieht, die ›Idee grün‹ legt fest, was grün ist und teilhat an der Idee grün. Alles Denken und Sein wird bestimmt durch die Einheit der Idee. Unter den Ideen existiert eine hierarchische Ordnung, sodass alle einer höchsten Idee unterstehen, der »Idee des Guten«. Das Gute selbst ist das Göttliche. Die unsterbliche Seele ist nach Platon der Ursprung allen Lebens, dabei unterscheidet er zwischen Weltseele und Einzelseele. Die Weltseele ist die Seele des Kosmos, das Prinzip des Lebens, sie wurde vom Demiurgen, dem Schöpfergott des Kosmos, in die Welt gesetzt und sie ist die Kraft der Schöpfung, die alles bewegt, in ihr liegt die Erkenntnis. Die ebenfalls unvergängliche menschliche Seele beinhaltet das Wesen des Menschen, sie wird wiedergeboren und nimmt ihr Wissen jeweils wieder mit. Feuer, Luft, Wasser und Erde sind für Platon die vier Grundformen der Materie, die sich ineinander verwandeln können. Genau wie Demokrit sieht er diese vier Grundelemente aus kleinen Teilchen zusammengesetzt, nämlich aus regelmäßigen Polyedern, die ihrerseits aus kleinen rechtwinklig-gleichschenkligen Dreiecken bestehen, die wiederum immer wieder teilbar sind und aus denen bei der Teilung wiederum zwei gleichartige Dreiecke entstehen.

Der berühmteste Schüler an Platons Akademie war Aristoteles, der jedoch selten einer Meinung mit Platon war. Dort, wo Platon die Idee als Grundlage jeder Existenz sah und nur die Ideen für ihn wirklich waren, sah Aristoteles die Natur als das Wahre an, das es zu verstehen galt. Er beobachtete das Außen und versuchte das, was er sah, mit dem Verstand zu analysieren. Platons Ideenlehre sah er als unsinnig an. Nicht die ›Idee Blume‹ erschafft die Blume, sondern die Blume ist einfach da, wir beobachten sie und sortieren sie dann, nachdem wir die Dinge beobachtet haben, als Blume ein. Die ›Idee Blume‹ ist nicht getrennt von der Blume selbst, sie liegt in ihr. Du siehst, Platon und Aristoteles hatten ziemlich unterschiedliche Ansätze. Während Platon die äußerliche Welt lediglich als Produkte der Ideen sah, gab es für Aristoteles nur diese äußere Welt. Durch Beobachtung der äußeren Welt, der Dinge, können wir diese Dinge erst erfahren und kennenlernen und sie dann klassifizieren und einordnen. Die Seele verhält sich gemäß Aristoteles zum Körper wie die Form zur Materie, ist also nur ein Aspekt eines Ganzen. Die Seele sieht Aristoteles als ›erste Wirklichkeit eines natürlichen organischen Körpers‹. Die Seele stellt als Äquivalent zur Form den Aspekt des Lebendigen an der potenziell belebten Materie dar. Sie ist der Lebensgeist des Körpers, der im gesamten Körper anzutreffen ist. In der Materie oder dem Stoff liegt immer ein Potenzial zur Entstehung von etwas Lebendigem oder auch etwas Unbelebtem. Wo die unbelebten Dinge in sich unveränderlich sind, wenn sie nicht von außen beeinflusst werden, haben die belebten Dinge die Möglichkeit zur Veränderung in sich. Hinter allem vermutet Aristoteles schließlich den großen, ›göttlichen Beweger‹, der, selbst unbeweglich, die Welt im Fluss hält. Wenn alles vergänglich sei, so müsse es etwas Unvergängliches geben.

Das Zeitalter der Naturphilosophen war damit beendet, es trennten sich Philosophie und Naturwissenschaften, die Philosophen konzentrierten sich von nun an auf die geistige Welt. Die Gedankenwelt des Aristoteles bildete für die nächsten 2000 Jahre die Grundlage unserer Weltanschauung, unser vermeintlich logisches Denken beherrschte nun die Welt. Auch als die Römer einige Jahrhunderte später die Weltherrschaft übernahmen, änderte sich daran nichts. Was sich veränderte, war, dass ab etwa 500 n. Chr. die katholische Kirche und ihre Klöster federführend in Wissenschaft und Ausbildung wurden. Erst nach Thomas von Aquin begann sich dies wieder aufzulösen, und Philosophie und Naturwissenschaften auf der einen Seite sowie Kirche und Religion auf der anderen Seite gingen wieder getrennte Wege, woraus sich die Renaissance entwickeln sollte.

Galileo Galilei arbeitete dann 1800 Jahre später erstmalig konsequent mit empirischen Methoden, die er mit der Mathematik kombinierte, wodurch er zum Begründer der modernen Wissenschaften wurde. In der Wahrnehmung der Dinge postulierte er, dass es zum einen die primären Eigenschaften wie Länge, Breite und Gewicht gäbe und zum anderen die sekundären, zu denen Geschmacksrichtungen, Farben, Gerüche etc. gehörten. Die primären Eigenschaften seien die objektiven, die im Außen liegen, die sekundären hingegen entstünden erst in unserem Gehirn.

Der Begründer jeglicher modernen Philosophie, René Descartes – das war der, der sagte: ›Ich denke, also bin ich‹ –, trennte im 17. Jahrhundert die Natur noch klarer in zwei grundsätzlich unterschiedliche Bereiche, den des Geistes und den der Materie. Er nannte diese Bereiche res cogitans und res extensa. Die Materie, das Universum war tot, die stoffliche Welt eine Sammlung von toten Objekten. Auch Tiere, Pflanzen und selbst der menschliche Körper sah er nur als Maschinen an. Da er sah, dass er in der Lage war, über die Welt nachzudenken, schloss er daraus, dass der Denker wirklicher sein muss als das, worüber er nachdenkt. Der Geist war also etwas vom Körper, der toten Materie, Getrenntes, er existierte im Reich Gottes. Descartes vertrat also ein dualistisches Weltbild. Dieses deterministische Weltbild sah alles als vorherbestimmt und als berechenbar, sofern die richtigen Formeln einmal vorlägen. Der Sitz des Geistes liegt seit dieser Zeit im Gehirn, so lernen wir. Descartes benutzte zur Analyse die Methode, dass er vom Kleinsten zum Großen dachte. Er zerlegte Probleme in ihre kleinsten Teile und versuchte diese zunächst zu lösen, wozu er die Vernunft gebrauchte. Dazu forderte er, alles alte Wissen anzuzweifeln, nichts dürfe einfach übernommen werden, sondern alles müsse neu bewiesen und selbst erfahren werden. Wenn wir Descartes‹ ›Ich denke, also bin ich‹ einmal ganz anders sehen, nämlich als Ursache der Trennung in das Ich und das Außen, gewinnt dieser Satz eine ganz neue Bedeutung. Durch mein Denken entsteht erst mein Ich und ich trenne also in mich und den Rest der Welt. Eine interessante Variante.

Auf Descartes Ansichten baute auch die moderne Physik auf, die mit Newton begann. Gott lenkte ihr zufolge die Welt von oben, schuf die Naturgesetze und war der Schöpfer aller Dinge. Mensch und Natur hatten nach weitläufiger Ansicht nur insoweit miteinander zu tun, als der Mensch einmal in grauer Vorzeit aus der Natur entstanden war und jetzt in den Resten der von ihm bezwungenen Natur lebte. Nach Newton liegt die Ursache von allem in den Gesetzen der Natur begründet, nichts geschieht unvorhergesehen. Er schuf das mechanistische Welt-bild. Demnach gilt, dass das, was wissenschaftlich nicht bewiesen werden kann, nicht existent ist. Diese Art der Betrachtung hat sich in unseren Köpfen als die Wahrheit manifestiert. Es fällt uns schwer, die Tatsache anzuerkennen, dass die Behauptung selbst, dass nur von der Wissenschaft Bewiesenes wahr sein kann, noch nie bewiesen wurde. Wie du erkennst, bestand schon seit ewigen Zeiten ein Kampf zwischen denen, die der Ansicht waren, dass alles seinen Ursprung im Geiste hat, und denen, die meinen, dass nur das Stoffliche real ist. Die erste Sichtweise nennen wir den Idealismus, die letztere den Materialismus, wobei die konsequen-testen Materialisten behaupteten, dass sogar die Gedanken und die Seele aus Materie bestehen. Je materialistischer das Weltbild der Menschen wurde, desto mehr wuchs natürlich analog die Frage, wie denn überhaupt die Seele darin mitspielt.

Im 17. Jahrhundert meinte der holländische Philosoph Spino-za, dass alles aus ein und derselben nichtmateriellen Substanz bestehe. Gott sah er als Natur, die Natur als Gott. Er unterschied nicht in Geist und Materie als Gegensätze, sondern betrachte-te beides als Attribute der einen Substanz. Wir sind also wieder beim Gedanken, dass alles eins ist. Gott ist die Naturgesetze, die Natur ist die Ursache ihrer selbst, sie funktioniert nach ihren Gesetzen, insofern wären wir wieder bei einem ziemlich deter-ministischen Weltbild. Nur Gott hat die Wahl, der Mensch ist nicht frei. Als Rationalist glaubte Spinoza an die Vernunft und war der Ansicht, dass im Menschen gewisse Ideen immer schon vorhanden.

Demgegenüber gab es natürlich Gegner dieser Ansicht, die Empiristen, die wiederum meinten, dass wir, ohne etwas zu er-fahren, überhaupt nichts von vorneherein wissen. Ohne Wahr-nehmung keine Welt also. Alles Gedachte über Dinge, die nicht erfahrbar sind, sei unsinnig. Unser Bewusstsein ist in seinem Ursprung absolut leer, erst durch Erfahrungen und Erlebnisse füllt es sich. Und nur darüber können wir wirklich nachdenken. Gedanken über Gott als etwas nicht Erfahrbares wären also absolut ohne Ergebnis. Wohl aber ist der Mensch den Empiristen, beispielsweise dem Engländer David Hume, zufolge in der Lage, aus einzelnen Erfahrungen Neues zu konstruieren und entsprechend eine Vorstellung von Dingen zu entwickeln, die so in ihrer zusammengesetzten Form eigentlich nicht existieren oder zumindest bis dahin noch nicht erfahren wurden. Unsere Sicht auf das Leben wird entsprechend von auf diesen Erfahrungen aufbauenden Erwartungen bestimmt, die uns auch trügen können. Jeder Mensch hat seine eigene Realität, die aus Beobachtung und Erfahrung hervorgeht. Deine Realität ist nicht meine Realität. Meine Wahrnehmungen sind nicht deine. Wir kombinieren nach Hume mithilfe unseres Verstandes aus dem bereits Erfahrenen neue Prognosen über die Zusammenhänge der Dinge, haben zum einen Erwartungen, die absolut selbst konstruiert sind, haben eine Vorstellung von Dingen, die überhaupt nicht der Wirklichkeit entsprechen muss, und können uns im Umkehrschluss Dinge gar nicht vorstellen, nur weil wir sie nie gesehen haben. Hume sah auch das Ich als zusammengesetzt an; die Vorstellung von uns ist aus verschiedenen Erfahrungen selbst gebastelt und eigentlich nur eine Beschreibung von ehemaligen,einzelnen Zuständen und Ereignissen. Darauf greifen wir zurück und machen uns selbst unser Bild von uns selbst, das sich auch noch fortlaufend ändert, da wir jedes Bild einzeln sehen. Mit jedem Bild verändern wir uns, wir sind nie dieselben.

Ähnlich wie Hume sahen Locke und Berkeley die Dinge, wobei Berkeley mir besser gefällt, da er im Gegensatz zu Locke meinte, dass es überhaupt keine Materie geben muss, sondern wir letztendlich nur Gott wahrnehmen, der die Ursache aller unserer Empfindungen und Wahrnehmungen ist. Mit der Existenz von Zeit und Raum hatte er übrigens auch so seine Schwierigkeiten. Kant versuchte dann Rationalisten und Empiriker wieder zusammenzubringen; ihm zufolge war die Erfahrung notwendig, er ging aber davon aus, dass in unserem Bewusstsein gewisse Grundlagen wie Raum und Zeit gegeben seien. Raum und Zeit seien für den Menschen der Maßstab aller Dinge, sie seien in seinem Bewusstsein verankert und demzufolge sei keine Erfahrung möglich, die nicht den Aspekten von Raum und Zeit unterliegt. Unser Bewusstsein bestimmt also mit, wie wir die Welt erleben und letztlich können wir nur für uns sagen, wie die Welt ist, also, wie die Welt für uns ist. Zu sagen, wie sie an sich ist, ist uns nicht möglich. Insofern sei es für uns ebenfalls nicht möglich, jemals zu verstehen, ob es Gott gibt oder woraus die Welt besteht. Der Mensch als kleiner Bestandteil eines großen Ganzen könne nie das große Ganze selbst verstehen. Ich denke, dass dies sicherlich richtig für unseren Verstand ist, jedoch hat Kant nicht berücksichtigt, dass wir mehr als unser Verstand sind. Es gibt Dinge, die wir nie mit unserem Verstand erfassen können, jedoch zeigen uns gerade die östlichen Philosophien, dass es doch mehr als nur die Logik gibt.

In der Romantik ging es um 1800 dann wieder zurück zur Natur. Die Trennung von Ich und Natur, die das Denken bis dahin bestimmt hatte, wurde aufgehoben, Welt und Bewusstsein, Geist und Natur fanden wieder zusammen. Der romantische Schriftsteller Novalis meinte, dass der Mensch das Geheimnis der Welt in sich selbst finden könne, da er das gesamte Universum in sich trage. Im Naturalismus des 19. Jahrhunderts sahen Leute wie Darwin, Freud und auch Karl Marx die Welt als ausschließlich und allein aus der Natur und dem Wahrnehmbaren bestehend an. Der Behaviorismus des 20. Jahrhunderts verneinte die Existenz eines Bewusstseins dann völlig; Begriffe wie Empfindung, Wahrnehmung, Denken und Emotion wurde als unwissenschaftlich eingestuft. Ende des 20. Jahrhunderts wurde der Mensch quasi einem lebenden Computer gleichgesetzt, dessen Zentrale das Gehirn ist. Der Philosoph Daniel Dennett schrieb dazu:

›Wir sind organische Roboter, die ein Forschungs- und Entwicklungsprozess namens natürliche Auslese erschaffen hat.‹

Seiner Ansicht nach ist der Geist das Gehirn selbst und sonst nichts. Er führt jeglichen Denkvorgang auf physikalische Vorgänge zurück. Eine Reihe von Wissenschaftlern und Hirnforschern kam in dieser Zeit zu dem Schluss, dass es kein Ich gibt, weil sie keinen Ort für das Ich gefunden haben. Das hört sich für mich nach dem Motto an: Was ich nicht sehe, gibt es nicht. Richard Feynman sagte 1966 in seiner Rede vor der National Science Teachers‹ Association:

›Naturwissenschaft ist der Glaube an die Unwissenheit der Experten.‹

Auch Albert Einstein hatte erkannt, dass die Wahrheit nicht mittels der Wissenschaft gefunden werden kann. Er schrieb:

›Das tiefste und erhabenste Gefühl, dessen wir fähig sind, ist das Erlebnis des Mystischen. Aus ihm keimt alle wahre Wissenschaft. Wem dieses Gefühl fremd ist, wer sich nicht mehr wundern und in Ehrfurcht verlieren kann, der ist bereits tot. Das Wissen darum, dass das Unerforschliche *wirklich existiert und dass es sich als höchste Wahrheit und strahlendste Schönheit offenbart, wovon wir nur eine dumpfe Ahnung haben können – dieses Wissen und diese Ahnung sind der Kern aller wahren Religiosität. In diesem Sinne, und in diesem allein, zähle ich mich zu den religiösen Menschen.‹* (86)

Dieser Satz wird oft dazu verwendet, Albert Einstein als gläubig darzustellen, auch wenn er wiederholt gesagt hat, dass er nicht gläubig sei. Jedenfalls bemerkt ihr, dass die besten Physiker sehr mystische Formulierungen von sich gegeben haben, sie haben erkannt, dass es mehr gibt als das Erforschbare. Heute ist die Physik so weit, dass die Physiker beginnen, diese Trennung wieder aufzugeben und Geist und Materie nicht mehr als etwas Getrenntes anzusehen. Interessant ist, dass die östlichen Philosophien diesen Umweg nie machten, sondern durchgehend die Einheit der Dinge postulierten. Nach ihrer Ansicht ist die Trennung in einzelne Objekte falsch, und alles ist eins, alles fließt. Gerade diese organischer und natürlicher erscheinende Sichtweise auf die Dinge lässt die östlichen Philosophien jetzt für den Westen, der auf der Suche ist, attraktiver werden. Der Großteil der westlichen Bevölkerung – und ich muss leider sagen, auch in Asien immer mehr – betrachtet die Physik als ›exakte Wissenschaft‹, die die Gesetzmäßigkeiten aller Vorgänge sucht. Wir sind so wissenschaftsgläubig geworden, dass wir die Ergebnisse der vermeintlich objektiven Wissenschaftler als die Naturgesetze selbst ansehen. Wir erforschen die fundamentalen Wechselwirkungen im Kleinen und Großen und versuchen zu erklären, ›wie Dinge funktionieren‹. Phänomene der Welt, die sich zurzeit nicht mathematisch beschreiben lassen, wie beispielsweise das menschliche Bewusstsein, werden gemeinhin nicht als Gegenstand der

Physik angesehen. So werden immer noch 99,99 Prozent der Menschheit behaupten, dass die Welt aus Materie besteht. Gut, in den Anfängen der Naturwissenschaften sahen wir alles Materielle als ›massiv‹ an. Doch später entdeckten wir die Moleküle und Atome, die sich locker verbinden zu dem jeweiligen Material. 500 Jahre v. Chr. entwickelten die vorhin genannten griechischen Philosophen Leukipp und Demokrit ihre Atomtheorie, Newton ging diese Richtung weiter. Newton arbeitete konsequent im dreidimensionalen Raum, der unveränderlich war. Das Einzige, was sich ändern konnte, war die Zeit, die demzufolge für alles sich Verändernde die Ursache sein musste bzw. erforderlich war. Die Materieteilchen sah Newton als kleine, feste und unzerstörbare Teile, die Grundbaustein aller Materie sind, die auch niemals verschwinden können. Diese Teilchen werden durch unbekannte Kräfte zusammengehalten. Newton meinte – aus heutiger Sicht völlig fälschlicherweise – dazu:

›Ich halte es für wahrscheinlich, dass Gott am Anfang die Materie als feste, harte, massive, undurchdringliche, bewegliche Partikel schuf, in der Größe und Gestalt und mit solchen Eigenschaften und in solchem Verhältnis zum Raum, wie sie dem Zweck am dienlichsten waren, für den er sie erschaffen hatte; und dass diese einfachsten Partikel als Festkörper unvergleichlich härter sind als irgendwelche porösen Körper, die aus Ersteren aufgebaut sind; sogar so hart, dass sie nie verschleißen oder zerbrechen. Keine gewöhnliche Kraft vermag zu trennen, was Gott selbst am ersten Schöpfungstag erschuf.‹ (11)

Das Modell Newtons funktionierte wunderbar für unseren Alltagsgebrauch, sodass alles damit erklärbar schien, das ganze

Universum war ein riesiges mechanisches System. Grundsätzlich wäre es also auch möglich gewesen, jegliches Versuchsergebnis vorauszusagen, wenn alle Naturgesetze bekannt gewesen wären. Da das Ich und die Welt absolut getrennt waren, spielte der Beobachter keine Rolle. Unregelmäßigkeiten, die Newtons Forschungsergebnissen widersprachen, führte er übrigens auf Gott zurück. Aufbauend auf Newtons Modell konnten andere Wissenschaftler weitere große Forschungserfolge verzeichnen, bis dann im 20. Jahrhundert die Physik auf den Kopf gestellt wurde. Die massive Welt bestand also nach damaligem Kenntnisstand aus Atomen und viel ›Nichts‹ dazwischen. Atome selbst bestehen bekanntermaßen wiederum aus Elektronen, Protonen und Neutronen, also aus wieder kleineren Teilchen und noch mehr ›Nichts‹ dazwischen. Um die Größenverhältnisse zu verdeutlichen, ein Beispiel: Würden wir ein Atom auf die Größe des Kölner Doms zoomen, so wäre sein Atomkern so groß wie ein Sandkorn. So gesehen, bestehen wir zu 99,9999999999999 Prozent aus ›Nichts‹, der Rest sind winzigste Teilchen, die mit einer Wahnsinnsgeschwindigkeit umhersausen. Natürlich bestehen auch Tiere, Pflanzen, Steine und dieser Tisch aus genau diesen kleinen Teilchen. Wo müssen wir also den Unterschied suchen zwischen dem, aus dem der Mensch besteht, und dem, aus dem der Tisch besteht? Oder gibt es gar keinen? Stell dir vor, man würde einen menschlichen Körper zusammenpressen und das ›Nichts‹ herauslassen, so würde als karger Rest ein nicht zu erkennendes Staubkorn verbleiben. Da stellt sich natürlich die Frage, warum wir dann den Tisch fühlen können und nicht durch die Wände gehen? Wenn unser Daumen aus so gut wie keiner Masse besteht und die Wand gleichfalls nicht, sollte es doch vorkommen, dass die Daumenteilchen und die Wandteilchen sich gar nicht begegnen. Natürlich stoßen sich diese beiden Teilchen aufgrund der negativen Ladung der den Atomkern umkreisenden Elektronen dennoch ab. Beachte bitte, dass diese Erklärung auf einem Modell aufbaut, das hier nur zur Erklärung dient, jedoch grundsätzlich nicht korrekt ist. Nach den Protonen, den Elektronen und Neutronen wurden dann wiederum neue kleinste Teichen wie Neutrinos, Quarks und wie sie alle heißen, entdeckt. So ein Quark entsteht übrigens erst beim Zerfall eines Protons, vorher existiert es nicht. Woraus bestand dann das Proton? Heute sehen wir Materie nur noch als eine Form von Energie, als einen Zustand von Energie und nicht als Substanz. Materie an sich gibt es nicht! Auch ein Physik-Nobelpreisträger wie Max Planck hatte dies erkannt:

›Materie an sich gibt es nicht, es gibt nur den belebenden unsichtbaren, unsterblichen Geist als Urgrund der Materie … mit dem geheimnisvollen Schöpfer, den ich mich nicht scheue, Gott zu nennen.‹ (72)

Das Theoriengebäude der Physik ruht heute auf zwei Säulen, der Relativitätstheorie und der Quantenphysik. Hast du davon eine Ahnung? Du bist doch Ingenieur«, schloss er.

»Nicht wirklich. Aber was ist denn Energie eigentlich genau?«, hakte ich noch nach.

»Als Physiklehrer würde ich jetzt antworten: Energie ist eine physikalische Zustandsgröße. Die Energie E eines Systems lässt sich selbst nicht direkt messen. Man kann Hilfsgrößen messen und daraus den Betrag errechnen. Energie ist eine Erhaltungsgröße: Die Gesamtenergie in einem abgeschlossenen System bleibt konstant, Energie kann weder erzeugt noch vernichtet, sondern nur von einer Energieform in eine andere umgewandelt werden. In einem geschlossenen System gilt daher der Energieerhaltungssatz. Nun hat Einstein mit seiner Formel $E = mc^2$ bewiesen, dass jede Masse reine Energie ist. Aber da Physiklehrer in der Regel nicht schlauer sind als Nobelpreisträger, richte ich mich nach R. P. Feynman, der feststellte:

›Es ist wichtig einzusehen, dass wir in der heutigen Physik nicht wissen, was Energie ist.‹ (94)

Energie ist nun einmal ein universeller Begriff, der in den unterschiedlichsten Zusammenhängen verwendet wird. In den Naturwissenschaften steht der Begriff der Energie für die im System gespeicherte Arbeit oder die Fähigkeit des Systems, Arbeit als Produkt aus Kraft und Weg zu verrichten. In der Esoterik, in vielen verschiedenen spirituellen Traditionen, aber auch umgangssprachlich und in Philosophie und Psychologie hat sie eine andere Bedeutung als in den Naturwissenschaften. In der Philosophie ist Energeia, also das griechische Wort für ›Wirklichkeit‹ oder ›Tätigkeit‹, seit Aristoteles der Inbegriff des Realen im Gegensatz zum bloß Möglichen. In der Psychologie stellt man sowohl äußerlich erkennbare Phänomene wie etwa Leistungsvermögen und Handlungskraft als auch innere Vorgänge wie Motivation oder Gefühle in Zusammenhang mit dem Energiebegriff. In der Esoterik kann man hier einerseits von einer absoluten Energie im Sinne eines Urgrunds allen Seins und andererseits von einer sogenannten ›feinstofflichen‹ Energie sprechen. Die Esoterik bezeichnet so eine Grundsubstanz von Sein und Leben, ohne die nichts existieren kann. Zu ›absoluter‹ Energie synonym werden oft Begriffe wie »Essenz« oder »universaler Geist« verwendet, die Abgrenzung ist aber nicht einheitlich und hängt stark von der zugrunde liegenden Tradition ab. Die Kulturen und Traditionen, die systematische Erkenntnisse über spirituelle Energien überliefern, sind sehr vielfältig. Die wichtigsten Traditionen aus heutiger Sicht mit den etablierten Begriffen für spirituelle Energien sind Licht/Liebe, Geist, die Od-Kraft in der Theosophie, in der chinesischen Philosophie des Daoismus das Chi, in der indischen Philosophie das Yoga und im Hinduismus Prana und Kundalini, das Ka in Ägypten, Yesod in der Kabbala, im Sufismus das Baraka, Orgon, Fluidum, All-Fluid oder auch Lebensfeuer, Mana bei den Polynesiern, Pneuma in der griechischen Philosophie sowie Essenz, Quintessenz, und Azoth in der Alchemie. Mit der Energie ist es wie mit der Liebe, sie lässt sich einfach nicht beschreiben. Und jetzt lasst uns einmal sehen, was ›Good Old Earl‹ hier gebrutzelt hat.«

Vor uns standen verschiedene Schüsseln mit Guacamole, mit selbstgemachter mexikanischer scharfer Soße aus Zwiebeln, Tomaten, Chili und reichlich Koriander, dazu Tortillas und geröstete Nachos. Daneben gab es noch mehr Zutaten, um sich ordentliche Tacos zu rollen: Rindfleischstreifen, Hühnchen, Gehacktes, allerlei Gemüse, Sauerrahm, Salat und einige weitere scharfe Fertigsoßen, von der Art, die man unverdünnt nicht einmal probieren konnte, ohne Gefahr zu laufen, für den Rest des Essens keinen Geschmacksnerv mehr zu haben. Zunächst gab es jedoch für alle einen Tequila. Bis auf die Motten und anderes Ungeziefer, das sich von den Kerzen angezogen fühlte, ein perfektes Essen. Das Ungeziefer hätte Earl reduzieren können, wenn er das Grundstück, wie die Mayas es machen, komplett von Gras und Unkraut befreit hätte. Die Mayas lebten eigentlich auf der rohen Erde, nur wenige Obstbäume und Blumen wuchsen darauf; damit vermied man, dass Skorpione, Schlangen und Ähnliches zu leicht ins Haus gelangten. Earl hingegen war das egal, er wollte es grün und natürlich haben. Johns Bierkonsum war schon erstaunlich und ziemlich exzessiv, ich habe keine Ahnung, warum, aber ich kenne viel mehr Amerikaner, die ein Alkoholproblem haben als Deutsche. Ihnen fehlte irgendwie eine innere Kontrolle, ein Limit. Stattdessen trinken sie unaufhörlich bis zum Umfallen. Nun ja, John jedenfalls war ein solcher Amerikaner und beendete den Abend mit weiteren Tequilas. Einstein musste warten.

18. Kapitel –
Relativitätstheorie
und Quantenphysik

Nachdem John seinen Rausch am nächsten Tag ausgeschlafen hatte, erschien er gegen Nachmittag bei mir in meiner Hütte und meinte entschuldigend, dass er die Hitze wohl unterschätzt hätte, jetzt aber wieder fit wäre. Ich bot ihm ein Bier an, doch er schüttelte sich angewidert und nahm lieber eine Limonade.

»Das, worüber wir heute sprechen, kann deinem Leben neue Denkanstöße geben, verändern wird es es nicht. Unser Leben ändert sich nicht durch Wissen, Quantenphysik hin oder her. Aber deren Verständnis kann uns eine andere Sicht auf unser Leben erleichtern. In der asiatischen Weltanschauung wurde die Quantenphysik als theoretische Wissenschaft nie benötigt, das Ziel wurde mit einfacheren geistigen Mitteln ebenfalls erreicht. Dein Landsmann Albert Einstein war der Begründer der modernen Physik, 1905 veröffentlichte er die Relativitätstheorie, die kaum ein Deutscher gelesen hat. Diese führte ein völlig neues Verständnis der Phänomene Raum und Zeit ein. Bis dahin stellte man sich Raum und Zeit als von allen in ihnen passierenden Vorgängen unabhängig vor. Raum und Zeit werden also nicht beeinflusst durch irgendein Ereignis. Gemäß der Relativitätstheorie handelt es sich bei Raum und Zeit nicht um universell gültige Ordnungsstrukturen, sondern räumliche und zeitliche Abstände werden von verschiedenen Beobachtern unterschiedlich beurteilt.

Einen offensichtlichen Aspekt der Relativität dessen, was wir wahrnehmen, ist das, was wir in den Sternen sehen. Was siehst du, wenn du nachts in den Himmel schaust?«

»Was meinst du? Ich sehe viel dunklen, leeren Raum und eine Unmenge Sterne, oder?«

»Worauf ich hier anspiele, ist, dass du die Vergangenheit siehst. Nichts, was du am nächtlichen Himmel zu sehen meinst, existiert in dieser Form überhaupt noch. Die Sterne sind Unmengen von Lichtjahren von uns entfernt, das Licht benötigt also Tausende von Lichtjahren, um den Weg bis in dein Auge zurückzulegen. Also siehst du nur die Vergangenheit dieser Sterne von vor Tausenden von Lichtjahren. Was auf diesen Sternen jetzt gerade passiert und ob sie überhaupt noch existieren, werden andere Menschen erst in wiederum einigen tausend Lichtjahren beobachten können. Das ist ganz praktisch, da wir quasi in die Vergangenheit zurückschauen können, andererseits zeigt es deutlich die Relativität der Welt. Und als absoluter Höhepunkt dieser Relativität hat man festgestellt, dass die am weitesten entfernten Sterne, die wir sehen können, mehr Lichtjahre von uns entfernt sind, als man annimmt, dass die Welt alt ist. Da die Sterne nicht vor ihrer eigenen Existenz dagewesen sein können, kam man auf den Urknall und eine auseinanderstrebende Bewegung des gesamten Kosmos. So weit war der Hinduismus schon vor langer Zeit, dort dehnt sich die Welt immer wieder aus und fällt dann auch immer wieder zusammen. Raum und Zeit verschmelzen bei Einstein zu einer vierdimensionalen Raumzeit. Raum und Zeit lassen sich niemals getrennt betrachten, eines hängt vom anderen ab. Der von Descartes angenommene konstante Raum verliert seine Bedeutung. Im Wesentlichen hängt der Verlauf der Zeit von dem jeweiligen Bezugssystem ab. Bewegt sich das Bezugssystem, so vergeht die Zeit langsamer als in einem ruhenden System. Die Gravitation wird auf eine Krümmung dieser Raumzeit zurückgeführt, die durch die Anwesenheit von Masse bzw. Energie hervorgerufen wird. In der Relativitätstheorie wird erstmals die Kosmologie zu einem naturwissenschaftlichen Thema. Ebenfalls veröffentlichte Einstein 1905 eine Arbeit über eine Betrachtungsweise der elektromagnetischen Strahlung, die in der Quantentheorie eine wichtige Rolle spielen sollte. Die ist dann eine Sache, die kaum noch jemand versteht.

Die Quantenphysik beschreibt die Naturgesetze im atomaren und subatomaren Bereich und bricht noch radikaler mit klassischen Vorstellungen als die Relativitätstheorie. Nachdem wir erkannt hatten, dass Atome aus winzigsten Teilchen und viel Nichts bestehen, zeigt die Quantenphysik nun, dass auch diese kleinsten Teilchen nicht Festkörper im Sinne der klassischen Physik sind. Viele physikalische Größen erweisen sich in bestimmten Situationen als quantisiert, das heißt, sie nehmen stets nur bestimmte diskrete Werte an und ändern sich in Form von Quantensprüngen. Auch das Licht kann wahlweise als eine Welle oder als Teilchen existieren. Die Lichtquanten, nach denen die Quantentheorie benannt wurde, nennt man Photonen, sie sind masselose, sich mit Lichtgeschwindigkeit bewegende Teilchen. Materie erweist sich als Phänomen, das nur in Portionen, den sogenannten Elementarteilchen oder Quanten in Erscheinung tritt. Ihr Aufenthaltsort lässt sich nicht mehr durch eine Bahn im Raum beschreiben, sondern durch Wellen, über die eine Wahrscheinlichkeit dafür angegeben werden kann, das Teilchen bei einer Messung in einem bestimmten Raumgebiet zu finden. Man spricht von einem Welle-Teilchen-Dualismus. Der Aufenthaltsort eines Teilchens zwischen zwei solchen Messungen ist nicht nur unbekannt, sondern sogar nicht definiert. Der Physiker David Bohm, der sich auch intensiv mit philosophischen Ansätzen beschäftigt hat und ein guter Freund des indischen Philosophen Jiddu Krishnamurti war, bezeichnet Quantenwellen sogar als ›gedankenähnliche‹ Erfahrungen. Er war es auch, der sagte:

> ›Die Trennung von Kunst und Wissenschaft ist nur eine vorläufige.‹ (95)

Ich hakte nach: »Du willst also sagen, dass es überhaupt keine Materie gibt? Woraus besteht denn der Stuhl, auf dem ich sitze? Aus reiner Einbildung?«

»Der Grund für die Tatsache, dass du auf deinem Stuhl sitzt und nicht auf den Boden fällst, wobei der Boden dann auch gar nicht vorhanden wäre und du quasi durch die Erde ins Weltall fallen würdest, wobei du wiederum bedenken müsstest, dass du als Materie ebenfalls gar nicht da bist und dementsprechend nicht fallen könntest, also der Grund dafür, obwohl dies alles doch zum Großteil aus Nichts besteht, ist begründet in der Eigenschaft der Elektronen, dass sie einerseits Wellen, andererseits Teilchen sind. Da sich die Teilchen sehr schnell bewegen, scheinen sie an jedem Ort gleichzeitig zu sein wie ein sich schnell drehender Propeller. Es vereinfacht die Sache für unsere Vorstellung nicht, dass dieses rasende kleine Teilchen dann wiederum gar nicht sicher an einer Stelle zu einem bestimmten Zeitpunkt ist, sondern nur mit einer gewissen Wahrscheinlichkeit, wir können trotz aller Beobachtung nie sagen, wo es wann sein wird, da sich dies erst im Augenblick der Beobachtung entscheidet. Ich mache es mir hier mal einfach und stelle fest, dass es Dinge zwischen Himmel und Erde gibt, die wir mit unserem Verstand niemals erfassen werden können. Der Quantenphysiker H. P. Stapp sagt:

›Ein Elementarteilchen ist keine unabhängig existierende, analysierbare Einheit. Es ist im Grunde eine Reihe von Zusammenhängen, die sich nach außen zu anderen Dingen hin erstrecken.‹ (96)

Die Quantentheorie hat somit die klassische Physik mit ihren festen Körpern für obsolet erklärt, diese unsere alte Physik funktioniert nur im Großen und auch nur annäherungsweise. Auf der Ebene der kleinsten Teilchen finden wir nur noch wellenartige Wahrscheinlichkeitsbilder. Und jetzt komme ich zum entscheidenden Punkt! Es zeigt sich, dass die Beobachtungsergebnisse immer vom Messexperiment selbst abhängen. Die meisten Physiker folgern daraus, dass letztlich die Vorstellung von der Existenz einer vom Beobachter unabhängigen Realität aufgegeben werden muss. Indem wir beobachten, registrieren wir Informationen über ein Teilchen; in der Regel sehen wir das Teilchen, was bei unserer Art des Sehens über von unserem Auge aufgenommene Lichtreflektionen abläuft. Unser Gehirn wandelt diese elektrischen Reize dann in Bilder um. Ohne das Licht würden wir also nichts sehen, dieses Licht wiederum beeinflusst aber auch schon die Messung. Unser Gehirn beeinflusst die Messung ebenfalls, da es niemals die Information objektiv auswerten kann. Wir können nichts messen, ohne das gemessene Teilchen zu beeinflussen. Es gibt keinen natürlichen Zustand des Teilchens, der beobachtbar wäre. Der Journalist Jörg Starkmuth vergleicht dies in seinem Buch ›Die Entstehung der Realität‹ mit dem Versuch, ein Liebespaar im dunklen Park mittels Scheinwerfern und aller Technik zu filmen, ohne dass das Paar etwas davon bemerkt. (72)

Der Physik-Nobelpreisträger Werner Heisenberg fügte noch die Unschärfetheorie hinzu, die besagt, dass es grundsätzlich nicht möglich ist, sowohl die Geschwindigkeit als auch den Ort eines Teilchens exakt zu messen. Da man für eine Messung ein energiereiches Quant, zum Beispiel ein Photon, also Licht, benötigt, dieses Lichtteilchen aufgrund seiner eigenen Energie jedoch zu einer Störung des zu beobachtenden Teilchens führt, folgt daraus zwangsläufig, dass die Messung umso ungenauer wird, je genauer man messen möchte. Messen wir also den Ort, sind wir bewiesenermaßen nicht in der Lage, die Geschwindigkeit zu ermitteln, und umgekehrt. Wenn wir meinten, alles genau messen zu können, belehrte uns die Unschärfetheorie eines Besseren. Die schon erwähnte Option der Teilchen, wahlweise als Teilchen oder als Welle aufzutreten, immer unter dem Aspekt, dass wir dies mit unserer Messmethode natürlich wieder beeinflussen, gipfelt in der Idee der Wahrscheinlichkeit. Die Welle eines Teilchens gibt die Wahrscheinlichkeit an, ein bestimmtes Teilchen an einer bestimmten Stelle messen zu können. Erst im Moment der Beobachtung entscheidet sich, was wir wo finden und messen, vorher ist nichts bestimmt. Die Funktionsweise dieser Erscheinung ist noch nicht bewiesen. Es gibt verschiedene mehr oder weniger komplizierte Modelle, wie die Kopenhagener Interpretation, die behauptet, dass die Wahrscheinlichkeitswelle im Moment der Beobachtung kollabiere. Unser Bewusstsein sorgt erst dafür, dass aus einer vagen Welle etwas Reales entsteht – ohne Bewusstsein also keine Welt. Die Viele-Welten-Deutung sieht als andere Möglichkeit die Existenz von unzähligen parallelen Universen an, jedes Universum unterscheidet sich vom anderen nur in der Variante eines einzigen Aspekts, sodass in einem Universum letztlich jedes mögliche Messergebnis vorhanden wäre. Dies funktioniert nicht nur bei den kleinsten Teilchen, auch für unser Leben wird teilweise angenommen, dass es unendlich viele Universen gibt, sodass jegliche mögliche Entwicklung unseres Lebens in einer dieser Welten bereits vorhanden ist. Unser Leben wäre demnach nur eine von unendlich vielen möglichen Varianten. Da stellt sich natürlich die Frage, wie man in eine andere Variante wechseln könnte. Die Antwort ist so naheliegend wie schwierig. Wenn du nur deine Wimpern bewegst, bist du bereits in einem anderen Universum. Über die gezielte Reise durch die Universen sprechen wir noch. Wie Du siehst, ist in der modernen Physik nichts mehr sicher, es geht nur noch um Wahrscheinlichkeiten und Tendenzen. Ein Teilchen kann an einem Ort sein, muss aber nicht; ja, wir können nicht einmal sagen, dass es existiert. J. R. Oppenheimer meint dazu:

> ›Wenn wir zum Beispiel fragen, ob die Position des Elektrons die gleiche bleibt, müssen wir ›nein‹ sagen; wenn wir fragen, ob die Position des Elektron sich mit der Zeit ändert, müssen wir ›nein‹ sagen; wenn wir fragen, ob das Elektron in Ruhe verharrt, müssen wir »nein« sagen; fragen wir, ob es in Bewegung ist, müssen wir ›nein‹ sagen.‹ (63)

Der Engländer Paul Dirac entdeckte als Gegenstück zum Elektron das Positron, sodass auch hier wieder eine Symmetrie im Sinne von Yin und Yang vorhanden ist. Insofern ergeben ein Elektron und ein Positron zusammen ›nichts‹, entsprechend könnte man die beiden aus ›nichts‹ erschaffen. So könnten natürlich auch ganze Antiwelten existieren, die, sobald sie auf ihr Gegenstück treffen im Nichts verschwinden würden. Es zeigte sich weiter, dass die kleinsten Teilchen sich aus nichts Festem ›zusammensetzen‹, sondern aus reiner Energie bestehen, die uns als Masse erscheint. Wenn wir erst einmal akzeptiert haben, dass alles, aber auch wirklich alles, was wir sehen und erleben, alle Erfahrungen und Eindrücke, alle positiven Dinge und alle Katastrophen absolut subjektiv sind und nichts mit einer absoluten Wahrheit zu tun haben, wird sich unser Leben ändern. Alles hängt zusammen, wir beeinflussen alles subjektiv durch unser Wollen, die Welt beeinflusst uns, alles ist gefärbt von der Subjektivität des Einzelnen. Mir persönlich erscheint es als sicher, dass der aktuell letzte Schrei der Quantenphysik eines Tages wieder veraltet sein wird und wir ganz neue Ansätze verfolgen. Bis heute wurde noch keine Theorie gefunden, die sowohl die Relativitätstheorie als auch die Quantentheorie beinhaltet. Immer können wir nur Teilaspekte erklären. Die Gesetze der Quantenphysik entziehen sich, wie man sieht, weitgehend der menschlichen Anschauung, scheinbar klar ist nur, dass die Natur sich nicht in kleinste Teilchen zerlegen lässt, sondern es sich bei ihr um ein kompliziertes Gebilde von ineinandergreifenden Vorgängen handelt, die dann zu guter Letzt auch noch vom jeweiligen Beobachter abhängen. Entsprechend können wir in der Atomphysik nie über etwas sprechen, ohne unsere eigene Rolle in Betracht zu ziehen. So zeigt sich das Universum als unteilbar, als eins, und bezieht immer auch den Beobachter mit ein.

Ein weiterer interessanter Aspekt ist die Nichtlokalität der Dinge. Ein Teilchen ist hier, es ist aber auch nicht hier. Unsere nächtlichen Träume könnten wir übrigens vergleichsweise als nichtlokale Aspekte unserer eigenen Natur ansehen. Durch die Nichtlokalität sind kleinste Teilchen auch weiterhin miteinander verbunden, wenn Tausende von Jahren vergangen sind und tausende Kilometer zwischen ihnen liegen. Macht man mit dem einen Teilchen etwas, merkt das andere Teilchen dies und reagiert entsprechend. Sensationell dabei ist, dass Einstein zwar gezeigt hat, dass nichts schneller als das Licht sein kann, das andere Teilchen die Veränderung aber trotzdem unmittelbar erfährt – schneller als jeder Lichtstrahl je vom einen zum anderen Teilchen gelangen könnte. Hier treten sogar Effekte auf wie die Photonenpolarisation: Zwei weit voneinander entfernte Photonen reagieren in einem auf dem Einstein-Podolsky-Rosen-Paradox basierenden Experiment stets wie ein abgestimmtes Duo (Änderung des Spins immer schlagartig und synchron), obwohl die Informationen auch mit Lichtgeschwindigkeit nicht so schnell ausgetauscht werden könnten. Begriffe wie Kausalität oder Ursache und Wirkung verlieren in diesem und anderen Experimenten ihren Sinn.

J. S. Bell bewies in ›Bells Theorem‹ dann auch mathematisch, dass kleinste Teichen auf eine Raum und Zeit transzendierende Art verbunden sind. Letztendlich heißt dies, dass alles aus kleinsten Teilchen bzw. Wellen oder Wahrscheinlichkeiten besteht und dass alles auf diese transzendierende Art kommuniziert. Ursache und Wirkung sind zeitlich nicht getrennt. In dem Moment, in dem die Ursache geschieht, ist die Wirkung beim anderen Teilchen bereits angekommen. Bell hat damit Einstein widerlegt, der noch behauptet hatte, dass sich nichts schneller als das Licht bewegen könne. Wie gesagt, jede Theorie ist irgendwann veraltet. Auch die enge Verbindung von Menschen untereinander könnte analog funktionieren, dann wären wir mit jedem Menschen auf der Erde grundsätzlich verbunden. Wir merken – wenn wir uns darauf einlassen und dies nicht durch unsere eigenen Glaubenssätze ablehnen –, wenn es einem geliebten Menschen schlecht geht. Wir denken an jemanden und derjenige ruft uns an. Es ist wichtig, diese unsichtbare direkte Verbindung zwischen allen Menschen zu kennen, wenn es um größere Konflikte geht. So ist ein Krieg nie ein lokal begrenztes Ereignis, er ist immer nichtlokal, er ist verbunden mit allem anderen, er beeinflusst alle Menschen.

Die moderne Physik hat sich durch die Forschungsergebnisse des 20. Jahrhunderts stark von der reinen Naturwissenschaft hin zu philosophischen Fragen entwickelt und damit auch die altbekannte objektive Naturwissenschaft infrage gestellt. Die Ergebnisse haben bereits das Weltbild und Denken vieler Menschen verändert, viele haben allerdings auch noch überhaupt nichts davon mitbekommen. Unsere herkömmliche Sichtweise hat sich als unzulänglich und begrenzt erwiesen, viele bewährte Theorien zeigten sich als ungenau, unvollständig oder nur unter gewissen Voraussetzungen gültig. Die bisher benutzten Begriffe Materie, Raum und Zeit haben eine völlig neue Bedeutung bekommen, die sich von der, die wir in der Schule einmal gelernt haben, absolut unterscheidet. Zu den Auswirkungen auf unsere Welt, die die neuen wissenschaftlichen Forschungsergebnisse haben werden, sagt Heisenberg:

> *Diese heftige Reaktion auf die jüngste Entwicklung der Physik kann man nur verstehen, wenn man erkennt, dass hier die Fundamente der Physik und vielleicht der Naturwissenschaft überhaupt in Bewegung geraten waren und dass diese Bewegung ein Gefühl hervorgerufen hat, als würde der Boden, auf dem die Naturwissenschaft steht, uns unter den Füßen weggezogen.‹ (44)*

Oft hat man den Eindruck, dass, wenn diese Wissenschaftler über ihre Entdeckungen und Ansichten sprechen, dies Parallelen zur asiatischen Mythologie hat. Heisenberg wiederum sagte einmal:

> *›Zum Beispiel könnte der große wissenschaftliche Beitrag in der theoretischen Physik, der seit dem letzten Krieg von Japan geleistet worden ist, als Anzeichen für gewisse Beziehungen zwischen den überlieferten Ideen des Fernen*

Ostens und der philosophischen Substanz der Quanten-
theorie angesehen werden.‹ (44)

Die Aussagen der Quantenphysik ähneln also in vielen Dingen
den Ansichten von Hinduismus, Buddhismus, Daoismus und
Zen. Diese an sich sind zwar nicht gleich, basieren aber im Wesentlichen auf ähnlichen Weltanschauungen. In den Veden des
Hinduismus, den Sutren des Buddhismus und dem I Ging des
Daoismus scheinen vergleichbare Sichtweisen beschrieben zu
werden. In den Upanishaden heißt es:

> ›*Es bewegt sich.*
> *Es bewegt sich nicht.*
> *Es ist weit, und es ist nahe.*
> *Es ist in all diesem, und es ist außerhalb von all diesem.*‹
> (80)

Und auch im Vergleich mit anderen Religionen und philosophischen Anschauungen finden wir verblüffende Parallelen; selbst
die unserer westlichen, europäischen Ansicht nach einfache
Religion der nordamerikanischen Indianer basiert auf ähnlichen
Grundzügen.«

Ich war erstaunt, die Darstellung dieser Sachverhalte war so
spannend gemacht, dass ich kaum bemerkt hatte, wie es wieder
dunkel wurde. War es wirklich so, dass die moderne Physik auf
einem Jahrtausende dauernden Umweg das Wissen entdeckte,
das fernöstliche Mystiker schon immer gelehrt hatten? Waren
Forschungsergebnisse von der Struktur und dem Denken einer
Gesellschaft abhängig? Offensichtlich betont unsere aktuelle
Gesellschaft derzeit das Yang, das Männliche. Sind entsprechend
auch die Forschungsmethoden und deren Ergebnisse davon ab-

hängig? So wie wir leben, nehmen wir die Welt wahr: Wir im Alltag und Privatleben, die Forscher in ihrer Arbeit? Insofern wären alle Forschungsergebnisse westlicher Wissenschaftler so lange einseitig, wie unsere Gesellschaft sich nicht grundsätzlich ändert und quasi ihre weibliche Seite, die Mystik, das Dunkle, wiederentdeckt. John hatte zwischenzeitlich meinen Limonadenvorrat leer getrunken und begann zu gähnen. »Hey, lass uns morgen weitermachen, ich muss heute mal früher ins Bett, so geht das nicht weiter. Wie wäre es, wenn wir uns gegen zehn Uhr am Steg treffen und uns mit den anderen einen faulen Tag am See machen?«

Ich war einverstanden, diese geballte Ladung an noch nie gehörtem Wissen musste ich ebenfalls erst einmal verdauen. Später im Bett las ich noch die Rede des Indianerhäuptlings in einem kleinen Buch mit liebenswerten Geschichten, Anekdoten und verschiedenen Weisheiten der Indianer Nordamerikas. Der Pugent Sound irgendwo in der Gegend des heutigen US-Staates Washington an der Pazifikküste war einmal das Stammesgebiet der Duwwamish-Indianer. Als weiße Siedler dorthinkamen, baten sie den Duwamish-Häuptling Seattle um Erlaubnis, sich in seinem Land niederzulassen. Er gab seine Zustimmung. Aus Dank wurde die Siedlung nach ihm benannt: Seattle. Drei Jahre lang wohnten Indianer und Weiße friedlich nebeneinander. Dann forderte Franklin Pierce, der 14. Präsident der Vereinigten Staaten, die Duwamish-Indianer auf, ihre Heimat zu verkaufen und zu räumen. Amerika brauchte Platz für seine weißen Siedler. Der Präsident bot den Indianern als Reservat eine Insel im Pugent Sound an. Bevor Seattle seine endgültige Entscheidung traf, wandte er sich in einer Rede noch einmal an den ›Großen Häuptling in Washington‹, Präsident Pierce. Dann zog er mit seinen 1200 Stammesangehörigen ins Inselreservat. Heute lebt

von seinem Stamm keiner mehr. Wo einst die Fisch- und Jagd-
gründe der Duwamish waren, wuchs Seattle empor. Die weisen
Worte des Häuptlings Seattle aber, die er damals in den Wind gesprochen hatte, sind heute schicksalsträchtiger denn je! Zumindest den berühmten Satz, der mit den Worten »Wenn der letzte
Baum« beginnt, kennt mittlerweile wohl jeder, ohne zu wissen,
wo er herrührt. Ich gebe diese Rede im Folgenden ganz wieder,
jede Kürzung würde ihrem Sinn widersprechen.

19. Kapitel –
Die Rede des Indianerhäuptlings

Der große – und wie ich glaube – gute Häuptling der Weißen schickt uns die Nachricht, dass er unser Land kaufen will. Aber er will uns genug lassen, damit wir sorglos leben können. Vielleicht ist das großzügig, denn der rote Mann hat keine Rechte mehr, die man achten müsste. Es mag sogar sinnvoll sein, da wir ein so großes Stück Land nicht länger brauchen. Früher bedeckte mein Volk dieses Land wie eine vom Wind getriebene Woge den muschelbesäten Strand. Aber diese Zeit ist vorbei und die Größe und Macht der Stämme schon fast vergessen.

Aber ich will nicht das Dahinschwinden meines Volkes beklagen. Noch will ich unseren weißen Brüdern die Schuld daran geben. Vielleicht haben auch wir ein wenig Schuld. Wenn unsere jungen Männer über beabsichtigte oder scheinbare Kränkungen in Zorn geraten, machen sie sich die Gesichter mit schwarzer Farbe hässlich. Dann sind auch ihre Herzen hässlich und schwarz. Sie sind hart, und ihre Grausamkeit kennt keine Grenzen. Und unsere alten Männer können sie nicht hindern.

Hoffen wir, dass die Kriege zwischen dem roten Mann und seinem weißen Bruder für immer zu Ende sind. Wir haben alles zu verlieren und nichts zu gewinnen. Junge Männer halten Rache für Gewinn, selbst wenn sie ihr eigenes Leben verlieren. Aber die alten Männer, die im Krieg zu Hause bleiben, Mütter, die ihre Söhne zu verlieren haben – sie wissen es besser.

Unser großer Vater in Washington – denn er muss nun unser Vater sein, wie er euer Vater ist, seit George seine Grenze nach Norden geschoben hat –, unser großer und guter Vater sendet uns Nachricht durch seinen Sohn, der zweifellos ein großer Häuptling seines Volkes ist, dass er uns beschützen wird, wenn wir tun, was er möchte. Seine tapferen Soldaten werden ein starker Wall für mein Volk sein, und seine großen Kriegsschiffe werden unsere Häfen füllen. Dann können unsere alten Feinde im Norden – die Haidas und Tsimshians – nicht länger unsere Frauen und alten Männer ängstigen. Dann wird er unser Vater sein und wir seine Kinder.

Aber kann das jemals sein? Euer Gott liebt euer Volk und hasst das meine. Er legt seinen starken Arm um den weißen Mann und führt ihn bei der Hand, wie ein Vater seinen Sohn führt. Er hat seine roten Kinder verlassen. Er macht euer Volk stärker – Tag um Tag. Bald werdet ihr das Land überfluten. Mein Volk aber schwindet mit der Ebbe dahin, wir kehren nie mehr zurück. Nein, der Gott des weißen Mannes liebt seine roten Kinder nicht, sonst würde er sie in seinen Schutz nehmen. Jetzt sind wir die Waisen. Und niemand ist da, der uns hilft.

Wie können wir da Brüder sein? Wie kann euer Vater unser Vater sein und für uns sorgen und uns Träume von einer großen Zukunft schicken? Euer Gott hat seine Wahl getroffen. Er kam zum weißen Mann. Wir haben ihn nie gesehen, nicht einmal seine Stimme gehört. Er gab uns des weißen Mannes Gesetze, nie aber hatte er ein Wort für seine roten Kinder übrig, deren Scharen einst dieses Land erfüllten wie Sterne den Himmel.

Nein, wir sind zwei getrennte Rassen, und getrennt müssen wir bleiben. Es gibt nicht viel, was uns verbindet.

Uns ist die Asche unserer Väter heilig. Ihre Gräber sind heilige Erde. Ihr aber seid Wanderer, ihr lasst die Gräber eurer Väter hinter euch zurück und kümmert euch nicht darum.

Eure Religion wurde auf steinerne Tafeln geschrieben mit dem eisernen Finger eines zornigen Gottes, damit ihr sie nicht vergesst. Das kann der rote Mann nicht verstehen und nicht im Gedächtnis bewahren. Unsere Religion, das sind die Lebensformen unserer Väter, die Träume unserer alten Männer, die ihnen der Große Geist schickt, die Visionen unserer Häuptlinge. Und das ist in das Herz meines Volkes geschrieben.

Eure Toten vergessen euch und das Land ihrer Geburt, sobald sie jenseits des Grabes unter Sternen wandeln. Schnell vergessen, kehren sie nie wieder zurück. Unsere Toten vergessen niemals diese schöne Erde. Sie ist ihre Mutter. Sie lieben sie immer neu, und sie erinnern sich an ihre Flüsse, ihre großen Gebirge, ihre Täler. Sie sehnen sich nach den Lebenden, die einsam sind wie sie und die sich nach dem Tode sehnen. Und ihre Geister kehren oft zurück, um uns zu besuchen und uns zu trösten.

Nein, Tag und Nacht können nicht miteinander leben. Der rote Mann zog sich stets vor dem eindringenden Weißen zurück, wie der Dunst in den Bergen vor der Morgensonne weicht.

Darum scheint euer Angebot gerecht, und ich glaube, mein Volk wird es annehmen und in das angebotene Reservat gehen. Wir werden abseits leben – und in Frieden. Denn die Worte des großen weißen Häuptlings sind wie die Worte der Natur, wenn sie zu meinem Volk aus dem großen Dunkel spricht – einem Dunkel, das uns umhüllt wie der Nebel der Nacht, der vom Meer her ins Land zieht.

Es ist gleich, wo wir den Rest unserer Tage verbringen. Es sind nicht mehr viele. Die Nacht der Indianer wird dunkel sein. Keine Sterne erhellen ihren Horizont. Der Wind ist traurig. Das Schicksal jagt den roten Mann, bis er nicht mehr kann. Wohin er auch geht, überall hört er den nahenden Schritt seines Jägers, und er macht sich zum Sterben bereit wie das waidwunde Reh, das den Schritt seines Jägers hört.

Nur ein paar Monde noch, nur ein paar Winter, und kein Kind

der großen Stämme, die einst unter diesem endlosen Himmel lebten und die jetzt in kleinen Gruppen durch die Wälder streifen, wird mehr übrig sein, um an den Gräbern meines Volkes zu trauern, das einst genauso stark und genauso voll Hoffnung war wie das eure.

Aber warum soll ich das Dahinschwinden meines Volkes beklagen? Völker bestehen aus Menschen, nichts anderem. Menschen kommen und gehen wie die Wogen der See. Eine Träne, ein Gebet zum Großen Geist, ein Grabgesang, und sie sind unserem sehnsuchtsvollen Blick für immer entschwunden. Selbst der weiße Mann, dessen Gott mit ihm wandelt und spricht wie der Freund zum Freund, kann dem alle einenden Schicksal nicht entgehen. Es kann sein, dass wir trotz allem Brüder sind. Wir werden sehen. (105)

20. Kapitel – Zeit

Ich saß mit John auf dem Steg und wir genossen die Sonne. Morgens war es hier noch wunderbar erträglich, wie so oft lag der See spiegelgleich vor uns. Erst am frühen Nachmittag kam regelmäßig etwas leichter Wind auf, der die Wasseroberfläche kräuselte. Wenn man nicht genau hinsah, wusste man gar nicht, ob die Landschaft oder ihr Spiegelbild das Original und wo oben und unten war. Die Berge und der blaue Himmel mit weißen Schönwetterwolken strahlten so eine doppelte Ruhe aus. Der See selbst war kälter, als man hätte meinen können, genauer gesagt war er so kalt, dass wir nur kurz untertauchten, um dann schnell wieder herauszukommen. Das Wasser wurde unterirdisch aus irgendwelchen kalten Quellen genährt und erwärmte sich wegen der Tiefe auch nicht sehr. Als Ausländer erregten wir natürlich die Aufmerksamkeit der Dorfkinder, die sofort begannen, theatralisch vor uns vom Steg zu springen, einer versuchte den anderen zu überbieten. Gemäß den Instruktionen meines Gurus Earl, der John kurzerhand in meine spirituelle Ausbildung integriert hatte, sollte dieser mir noch einiges zur Funktion der Zeit in unserem Leben sagen.

»Ich möchte anfangen mit einem Zitat. N. O. Brown schrieb 1959, dass ›die Zeit durch die Verdrängung des Todes geschaffen werde‹ (8). Wie du später sehen wirst, ist dies der wesentliche Aspekt der Zeit. Zunächst einmal wird dir wahrscheinlich das, was ich dir über die Zeit erklären werde, verrückt vorkommen. Noch nie hast Du die Zeit als solch enormes Problem für dein Leben gesehen. Gut, manchmal hast du zu wenig Zeit, bist in Eile, wünschtest, der Tag hätte 48 Stunden. Schon bald wirst du verstanden haben, was alles durch die Zeit erst entsteht, dass Probleme nicht einfach da sind oder durch das Außen verursacht werden, sondern dass sie mittels der Zeit erst existieren und durch sie geschaffen wurden. Auch wenn unsere Zeit auf einem linearen Verständnis aufbaut, gibt es doch in unser aller Leben Momente, in denen wir das Gefühl haben, dass die Zeit deutlich schneller vergeht oder dass sich Augenblicke ewig hinziehen. Der erste Abend mit einer neuen Liebe vergeht wie im Flug, wir bemerken gar nicht, dass die anderen Gäste bereits das Restaurant verlassen haben. Die Sekunden vor einem Unfall können uns unendlich lang vorkommen, die Zeit von einer Vollbremsung auf der Straße bis zum Aufprall vergeht im Schneck-entempo. Bei Nahtoderlebnissen sprechen die Überlebenden davon, dass in einem objektiv gesehen kurzen Moment ihr ganzes Leben noch einmal an ihnen vorbeizog. Zeit ist der ordnende Faktor in unserem Leben, zumindest in der westlichen Industriegesellschaft spielt sie die maßgebliche Rolle in der Organisation unseres Lebens.

Grund genug, sich darüber ein paar eingehende Gedanken zu machen. Mittels der Zeit ordnen und strukturieren wir unseren Alltag, das Jahr, ja, unser ganzes Leben. Zeit bedeutet in unserem Verständnis Wachstum und Entwicklung, jede Veränderung beziehen wir auf die Zeit. Wir sagen, Zeit ist Geld, nichts ist für uns wertvoller als die Zeit, niemand hat genug Zeit, wir kommen zu nichts. Und wenn wir uns dann einmal einen Tag freigeschaufelt haben, passiert es uns häufig, dass wir abends denken, dass wir den Tag für Belanglosigkeiten verbraucht haben. Das Ziel, diesen Tag einmal anders für uns zu nutzen, haben wir wieder einmal verfehlt. Dabei hat doch jeder Tag für uns 24 Stunden, es käme also nur darauf an, diese vernünftig zu nutzen. In diversen Ratgeberbüchern lese ich, dass es auf die richtige Einteilung und das

Setzen von Prioritäten ankommt. Man nehme sich nicht zu viel vor! Auch zu viele eigentlich positive, angenehme Beschäftigungen werden ansonsten zum Stress. Man kann darüber lesen, dass man zuerst die negativen Dinge erledigen soll, man habe dann auch bei den angenehmen deutlich mehr Freude. Dies alles mag einigen Menschen helfen, kratzt jedoch nur an der Oberfläche. Wer entscheidet denn, was für uns Stress ist, was wir als negativ empfinden? Dort sollte man unmittelbar ansetzen. Früher richtete sich unser Tagesablauf nach Jahreszeiten, Jagd- und Erntephasen oder kirchlichen Feiertagen, heute hingegen nach der Uhr. Nur in den Entwicklungsländern scheinen die Menschen noch Zeit zu haben, was wir dann allerdings auf die Hitze oder auf Faulheit schieben. Unser Tag, die Woche, das Leben wird in ein Zeitschema gepresst, alles ist geplant und durchorganisiert. Und trotzdem wissen wir oft gar nicht, wo die Zeit geblieben ist, weder die letzten Stunden noch die letzten Jahre. Man hetzt durch den Tag, und abends merkt man, dass man nichts Wesentliches erreicht hat und besser einfach spazieren gegangen wäre. Wenn ein kleines Detail nicht funktioniert, stürzt das ganze Zeitgerüst in sich zusammen. Auf etwas zu warten, wird zur Hölle, kostbare Zeit verrinnt unwiederbringlich. Der Literatur-Nobelpreisträger Sully Prudhomme sagte:

> ›Das Warten ist die grausamste Vermengung von Hoffnung und Verzweiflung, durch die eine Seele gefoltert werden kann.‹ (97)

Noch schlimmer wird es, wenn wir älter werden und unser Leben sich langsam dem vermeintlichen Ende zuneigt. Dann beginnt die Zeit zu rennen. Kinder dagegen kennen keine Zeitsorgen, keine Zeit, sie leben einfach und machen sich keine Gedanken darüber, dass sie in 70, 80 Jahren einmal sterben müssen. Erst nach Jahren der Grübelei, während wir erwachsen werden, sind wir so weit gekommen. Alles vom Verstand für den Erhalt des Egos Konstruierte kann aber gar keinen Wert für dich haben, da du ausschließlich im Jetzt lebst. Niemand lebt in der Vergangenheit – auch wenn dies natürlich jeder meint – und niemand lebt in der Zukunft. Wir alle leben jetzt und hier. Durch den Gebrauch der Zeit entfernen wir uns von unserem vermeintlichen Ende, dem Tod. Wir Menschen haben uns die Zeit geschaffen, um vom Tod loszukommen, um ihn in die Ferne zu schieben. Mithilfe der Zeit meinen wir, fliehen zu können vor der Gegenwart. Dein Verstand braucht die Zeit, um dein Ego leben zu lassen, er wühlt in der Vergangenheit, fantasiert für die Zukunft und verhindert, dass du einfach hier und jetzt bist. Dein wahres Sein, deine Talente werden von ihm unterdrückt, er ist zu sehr mit seinen Ängsten und Problemen beschäftigt. Zwangsläufig häufen wir so im Laufe unseres Lebens einen Ballast an, der uns immer unbeweglicher macht. Dein wahres Leben aber spielt sich im Jetzt ab, nicht in deinem Verstand, nicht in der Vergangenheit und nicht in der Zukunft. Nur in deinen rein theoretischen Gedankenspielen gibt es eine Zukunft. Achte darauf, dass alles, was du erlebst, nur im Jetzt geschieht, zu keinem anderen Zeitpunkt. Schon in der Bibel steht:

> ›Quält euch nicht mit Gedanken an morgen, der morgige
> Tag wird für sich selber sorgen.‹ (Matth. 6, 31-34)

Wie ich dir gleich noch erklären werde, gibt es grundsätzlich die Zeit, wie wir sie verstehen, nicht, sie ist lediglich eine weitere Dimension der Welt, die letzte, die sich unserem rationalen Verstand noch erschließt. Die nachfolgenden Dimensionen sind gedanklich für uns unerreichbar, zumindest in unserer Daseinsform als Mensch. Die alte hawaiianische Sprache kannte gar keine Vergangenheitsformen und keine Zukunft. Was nicht im Hier und Jetzt passierte, war für die Hawaiianer reine Gedankenspielerei oder Theorie. Gehandelt werden kann überhaupt nur in der Gegenwart, im Jetzt. Das Sein hat eben keine Vergangenheit und keine Zukunft, es ist einfach. Jiddu Krishnamurti formuliert dies in seiner unnachahmlichen Sprache so:

> ›Unser bewusstes Sein wurzelt in der Vergangenheit, all unsere Gedanken beziehen sich auf Vergangenes. Das Vergangene ist das Bekannte, das ständig wie ein Schatten über der Gegenwart, dem Unbekannten, liegt. Unbekannt ist nämlich nicht die Zukunft, sondern die Gegenwart, das Jetzt. Zukunft ist nur Vergangenheit, die sich durch das ungewisse Jetzt ihren Weg bahnt. Diese Lücke des Jetzt, dieses Intervall zwischen Vergangenheit und Zukunft, wird durch das blinkende Licht des Wissens erfüllt, das die Leere der Gegenwart überdeckt. Eben diese Leere aber birgt das Wunder des Lebens.‹ (98)

Mit unserem Zeitverständnis schaffen wir uns einen Ersatz für die Ewigkeit, unser Ego benötigt die Zeit zum Erhalt seiner Existenz Zeit gehört zu deinem Verstand, nichts anderes im Universum braucht die Zeit außer dein Ego. Stoppe deinen Verstand und die Zeit wird stoppen; stoppe die Zeit, und dein Verstand wird stoppen. Dein aus den Erfahrungen der Vergangenheit konstruiertes Leben in der Zukunft wird nebensächlich. Du hast die einmalige Chance, im Jetzt zu leben. Krishnamurti spricht in seinen Tagebüchern:

›Die Wurzeln des Himmels sind nicht in der Zeit und nicht im Denken.‹ (55)

Wie Einstein sagte, ist alles relativ, auch die Zeit. So sehen wir wegen der Übertragungsgeschwindigkeit des Lichts ein Ereignis in einem Kilometer Entfernung zwangsläufig früher als eine Person, die zwei Kilometer von diesem Ereignis entfernt ist. Aufgrund der extrem hohen Lichtgeschwindigkeit ist dieser Unterschied zwar nicht wahrnehmbar, er ist jedoch vorhanden. Wie du siehst, ist es vom Standpunkt des Beobachters abhängig, ob Dinge gleichzeitig oder nacheinander passieren. Zeit ist nicht objektiv, sie wechselt und wandelt sich abhängig vom jeweiligen Beobachter und Bezugssystem. Jeder Mensch hat seine eigene Zeit. Da alles, was wir wahrnehmen, eben von uns subjektiv wahrgenommen wird, können wir bei nichts sicher sein, dass es sich so verhalten hat, wie es aussah. Alles ist relativ, die Messung von Zeit hat entsprechend ihre Bedeutung verloren. Raum und Zeit sind nicht mehr trennbar, sie sind untrennbar miteinander verbunden und bilden ein vierdimensionales Gebilde. Wenn dies im Kleinen so ist, gilt es entsprechend auch im Großen. Zeit ist demnach ein willkürlich gewähltes künstliches System, dass physikalisch gar nicht existiert. Eine Vergangenheit und eine Zukunft nach unserem Verständnis existieren nicht, diese sind subjektive Schöpfungen unseres Verstandes. Man könnte Zeit als die Bewegung unserer Gedanken bezeichnen – keine Zeit ohne Gedanken. Im Sinne der Paralleluniversen gäbe es danach alle möglichen Welten gleichzeitig im Hier und Jetzt, nicht in der Vergangenheit und nicht in der Zukunft. Alles, was war, und alles, was sein wird, existiert parallel. Wie echt ist eigentlich unsere Vergangenheit, sind dies nicht nur in unserem Gehirn gespeicherte Bilder, die genauso gut aus einem Traum stammen könnten? Betrachten wir die Zeit als ganz ›normale‹ vierte Dimension – gleichwertig zu den anderen drei Dimensionen – können wir uns in dieser vierten Dimension also auch genauso bewegen wie in den drei räumlichen Dimensionen. Man kann sich die Zeit entsprechend als eine Bewegung des Bewusstseins in dieser Dimension vorstellen. Versuche jetzt aber bitte nicht, dir wieder eine Bewegung mit einem zeitlichen Ablauf vorzustellen! Denn genau das wirst du immer machen, wenn du es mit deinem Verstand angehst. D. T. Suzuki erklärt in einem Text über die Erleuchtung, der eigentlich nichts mit der Physik zu tun hat:

> ›Wir schauen umher und nehmen wahr, dass jedes Objekt zu jedem anderen Objekt in Beziehung steht … nicht nur räumlich, sondern auch zeitlich. Als Tatsache reiner Erfahrung gibt es keinen Raum ohne Zeit und keine Zeit ohne Raum; sie durchdringen einander.‹ (99)

Eine weitere Entdeckung der modernen Physik ist die Tatsache, dass die Zeit für Dinge, die sich schneller bewegen, langsamer vergeht. Ein mit einer Uhr durch den Weltraum rasender Zwilling wäre bei seiner Rückkehr jünger als sein Bruder, die Uhrzeit wäre hinter der Erdenzeit zurückgeblieben. Stephen Hawking arbeitet neben der reellen Zeit mit einer zusätzlichen imaginären Zeit, die man vielleicht als zweite Dimension der ›normalen‹ Zeit verstehen könnte. In dieser imaginären Zeit ist es möglich, auch rückwärts zu gehen. Die imaginäre Zeit benötigt er für seine abstrakten Theorien, die mir allerdings ein wenig zu hoch sind. Wenn es dich interessiert, kannst du es ja mal nachlesen.

Bewegen wir uns in der Dimension der Zeit, so bewegen wir uns mit jeder Wahrnehmung nach der Viele-Welten-Deutung in ein neues Paralleluniversum. Für jede mögliche Wahrnehmungsvariante muss es also ein entsprechendes Universum geben, das wir betreten können, wenn es unserer nächsten Wahrnehmung entspricht. Bildlich gesehen könnte man unser Leben wie einen Lebensbaum darstellen, an jeder Gabelung gibt es nicht nur zwei, sondern vielleicht unendlich viele Gabelungen; dies wiederholt sich immer wieder. Ein Weg, der sich einmal gegabelt hat, kann später nicht wieder zusammenlaufen, da es sonst an diesem Punkt verschiedene Vergangenheiten geben würde. Stellen wir uns vor, dass wir den Pfad unseres Lebensbaums rückwärts reisen, so bedeutet dies lediglich, dass wir die gleichen Parallelwelten wieder erleben, mit genau den gleichen Parametern. Würden wir unser aktuelles Wissen dabei erhalten wollen, würden wir ein Paralleluniversum erreichen, dass zwangsläufig nicht eines unserer Vergangenheit sein kann, da wir dort unser Wissen noch nicht hatten.

Nicht nur für jede Wahrnehmung gibt es ein entsprechendes Universum, nein, auch für jeden Wahrnehmenden muss in derselben Situation ein Universum existieren, da jedes Wesen die Situation anders wahrnimmt. Auch Tiere dürften eine eigene Wahrnehmung besitzen und entsprechend ebenfalls unendlich viele Universen haben. Wenn es aber an jeder Gabelung unendlich viele Wege für dich gibt, ist deine Zukunft demnach nicht vorherbestimmt, da es immer wieder unendlich viele neue Möglichkeiten für dich gibt und in diesen unendlich vielen auch jede verpasste Möglichkeit enthalten ist. Entsprechend ist der Weg hinter uns unsere Vergangenheit und klar als einer von unendlich vielen in unserem Gehirn gespeichert. Unsere Zukunft hingegen ist völlig offen; je weiter wir von unserem derzeitigen Standpunkt auf zukünftige Gabelungen blicken, desto vielschichtiger kann sie sein. Die Funktion unseres Bewusstseins dabei ist nun, zu selektieren, es entscheidet über unseren Weg und über das, was wir wahrnehmen, sodass uns dies als ein logisch zwingender Ablauf erscheint. Zwangsläufig schränkt das Bewusstsein dabei die Möglichkeiten unseres Seins auf von unserer Gesellschaft festgelegte Linien ein. Ansonsten halte ich persönlich es durchaus für möglich, auch aus unserer Sicht völlig unsinnige und unmögliche Pfade zu verfolgen, wie zum Beispiel zu fliegen oder spontan unsichtbar zu sein oder blitzartig den Aufenthaltsort zu wechseln, wie es in Carlos Castanedas Büchern immer wieder vorkommt.

Manchmal haben wir das Gefühl, etwas zu sehen, vielleicht einen Unfall eines geliebten Menschen. Wenn wir denjenigen dann anrufen und er wohlauf ist, meinen wir, dass unser Bild nur ein Fantasiegebilde unseres Hirns war. Zieht man hingegen die Möglichkeit in Betracht, dass das Ereignis, das wir gesehen haben, aufgrund der Nichtlinearität der Zeit, in der Vergangenheit oder Zukunft liegen könnte, und dass es womöglich mehrere parallele Universen gibt, so ergeben sich völlig neue Möglichkeiten. Das Ereignis, das wir meinen gesehen zu haben, könnte durchaus reell sein, es kann auch nur ein wahrscheinliches Ereignis sein, das nie passiert, sich aber bereits manifestiert hat. Es kann aber auch ganz einfach in einer anderen Dimension passiert sein, in die wir durch eine glückliche Fügung kurz einen Einblick hatten. Ähnlich könnte es sich bei vergangenen Leben im Rahmen von Wiedergeburten verhalten. Vielleicht ergibt unser linearer Zeitbegriff hierfür überhaupt keinen Sinn, vielleicht handelt es sich um uns selbst in einer anderen Paralleldimension, die sich ebenfalls gerade jetzt abspielt? Sollte unser Zeitbegriff wirklich so falsch sein, so ergibt es auch keinen Sinn mehr, von Vergangenheit und Zukunft zu sprechen. Es gäbe keine Vergangenheit, sie wäre nur ein Paralleluniversum zu unserem jetzigen. Wir jedoch definieren unser Leben so sehr über unser Zeitbild, dass eine Änderung dessen wohl zwangsläufig zu großen Widerständen und zu Verwirrung führen wird. Da Energie grundsätzlich nicht verloren geht, gibt es Denkansätze dazu, dass man entsprechend vor langer Zeit stattgefundene Dinge wieder sichtbar machen kann und auch Stimmen aus der Vorzeit einmal aufzeichnen können wird. Unter der Annahme, dass es gar keine lineare Zeitschiene gibt, sondern Vergangenheit und Zukunft parallel zur Gegenwart und nur in einer anderen Frequenz stattfinden, erscheint dies logisch.«

Das war schwere Kost. Erst gibt es keine Materie, dann keine Zeit, was bleibt denn dann noch? Earl war zwischenzeitlich zu uns gestoßen, sein knochiger Körper kämpfte mit den Holzplanken des Steges auf der Suche nach einer bequemen Position.

»Keine Panik, wir kommen jetzt bald zu Wahrnehmung, Bewusstsein und Ego. Jedes Thema ist wie ein kleiner Mosaikstein. Allein ist er nichts wert, in Verbindung mit den anderen Steinen ist er alles. Und wie gesagt, wenn du ein wenig erleuchteter wärst, hättest du dieses Mosaik schon in dir selbst gefunden.«

Klar, dass er wieder darauf anspielen musste. Zur Abkühlung sprang ich erst einmal ins Wasser. Als ich über die glitschige, vermooste Leiter wieder auf den Steg kletterte, sah ich, dass am nächsten Steg die Kellnerin aus dem Media Luna mit einer Freundin in der Sonne lag. Die beiden stachen ganz schön heraus aus der sonstigen lokalen Bevölkerung, entsprechend hatten sich ihnen auch schon ein paar männliche Rucksacktouristen genähert.

Earl musterte mich und fragte: »Hast du das Plakat gesehen?«

»Welches Plakat?«

»Die Werbung für den Flamenco.«

»Welcher Flamenco?«

»Die Veranstaltung heute Abend im Media Luna. Die beiden da drüben werden dort heute auftreten.«

Nein, hatte ich nicht gesehen, aber zumindest wusste ich nun, was ich abends machen würde. Wir entschlossen uns, hinzuge-hen.

21. Kapitel – Flamenco-Abend

Pünktlich um sieben Uhr waren wir wieder einmal im Media Luna und besorgten uns einen gut positionierten Tisch mit Blick auf die kleine Holzbühne und den See in der Abenddämmerung. Andeutungsweise überdacht war die Bühne von ein paar Holzbalken, die im Laufe der Zeit von mindestens zwei Bougainvilleen überwuchert worden war, die in voller Blüte standen: einer mit gelben, eine mit violetten Blüten. Der Duft der Blüten schwebte in der Hitze, wurde aber langsam von der abendlichen kühleren Brise verdünnt, die allmählich die Berge herabkam. Zusammen mit dem Restlicht der gerade untergegangenen Sonne war dies eine absolut friedliche und entspannte Stimmung, kaum jemand redete, im Hintergrund tönte leise das Ave Maria von Bach. Ich entschied mich, heute mal wieder das lokale Essen zu testen, und bestellte mir pollo en mole poblano – Hühnchen in Schokoladensoße. Diese Soße ist eine raffinierte Mischung aus Schärfe durch einige Chilisorten sowie etwas Bitterkeit und Süße durch verschiedene andere Gewürze wie Knoblauch, Anis, Lorbeer und Zartbitterschokolade. Dazu kommen noch Mandeln, Sesam, Rosinen, Nelken und Zimt, was alles zusammen eine Geschmacksrichtung ergibt, die unseren westlichen Geschmacksnerven absolut unbekannt ist. Vielleicht könnte man es am ehesten mit einer Art Sauerbraten mit einem ganz leichten Touch von Schokolade vergleichen und das in Scharf. Serviert wird das Huhn zumeist mit frittierten Kochbananen und natürlich Bohnen und Reis, was sonst. Unsere Truppe war bald vollzählig, neben Earl waren auch wieder Guy und George gekommen. Dazu hatte Guy eine Bekannte mitgebracht, Sandy. Sie entpuppte sich als knapp vierzigjährige Australierin mit entfernter Aboriginee-Abstammung, die seit einem Jahr durch die Welt reiste. Earl raunzte mir zu, dass ich mich einmal in Ruhe mit ihr unterhalten sollte. Ich hatte keine Ahnung, was er wollte. Meinte er, mich verkuppeln zu müssen?

Die Holzplattform des Restaurants füllte sich langsam, naturgemäß waren ausschließlich Ausländer anwesend. Die Einheimischen konnten sich die für uns immer noch billigen Preise des Restaurants kaum leisten. Auch wenn das Essen nur ein paar Dollar kostete, war das doch für viele hier ein Tagesverdienst, mit dem sie ihre Großfamilie ernährten. Aber auch die Mischung der Touristen war schon abwechslungsreich genug, angefangen von den üblichen ungewaschenen Pseudo-Alternativen und Aussteigern, deren Hosen schmutziger waren, als es der ärmste Maya sich erlauben würde, wenn er es irgendwie vermeiden konnte, über große, blonde und frisch geduschte, immer in Grüppchen auftretende, skandinavische Sprachschülerinnen, ganz normale Pärchen auf dem Maya-Trail, einige im Rentenalter, die sich endlich diese Reise gönnten, dazwischen die unvermeidlichen Singles verschiedenen Alters, die auf der Suche nach Anschluss waren, erste, vorsichtig die Welt erkundende Russen, die sich mühsam durchkämpften durch eine ihnen unbekannte Kultur und Sprache, einige Asiaten mit großer Spiegelreflexkamera und ohne das zu erwartende ewige Lächeln, dazu ein paar jugendliche, unbelastete Helden mit Gitarren, Feuerspielen und allem Möglichen zum Jonglieren sowie – last but not least – die, die auf der Suche nach dem Sinn des Lebens hier vorbeikamen. Jetzt, wo es dunkel war, sah alles schwer romantisch und malerisch aus. Das improvisierte und heruntergekommene Ambiente verschwand in der Dämmerung, zurück blieb eine entspannte Atmosphäre, die jeder auf seine Weise genoss: der eine mit einem Bier, der andere was auch immer rauchend, und dann noch die,

die täglich meditierten auf der Suche nach der Erleuchtung. Die bunten Papierlampions, die die Plattform umgaben, leuchteten in allen Farben. In der vom aufkommenden Wind leicht gekräuselten Oberfläche des Sees spiegelten sich der Mond und die weit entfernt auf der anderen Seite des Sees leuchtenden Lichter von Panajachel. Der riesige alte Baum neigte sich mit seinem Blätterdach schützend über uns. Jeder Tisch hatte dazu zwei eigene Windlichter, die als Beleuchtung ausreichen mussten.

Auf der Bühne tat sich etwas. Man stellte einen Stuhl und eine hölzerne Kiste dort hin, das war es erst einmal, bis dann die drei Spots, die die Bühne immerhin hatte, aufleuchteten und ein spanisch aussehender, magerer Gitarrist Ende Zwanzig mit langen Haaren und beginnender Glatze die Bühne betrat, sich auf den Stuhl setzte und begann, leise Flamenco-Rhythmen zu spielen. Nach und nach wurde er schneller und lauter, bis zwei Flamenco-Tänzerinnen die Bühne betraten, die sofort zu tanzen und zu singen begannen. Neben Amanda tanzte eine fulminante Mittdreißigerin, beide waren in rote Rüschenkleider gehüllt, deren Röcke bei jeder Drehung bis zur Hüfte hoch schwangen. »Das ist Amandas Flamenco-Lehrerin Nina. Sie ist halb Mexikanerin, halb Spanierin und teilweise in Sevilla aufgewachsen.« Insbesondere Ninas leicht ins Rosa gehende Kleid war aufwendig verziert mit Pailletten und Bordüren. Amandas Kleid war deutlich einfacher, knallrot und irgendwie mexikanischer. Ich hatte zwar bis dahin keinerlei Erfahrung mit Flamenco, hatte ihn im Gegenteil eher als unmelodische Heulerei betrachtet, aber dies war etwas anderes. Die beiden waren wirklich gut. Jedenfalls schaute das gesamte Publikum gebannt zu, wie die beiden sich mal langsam, mal schnell drehten, immer synchron, immer mit den Hacken Stakkato stampften, grazil die Hände dazu bewegten und auch klageliedermäßig sangen. Sie verstanden es, innerhalb kürzester

Zeit eine Spannung aufzubauen, die mich und die anderen Gäste fesselte. Einige im Publikum begannen im Rhythmus zu klatschen. Es kostete mich einige Mühe, mit einzustimmen – mit unserem normalen 3/4- oder 4/4-Takt hatte dies nichts zu tun. Und mein deutsches leises »Mitzählen« dabei – und 1 und 2 und 3 und 4 und … – war wohl eine Nummer zu rational.

Nach dem ersten Stück rief Nina in unsere Richtung: »Earl, quiere tocar el cajon?«

Earl bewegte sich zur Bühne, als ob er darauf gewartet hätte, setzte sich auf die Holzkiste, den cajon, und begann den Rhythmus vorzugeben. Ich war überrascht, Earl schien eine Menge Seiten zu haben, die ich nicht erwartet hatte. Jedenfalls spielte er den cajon nach wenigen Augenblicken so, als ob er mit den Dreien seit Jahren auf Tour wäre. Es entwickelte sich ein ständiges Hin und Her zwischen den Vieren, immer wieder übernahm ein anderer die Führung, mal die Tänzerinnen, dann die Gitarre und wieder zurück zum cajon. Nach ein paar Stücken kam jedoch unser Essen und Earl setzte sich wieder zu uns. Sandy war begeistert von der Musik und Earls Einlage und wollte dies ebenfalls lernen. Als Gegenleistung würde sie ihm beibringen, das Didgeridoo, zu spielen. Das wiederum war etwas, was ich schon immer einmal machen wollte, also bat ich sie, auch mitmachen zu dürfen. Es stellte sich heraus, dass Earl das Spielen des cajons in Spanien gelernt hatte, als er dort mit Mitte Zwanzig zwei Jahre lang seine Motorradwerkstatt betrieben hatte.

Die Flamenco-Show war absolut toll und eine schöne Abwechslung, leider jedoch nach einer Stunde vorbei. Die Tänzerinnen, aber auch Jorge, der Gitarrist, waren nass geschwitzt. Unter dem Druck des jubelnden Publikums gab es noch eine Zugabe, dann verschwanden alle hinter der Bühne. Eine Viertelstunde später kamen Amanda und Nina umgezogen ins Restaurant, setzen sich gemeinsam mit einem jüngeren Mann an einen Tisch und aßen.

»Das ist Jari, Amandas Freund, mit dem sie seit Jahren zusammen ist«, warf Earl ein.

»Was will die denn mit dem Milchbubi?«, rutschte es mir heraus.

Jari sah nun wirklich nicht wie der Mann aus, dem die Frauen hinterherschauen. Kleiner als Amanda, wie 17 Jahre alt aussehend, schien er mir die völlige Fehlbesetzung zu sein. Leicht desillusioniert fragte ich Sandy, ob wir die Didgeridoo-Stunde nicht gleich machen könnten. Sie hatte Lust und willigte ein, Earl wollte eventuell später nachkommen. Auf dem kurzen Weg zu ihrer Hütte fragte sie mich ziemlich aus, und so wusste sie schnell, dass auch ich einer der Suchenden war und Earl sich zwischenzeitlich als mein neuer Guru entpuppt hatte.

Sie lachte: »Gurus sind out, vertrau einfach auf dich selbst!« Die hatte leicht reden. Wir setzten uns vor ihrer Hütte auf einen alten Baumstamm und sie holte ihr Didgeridoo.

»Wie hast du das denn transportiert?«

Das Teil war knapp zwei Meter lang und wog einige Kilo. Übrigens der Grund, warum ich mir nie eines gekauft hatte.

»Weißt du, man muss sich entscheiden, was man mitnimmt. Der eine hat eine Tauchausrüstung dabei, der andere eine Gitarre und wieder andere einen Berg von Büchern.«

Woher wusste sie das? Ich nahm das Didge in die Hand, setzte es an den Mund und blies so, wie ich es mir vorstellte, erwartungsvoll hinein. Mein Atem verpuffte im Nichts. Außer dem Erfolg, dass mir nach mehreren Versuchen beinahe schwarz vor Augen wurde, kam nicht der Anflug eines Tons.

Sandy lachte. »Komm, ich zeig es dir.« Und schon hörte es sich an, als ob ein australischer Ureinwohner am Lagerfeuer spielte.

»Du darfst nicht so fest blasen und die Lippen nicht flattern lassen. Es ist wichtig, die Lippen zu kontrollieren. Wenn du durch den Mund ausatmest und gleichzeitig durch die Nase einatmest, brauchst du keine Atempause mehr.« Es war mir absolut unklar, wie ich gleichzeitig ein- und ausatmen sollte. Geschweige denn, wie ich dabei noch einen Ton erzeugen sollte.

»Dieses Didgeridoo habe ich von einem alten Ureinwohner Australiens geschenkt bekommen, als er sah, dass wir gemeinsame Vorfahren haben. Es ist ein ganz besonderes und schon über 100 Jahre alt, was für Australien verdammt alt ist, da alles aus Holz in der Zeit ansonsten von Termiten aufgefressen wurde. Es wurde zu heiligen Zeremonien benutzt und deswegen immer gut behütet. Hast du eigentlich einmal von den Songlines gehört?«, fragte sie plötzlich.

»Nein, keine Ahnung, was ist das?«

»Das wird dich interessieren. Weißt du, die Mythologie der australischen Ureinwohner ist stark auf Klängen, Tönen und Liedern aufgebaut. Mittels ihrer Lieder, den Songlines, beschreiben die Aborigines Landschaften und Wege. Zuerst war das Lied, erst daraus entstand die Landschaft. Die Welt wurde ersungen. Eine Welt ist für die Aborigines nur existent, wenn sie gesehen, wichtiger aber noch, wenn sie gesungen werden kann. Die Songlines der Aborigines ergeben eine unsichtbare, mythische Landkarte Australiens, die per Gesang von Generation zu Generation weitergetragen wird und die Grundlage der Wanderungen, wir sagen dazu ›Walkabouts‹, der australischen Urbevölkerung sind. Diese Landkarte wurde und wird jetzt noch von der Zivilisation durch Baumaßnahmen verändert, sodass die kulturellen Wurzeln der Urbevölkerung zerstört werden und verloren gehen.«

»Das heißt, dadurch dass wir Straßen und Städte bauen, finden sich die Aborigines nicht mehr zurecht?«

»Ja, so in etwa. Urbildliche Geistwesen formten einmal die Welt in unserer Vorstellung. Diese Geistwesen schufen alle Arten von Pflanzen, Tieren, Menschen und die Natur, sie gaben ihnen die körperliche Form. Im Zuge einer Art von gestaltender Reise werden auch unbelebte Objekte geschaffen. Ihre Träume und Reisen bezeichnen wir als Songlines oder in der Walpiri-sprache auch als Yiri. Eines dieser Geistwesen ist zum Beispiel Walujapi, der von den Yarralin als der Traumgeist der Schwarzkopfpython verehrt wird. Walujapi formte eine schlangentypische Wegstrecke entlang einem Abgrund und hinterließ den Abdruck ihres Hinterteils, als sie eine Pause machte. Du kannst diesen Abdruck immer noch dort finden. Der Mythos des Geists der Regenbogenschlange ist eine weitere in vielen Gebieten Australiens bekannte Geschichte. Die Schlange ist teilweise riesengroß, hat enorme Kräfte, ist kreativ und oft auch gefährlich. Sie steht in Bezug zu Regenbögen, Wasser, Flüssen, Wasserlöchern und Ähnlichem. Die Regenbogenschlange formte einen anderen Teil der Welt, indem sie einem Weg in Nordaustralien folgte und dabei Flüsse und Berge schuf, wobei sie an besonders heiligen Plätzen stoppte. Vielleicht war es auch andersherum: Wo sie stoppte, entstanden die heiligen Plätze. Ein Lied, das sie damals sang, wird immer noch von einem Stamm der australischen Urbevölkerung gesungen und beschreibt ihre Reise, die Strecke und ihre Erlebnisse. So können wir mithilfe dieses Liedes den Weg verfolgen wie auf einer Karte und wissen, wo wir in der Wüste zum Beispiel Wasser finden. Der Traumgeist der Wildkatze begann sein Lied beziehungsweise seine Reise an der Küste und führte weiter in die Simpson-Wüste, wobei er die Gebiete Aranda, Kaititja, Ngalia, Kukatja, Unmatjera und Ilpara durchquerte. Dies sind große Landschaften in Australien, die du natürlich nicht kennen kannst. Die jeweiligen Einwohner dieser Landstriche singen jeweils den zu ihrem Gebiet gehörigen Teil des Liedes.«

»Ich habe einmal gelesen, dass es sich ähnlich verhält bei den Waorani-Indianern, die im tiefsten Amazonasdschungel leben: Sie glauben daran, dass die Welt erst durch ihre Gesänge erschaffen wurde. Eigenartig, wo dies so weit auseinander liegt«, warf ich ein.

»Ja, es gibt in allen Teilen der Welt immer wieder Parallelen in der Sichtweise der Welt, die kaum zu erklären sind. Unsere Songlines in Australien sind eines dieser uralten Konzepte, die die Entstehung der Welt erklären. Diese Idee wird durch Erzählungen, Gesänge, ja sogar durch Tanz und Malerei von Generation zu Generation weitergegeben. Songlines sind eine komplexe Reihe von Liedern, die markante Landschaftspunkte beschreiben und so zugleich auf raffinierte Art und Weise der Orientierung dienen. Das jeweilige Lied beinhaltet auch oft die Entstehungsgeschichte der Dinge selbst sowie die Geschichte ihres Namens. Die Traumgeister haben bei ihrer Reise über die Erde Bäume, Felsen, Wasserlöcher, Tiere und alles andere erschaffen. Manche sagen, dass sie dabei auch die Geister der ungeborenen Kinder hinterließen und so das Aussehen der Menschen festlegten. Indem man die alten Lieder im passenden Tempo singt, können die Aborigines weite Distanzen wie mit einer Landkarte zurücklegen. Interessant ist besonders, dass die Entstehungsgeschichte von manchen landschaftlichen Gegebenheiten in den Songlines genauso verlaufen ist, wie es von Wissenschaftlern angenommen wird. Und diese Entstehung lief vor über 10000 Jahren ab! Der ganze australische Kontinent ist überzogen mit einem Labyrinth oder Spinnennetz von Songlines, die einen sind nur wenige Kilometer lang, während andere mehrere hundert Kilometer durchlaufen. Dabei führt die Songline auch schon einmal durch unterschiedliche Stammesgebiete mit unterschiedlichen Sprachen. So wechselt auch die Sprache der Songline entsprechend. Wer also die gesamte Strecke reisen will, muss alle Sprachen verstehen, um mit der Songline zu reisen. Forscher haben festgestellt, dass die Aborigines ein Gespür für das Magnetfeld der Erde besitzen, was möglicherweise einen Bezug zu den Songlines hat. Es hat sich herausgestellt, dass viele Songlines auch eine Art von religiöser Weltsicht beinhalten. Die Aborigines unterscheiden nicht zwischen Geist und Materie, es gibt nicht heilige Dinge und unheilige. Alles ist heilig, das Leben ist heilig, alles kommt aus der Ewigkeit und alles ist ein Traum. Alles entstammt einer festgelegten kosmischen Ordnung, festgelegt von den Traumgeistern vor ewigen Zeiten, als diese die Welt erschufen.«

Sie schwieg eine Weile, dann meinte sie: »Ich bin jetzt müde, sollen wir ein andermal üben?«

Wir vereinbarten, unseren Didge-Kurs nachzuholen.

22. Kapitel – Zufall

Ich saß mit John, dem philosophischen Physiker, bei einem Kaffee zusammen und wir machten da weiter, wo wir zuletzt aufgehört hatten. »Sag mal, diese Geschichte mit den unendlich vielen parallelen Dimensionen, heißt das, dass es keinen Zufall gibt und alles vorherbestimmt ist, oder doch nicht?«

»Zufall ist ein anderes Wort für Nichtwissen. Es gibt keine Zufälle. Damit meine ich aber nicht, dass wir uns keine Gedanken mehr machen sollten, nur weil sowieso alles vorherbestimmt ist von einer großen, unbekannten Macht. Das war für einige hundert Jahre der Denkansatz der Stoiker, allen voran Zenon, die meinten, dass alle Prozesse vorherbestimmt seien und ausschließlich den Naturgesetzen unterlägen. Nein, was ich meine ist, dass wir verantwortlich sind für alles, was uns zustößt und uns genau die Situationen auswählen, die wir dann auch erleben. Alles, was wir als Zufall klassifizieren, ist von uns selbst gewählt.

Wenn du dich an meine Anmerkungen zur Zeit sowie zu der Existenz der Parallelwelten erinnerst, weißt du, dass dir im Leben jede nur erdenkliche Möglichkeit offen steht, sowohl die aus heutiger Sicht perfekte als auch die negativste. Dein Leben ist nicht vorherbestimmt. Die Frage ist, wer entscheidet, welche nächste, übernächste oder sogar überübernächste Abzweigung des Weges du einschlägst. Ich denke, dass die Antwort sehr einfach ist: Es kann nur das Bewusstsein sein, denn alles besteht aus Bewusstsein. Das Bewusstsein ist in der Lage, über Dinge und Geschehnisse und damit auch über unsere Zukunft zu entscheiden. Vielleicht kann sich unser Bewusstsein irgendwie in der zeitlichen Dimension erweitern und somit faktisch in die Zukunft hineinreichen. Oder wie wäre es, wenn sich das Bewusstsein in Richtung der Vergangenheit erweitern könnte? Oder sogar beides könnte? Der Physiker John G. Cramer hat 1980 eine neue Theorie über den Zufall und eine Rückkoppelung der Vergangenheit mit der Zukunft entwickelt. Ergebnis seiner Theorie ist, dass es für die Aussage der Quantentheorie, die besagt, dass Teilchen letztlich eine wellenartige Wahrscheinlichkeitsfunktion sind, erforderlich ist, dass es jeweils eine zweite Welle gibt. Diese zweite Welle unterscheidet sich im Wesentlichen dadurch, dass sie eine umgekehrte Zeitvariable besitzt. Bei ihr läuft die Zeit rückwärts. Während die normale Welle, die er Angebotswelle nennt, von der Vergangenheit in die Zukunft läuft, läuft die andere Welle, die Echowelle, von der Zukunft in die Vergangenheit. Treffen diese beiden Wellen aufeinander, multiplizieren sich diese Wellen und es entsteht eine neue Wahrscheinlichkeitsverteilung. Du hast eine Wahrnehmung. Gehen wir davon aus, dass jede Wahrnehmung eine Angebotswelle in die Zukunft und eine Echowelle in die Vergangenheit schickt, so senden zwangsläufig zukünftige Ereignisse Echowellen in unsere Gegenwart. Passen diese Echowellen zu unserer aktuellen Angebotswelle, so ist die Wahrscheinlichkeit höher, dass das jeweilige Ereignis geschieht, sprich, dass du eine Wahrnehmung erfährst. Passen die Wellen weniger gut zusammen, ist das zugehörige Ereignis weniger wahrscheinlich, aber nicht unmöglich. Wenn wir von der Existenz unendlich vieler und zeitloser Paralleluniversen ausgehen, so existieren wir in allen nur denkbaren Varianten in diesen Universen und senden dort Angebots- und Echowellen aus. Ich treffe also auch auf meine eigenen Echowellen aus anderen Universen. Beachte dabei, dies alles nicht unter unserem menschlichen Zeitaspekt zu betrachten.

Machen wir uns von allen Zwängen frei, so wird es leichter sein, die eigene Zukunft zu bestimmen. Unser Bewusstsein schafft unsere Zukunft, je bewusster wir sind, je weniger wir unser Ego beachten, desto mehr können wir unsere Zukunft beeinflussen. Sind wir in der Lage, die entsprechende Angebotswelle zu schaffen, die gemeinsam mit einer unserer unendlich vielen Echowellen ein gewünschtes Ergebnis mit hoher Wahrscheinlichkeit haben würde, können wir unsere Zukunft beeinflussen. Nichts anderes machen wir momentan, mit dem kleinen Unterschied, dass wir unsere Angebotswellen eher unkoordiniert versenden und uns das Ergebnis wie ein Zufall erscheint. Betrachte deine Gebete also einmal als Angebotswelle in die Zukunft. Wer dies bewusst beherrschen will, sollte einerseits einen intensiven Wunsch nach dem Ereignis entwickeln, andererseits aber vor allem keine Zweifel an dessen Erfüllung hegen. Jede Gedanken, die Zweifel beinhalten, können wir als weitere von uns versandte Angebotswellen verstehen, die gerade das gewünschte Ereignis eben nicht zum Ergebnis haben. Im Gegenteil, das Resultat wird vielleicht sogar die Erfüllung unserer Ängste, unserer Zweifel, repräsentieren. Dann wäre es besser und hilfreicher, du dächtest die ›nächste Zeit‹ erst einmal nicht mehr an deinen Wunsch. Durch wahre Aufmerksamkeit, durch Konzentration unseres Bewusstseins auf etwas, schaffen wir uns unsere Zukunft. Dies erscheint auf den ersten Blick eine ganz einfache Sache zu sein. Betrachten wir dies einmal genauer und analysieren den Wunsch. Wünschst du dir beispielsweise eine halbe Million Euro, um nie mehr arbeiten zu müssen, durch die Welt zu reisen und ein einfaches Leben zu führen, so ist in diesem Fall der wirkliche Wunsch schon darin enthalten. Du willst nie mehr arbeiten und du willst nicht dort leben, wo du gerade lebst. Dein Wunsch dient also der Vermeidung dieser Situation. Was wäre stattdessen ein sinnvoller Wunsch? Vielleicht wünschst du dir auch, 100 Jahre alt zu werden. Oder vielleicht besser gleich 110 Jahre, das sollte heute mit etwas Glück möglich sein. Warum solltest du dir dies wünschen, wenn dir bewusst ist, dass deine Seele deinen Körper sowieso nur vorübergehend belebt und diese Zeitspanne angesichts der Ewigkeit unseres Bewusstseins immer nur marginal ist? Dieser Wunsch scheint geprägt von der Angst vor dem Tod, er ist also eher ein Vermeidungswunsch. Entsprechend solltest du bei Wünschen genau auf dein Gefühl achten, auf die Motivation, die hinter dem Wunsch steht. Erzeugt der Wunsch ein positives Gefühl oder geht es um die Vermeidung von irgendetwas? In diesem Fall ist dein Gefühl nicht positiv sondern eher flau, quasi ein Druck in der Magengegend. Versuche außerdem, immer den ›Urwunsch‹ hinter dem ersten Gedanken zu finden. Was willst du wirklich? Wünschst du dir ein neues Auto, um irgendjemanden damit zu beeindrucken? Oder du machst es dir ganz einfach und erkennst, dass du gar keine Wünsche benötigst, dass deine Probleme hausgemacht sind und du allein deine Wahrnehmung ändern musst. Es gibt für dich auf dieser Welt kaum noch lebensgefährliche Situationen bei denen es sich lohnen würde, schon einmal vorsichtshalber Angst zu haben. Was soll dir also groß zustoßen? Egal, an was du jetzt auch denkst: Zum einen ist es eher unwahrscheinlich, zum anderen auch unerheblich angesichts der Ewigkeit.

Alles, was du ansonsten wahrnimmst und worüber du dich sorgst, ist erst einmal gar kein Problem, sondern stellt eine Tatsache dar. Eine Tatsache, die es zu beobachten gilt. Zum Problem wird sie erst, wenn du dann vor ihr wegläufst oder sie bekämpfst. Es ist schon erstaunlich, wie intelligente Menschen beim Auftreten eines Problems jegliche Intelligenz vermissen lassen und nur noch nach einer schnellen Beseitigung suchen. Die Symptome müssen schnellstmöglich erledigt werden, die Ursache selbst ist zweitrangig. Das Hauptproblem der meisten modernen Menschen ist demnach, dass sie ihre Probleme ignorieren. Sie übernehmen nicht die Verantwortung für ihr Problem, sie schieben es weg, es ist nicht ihres. Wenn du aber dein Problem schon nicht akzeptierst, wer soll es dann für dich lösen? Wenn du immer die Ursache bei den Umständen oder bei anderen Menschen suchst und nicht in dir, wirst du wenig zur Lösung des Problems beitragen können. Insofern unterscheide ich zwei Arten von Menschen: Diejenigen, die meinen, die Welt wäre an allem schuld und sie seien nur das schuldlose Opfer, und jene, die glauben, dass sie selbst an allem schuld seien. Es ist offensichtlich, dass letztere ihre Probleme schneller lösen können, da sie zumindest im Ansatz erkannt haben, dass sie in sich selbst suchen müssen. Sie sehen sich selbst als die Quelle ihres Unglücks. Erstere aber müssen erst einmal dazu gebracht werden, zu erkennen, dass ihr Unglück nicht von außen auf sie einstürzt. Sie neigen entsprechend dazu, die Verantwortung für Entscheidungen auf andere abzuwälzen, denn wenn sie selbst entscheiden würden, wären sie wohlmöglich auch selbst schuld. Die Methoden, die sie dabei benutzen, sind teilweise natürlich filigran und subtil. Sie wollen nicht der Chef ihres Lebens sein, sie fliehen vor der Freiheit. Sie benehmen sich wie Kinder, sind nie erwachsen geworden. Sie sind machtlos, weil sie innerlich ihre Macht abgegeben haben. Wer dies ändert, der wird mit Erschrecken feststellen, dass er alles tun kann, was er will. Er hat die Freiheit, frei zu entscheiden. Diese Freiheit ist beängstigend, sie macht Angst davor, falsche Entscheidungen zu treffen, große Fehler zu machen. Wir haben Angst vor uns selbst, zweifeln an uns. Die Verantwortung zu übernehmen, ängstigt uns. Erwachsen zu werden, ängstigt uns. Lieber suchen wir uns jemanden, der uns führt, uns Zentimeter für Zentimeter den Weg zeigt, ja, lieber noch bewegen wir uns überhaupt nicht. Erst wollen wir gezeigt bekommen, dass auch der überübernächste Schritt ungefährlich ist und sich auch lohnt. Übernehmen wir aber die Verantwortung für unser Leben und glauben an uns selbst, beginnt das Leben zu fließen, Schon in der Bibel finden wir hierzu reichlich Aussagen wie diese von Jesus:

> ›Wenn Euer Glaube auch nur so groß ist, wie ein Senf-
> korn, dann werdet Ihr zu diesem Berg sagen: `Rück von
> hier nach dort!´ und er wird wegrücken. Nichts wird Euch
> unmöglich sein.‹ (Matthäus 17, 20)

Wenn wir irgendwann auf unser Leben zurückblicken, könnte man bei genauer Betrachtung meinen, dass hinter allem eine unbekannte Kraft steckt, dass alles, was uns einmal zufällig und durcheinander erschien, gar nicht so war, sondern einen bestimmten Sinn hatte. Offensichtlich streben wir unaufhaltsam in eine gewisse Richtung, die wir zwar nicht kennen, die wir jedoch rückwirkend in der Vergangenheit wohl bemerken. Genauso wie es keine Zufälle gibt, so gibt es auch keine Unfälle. Der Autounfall, den wir hatten, war nicht zufällig. Vielleicht war der andere ja schuld daran, aber in unserem Zusammenhang hier war es gar nicht seine Schuld, sondern du hast dafür gesorgt, dass diese Situation in deinem Leben passiert. Es gibt im Leben Ereignisse, die einander bedingen oder sich beeinflussen, Ketten von Geschehnissen, an deren Ende als Resultat etwas steht, das wir dann als Unfall oder Unglück werten. In einigen Tagen werden wir nochmals auf dieses Thema zurückkommen und ich werde dir einige Gedanken näherbringen, die aussagen, dass wir unsere Welt selbst erschaffen und dass wir wirklich keinen Grund haben, uns dann darüber zu beschweren. Carl Gustav Jung bezeichnete den Zufall als »Synchronizität der Dinge«, er verstand darunter relativ zeitnah aufeinanderfolgende Ereignisse, die nicht über eine Kausalbeziehung verknüpft sind, vom Beobachter jedoch als inhaltlich kohärent erlebt werden; sprich, rein zufällige und unwahrscheinliche Ereignisse passieren trotzdem. Im engeren Sinn handelt es sich bei der Synchronizität um ein inneres Ereignis (wie etwa eine lebhafte, aufrührende Idee, einen Traum oder eine Vision) und ein zeitlich darauf folgendes Ereignis, das wie eine passende Antwort auf den jeweiligen inneren Zustand wirkt. Die Idee ist aber vor dem Ereignis präsent. Wenn ich mich stur stelle, kann ich dies natürlich wieder als Zufall bezeichnen. Mit Wahrscheinlichkeitsrechnung ist dies nicht zu lösen, denn der Wahrscheinlichkeitsbegriff erlaubt keine Aussagen über Einzelfälle. Zur Erläuterung sei an dieser Stelle das vielleicht berühmteste Beispiel aus Jungs Praxis erwähnt:

›Eine junge Patientin hatte in einem entscheidenden Moment ihrer Behandlung einen Traum, in welchem sie einen goldenen Skarabäus zum Geschenk erhielt. Ich saß, während sie mir den Traum erzählte, mit dem Rücken gegen das geschlossene Fenster. Plötzlich hörte ich hinter mir ein Geräusch, wie wenn etwas leise an das Fenster klopfte. Ich drehte mich um und sah, dass ein fliegendes Insekt von außen gegen das Fenster stieß. Ich öffnete das Fenster und fing das Tier im Fluge. Es war die nächste Analogie zu einem goldenen Skarabäus, welche unsere Breiten aufzubringen vermochten, nämlich ein Blatthornkäfer, der gemeine Rosenkäfer, der sich offenbar veranlasst gefühlt hatte, entgegen seinen sonstigen Gewohnheiten in ein dunkles Zimmer gerade in diesem Moment einzudringen.‹ (49)

Vielleicht ist es aber auch egal, wie ich dies bezeichne. Ob Zufall oder Synchronizität, Wörter behindern nur das Verständnis der Dinge.«

23. Kapitel – Aura

Zu viert hatten wir den Nachmittag bei George verbracht, jetzt saß ich mit George in einer seiner Tubes, nebenan lachten Earl und Guy und hatten ihren Spaß. Es war schon dunkel und irgendwie beneidete ich ihn um diesen Platz am Berghang. Aus der großen Plastikbadewanne hatte man einen grandiosen Blick über den See, der nur gut 100 m den Berg hinunter lag. Allzu viele elektrische Lichter gab es noch nicht in den kleinen Dörfern rund um den See, sodass sich der Mond und die Sterne im ruhigen, kalten Wasser spiegeln konnten. Unser Badewasser hatte um die 30 Grad, das Bier dazu war gut gekühlt, und George zog an seinem geradezu obligatorischen Joint.

Ich nutzte die Gelegenheit, ehe er völlig breit sein würde: »Sag mal, ich frage mich immer, warum manche Leute die Aura sehen können und ich nicht. Ich habe keine Ahnung, wie sie eigentlich wirklich sein soll, geschweige denn, dass ich sie jemals gesehen hätte. Damals in meinem Schamanenkurs habe ich zwar in der Aura meiner Mitschüler gearbeitet und es hat offensichtlich auch funktioniert, aber wie?«

»Hey, ich habe es ja mitbekommen, dass du es gerne gründlich hast«, spottete er, »also fange ich mal ganz am Anfang an. Oder warte, lass uns erst mal eine Übung dazu machen. Halte deine Handflächen in einem Abstand von etwa zehn Zentimetern gegenüber, wie ich es mache. Jetzt bewegst du die Hände ganz langsam aufeinander zu, bis sie etwa zwei Zentimeter voneinander entfernt sind, und gehst wieder leicht auseinander. Spürst du eine Grenze, einen Widerstand?«

»Ich weiß nicht, bilde ich mir das jetzt nicht nur ein?«

»Warte. Nimm die Hände wieder auseinander, bringe sie in einen Abstand von etwa fünfzehn Zentimetern. Deute mit einem Zeigefinger auf die Handfläche der anderen Hand und bewege den Finger bis auf zwei Zentimeter an die Handfläche heran. Spürst du etwas, wenn du jetzt den Finger in ganz langsamen, kreisförmigen Bewegungen führst?«

»Irgendwie spüre ich ein Kribbeln an der Stelle, wo der Finger gerade hinzeigt.«

»Genau. Du siehst zwar deinen Energiekörper nicht, jedoch fühlst du ihn. Lass uns eine zweite Übung machen. Halte die Hände etwa einen halben Meter vor dein Gesicht, spreize dabei leicht die Finger. Mit einem weißen Hintergrund und gedämpftem Licht wäre das jetzt einfacher zu tun, als hier in der Wanne. Mal sehen, ob es trotzdem funktioniert. Wenn du das Aurasehen erst einmal gelernt hast, wirst du die Aura auch mit geschlossenen Augen erkennen können. So, jetzt schaue entspannt auf den Raum zwischen den Fingern, ohne dabei irgendetwas zu fixieren. Nach einiger Zeit wirst du um die Finger herum etwas sehen. Bewege die Finger leicht, bewege dann die Hände aufeinander zu und wieder auseinander.«

»Und was soll ich jetzt sehen?«

»Die Finger sind umhüllt von einem dünnen, ganz leicht leuchtenden Licht. Versuch dies doch morgen mal vor einer weißen Wand. Wenn du immer wieder einmal übst, wird es dich bald gar keine Mühe mehr kosten. Jeder Mensch ist in der Lage, zu lernen, den Astralkörper sowie die Chakras zu sehen. Oft sehen wir die erste Schicht mit ein wenig Übung sehr schnell, einige Menschen müssen nicht einmal üben. Im Laufe der Zeit wächst die Fähigkeit bis wir in der Lage sind, alle sieben Schichten wahrzunehmen.«

Er fuhr fort: »Der Energiekörper oder die Aura eines Menschen ist eine Ausstrahlung, die für psychisch oder anderweitig entsprechend empfindsame Menschen als Farbspektrum, das den Körper wolken- oder lichtkranzartig umgibt, wahrnehmbar ist. Da die Wahrnehmung immer auch subjektiv ist, sieht jeder Mensch diesen Energiekörper leicht unterschiedlich. Und manche eben gar nicht. Wie du. Der Energiekörper ist aus sieben Schichten aufgebaut, welche wiederum eng mit den sieben HauptChakras des Menschen verknüpft sind. Die einzelnen Schichten unterscheiden sich in Farbe, Helligkeit und Dichte, aber auch in ihrer Lage und Funktion. Angefangen beim Ätherkörper, bis hin zum kausalen Körper werden die Körper immer feinstofflicher und haben auch jeweils unterschiedliche Farben, ihre Dicke ist jeweils einige Zentimeter mehr als der jeweils darunterliegende Körper.

Der Ätherkörper ist die erste Schicht der menschlichen Aura und besteht aus feinen Energiefeldern, die netzartig den Körper umspinnen. Er ist dem physischen Körper eng verbunden, dessen Form er auch annähernd hat, und löst sich im Gegensatz zum Emotional- und Astralkörper drei bis fünf Tage nach dem Tod auf. Er stellt im Wesentlichen die Verbindung zwischen dem physischen und dem astralen Körper her. Der Ätherkörper ist auch die feinste Ebene der Schwingungszustände des materiellen Körpers.

Der Astral- oder Emotionalkörper ist ein zusätzlich zum Körper des Menschen existierender feinstofflicher Körper, das Seelenkleid. Dieser soll, nach Kenntnis christlicher Mystiker, in speziellen seelischen Zuständen einzelnen Personen sichtbar sein. Seine Form orientiert sich schon nicht mehr so stark am menschlichen Körper.

Der mentale Körper als dritte Schicht steht für die gedanklichen Prozesse: In ihm bilden sich Ideen ab, er wird als Träger der Gedanken, der Ideen und der rationalen Erkenntnisse postuliert

Die Astralebene, die den Astralkörper umgibt (so wie die irdische Welt den physischen Körper), ist gleichsam als ›Gefühlswelt‹ Sitz der schicksalsbestimmenden Kräfte und der sich ›materialisierenden‹ Gedankenbilder und Vorstellungen. Die Astralebene besteht demnach aus einer feinstofflichen, plastisch-bildhaften und leicht beeindruckbaren ›Materie‹, die Gefühle, Leidenschaften und Instinkte birgt und als spirituelle Vorstufe der irdischen Materie angesehen wird. Mit dem Astralkörper verlassen wir unsere physische Welt und gelangen in Ebenen einer höheren Wirklichkeit, die jeweils völlig eigene Welten repräsentieren. Sie sind anders als alles, was unsere menschliche Wahrnehmung normalerweise erfassen kann. Beziehungen zwischen Menschen bilden sich als leuchtende, pulsierende Verbindungslinien zwischen ihnen ab. Unbewusst kommunizieren wir auf dieser Ebene mit allen Menschen in unserem Umfeld.

Den ätherischen Negativkörper als fünfte Schicht kann man als Kopie oder Gegenstück zur ätherischen Schicht ansehen. Diese und die beiden nächsten Ebenen nennt man den spirituellen Körper, er ist der Speicher unseres Bewusstseins. Der Spiritualkörper ist gemäß der gängigen Meinung in verschiedenen esoterischen Lehren jener Teil mit der größten Ausdehnung innerhalb der menschlichen Aura. Er wird als unsterblicher Kern des Menschen bezeichnet, der die Verbindung zum Ursprung der Existenz schlechthin darstellt. Alles, was wir erlebt und erlernt haben, enthält dieser Körper.

Die sechste Schicht nennen wir den himmlischen Körper. Dieser beinhaltet die emotionalen Aspekte der Geistebene. In der Meditation kannst du diese Ebene erreichen und mit dem gesamten Universum eins werden. Der himmlische Körper dient als unsere Verbindung zum Universum.

Der ketherische Negativkörper oder kausale Körper eröffnet

uns die Möglichkeit, eins mit allem zu werden. Wenn wir ihn erreichen, wissen wir, woher wir kommen und wer uns geschaffen hat. Es wird behauptet, dass sich in dieser Ebene auch Spuren vergangener Leben manifestieren. Man sagt, dass der Lebensplan, die Urvision jedes Menschen, in der siebten Schicht des Aurakörpers, dem ketherischen Negativkörper, gespeichert ist. Dies darf keinesfalls als schicksalhafte und nicht zu verändernde Prophezeiung verstanden werden, denn das Leben ist dynamisch. Entscheidungen und Einflüsse verändern diesen Lebensplan. Es gibt Personen, die in der Lage sind, noch zwei weitere Ebenen zu sehen, deren Funktion und Verständnis noch unklar sind.

Diese Schichten sind nicht zwiebelförmig aufgebaut, sondern sie sind durchgehend bis in das Körperzentrum. Die äußere Schicht überlagert die jeweils innen liegende vollständig, überstrahlt sie. Nach außen hin steigt die Schwingungsfrequenz immer mehr. Entlang dem Rückenmark wiederum verläuft ein senkrechter Energiestrom, der vom Steißbein beginnend bis zum Scheitel geht. Du hast ja bereits mit den Chakras gearbeitet, auch wenn du sie nicht siehst. Die sieben Chakras sind trichterförmig, beginnend mit dem schmalen Ende, am Körper aufgebaut. Die Bewusstseinsebene eines Menschen hängt von der Schwingungsfrequenz seiner Chakras ab. Drehen sich die Chakras schnell, leuchten sie stark und sind ihre Farben klar, ist der entsprechende Mensch nicht nur körperlich und seelisch gesund, sondern er befindet sich auch auf einer hohen spirituellen Entwicklungsstufe. Wenn alle sieben Haupt-Chakras, einschließlich des Kronenchakras, vollständig geöffnet sind und die Lebensenergie, also das Prana, ohne Blockaden und Störungen fließen kann, spricht man im Hinduismus oder Buddhismus von einem ›erleuchteten Menschen‹. Die Entwicklung der einzelnen Chakras erfolgt in Zyklen zu bestimmten Zeiten des Lebens und beginnt schon im Mutterleib. Die Kindheit bis zum 7. Lebensjahr gilt als eine besonders prägende Phase. Traumatische Ereignisse, mangelnde Liebe, Gleichgültigkeit der Eltern, negative Prägungen, Unterdrückung der natürlichen Bedürfnisse und vieles mehr während dieser Zeit können dazu führen, dass einzelne oder mehrere Chakras sich nur unzureichend oder gar nicht entwickeln. Auch spätere Ereignisse oder eine falsche Lebensweise können darüber hinaus dazu führen, dass sogar in eigentlich gut entwickelten Chakras Blockaden entstehen. Negative Gefühle wie Angst, Neid, Eifersucht und Hass können zu Blockaden führen. Jedes der sieben Haupt-Chakras soll für ganz bestimmte Bereiche der körperlichen Gesundheit sowie der seelisch-geistigen Vorgänge verantwortlich sein. Störungen und Blockaden der Chakras können sich daher sowohl auf der physischen als auch auf psychischer Ebene. Ebenso können sie sich gemeinsam zu erkennen geben. Auch dienen die Chakras der Energieübertragung innerhalb der verschiedenen Ebenen der Aura. Jede Auraschicht hat ihre eigenen sieben Chakras, die von jenen der anderen Auraschichten überlagert werden (so wie ineinander gestellte Gläser). Die Aura ist das verbindende Glied zwischen Schulmedizin und Psychotherapie. Während die Schulmedizin den Körper behandelt und die Psychotherapie die Seele, stellt die Aura die Verbindung zwischen den beiden her und enthält beide. Verschiedenste Forscher versuchten, die Existenz der Aura wissenschaftlich nachzuweisen und zu messen. Zwischenzeitlich gelang es auch einigen Forschern, über Versuche mit begabten Testpersonen und komplizierten Messmodellen gewisse Ergebnisse und Zusammenhänge festzustellen. Aber wer braucht das? Mir reicht es schon, damit arbeiten zu können.«

Ich hatte in meinen Schamanenbüchern natürlich über diese den menschlichen Körper umgebende Energiehülle gelesen.

Castaneda hatte sie als leuchtendes großes Ei oder Kugel beschrieben. Repräsentierten also die Bilder, die ich im Rahmen einer schamanischen Behandlung sah, das Gleiche, wie die Störungen in der Aura? Konnte es sein, dass der eine die Dinge so sah, der andere aber anders? Als Seher bin ich in der Lage, Energien zu sehen und damit das ursprüngliche Wesen der Dinge wahrzunehmen. Wie ich das mache, habe ich nie verstanden, es funktioniert einfach. Zur Beantwortung dieser Frage war ich letztlich auch mitsamt meinen Büchern in dieses Indianernest aufgebrochen. Bisher konnte ich jedoch nie diesen Energiekörper sehen, ich erinnere mich an den Seherkurs und meine Enttäuschung, nichts wirklich Mystisches, sondern nur Bilder von ganz normalen Menschen und Ereignissen gesehen zu haben. Andere aber sehen offensichtlich die Energiekörper diverser Lebewesen wirklich und direkt, ohne Umwege über Bilder, und können auch »Fehler« darin finden. Na ja, auch dies ist selbstverständlich nur wieder ein Bild. Als Seher sehe ich die Dinge in ihrem wirklichen Urzustand, ohne unsere vorherige Konditionierung. Ich sehe nicht mehr das Physische, sondern nur die alles begründende Energie, eben das, was das ganze Universum letztendlich bildet. Im Zusammenhang mit den Ergebnissen der Quantenforschung erscheint diese Tatsache durchaus logisch. Wenn es keine kleinsten Teilchen gibt, sondern nur noch Wahrscheinlichkeiten und Energien, warum sollte es nicht Möglichkeiten geben, diese Realität auch entsprechend wahrnehmen zu können? In manchem Buch hatte ich gelesen, dass früher einmal alle oder zumindest viele Menschen in der Lage gewesen sein sollen, diese Energiekörper zu sehen. Erst mit unserer Entwicklung hin zum Materialismus und weg vom Spirituellen verloren wir diese Fähigkeit. Insofern kann dies jeder Mensch auch wieder erlernen.

Man nimmt an, dass zum Beispiel auch die Heiligenscheine unserer Heiligen auf Gemälden und Bildern nichts anderes waren als diese deutlich sichtbaren Energiekörper. Eine Erklärung, die aus meiner Sicht so offensichtlich ist, dass ich mich frage, wieso dies nicht die heute gelehrte Interpretation ist. In der antiken Kunst war der Heiligenschein ein Zeichen der Macht und wurde darum auch den verschiedenen Gottheiten zugeschrieben. Auch römische Kaiser waren teilweise mit Heiligenschein auf ihren Münzen abgebildet. Ebenso wurden Sonnengötter wie Mithras oft mit einem Strahlenschein um den Kopf abgebildet; hier ist der Heiligenschein offenbar ein Symbol für das strahlende Licht der Sonne, die diese Götter sinnbildlich verkörperten. Somit avancierte der Heiligenschein im Laufe der Zeit zum Zeichen eines höheren Wesens. Neben Jesus Christus, den Engeln und später Maria und den Heiligen, gibt es auch in anderen Religionen Darstellungen eines Heiligenscheines, zum Beispiel bei Buddha. Nach Aussagen von erleuchteten Personen sind die Köpfe von erleuchteten Menschen von einem Heiligenschein umgeben. Heißt das, dass ich keinen Erleuchteten kenne oder, dass ich keine Heiligenscheine sehen kann?

»Was kannst du denn jetzt in der Aura sehen oder mit ihr machen«, fragte ich George und zog auch einmal vorsichtig an seinem Joint.

»Die Aura kannst du als Schutzschild betrachten. Die Aura ist die vierte Dimension deines Seins, neben Körper, Psyche und Seele.

Unsere Aura ist unser individuelles, energetisches Gedächtnis. Sie erschafft ständig unseren physischen Körper. Sie speichert die schönsten und die schlimmsten Erfahrungen. Wenn wir lernen, die Aura und damit unser Energiefeld zu sehen und damit auch Störungen und Unregelmäßigkeiten in der Aura zu finden, wird sich uns eine Art der Wahrnehmung eröffnen, die natürlich unser gesamtes Leben verändert. Nichts wird mehr so sein wie vorher. Wir werden unser Leben besser verstehen, werden die Ursache von Störungen erkennen, und wir werden in der Lage sein, unser Leben zu ändern und neu auszurichten. Mittels des Energiefeldes gewinnen wir einen neuen Zugang zu unserem Selbst, zu unserer Seele. Durch Manipulationen in der Astralebene können wir mit bestimmten Techniken heilen. Du kannst den Astralleib gemäß der indischen Interpretation als den eigentlichen Seelenleib des Menschen, gleichsam die Substanz, aus der die menschliche Seele gewoben ist, ansehen. Er ist der Träger des Bewusstseins, der Triebe und Empfindungen – und des Egoismus. Der Begriff des Feinstofflichen hat in der Vorstellungswelt des indischen Denkens eine große Bedeutung. So stellte man sich zur Zeit der Veden alle geistigen Funktionen als das Wirken feinsubstanzieller Substanzen vor. In den Vorstellungen einiger östlichen Lehren ist die Einzelseele, solange sie dem Kreislauf des Lebens, dem Sansara, unterliegt, von einer feinstofflichen Hülle umkleidet. Diese Seelenhülle wird als feinstofflicher Körper bezeichnet, weil sie es ist, die dem Einzelwesen individuelle Züge verleiht. Während der grobe Körper im Leben entsteht und beim Tode vergeht, begleitet der feinstoffliche Körper die Seele seit anfangloser Zeit durch alle Existenzen hindurch oder wird immer wieder neu gebildet. Der feinstoffliche Körper gilt als Behälter für die unsichtbaren Sinnesfunktionen, die sich in den sichtbaren Körperteilen des groben Körpers manifestieren; dies sind die fünf Wahrnehmungssinne Gesicht, Gehör, Geschmack, Geruch und Gefühl sowie die fünf Tastsinne und die Fähigkeiten, zu sprechen, zu greifen, zu gehen, zu entleeren und zu zeugen. Dem feinstofflichen Körper gehört weiterhin ein Innenorgan an, das sich aus Intelligenz, Unterscheidungsvermögen, Ichbewusstsein und Denkfähigkeit zusammensetzt. Schließlich wird auch dem Lebenshauch, dem Prana, der Sitz im feinstofflichen Körper zugesprochen. Er gilt als das organisierende Prinzip des groben Körpers. Der feinstoffliche Körper ist auch für die Lehre von den Wiedergeburten von besonderer Bedeutung, da er es ist, der die Eindrücke des Lebens im Denkorgan ablegt und so das Karma in die neue Existenz hinüberträgt.«

Man sah es George an, das war´s gewesen für heute. Die roten Augen waren ein deutliches Zeichen. Es gibt viele Bücher über Auren in bunten Farben: Mit der Zeit kann selbst der Schamane lernen, diese zu sehen. Irgendwie fühlte oder sah ich sie ja schon. Am nächsten Tag gab George mir ein paar Seiten, auf denen er alles stichwortartig zusammengeschrieben hatte, was ihm im Lauf der Zeit zu den Chakras begegnet war, nur für den Fall, dass ich daran interessiert wäre.

24. Kapitel –
Wahrnehmung und Beobachtung

Wieder einmal saß ich morgens früh bereits mit Earl zusammen beim Frühstück vor meiner Hütte. Er hatte mich bacon and eggs machen lassen, woraus ich mir so früh am Tag eigentlich weniger mache.

»John hat dich bereits in die Feinheiten der Quantenphysik eingeführt, ich bin bei dem Thema froh, wenn ich es akustisch verstehe. Inhaltlich habe ich keine Ahnung, wovon er eigentlich genau spricht, dafür fehlt mir jede schulische Basis. Also spare ich mir den ganzen Salmon und steige da ein, wo die Quantenphysiker feststellen, dass die Art der Beobachtung das Beobachtete beeinflusst. Genau wie in der Quantenphysik schließt nämlich die östliche Mystik immer sowohl den Beobachter als auch das Beobachtete ein. So wie in der Quantenphysik der Messaufbau und das Messverfahren die Beobachtung eines kleinsten Teilchens beeinflusst, so beeinflussen wir als Beobachter alles, was wir beobachten. Was wir sehen, wird von uns über unsere Sinnesorgane aufgenommen und über Gehirn und Bewusstsein weiter verarbeitet. Heisenberg merkt dazu an:

›*Was wir beobachten, ist nicht die Natur selbst, sondern Natur, die unserer Art der Fragestellung ausgesetzt ist.*‹ (44, S. 40)

Bei der Beobachtung von Teilchen wurde festgestellt, dass es nicht möglich ist, ihre beiden Eigenschaften, den Impuls und den Ort, gleichzeitig zu messen. Entweder messen wir den Ort und erfahren nichts über den Impuls, oder wir messen den Impuls und erfahren nichts über den Ort. Versuchen wir beides gleichzeitig zu messen, erhalten wir sehr ungenaue Ergebnisse. Der Forscher ist nie ein unbeteiligter objektiver Beobachter, er beeinflusst allein durch seine Präsenz die Eigenschaften des beobachteten Objekts. So schlägt der Physiker John Wheeler vor, den Forscher nicht mehr Forscher, sondern Teilnehmer zu nennen, so wie im Daoismus, wo die Welt niemals erklärt werden, sondern nur ›als Teilnehmer‹ erfahren werden kann. Wheeler gab übrigens den schwarzen Löchern ihren Namen. Ich habe hier noch einige weitere Aussagen, die dir im Verständnis helfen, beginnen wir mit Jung:

> ›Die Frage lautet nicht mehr: Ist es gesehen, gehört, mit Händen betastet, gewogen, gezählt, gedacht und logisch befunden worden? Sondern sie lautet: Wer sieht, wer hört, wer hat gedacht?‹ (49)

Östliche Philosophien bauen wesentlich auf dem Beobachten auf, dem Erfahren von Dingen und nicht dem Erklären. Der Verstand kann nie der Quell einer Erkenntnis sein. D. T. Suzuki meint dazu:

> ›Das Schauen spielt die bedeutendste Rolle in der buddhistischen Erkenntnistheorie, denn es ist die Grundlage des Wissens. Wissen ist unmöglich ohne Schauen; alles Wissen hat seinen Ursprung im Schauen. Wissen und Schauen findet man somit immer in Buddhas Lehre vereint. Die buddhistische Philosophie weist daher letztlich zum Schauen der Wirklichkeit, wie sie ist. Schauen heißt die Erleuchtung erfahren.‹ (75)

Und Lama Govinda bezeichnet es so:

> ›Die östliche Denkweise ist mehr ein Kreisen um den Ge-
> genstand der Betrachtung ... ein vielseitiger, das heißt
> vieldimensionaler Eindruck, der aus der Überlagerung
> einzelner Eindrücke von verschiedenen Gesichtspunkten
> entsteht.‹ (39)

Wir erschaffen mittels unseres Bewusstseins unsere Welt, diese
Welt wiederum nehmen wir wahr, sodass wir letztendlich immer
nur uns selbst wahrnehmen, ein Kreislauf, aus dem es kein Ent-
rinnen gibt. Bitte beachte, dass das Bewusstsein nichts mit dem
Verstand oder dem Gehirn zu tun hat, es ist ein großes, wenn
auch allgemein übliches Missverständnis, dies gleichzusetzen.
Ich werde darauf später noch kommen. Deinen Verstand solltest du als reines Werkzeug betrachten, er hat seinen Zweck für
gewisse Dinge, für andere aber nicht. Auch wenn er sich ständig und überall einmischen will, heißt dies nicht, dass er auch
qualifiziert dafür wäre. Er stört uns geradezu beim Leben. Der
Verstand arbeitet mit dem abgespeicherten Wissen unseres gesamten Lebens und der Generationen vor uns, er arbeitet ausschließlich mit dem Gedächtnis. Alles, was das Gedächtnis
kennt, ist aber Vergangenheit, nie die Gegenwart und schon
gar nicht die Zukunft. Dies ist mit der wichtigste Punkt, den du
hier bei mir lernen kannst. Unser gesamtes Wissen ist immer nur
Vergangenheit. Diese Vergangenheit verstopft unser Gehirn, sie
hat die Macht über unsere Gegenwart gewonnen und beherrscht
dich. Wissen ist aber wie gesagt reine Vergangenheit und wird
dir niemals weiterhelfen, das Wissen muss aufhören, wenn du
dich weiterentwickeln möchtest. Wenn du etwas mithilfe deines
Verstandes beobachtest, beobachtest du es nicht selbst, sondern

vergleichst es mit der Vergangenheit. Der Verstand kennt nichts anderes; er kann die Blume, die du anschaust, klassifizieren, sie ist gelb, klein und unscheinbar. Er macht sie zu einem toten Gegenstand Deiner verstandesmäßigen Einordnung. Der Verstand hat keinen Zugang zum echten Sein der Blume.

Schau, mithilfe unserer fünf Sinne sowie des Gehirns nimmst du deine Umwelt wahr. Die gesamte Wahrnehmung, die du gerade hast, ist jedoch extrem reduziert durch verschiedene Filter; würdest du alles wahrnehmen, was deine Sinne dem Gehirn melden, verlörest du absolut den Überblick. So entscheidet das Gehirn ganz automatisch, welche Eindrücke für dich wichtig sind, ob eine Gefahr droht, denn darum ging es ursprünglich immer. Das Gehirn hatte und hat hauptsächlich die Funktion, dich vor Gefahren zu warnen und einen schnellen Ausweg aus der gefährlichen Situation zu finden. Mach dir einmal klar, wie Du etwas siehst. Dein Auge empfängt die Lichtsignale, das Licht wird durch die Linsen gebündelt und fällt auf die Netzhaut mit ihren Zäpfchen- und Stäbchenzellen, wo sie in elektrische Impulse umgewandelt werden. Diese Impulse werden über die Nerven zum Gehirn weitergeleitet. Analog funktionieren die Ohren, der Tastsinn und alle Sinnesorgane. Das Gehirn arbeitet mit diesen elektrischen Impulsen, dabei arbeitet es mit einer – in seinem Sinne – hervorragend strukturierten Vereinfachung der Dinge, es wertet eine Wahrnehmung aus, vergleicht sie mit den gespeicherten Bildern und erkennt sie. Danach entscheidet es über die weitere Vorgehensweise. Ein wesentlicher Aspekt dabei ist, dass das Gehirn nichts wahrnehmen kann, was es nicht kennt. Die Welt, die wir sehen, entsteht erst in unserem Gehirn, das uns die Bilder zu dieser Welt liefert. Ist es vielleicht sogar so, dass es Bilder, die es nicht kennt, gar nicht liefern kann? Bei der Wahrnehmung der Welt reduziert unser Gehirn ähnlich wie ein

Maler, der die dreidimensionale Welt auf die zweidimensionale Leinwand projiziert. Problematisch dabei ist jedoch, dass unser Verstand meint, absolut objektiv zu sein und nicht bemerkt, wo er die Wirklichkeit verkürzt, vereinfacht und verfälscht hat. Im Gegensatz dazu setzt ein Maler seine Mittel absolut bewusst ein, er weiß, dass sein Bild nicht mehr die Wirklichkeit ist.

Dein Ziel sollte es sein, den richtigen Gebrauch des Denkens wieder zu erlernen und dessen Möglichkeiten voll auszuschöpfen. Du kannst mit dem Denken die Grenzen des Denkens überschreiten, wenn es sich selbst kritisch überprüft. Dann kann dir dein Denken ein Mittel zur weiteren Entwicklung sein, dass dir hilft, die gewählte Richtung beizubehalten. Überlässt du das Denken jedoch sich selbst, treibt es hin und her, macht, was es will und dreht sich um sich selbst. Eine weitere Begrenzung unserer Wahrnehmungsfähigkeit ist die Dreidimensionalität unseres Lebens, zusätzlich haben wir noch die Zeit als vierte Dimension, aber dann ist endgültig Schluss. Mathematiker können zwar auch mit viel mehr Dimensionen rechnen, vorstellbar für uns ist dies alles jedoch nicht mehr. Eine fünfte Dimension entzieht sich unserem Verstand; wollen wir eine Ahnung von den Möglichkeiten, die eine fünfte Dimension bieten könnte, haben, könnten wir unsere Welt einfach einmal auf zwei Dimensionen reduzieren und uns vorstellen, in dieser zweidimensionalen Welt zu leben. Vergleichen wir dieses Leben dann mit unserer dreidimensionalen Welt, bekommen wir eine Ahnung, was uns alles abgehen könnte und wie wenig wir von der Welt überhaupt wahrnehmen.

Wären wir ein Kreis auf einem Blatt Papier, das unsere neue, zweidimensionale Welt sein könnte, würde eine Linie ein unüberwindbares Hindernis darstellen. Versuche, dir das jetzt wirklich bildlich vorzustellen. Eine kreisförmige Linie um uns herum würde uns den Eindruck eines Gefängnisses vermitteln. Angenommen, eine dem Kreis absolut unbekannte fremde Macht würde den Kreis jetzt anheben und über die ihn umgebende Linie hinwegheben und wieder absetzen. Dann würde der Kreis für einige Augenblicke in der Dreidimensionalität leben und in seinen Augen die Freiheit bekommen, da er sein Gefängnis verlassen durfte. Für einen zweiten Kreis, der vielleicht mit dem anderen zusammenlebt, sieht der Vorgang so aus, als ob sein Lebensgefährte plötzlich einfach verschwindet und nie mehr gesehen wurde. Übertragen auf unsere Welt, wäre dies so, als ob eine Person einfach verschwindet, sich in einer anderen Dimension aufhält, und genauso plötzlich wieder auftaucht; hier, oder auch an einem völlig anderen Ort. Stellen wir uns jetzt einmal vor, dass ein vieldimensionales Objekt in unserer Welt erscheint. Da uns jede Fähigkeit fehlt, mehr als unsere drei Dimensionen wahrzunehmen, sehen wir auch nur diesen dreidimensionalen Teil, so wie unser Kreis in seiner Welt auch die Schnittfläche einer Kugel mit seiner zweidimensionalen Ebene sein könnte. Er selbst würde es nie erfahren. Überleg mal, welch einer Geistesanstrengung und Fantasie es bedürfen würde, damit der Kreis auf die Idee käme, dass eine dritte Dimension existieren könnte. Und dann stell dir vor, was seine Freunde, die anderen Kreise und Linien, von solch einer Theorie halten würden. Sie können ja nicht einmal sich selbst sehen, sondern ein Kreis nimmt den anderen lediglich als Linie wahr.

Platon beschreibt in seinem Hauptwerk Politheia in dem berühmten Höhlengleichnis einige Menschen, die in einer unterirdischen Höhle von Kindheit an so festgebunden sind, dass sie weder ihre Köpfe noch ihre Körper bewegen können und deshalb immer nur auf die ihnen gegenüberliegende Höhlenwand blicken. Licht erhalten sie von einem Feuer, das hinter ihnen brennt. Zwischen dem Feuer und ihren Rücken werden Bilder und Gegenstände vorbei getragen, die Schatten an die Wand werfen. Die »Gefangenen« können nur diese Schatten der Gegenstände sowie ihre eigenen Schatten wahrnehmen. Wenn die Träger der Gegenstände sprechen, hallt es von der Wand so zurück, als ob die Schatten selber sprächen. Da sich die Welt der Gefangenen ausschließlich um diese Schatten dreht, deuten und benennen sie diese, als handelte es sich bei ihnen um die wahre Welt. Platon fragt nun, was passieren würde, wenn man einen Gefangenen entfesselte und ihn dann zwänge, sich umzudrehen. Zunächst würden seine Augen wohl schmerzlich vom Feuer geblendet werden, und die Figuren würden zunächst weniger real erscheinen als zuvor die Schatten an der Wand. Der Gefangene würde wieder zurück an seinen angestammten Platz wollen, von dem aus er deutlicher sehen kann. Weiter fragt Platon, was passieren würde, wenn man den Befreiten nun mit Gewalt, die man jetzt wohl anwenden müsste, an das Sonnenlicht brächte. Er würde auch hier zuerst von der Sonne geblendet werden und könnte im ersten Moment nichts erkennen. Während sich seine Augen aber langsam an das Sonnenlicht gewöhnten, würden zuerst dunkle Formen wie Schatten und nach und nach auch hellere Objekte bis hin zur Sonne selbst erkennbar werden. Der Mensch würde letztendlich auch erkennen, dass Schatten durch die Sonne geworfen werden.

Erleuchtet würde er zu den anderen zurückkehren wollen, um über seine Erkenntnisse zu berichten. Da sich seine Augen nun umgekehrt erst wieder an die Dunkelheit gewöhnen müssten, könnte er (zumindest anfangs) die Schattenbilder nicht erkennen und gemeinsam mit den anderen deuten. Aber nachdem er die Wahrheit erkannt hätte, würde er das auch nicht mehr wollen. Seine Mitgefangenen würden ihn als Geblendeten wahrnehmen und ihm keinen Glauben schenken: Man würde ihn auslachen und von ihm sagen, er sei ›mit verdorbenen Augen von oben zurückgekommen‹. Damit ihnen nicht dasselbe Schicksal zukäme, würden sie von nun an jeden umbringen, der sie ›lösen und hinaufbringen‹ wollte. Platon veranschaulicht demgemäß durch sein Gleichnis, dass der gewöhnliche Mensch im Alltag wie in einer Höhle lebt. Denn die Dinge, die er als real wahrnimmt, sind Platons Ideenlehre zufolge in Wahrheit nur Schatten und Abbildungen des wahren Seins. Die Höhle im Gleichnis steht für unsere sinnlich wahrnehmbare Welt, der harte Aufstieg des Höhlenbewohners für den Weg der Seele hinauf bis zur Erkenntnis des tatsächlichen Zentrums des Seins: der Idee des Guten, die im Gleichnis durch die Sonne repräsentiert ist. Es geht im Höhlengleichnis also darum, die Denkkraft nicht auf das sinnlich Wahrnehmbare der uns unmittelbar umgebenden Welt zu lenken, sondern auf das, was hinter dieser Welt steht, respektive auf den ideellen Ursprung dieser Welt. Erweitern wir unsere Sichtweise auf die ganze Gesellschaft, kommt hinzu, dass wir mit Filtern arbeiten, die unsere Wahrnehmung stark beeinflussen und derer wir uns zumeist nicht bewusst sind. Der soziale Filter sorgt dafür, dass wir Dinge analog zur gesellschaftlichen Norm bewerten und damit auch als unwesentlich oder uninteressant einschätzen, womit ihre wirkliche Wahrnehmung bereits verhindert ist. Dies äußert sich auch in der Art unserer Sprache, die je nach unserer gesellschaftlichen Entwicklung und Ausrichtung Schwerpunkte setzen kann und für andere Dinge wiederum gar keine Worte hat.

Ein weiterer Filter ist unsere Logik. Wir nehmen an, dass unsere Art der Logik und Argumentation in allen Kulturkreise benutzt wird, lediglich die andere Sprache würde uns hindern an der vollständigen Integration. Dabei übersehen wir, dass es durchaus unterschiedliche Ansätze für die Logik gibt. Bei uns im Westen baut alles auf der aristotelischen Logik auf, im Osten setzt man hingegen auf die paradoxe Logik. Bei uns gilt das ›Entweder-oder‹, dort gilt das ›Sowohl-als-auch‹. Der moralische Filter, die Zulässigkeit von Emotionen in einer Gesellschaft, spielt ebenfalls eine Rolle. Was bei uns verpönt ist oder gar schamhaft verschwiegen wird, kann in einem anderen Kulturkreis ganz normal sein. Zwangsläufig orientieren wir uns an diesen Normen, um ein akzeptiertes Mitglied innerhalb unserer Gesellschaft zu sein. Wer will schon gerne ein Außenseiter sein? Hören wir also von Geschichten, die wir nicht glauben wollen oder können, akzeptieren wir diese einfach nicht. Hierunter fallen Erzählungen von Wunderheilungen, von Nahtod-Erfahrungen, von Menschen, die sich angeblich von Licht ernähren und viele andere. Das Gehirn zensiert nach unserem Glaubenssystem und weigert sich, diesem System widersprechende Dinge zu akzeptieren. Wir sollten uns dessen zumindest bewusst sein und idealerweise versuchen, dies zu ändern. Bei vielen Menschen fällt diese Zensurklappe bereits, wenn sie den Eindruck haben, dass etwas in die Esoterikecke gehört. Diese wird verbunden mit Räucherstäbchen, wallenden, orangenen Gewändern und unbekannten und zumeist gefährlichen Sekten. Die Angst vor dem Unbekannten hat also über die Neugierde gesiegt. Der Glaube an sich, das Vertrauen in sich selbst und die eigene Beurteilungskompetenz sind so gering, dass wir uns fürchten, in etwas hineinzurutschen, das nicht kontrollierbar ist. Vor der Esoterik haben viele Menschen wirklich Angst. Jeder kann sich vorstellen, einmal dies und das auszuprobieren, sollte er aber auch nur anderthalb Stunden zu einer schamanischen Trommelsession gehen, wird er plötzlich tausend Gründe finden, warum es absoluter Unfug wäre, dort hinzugehen. Diese Zensur auszuschalten, wird leichter sein,

wenn du leidest, wenn du am Ende einer längeren Krankengeschichte stehst, wenn du deine Probleme einfach nicht mehr in
den Griff bekommst. Dann wird dein festgefahrenes Glaubenssystem auch einmal etwas Neues zulassen. Man öffnet sich plötzlich, könnte es doch zumindest einmal versuchen. Wenn wir uns
unsere kindliche Neugier erhalten haben, sollten wir aber auch
ohne Krankheit in der Lage sein, unser Glaubenssystem offen
für Änderungen zu halten. Leider bedarf es in den allermeisten
Fällen des Drucks durch Krankheit.«

Ich musste daran denken, wie ich selbst am Anfang den
Schamanismus als Hokuspokus abgetan hatte, bis die Rückenschmerzen mich doch dazu brachten, es zu probieren. Als ich
drei Geschäftspartner auf einer Messe davon erzählte, dass ich
Schamane geworden sei, standen Sie mit offenem Mund vor mir
und wussten nicht, ob sie dies ernst nehmen sollten.

Earl fuhr fort: »Eine andere Auswirkung der inneren Zensur
ist, dass Menschen die erwartete Einstellung der Mitmenschen
vorwegnehmen und schon zensiert über ihr Leben sprechen.
Sie spielen den unspirituellen Menschen, erzählen nicht einmal über ihre morgendliche Meditation und verstecken einen
wichtigen Teil ihres Selbst, als lebten wir noch im Mittelalter zu
Zeiten der Hexenverbrennung. Sie wollen nicht als Exot daste-
hen, sie wollen normal sein und dazugehören. Natürlich werden
diese Filter individuell genutzt, respektiert oder beachtet, was
die Sache nicht einfacher macht. Man erkennt leicht, von wie
vielen Dingen die Wahrnehmung beeinflusst wird und wie wenig es eine objektiv richtige Wahrnehmung geben kann. Erich
Fromm dazu:

›Das Bewusstsein des Durchschnittsmenschen ist hauptsächlich ein »falsches Bewusstsein«, das aus Fiktionen und

Illusionen besteht, während die Wirklichkeit genau das ist,
dessen er sich nicht bewusst ist. Wir können daher zwi-
schen dem, dessen sich ein Mensch bewusst ist, und dem,
dessen er sich bewusst wird, unterscheiden. Er ist sich
hauptsächlich seiner Fiktionen bewusst, er kann sich der
Wirklichkeit, die hinter diesen Fiktionen steckt, bewusst
werden.‹ (31)

Unser Gehirn dient dazu, uns laufend eine Wirklichkeit zu schaffen. In Zusammenarbeit mit den fünf Sinnen zeigt es uns Bilder
des Lebens. Wissenschaftler haben bereits festgestellt, dass unsere Wahrnehmung nur zu neun Prozent auf unseren fünf Sinnen
beruht. Es stellt sich die Frage, woraus die anderen 91 Prozent
bestehen. Nehmen wir Schmerz ebenfalls nur mit den neun Prozent wahr, warum beherrscht er dann so sehr unser Leben? Interessant ist in diesem Zusammenhang auch das Wort »Wahrnehmung« an sich. Wir nehmen etwas wahr; wenn wir dies wörtlich
verstehen, dann erkennen wir, dass wir hier nicht die absolute
Wahrheit sehen, sondern wir nehmen etwas subjektiv für wahr.
Jede Begrenzung unserer subjektiven Wahrnehmung beruht zum
einen auf unserer Genetik, zum anderen aber auf unserer Erziehung. Von frühester Kindheit an werden wir einer Erziehung
unterworfen, die unserer Art, Dinge zu betrachten und uns in
der Welt zu benehmen, eine ganz bestimmte Richtung gibt, und
die alle anderen Möglichkeiten entweder unterdrückt, oder
in den Bereich der Fantasie verweist. Unsere Eltern und später unsere Lehrer erzählen uns faktisch von Geburt an, wie die
Welt beschaffen sei. Wir haben gar keine andere Wahl, als die
Welt so zu sehen, wie man es uns lehrt. Die vorhin genannten
91 Prozent, die wir uns bei der Wahrnehmung der Dinge selbst
dazu basteln, stellen das Wissen dar, das wir im Laufe unseres

Lebens angesammelt haben, alle guten und schlechten Erfahrungen und Verhaltensmuster. Dazu gehört aber auch das uralte Wissen der Welt, das in uns und in jeder unserer Zellen steckt. Je nach Bedarf greifen wir unbewusst auf dieses Wissen zurück. Um zu heilen, müssen wir bei diesen Dingen ansetzen und dieses Wissen ausnutzen. Gemeint ist damit natürlich das Wissen der Menschheit, nicht das Wissen unseres Verstandes. Eine herrliche Geschichte zur Blindheit der Menschen ist diese:

›In der Hindufabel vom Blinden und dem Elefanten treffen einige blinde Männer auf einen Elefanten und überlegen, was das wohl sein könnte. Je nach dem was ein jeder berührt, hat auch jeder eine andere Wahrnehmung des Elefanten. Der, der den Rüssel berührt, meint, es handle sich um eine Art Schlange, derjenige, der den Schwanz in der Hand hat, meint, es sei ein Tau. Ein weiterer legte seine Arme um ein Bein des Elefanten und fühlte einen Baum, der letzte wiederum fand ein wedelndes Ohr, das ihm wie ein Fächer vorkam.‹ (38)

Wie wir sehen, ist die Wahrnehmung des Einzelnen begrenzt. Schon Buddha sagte:

›Wo Wahrnehmung ist, ist auch Täuschung.‹

Das Objekt unserer Wahrnehmung befindet sich nie außerhalb des Subjekts. Wahrnehmung bedeutet, dass der Wahrnehmende und das Wahrgenommene zusammen Existenz erlangen. Schauen wir den Himmel an, so ist der Himmel Teil unseres Bewusstseins, alles bedingt einander, nichts kann alleine stehen. Insofern sagen Wahrnehmungen immer mindestens genauso viel über den

Wahrnehmenden aus wie über das Objekt der Wahrnehmung selbst. Was wir sehen oder hören, ist immer nur eine Auswirkung einer Ursache, nie die Ursache selbst. Auch und insbesondere für unser körperliches Wohlbefinden spielt unsere Wahrnehmung eine wesentliche, wenn nicht die Rolle. Vielleicht bist du unglücklich und meinst, dass in der Regel die Außenwelt schuld daran sei, und dass das, was du wahrnimmst, die Ursache deiner Emotionen ist. Du begreifst dich als Opfer, weißt genau, wer schuld ist und machst es dir in dieser Falle bequem. Wir schaffen aber in Wahrheit mit unseren Gedanken unsere Wirklichkeit. Die Wirklichkeit ist der Spiegel unseres Selbst. Wir projizieren unser Inneres auf die Außenwelt und wundern uns. Alle negativen Gefühle in uns sind ausschließlich Produkt unserer eigenen Angst, die wir durch unsere Liebe ersetzen können und sollten. Wenn du das Gefühl hast, dass du trotz aller Anstrengungen der Welt nicht entkommen kannst, dass sich nichts ändert, musst du dir wieder darüber klar werden, dass du mit deinen eigenen Gedanken deine eigene Welt schaffst. Du änderst die Welt, indem du deine Gedanken änderst, aber du kannst die Welt selbst niemals ändern. Du kannst der Welt nicht entkommen, du kannst dir selbst nicht entkommen. Aber durch die Änderung deiner Gedanken wirst du die Ursache verändern und alles wird sich ändern. Nur durch die Übernahme von Verantwortung für dich und das Spiegelbild deines Inneren, welches du meinst, im Außen wahrzunehmen, kannst du die Dinge verändern. Die Welt ist also ein Spiegel, der dein Inneres widergibt. Der irische Philosoph George Berkeley, der um 1700 lebte, sagte ›esse est percipi‹, was ›Sein heißt Wahrgenommenwerden‹ bedeutet. Danach ist das Sein einer Sache gleichbedeutend mit ihrem Wahrgenommenwerden. Für Berkeley sind nur Wahrnehmungen und wahrnehmende Subjekte existent. Eine von der menschlichen Wahrnehmung unabhängige, für sich bestehende Außenwelt hält er für einen Widerspruch in sich, weil diese weder erkennbar, noch aufweisbar oder qualitativ beschreibbar ist. Da Berkeley unterstellt, dass die Welt nichts anderes als ein Phänomen des menschlichen Bewusstseins ist, ist eine Konsequenz seiner Überlegungen, dass die Welt abhängig ist von ihrem Beobachter. Wir verstehen unter ›Beobachtung‹, dass sie eine Trennung von Beobachter und beobachtetem Objekt repräsentiert. Aber schon in der Absicht, etwas zu beobachten, entsteht eine Beobachtung, wir erhalten eine Information. Die Idee, die Absicht, ist damit Ursache der Schöpfung. Wie es schon im Johannes-Evangelium heißt:

> ›Am Anfang war das Wort.
> Und das Wort war bei Gott.
> Und das Wort war Gott.
>
> …
>
> Alles ist durch das Wort geworden.
> Und ohne das Wort wurde nichts, was geworden ist.
> In ihm war das Leben.
> Und das Leben war das Licht des Menschen.‹
> (Johannes: Prolog, 1.1 – 5)

Genauso heißt es in der Schöpfungshymne Rigveda im Buddhismus:

> ›Am Anfang stand der Wunsch, das erste Samenkorn eines denkenden Geistes; kluge Menschen, die in ihrem Herzen meditierten, haben durch ihre Weisheit die Verbindung des Existenten mit dem Nichtexistenten entdeckt.‹

›Am Anfang gab es weder Existenz noch Nichtexistenz, die ganze Welt war nichtmanifeste Energie …‹

›Der Eine atmet ohne Atem aus seiner eigenen Kraft heraus, nichts sonst war da …‹ (alle 18)

Dies ist ein weiterer sehr wichtiger Punkt. Du hast eine Idee und eben genau aus dieser Idee entsteht eine Realität, die du dann wahrnimmst. Dein Wille wird wahr, so wie es schon in der Brihadaranyaka Upanishade stand:

›Du bist wie Deine tiefen, drängenden Wünsche.
Wie Deine Wünsche, so Dein Wille.
Wie Dein Wille, so Deine Tat,
und wie Deine Tat, so ist Dein Schicksal.‹ (18)

Der Durchschnittsbürger wird niemals anerkennen, dass er das, was er sieht, selbst durch seine Idee geschaffen hat, obgleich es so ist. Und genauso steht es auch in der Bibel. Am Anfang war kein Plan oder irgendetwas abgehobenes, sondern eine Idee: Am Anfang war das Wort. Und damit war die Schöpfung auch schon geschehen:

›Gott sprach: Es werde Licht.
Und es wurde Licht.
Gott sah, dass das Licht gut war.
Gott schied das Licht von der Finsternis,
und Gott nannte das Licht Tag, und die Finsternis nannte er Nacht.
Es wurde Abend, und es wurde Morgen: der erste Tag.‹
(1. Buch Moses, Genesis 1 – 2.4a)

Alles, was uns in unserem Leben widerfährt, ist unsere eigene Schöpfung, so schnell, wie wir denken können, manifestieren sich auch unsere Gedanken. Gedanken sind Energie, Materie manifestiert sich aus Energie. Emotionen sind reine Energie, sie manifestieren sich ebenfalls zu Materie. Angst manifestiert sich in unserem Leben. Der Schöpfungsprozess unserer Realität beginnt immer mit einer Idee. Die Idee ist das Schöpferische, sie verfestigt sich zu einem Gedanken. Aus dem Gedanken wird das Wort, denn Worte sind weit energievoller als Gedanken. Dann manifestiert sich aus dem Wort in der Visualisierung deine Realität. Weiter noch heißt es in der Bibel:

> *›Und das Wort ist Fleisch geworden und hat unter uns gewohnt ...‹ (Joh. 1, 14)*

Das, was uns antreibt, die Ideen zu haben, die Gedanken zu schaffen, die Worte zu finden und letztendlich zu handeln, ist die Leidenschaft der Seele. Die Seele strebt ständig danach, ihr Wissen umzusetzen in das Leben und sich selbst so zu erfahren, sich selbst kennen zu lernen. Der Seele geht es nur um die Erfahrung ihres Selbst und ihres Wissens. Mehr will sie nicht, sie sortiert dabei auch nicht nach gut und böse, nein, sie kennt gar kein gut und böse, sie entscheidet nicht, dass eine Idee schlecht ist und deswegen nicht zur Realisierung gelangt. Die Bewertung dessen, was uns widerfährt, geschieht also durch uns selbst, durch unser Ego, auf das wir auch noch kommen werden. In der Regel und im Durchschnitt haben alle Menschen, bis auf Ausnahmen, mehr oder weniger gleich viele gute oder schlechte Erfahrungen gemacht. Auch bei Depressiven sollte man dies annehmen. Gut, es mag einige Pechvögel geben, die besonders viel Unglück erlebt haben, aber dies sind nicht unbedingt diejenigen, die eher psychisch krank werden. Jene, die krank werden, haben sich irgendwann entschieden, in ihrer Betrachtung der Dinge nur die negativen Aspekte zu sehen, sie schauen auf ihre bisher gesammelten Erfahrungen, picken sich davon die negativen heraus und projizieren diese in die Zukunft. Alles Schlechte, was ihnen widerfährt, ist ihre Wahl. Ich sage nicht, dass sie absolut die Wahl darüber haben, was sie erleben, wohl aber haben sie die Entscheidungsfreiheit darüber, die Dinge so zu beurteilen, wie sie es wollen. Wir selbst entscheiden, was gut und was schlecht ist. Gedanken manifestieren sich, die Gedanken der gesamten Menschheit manifestieren sich so zu unserer Umwelt. Sind ausreichend viele Gedanken der gleichen Art vorhanden, so ziehen sich diese an und werden zu Materie. Unsere gesamte Welt haben wir so durch Gedanken und Emotionen erschaffen. Wir erschaffen die Dinge derart real, dass wir gar nicht mehr glauben können, was ich dir hier sage.«

»Du meinst also ernsthaft, dass alles, was wir sehen – die Vulkane, der See, der Tisch, ja selbst wir – nur Manifestationen unserer Gedanken sind?«

»Klar, aber du darfst nicht ‚nur‘ Manifestation sagen. Warum auch? Ändert sich an den Dingen irgendetwas, nur weil sie anders zustande kommen, als du es gelernt hast? Ist da jetzt etwas weniger echt, weniger wirklich?«

Ich zögerte. Eigentlich macht es ja keinen Unterschied, wir leben in unserer Welt auch mit diesem Wissen weiter.

»Wenn dem so wäre, würden wir die Welt auch relativ leicht ändern können, oder?«

»Exakt, darauf läuft es hinaus. Wir bestimmen, wie die Welt aussieht, in der wir leben. Unsere Gedanken manifestieren sich im Außen zu unserer Welt. Genauso manifestieren sich auch andere Dinge. Kommt es zum Beispiel vor, dass ein ganzes Volk die gleiche Angst vor etwas hat, ist es wahrscheinlich, dass sich diese Angst manifestiert und genau das passiert, was man befürchtet. Aber auch das Gegenteil ist möglich, die gesammelte Energie vieler Menschen kann unglaubliche Dinge schaffen. Überlege nur einmal, wie einfach es wäre, den Hunger in der Welt zu beenden, wenn sich jeder dazu konsequent entscheiden und danach handeln würde. Das, was wir kollektiv durch unsere Gedanken manifestieren, können wir selbst nicht so leicht ändern. Aber ein Schmerz, der sich aus diesen Umständen ergibt, ist nicht zwingend erforderlich. Wir machen einen Sachverhalt erst durch unsere Bewertung zum Leiden, zum Schmerz. Wenn du in der Lage bist, diese Bewertung tief in Dir drinnen aufzulösen, wird der Schmerz vergehen. Insofern verwundern mich natürlich jene Leute, die in der Vergangenheit wühlen und dort auch noch nach Besetzungen, Hinrichtungen und wer weiß was für Horrorgeschichten in früheren Leben suchen, um damit ihre aktuellen Probleme zu erklären.«

»Wie kann ich denn jetzt mit diesem Wissen umgehen, was nützt mir das in der Praxis? Ich weiß jetzt, ich bin an allem selbst schuld, aber es ändert sich doch erst einmal nichts in meinem Leben?«

»Es wird sich vieles ändern. Ich greife mal ein wenig vor auf das Thema Loslassen und Annehmen, das wir auch noch abhandeln werden. Du solltest einsehen, dass du es nie schaffen wirst, die verqueren Gedanken deiner Psyche, des Gedächtnisses, zu verstehen. Es ist absolut ausreichend, diese Gedanken zu beobachten. Die Beobachtung deines Selbst ist der wichtigste Ansatzpunkt zu jeder Veränderung und zum Gewahrwerden der Dinge. Suche die Stille in dir. Beobachte, ohne zu denken, zu bewerten oder zu kommentieren. Wann hast du das letzte Mal etwas bewusst beobachtet, hast dir Zeit genommen, bist verharrt für diesen Moment? Meist schauen wir kurz hin, suchen die passende Schablone dafür in unserem Gedächtnis und haken es ab. Dies gipfelt in den Menschen, die im Urlaub alles filmen, um dann zu Hause in Ruhe schauen zu können, wo sie waren. Wenn du aber richtig beobachtest, bleibt die Zeit stehen und du wirst eins mit allem. Mit ›richtig beobachten‹ meine ich nicht nur hinschauen, sondern es gehören auch die anderen Sinne wie das Riechen, das Fühlen, das Schmecken und das Tasten dazu. ›Beobachten‹ bedeutet aufmerksam zu sein mit allen Sinnen, ohne dies im eigentlichen Sinne aktiv zu tun. Lerne, dich selbst zu beobachten und befreie dich von deinem Verstand. Dazu hörst du einfach auf die Stimme in deinem Verstand, du hörst auf Deine Gedanken. Beobachte den Denker in dir, bewerte aber nicht seine Gedanken. Lass sie einfach kommen und gehen, schau dabei zu. Manche werden sich wiederholen, vielleicht erkennst du einige immer wieder. Kommentiere dies nicht, lass alles einfach sein. Mit etwas Übung wirst du feststellen, dass der, der denkt, gar nicht du selbst bist.

Beobachte nicht nur dich, beobachte andere Menschen, beobachte die Natur, beobachte schöne Dinge, beobachte hässliche Dinge. Bewerte dabei nicht, höre auf, alles klassifizieren zu wollen. Mache nicht den Versuch, Dinge zu interpretieren, reagiere nicht und vergiss deine Vorurteile. Lerne, mehr hinzuschauen, sei aufmerksam. Oft beobachten wir nur ungenau und flüchtig, eine Banane ist gelb und lang, mehr nicht. Nimm dir einmal die Zeit, die Banane ausreichend lange anzuschauen. Was siehst du alles? Diese Übung kannst du natürlich mit allen Gegenständen des Alltags machen. Versuche, 20 Minuten still zu sitzen, dich nicht zu kratzen und nicht zu bewegen. Obwohl dies eigentlich kein Problem sein sollte, fällt es uns unendlich schwer. Setze dich in die Natur, schaue nur geradeaus und drehe den Kopf nicht.

Beobachte alles, was in dein Blickfeld gerät und notiere es gedanklich. Beobachte dies alles ohne eigene Gedanken, versuche nicht zu interpretieren. Du wirst vielleicht feststellen, dass du am Rande des Blickfeldes besser siehst, als du dachtest. Achte auch auf Kleinigkeiten und Details, auf Veränderungen, auf Gerüche und Gefühle. Du träumst nicht, aber du bist auch nicht richtig anwesend. Es gibt keinen Beobachter und nichts Beobachtetes. Wenn du Beobachter bist, gibt es etwas Beobachtetes. Gibt es etwas Beobachtetes, sind auch Gedanken und Klassifizierungen vorhanden. Existieren Gedanken, so gibt es Wissen, und Wissen ist immer Vergangenheit. ›Erinnern‹ aber ist nicht das Beobachten, wie ich es meine.

Sei also bewusst, sei aufmerksam! Aus deiner Beobachtung, Deiner Vorbehaltlosigkeit und deiner Aufmerksamkeit wird Einsicht entstehen. Einsicht ist Wahrnehmung ohne jeden Zweifel, ohne Bewertung, ohne Subjektivität. Richtest du Deine Aufmerksamkeit auf die Gegenwart, das Jetzt, wirst du feststellen, dass keine Gedanken fließen. Solange du wirklich im Jetzt bist, ist dein Kopf leer, das Ziel einer jeden Meditation. Je besser du das Geplapper deiner Gedanken unterbrechen kannst und für immer längere Momente in der Stille bist, desto bewusster wirst du insgesamt werden. Wenn du dies verinnerlicht hast, dann vertraue auf die dadurch gewonnene Kraft, denn Beobachtung und Aufmerksamkeit beschreiben das gesamte Leben. Mehr exis tiert nicht. Der schöpferische Prozess für alles besteht aus Beobachtung und Aufmerksamkeit. Das ist eigentlich schon alles, was du lernen kannst, es gibt für dich nicht mehr zu lernen. Und jetzt kommen wir zur Tiefenpsychologie. Wenn ich dies erkläre, nimm es mir bitte nicht übel, wenn meine Ausführungen nicht unbedingt wissenschaftlich fundiert sind, es handelt sich nur um mein zusammengebasteltes Verständnis der Dinge.«

25. Kapitel – Seele

»Die wenigsten von uns leben in dem klaren Bewusstsein, dass wir geistige Wesen sind. Überleg nur mal, wie oft du über diese Idee überhaupt schon einmal mit jemandem gesprochen hast! Unser Körper ist nur ein vorübergehendes Zuhause in der materiellen Welt. Als geistiges Wesen existieren wir ewig. Ist das nicht eine gute Nachricht? Trotzdem beschäftigen wir uns den Großteil dieses Lebens mit diesem kleinen Bereich einer materiellen Phase, sorgen uns um unseren Körper mit einer Intensität, als ob er alles wäre, was wir haben. Beachte, dass ich ›sorgen‹ gesagt habe, nicht ›kümmern‹. Denn würden wir uns um ihn kümmern, wäre das ja noch in Ordnung. Dabei vernachlässigen wir unsere Seele sträflich. Du musst dich zwar nicht gleich von diesem Leben verabschieden, aussteigen und in Indien im Ashram ganztägig die nächsten Jahre hungern und meditieren (auch wenn man dabei äußerst interessante Erfahrungen machen soll). Aber vielleicht gewöhnst du dir wieder an, dich etwas mehr um dich als geistiges Wesen zu kümmern. Es lohnt sich. Fangen wir also bei der Seele an. Schon Plotin sah im 4. Jahrhundert vor Christi Geburt die menschliche Seele als einen Teil einer Weltseele an. Überhaupt findest du bei Plotin einige Ansätze, die Parallelen zu den östlichen Religionen aufweisen. So sagte er zur Seele:

›Jede Seele muss bedenken, dass sie es war, die alle Wesen erschaffen und ihnen Leben eingehaucht hat. Sie selbst hat erschaffen den großen Himmel, die Sonne und die göttlichen Gestirne, die Ordnung ihrer Kreisbewegungen, die Luft, das Meer und alles, was die Erde ernährt. Die Seele *ist von noch höherer Natur als alles, was sie ordnet, bewegt und beseelt.‹* (100)

Die Materie hingegen sah er als übertrieben negativ an, als schlecht und böse, als unvollkommen und böse. Plotin meinte, dass die menschliche Seele danach strebe, zur geistigen Welt aufzusteigen. Der Körper sei dabei eher hinderlich. Dieser Weg des Aufstieges sei allein im Innern des Menschen zu finden, durch vollkommene Versenkung. Plotin soll mehrmals Erleuchtungserfahrungen gesammelt haben, insofern möchte ich ihn hier noch zweimal zitieren:

›Wenn aber jemand nicht zum Schauen gelangt und seine Seele des Glanzes dort oben nicht inne wird, wenn er nicht erschüttert wird von einer inneren, gleichsam erotischen Erschütterung beim Schauen ‑ so wie ein Liebender, der ausruht im Geliebten ‑ wenn er aber vielleicht doch ein wahres Licht aufnimmt, das die ganze Seele erleuchtet, dann ist er zwar ganz in die Nähe des Einen gelangt, aber beim Aufstieg wurde er noch durch eine Last bedrückt, die der Schau hinderlich wurde, er stieg nicht allein hinauf, sondern nahm etwas mit, was ihn von dem Einen trennen musste, oder hatte sich noch nicht zu einer Einheit gesammelt.‹ (100)

Seine Erfahrung der Erleuchtung, des ›Eins-sein‹ mit allem beschrieb er so:

›Wer das Eine aber geschaut hat, der weiß, was ich sage, dass nämlich die Seele alsdann, indem sie herannaht und endlich anlangt und an ihm Teil erhält, ein neues Leben

*empfängt und aus diesem Zustand heraus erkennt, dass
hier der Spender des wahrhaften Lebens bei ihr ist und sie
keines Dinges mehr bedarf, dass es vielmehr gilt, alles andere von sich abzutun und in ihm allein stille zu stehen, es
zu werden in reinem Alleinsein, alles übrigen uns entschla-
gend, was uns umkleidet.‹* (100)

Eine Identifikation des Menschen über seinen Körper endet
zwangsläufig in der Niederlage. Früher oder später beginnt der
Körper zu altern, er verfällt langsam, irgendwann stirbt er. Unser
Körper ist vergänglich; bezogen auf die Zeit ist er absolut nebensächlich. Er ist nicht der Weg in das Sein, ins Jetzt. Es täte
dir also gut, ihn etwas weniger wichtignehmen. Dadurch, dass
du dies tust, wird sich aber auch dein gesundheitlicher Zustand
deutlich verbessern können, da deine Seele ihn nicht ständig
als Hilfeschrei missbrauchen muss, worauf ich später eingehen
werde. Du bewohnst den Körper für eine gewisse Spanne deiner Existenz, du beziehst ihn, lebst in ihm, gibst ihn wieder auf.
Deine Seele ist die Form deines Körpers. Dein Dasein im Körper ist nur ein verschwindend geringer Zeitraum in der Ewigkeit.
Dies bedeutet jedoch nicht, den Körper abzulehnen! Wenn du
ihn ablehnst, bekämpfst du etwas, du bist nicht bewusst. Nimm
den Körper als einen Teil von dir, erkenne, dass er nicht real ist.
Er ist nicht du, aber er ist ein Teil von Dir. Es kann also nicht
schaden, ihn sorgsam zu behandeln. Die christliche Kirche hat
alles Körperliche eher verflucht, da es für die Sünde stehe, und
predigt, er sei nicht du, sondern du seiest die Seele. Was für
ein Unsinn! Der Körper wurde kasteit, alles Körperliche wurde
bekämpft. Ein Resultat ist das Zölibat der Priester. Wo soll da
der Sinn sein? Vielleicht ist es das, was mich an der Institution
Kirche am meisten ärgert. Da sind so viele intelligente Männer,

denen ich unterstelle, dass sie alle wichtigen Bücher und Texte der Welt gelesen haben. Dann haben diese intelligenten Männer sicherlich auch selbst nachgedacht und ihre eigenen Schlüsse gezogen. Sie sollten doch hin und wieder zu dem Schluss gekommen sein, dass einige ihrer Dogmen nicht ganz stimmig sind. Trotzdem verteidigen sie diese, als ginge es um ihr Leben, sie haben Angst, dass der erste Zweifel die Kirche unterhöhlt und irgendwann zerstört.«

»Mit der katholischen Kirche hast du es aber genauso wenig wie ich«, meinte ich leicht überrascht.

»Ja, es ärgert mich immer noch, dass die Kirche ihr Wissen und ihre Macht nicht anders gebraucht, sie könnte so vieles bewirken und verändern. Stattdessen nahmen sie noch letztes Jahr wieder eine Fürbitte auf, in der dafür gebetet wird, dass die Juden eines Tages wieder zur rechten Gesinnung zurückgelangen. Was für ein Quatsch, als ob wir sonst keine Sorgen in der Welt hätten.«

Ich ließ ihn einige Momente verschnaufen und holte uns zwei Glas Wasser. Er trank einen kräftigen Schluck.

»Aaah, also, der Körper. Neben deinem äußeren sichtbaren Körper hast du auch einen viel wichtigeren inneren Körper. Dieser ist nicht begrenzt, mit ihm kannst du deine gesamte Umgebung wahrnehmen, nicht nur das vom Verstand Vorgefilterte. Die Aufmerksamkeit des inneren Körpers richtet sich auf den ganzen Raum, auf die unbegrenzte Energie. Der äußere Körper ist nur ein Mantel des inneren, er ist die äußere Schale. Wir benutzen den inneren Körper nicht mehr bewusst, wir haben kein Gefühl für ihn, wissen meist gar nicht, dass es ihn überhaupt gibt. Du musst versuchen, deinen inneren Körper wieder zu fühlen. Achte auf Zeichen wie Kribbeln, elektrischen Strom, Wärme und Licht. Wenn du erst einmal einen Kontakt zu deinem inneren Körper etabliert hast, kannst du diesen immer wieder herstellen und immer länger aufrechterhalten. Indem du dir deines inneren Körpers wieder gewahr wirst, gewinnst du reines Bewusstsein. Du kannst in deinem inneren Körper Zuflucht finden, wenn du spürst, dass du in alte Verhaltensmuster zurückfällst. Es ist relativ leicht, auf einer idyllischen Wiese in den Bergen zu sitzen und bewusst zu sein. Schwerer ist es, dies im Alltag umzusetzen. Wenn du in eine unangenehme Situation kommst, besteht oftmals die Gefahr, dass du unbewusst wirst, etwas bewertest, dagegen ankämpfst. Übe dich darin, dich gleich beim ersten Anzeichen auf den inneren Körper zu konzentrieren. Irgendwann wirst du in der Lage sein, ständigen Kontakt zu Deinem inneren Körper zu halten. Je mehr du dich darin übst, desto feiner wird dieser innere Körper, den du auch als ›feinstofflichen Körper‹ bezeichnen kannst.«

Da konnte ich wieder einmal Anschluss finden; dieses Gefühl des inneren Körpers habe ich bei schamanischen Behandlungen immer wieder, da ist irgendetwas, es ist aber nicht greifbar. Auch in der Meditation spürte ich hin und wieder diesen Schauer, dieses Kribbeln.

»Ich möchte jetzt hier ein paar Worte zum Bewusstsein sagen, wenn es dir recht ist. Fangen wir an mit seiner Entstehung, so wie ich sie sehe. Dann werden wir noch auf das Ego zu sprechen kommen. Morgen werde ich nochmals tiefer auf das Bewusstsein und seine Funktionsweise eingehen. Im Allgemeinen kennen die Menschen die drei Bewusstseinszustände Schlaf, Wachsein und Traum. Im Hinduismus, im Vedanta, ist jedoch die Rede von sieben Bewusstseinszuständen, die aufeinander aufbauen und jeweils einen weiteren Schritt Richtung Erleuchtung bedeuten. In der Meditation kannst du schon mal einen kurzen Blick auf die vierte Bewusstseinsstufe werfen. Die weiteren Stufen, das kosmische Bewusstsein, das göttliche Bewusstsein, und zuletzt das Bewusstsein des Einseins, ergänzen diese Sichtweise. Stell dir vor, wie es gewesen war, als zu Beginn die Menschen als Jäger und Sammler lebten. Das Bewusstsein war eher eingeschränkt, man lebte von der Hand in den Mund. Die Frauen sammelten alles Essbare, die Männer versuchten, den Speiseplan durch gefangene Tiere zu ergänzen. Wenn sie kein Jagdglück hatten, gab es auch nichts zu essen. Wenn sie über einen längeren Zeitraum nichts fanden, hatten sie ein ernstes Problem, aber das war für sie die Natur, es ließ sich nicht ändern. Die Beziehung zwischen Mensch und Tier war eng, offensichtlich gab es auch eine Kommunikation zwischen Tieren und Menschen, jedenfalls scheint es so, als ob zumindest die Schamanen dies konnten, die Sprache hingegen spielte keine gewichtige Rolle zwischen den Menschen. Die Sprache reichte gerade aus, um Mammut zu rufen oder seine Besitzansprüche auf eine Frau oder das Kotelett anzumelden. Die Menschen lebten weitestgehend im Einklang mit der Natur. Der Mensch betrachtete sich genau wie den Regen, den Donner, die Sonne, die Tiere und die Erde als Teil des Ganzen. Die Menschen lebten in einer Art Traumzeit, es gab noch keine Trennung zwischen Wachsein und Träumen, da der Mensch sich gar nicht bewusst war, dass es da einen Unterschied gab. Die Schamanen, die immer der jeweiligen Entwicklungsstufe des Menschen einen Schritt voraus waren, reisten in andere Welten und baten um Nahrung, besseres Wetter oder andere um Hilfe. In der Unterwelt lebten neben den Toten auch die Tiergeister, sie waren Führer für die Menschen, faktisch ihre Krafttiere. Irgendwann in der Evolution begann sich das Bewusstsein der Menschen langsam zu entwickeln und sie erkannten, dass sie mit Ackerbau ihre Ernährung besser planen konnten, als sich ausschließlich auf ihr Sammlerglück zu verlassen. Wichtig ist, dass sie nicht mehr nur einfach ihrem Hungergefühl folgten und jagen gingen, sondern dass sie Überlegungen anstellten, wie sie den nächsten Winter überleben würden. Sie handelten plötzlich nicht mehr nur rein instinktiv. Durch den Ackerbau und die Vorratshaltung nahm die Mobilität ab, die Gemeinschaft vergrößerte sich, man benötigte weniger Platz für eine konstant hohe Anzahl an Menschen. Aber in den Anfängen dieser Epoche funktionierte die Stammesgemeinschaft immer noch wie ein Organismus. Alle waren in vielfältigen Beziehungen voneinander abhängig, profitierten aber auch zugleich voneinander.

Der Einklang des Menschen mit der Natur ging nach und nach verloren, die Schamanen hatten immer mehr Arbeit mit der Wiederherstellung des Gleichgewichts. Krankheiten, die bis dahin eine Ausnahme waren, kamen auf. Zunächst wurden einzelne Menschen krank, dann bekamen ganze Stämme Probleme. Aus den ursprünglich kleinen Stammesgemeinschaften wurden Dörfer, dann Städte, mit all ihren heute bekannten Auswirkungen. Die Menschen lebten immer getrennter und anonymer, die Enge in den Städten wuchs und wuchs. Stammesgemeinschaften zerfielen langsam, zurück blieben die einzelnen Familien, die sich heutzutage ebenfalls bereits auflösen. Deutlich später, mit der Entstehung des Bürgertums und der Entwicklung hin zur individualisierten Gesellschaft, in der man sich mehr und mehr auf das spezialisierte, was man am besten konnte (den Rest kaufte man von anderen), avancierte der Mensch zum Individuum. Die ursprüngliche Gemeinschaft, das organische selbstverständliche Zusammenleben der Stammesgemeinschaft zerfiel in einzelne Individuen. Aber gehen wir noch einmal kurz zurück. In der Zeit zwischen dem zweiten und ersten Jahrtausend vor Christus entwickelte sich das, was wir heute unter ›Bewusstsein‹ verstehen. Der Mensch begann, sein Leben bewusst zu leben, er wurde nicht mehr gelebt. Plötzlich sah er sich als Einzelwesen. Er sah sich getrennt von der Natur, eben durch sein Bewusstsein. Klein und hilflos kam er sich vor. Er handelte nicht mehr rein instinktiv im Kampf ums Überleben, er dachte nach, er musste Entscheidungen treffen, er hatte eine Wahl. Je mehr Menschen zusammenlebten, desto größer wurde die Vielfalt der Tätigkeiten; Aufgaben wurden verteilt, die Spaltung zwischen Mensch und Natur und Mensch und Tier wurde immer größer. Durch die Entwicklung des Bewusstseins entwickelten sich neue Möglichkeiten und Fähigkeiten, aber auch neue Schrecken und Ängste. Logisches Denken entstand, das Ego entwickelte sich und begann, sich selbst zu analysieren. Auf die fatalen Auswirkungen dieses Egos komme ich gleich zu sprechen. Einerseits noch verhaftet in den alten Strukturen des primitiven Menschen, seinen Instinkten, übernimmt das Ego die Führung. Es versucht, über sich selbst hinauszuwachsen und das gesamte System zu beherrschen. Verstand und Instinkt führen von da an einen ständigen Krieg. Obwohl gerade erst sich seiner selbst bewusst geworden, empfand sich das Ego sofort als die Krone der Schöpfung, statt zu erkennen, dass es nur ein Zwischenschritt in der Entwicklung vom Nichts zum Überbewussten, zur Erleuchtung, ist. Dies war aber auch die Zeit der großen Erleuchteten, wenn wir Jesus, Buddha und Lao-Tzu einmal als solche betrachten wollen. Wie zu jeder Zeit und wie zuallererst die Schamanen damals in grauer Vorzeit, stachen einzelne mit den Fähigkeiten ihres Bewusstseins weit aus der breiten Masse heraus. Das Ego hat noch nicht verstanden, dass es nur eine Entwicklungsstufe dahin ist und genauso verschwinden wird, wie es einmal gekommen ist.«

»Ist dieses Bewusstsein denn das gleiche wie unsere Seele, was ist der Geist, wo beginnt der Verstand denn eigentlich? Ehrlich gesagt, habe ich noch nie verstanden, wo da der Unterschied ist, wo das eine aufhört und das andere anfängt. Ja, und wo du schon dabei bist, was muss ich mir unter ›Selbst‹ und ›Sein‹ vorstellen?«

»Genau in dieser Frage erkennst du die Schwierigkeit. Du formulierst mit dem Verstand eine Frage, die ich mit meinem Verstand beantworten soll, damit dein Verstand die ganze Sache im Anschluss verstehen kann. Dazu benutzen wir unsere Sprache, Worte, die nie die Dinge selbst sind, sondern eben nur Worte, nicht einmal Bilder der Dinge, wenn wir genau sind. Dinge mit dem Verstand letztlich zu verstehen, vielleicht würde ich hier besser sagen, zu erkennen, funktioniert nicht. Fangen wir mit dem Einfachen an. Geist und Verstand sehe ich als dasselbe an, dies sind zwei verschiedene Bezeichnungen für einen Sachverhalt. Zudem sprechen wir von Körper und Seele, die drei Bauteile sind also Geist, Körper und Seele. Ein Psychologe würde eher Überbewusstsein, Bewusstsein und Unterbewusstsein sagen, in der christlichen Religion heißt es Vater, Sohn und der Heilige Geist, die Philosophen werden es das Über-Ich, das Ich und das Es nennen. Und bei Deepak Chopra habe ich mal gelesen, dass er auch von ›Beobachter, Beobachtung und Beobachtetes‹ (18) spricht. Diese Dreiteilung ist auch wichtig, wenn wir später noch auf das Jetzt zu sprechen kommen. Das Jetzt als das Bindeglied zwischen Vergangenheit und Zukunft. Man könnte es analog in dieser Gliederung zuordnen. Das ›Selbst‹ bezeichnet dich als Ganzes, es ist die Person, der Name, der Charakter, das Ego, alles, was dich ausmacht. Deine Gedanken sind dein Selbst, der Gedanke an ein kühles Bier ist dein Selbst. Wie du siehst, basiert diese Definition des Selbst auf Trennung, hier Dein Selbst, dort das Selbst eines anderen und so weiter. Solange du aber ein Selbst hast, kannst du nicht eins sein, du entkommst nicht der Dualität der Welt, wirst immer Ängste haben. Im Sinne von

›Alles ist Eins‹ ist es dein Ziel, dein Selbst aufzulösen. Ist dein Selbst aber aufgelöst, ist wiederum alles dein Selbst. Ich bin dein Selbst, jedes Geräusch ist dein Selbst. In diesem Sinne ist unser gesamtes Universum dein Selbst, das sich als Seele, Verstand und Materie erlebt.

Das Sein wiederum könnte man verstehen als das Ewige, welches hinter allem steht. Es ist nicht Leben und Tod unterworfen, alles kommt aus dem Sein, alles besteht aus Sein, alles wird wieder zu Sein. Eigentlich aber ist nichts daran zu verstehen, versuche es gar nicht erst. Das Sein liegt hinter deinem Verstand, der Verstand ist ein Hindernis auf dem Weg der Einsicht in das Sein. Wie können wir aber Seele dann definieren? Als das System menschlichen Wahrnehmens und Denkens, oder als den immateriellen Sitz von Empfindungen und Charaktermerkmalen? Ich mache es mir leicht und zitiere C.G. Jungs sehr schöne Beschreibung in seinem Werk ›Archetypen‹:

> ›Beseeltes Wesen ist lebendiges Wesen. Seele ist das Lebendige im Menschen, das aus sich selbst Lebende und Leben Verursachende; darum blies Gott dem Adam einen lebendigen Odem ein, damit er lebe. Die Seele verführt die nicht leben wollende Trägheit des Stoffes mit List und spielerischer Täuschung zum Leben, Sie überzeugt von unglaubwürdigen Dingen, damit das Leben gelegt werde. Sie ist voll von Fallstricken und Fußangeln, damit der Mensch zu Fall komme, die Erde erreiche, sich dort verwickle und daran hängen bleibe, damit das Leben gelebt werde; wie schon Eva im Paradies es nicht lassen konnte, Adam von der Güte des verbotenen Apfels zu überzeugen. Wäre die Bewegtheit und das Schillern der Seele nicht, der Mensch würde in seiner größten Leidenschaft, der Trägheit, zum

Stillstand kommen. Eine gewisse Art von Vernünftigkeit
ist ihr Anwalt, und eine gewisse Art von Moralität gibt
dazu ihren Segen. Seele zu haben, ist das Wagnis des Le-
bens, denn die Seele ist ein Leben spendender Dämon, der
sein elfisches Spiel unterhalb und oberhalb der menschli-
chen Existenz spielt, deshalb ist er innerhalb des Dogmas
auch mit einseitigen Strafen und Segnungen bedroht und
propitiiert, welche weit über menschenmögliches Verdienst
hinausgehen. Himmel und Hölle sind Schicksale der Seele
und nicht des zivilen Menschen, der in seiner Blöße und
Blödigkeit in einem himmlischen Jerusalem gar nichts mit
sich anzufangen wüsste.‹ (49)

Ursprünglich stammt unser Verständnis von Seele von den alten Griechen, in der Hauptsache, soweit ich orientiert bin, von
Aristoteles. Man definierte damals die Seele mittels der Unterscheidung von Form und Materie als Form, der Körper war
die Materie. Die Seele verhält sich zum Körper wie die Form
zur Materie, das heißt, wie etwa die Form einer Statue zu ihrem Material Bronze. Form und Materie eines Einzeldings sind
aber nicht zwei verschiedene Objekte, nicht dessen Teile, sondern Aspekte eben dieses Einzeldings. Deine Seele ist also an
einen menschlichen Körper für eine gewisse Zeit gebunden, wird
ihn aber auch wieder verlassen. Wie der Körper zwar zerfällt,
aber die Moleküle des Körpers – wenn es sie denn überhaupt
gibt – weiterleben in anderen Dingen und irgendwann wieder
einen Teil eines menschlichen Körpers ausmachen werden, so
verschwindet auch die Seele nicht. Der noch lebende Benedikti-
ner-Mönch und Zen-Meister Willigis Jäger beschreibt es so:

›Wir sind keine menschlichen Wesen, die eine spirituelle Erfahrung machen, wir sind spirituelle Wesen, die eine menschliche Erfahrung machen.‹ (72)

Unsere Seele kennt die Antwort auf alle Fragen, alle Weisheit und alles Wissen ist in ihr. Wenn wir uns der Tatsache bewusst sind, dass wir mit unserer Seele ein Teil des Universums – vielleicht sogar das Universum selbst – sind und nicht irgendwelchen materiellen Werten hinterherlaufen würden, verbesserte sich unsere Lebensqualität umgehend. Die Seele kann alles schaffen, sie ist ohne Anfang und Ende, sie kann uns mehr helfen als jedes künstliche Hilfsmittel. Sie weiß immer, was für uns ›falsch‹ oder ›richtig‹ ist und ist Herr über unseren Körper. Sie hat zeitlose Werte und gehorcht nicht der jeweils aktuellen Ordnung. Wir vertrauen ihr nur zu wenig.«

26. Kapitel – Ego

»Tja, das Drama des menschlichen Lebens. Was ist sein Ursprung? Manchmal könnte man den Eindruck haben, als ob das Leben eines jeden einzelnen Menschen nur aus Dramen besteht, die kommen und gehen, ja, das ganze Leben läuft ab wie ein Drama. Wie du mittlerweile verstanden haben solltest, bist du es, der deine Realität erschafft und dementsprechend bist du, ist jeder, selbst verantwortlich für sein Drama. Du erschaffst dir dieses persönliche Drama. Du hast dir die Hauptrolle gegeben. Die weibliche Hauptrolle, die vergibst du. Du besetzt die Nebenrollen und die Statisten. Der Regisseur deines eigenen Dramas, der bist du. Du entscheidest über die Charaktere deiner Mitspieler. Jetzt aber kommt der springende Punkt: In Wirklichkeit bist du es aber gar nicht selbst; der Regisseur ist dein Ego, dein sich selbstständig machender Verstand. Ich habe schon verschiedentlich am Rande das Ego erwähnt, das uns behindert. Die Auflösung des Egos war schon unser Thema bei den asiatischen Religionen und in der Meditation. Im Alter von zwei bis fünf Jahren entwickelt sich beim Kind das Ich-Bewusstsein, das Ich wird sich seiner selbst bewusst. Es differenziert die Welt ab dann in ein ›Ich‹ und in ›die anderen‹. Dieses Ich ist unser Ego. Das Ego ist das Subjekt, es ist getrennt von der Welt, es erhebt sich über diese. Mithilfe des Egos lieben wir oder sind wir schöpferisch aktiv. Dadurch, dass das Ego Subjekt ist, tritt erstmalig auch ein Objekt, also etwas außerhalb des Selbst, in sein Leben. In der Entwicklung des Bewusstseins beginnt das Ego, irgendwann über sich selbst zu reflektieren, es macht sich selbst zum Objekt, das es versucht, zu betrachten; ganz offensichtlich ein hoffnungsloses Unterfangen. Wie sollte das Ego jemals in der

Lage sein, sich selbst objektiv wahrnehmen zu können? Es ist schließlich selbst das Subjekt, das subjektivste, was der Mensch hat. Es hat keine Chance, dieser Fessel zu entkommen, es ist fest verhaftet in seiner Welt. Heutzutage existieren nahezu alle Menschen nur noch abgespalten von ihrem Selbst. Jeder verwechselt sein Ich, sein Ego, mit seinem wahren Selbst. In der Mundaka-Upanishade heißt es:

> ›Wie zwei goldene Vögel, die auf dem gleichen Baum hocken, weilen das Ego und das Selbst im gleichen Körper. Das erstere isst die süßen und sauren Früchte vom Baum des Lebens, während das andere ohne Haftung zuschaut.‹
> (18)

Der Verstand sagt uns, wer wir sind. Genauso ist es mit unseren Gefühlen; sie sind nicht mehr unsere wahren Gefühle, sondern Konstruktionen unseres Verstandes, es sind nur noch Gedanken über Gefühle; übrigens ist dies ein Gedanke, über den es sich lohnt, noch einmal zu sprechen. Das Ego wird nie in der Lage sein, wirkliche Gefühle zu empfinden, es kann nur mittels des Verstandes im Rahmen seines gespeicherten Wissens interpretieren.

Das Ego kann aus seiner Subjektivität nicht heraus, es kann sich niemals selbst kennen, da es seiner eigenen Beobachtung ausweichen müsste. Der Mensch hat nun also ein Ego, das ihm viele Dinge erst ermöglicht, das ihm aber auch umgehend nach Beginn seiner Existenz Angst macht. Es spaltet die vorherige, paradiesische Idylle des Kleinkindes auf, in sich selbst und den Rest der Welt. Unmittelbar fühlt sich das Ego von der Welt ausgeschlossen, da es nun erstmals unterscheidet in ›sich‹ und ›das andere‹. Das Ego entwickelt eine Angst vor dem Leben, die

Ur-Angst, da es nicht in der Lage ist, seine eigene Existenz zu verstehen, es dreht sich im Kreise. Sprichwörtlich beißt sich die Katze in den Schwanz. Es weiß nicht, wie es es angehen sollte, wirklich es selbst zu sein. Unser Verstand bekämpft diese Angst, diesen Schmerz, das Leiden fortwährend, dies ist eine seiner Hauptbeschäftigungen. Gleichzeitig hat das Ego dann aber auch aus für einen Menschen verständlichen Gründen Angst vor dem Tod, seinem vermeintlichen Ende; es fürchtet sich vor der tatsächlichen Transzendenz. Sollte es sterben müssen, ohne je verstanden zu haben, was es ist? Diese große Ungewissheit in den größten Themen einer jeden Existenz kann sich zu einer riesigen Qual entwickeln. So treffen wir häufig Menschen an, die trotz ihrer Angst vor dem Leben mindestens soviel Angst vor dem Tod haben.«

Mir fiel ein, dass John vor einigen Tagen erwähnt hatte, dass die Zeit durch die Verdrängung des Todes geschaffen werde.

»Kommen wir zum nächsten Aspekt des Egos, es lebt niemals im Jetzt. Dein Ego existiert ausschließlich in Vergangenheit und Zukunft, es zehrt von der Vergangenheit und träumt von der Zukunft, da es in der Gegenwart nur für die Zukunft auf Grundlage des in der Vergangenheit Erlernten plant. Hier liegt ein Schlüssel, um uns vom Ego zu befreien, wie ich dir noch erklären werde. Auch ist das Ego rechthaberisch, es muss immer recht haben. Ist es einmal nicht im Recht, wird es sich massiv bedroht fühlen, denn seine Daseinsberechtigung droht dann zu kippen. Wir alle kennen das, wenn wir in einem Streit merken, dass wir nur noch um recht zu haben weiter streiten, obwohl wir bemerkt haben, dass wir im Unrecht sind. Dies zuzugeben fällt oft unglaublich schwer, es ist, als würden wir dem anderen die Chance zum finalen Stoss geben. Das Ego befürchtet, zu sterben. In den Upanishaden heißt es:

›Wo immer es ein anderes gibt, da gibt es auch Angst.‹
(86)

Diese Angst kann nicht verleugnet werden, sie ist unserem Bewusstsein immanent und wird uns immer begleiten. Würden wir sie im Alltag ständig bemerken, wären wir gelähmt und lebensunfähig, insofern unterdrücken wir sie, verleugnen die Realität und bauen uns ein alternatives Weltbild auf. Zilborg schreibt:

> *›Wären wir uns dieser Furcht ständig bewusst, könnten wir nicht mehr normal funktionieren. Sie muss genügend unterdrückt werden, damit wir einigermaßen angenehm leben können … Dennoch können wir dessen sicher sein, dass die Angst vor dem Tod in unseren mentalen Funktionen stets gegenwärtig ist … Niemand ist frei von der Angst vor dem Tode.‹* (86)

Das Ego hat also keinen wirklichen Zugang zu sich selbst und kann sich selbst daher nur und ausschließlich über andere Objekte definieren. Gleichzeitig kann es aber gerade im anderen Objekt niemals die wahre Erfüllung finden, es ist ja gerade nicht das andere. Diese Erfüllung kann nur in ihm selbst stecken, sie aber zu finden, ist ihm eben unmöglich. Auf der Suche nach Liebe zu anderen Subjekten, die für das Ego immer nur Objekte sind, kommt es entsprechend zu feindseligen Gefühlen gegenüber dem Objekt. Das Ego weiß tief in sich, dass das Objekt gar nicht die Erfüllung bieten kann. So entwickelt es Zweifel und ein schlechtes Gewissen, es fühlt sich schuldig. Wir benutzen eine Beziehung zur Befriedigung unserer Bedürfnisse, wenn diese nicht erfüllt werden, hassen wir. Als einziges Subjekt in seiner

Existenz sieht sich das Ego als Herr seines eigenen Schicksals, es meint, das Leben beherrschen zu können, zumindest aber, die volle Verantwortung tragen zu müssen, für alles was es betrifft. Es sieht nicht, dass, wenn es als Subjekt handelnd sich selbst zum Objekt macht, ein Objekt ist. Aber wiederum nicht es selbst, sondern ein anderes, das es nicht beherrschen kann. Es kann nie in der Lage sein, für sich selbst kontrollierend zu handeln, es ist ihm unmöglich, sein Leben zu beherrschen. Wie wir sofort spüren, unterdrücken wir in unserem eigenen Leben diesen Konflikt so gut wie möglich und wollen ihn nicht wahrhaben. Warum sollten wir über etwas nachdenken, was wir nicht verstehen können? Wir laufen also vor der Tatsache der Unmöglichkeit, uns zu verstehen, davon. Wir unterdrücken, leugnen, streiten ab. Zwangsläufig entwickelt sich aus dieser verkrampften Haltung eine Anspannung, die im Laufe eines Menschenlebens immer mehr anwächst. Schließlich bedeutet es eine ungeheure Anstrengung, so viele Jahre lang zu verdrängen. Es werden Dinge zum Ausgleich und zur Ablenkung gesucht, unsere heutige Konsumsucht ist unmittelbares Produkt dieser Situation. Wir suchen Zerstreuung, Liebe, Anerkennung außerhalb unseres Selbst bei Alkohol, Sex und Drogen, wir stürzen uns in die Arbeit und entwickeln einen Zwang zur Aktivität. Diese Begierde ist neben dem Zurückweisen ein Zustand des Anhaftens an den Dingen. Die Begierde erzeugt in ihrem Bedürfnis, Kräfte zu überwinden, neue Kräfte, die dazu führen, dass die Begierde trotz ihrer kurzen Befriedigung immer weiter wächst. Je mehr wir ihr nachgeben, desto mehr Begierden entwickeln wir. Obwohl wir nur Frieden wollen, suchen wir etwas, das wir nie finden können. Wir wollen kontrollieren und die Zukunft voraussagen und fühlen uns doch nur getrennt von allem. Unser individuelles Ich ist ebenfalls lediglich ein Ersatz für unser wahres Wesen. Wir sind unfähig, nur einen Moment zu verharren und den Fluss unserer Gedanken anzuhalten, wir identifizieren uns mit ihnen.

Die Überwindung der Begierde selbst ist nun noch nicht der Weg zum Glück, dabei würde es sich bloß um einen rein ich-bezogenen Vorgang handeln, der dich gerade wieder abgrenzt von allem. Ohne wahre Liebe für andere und für alles endest du nur im Egoismus. Verantwortung zu übernehmen und verantwortungsvoll in Liebe zu handeln, ist das Ziel. Die Auflösung des Egos und das Gefühl der Verbundenheit mit dem Kosmos, oder von mir aus auch mit Gott, nenn es, wie du möchtest, erlebst du im tiefen Mitgefühl, in der Liebe, wenn du gibst. Die gerade genannten Aktivitäten sagen also dem Ego, dass es lebt, es zeigt sich als aktives Subjekt. Ohne Handlung, ohne Objekte seiner Handlungen, befürchtet es, nicht mehr zu sein. Wo kein Objekt, da kein Subjekt. Das Ego wird getrieben, setzt sich immer mehr unter Druck, es verlangt nach Action und immer mehr Action, die Anspannung steigt immer weiter, es wird zum tragischen Helden seiner Existenz. Es rast immer weiter in eine Sackgasse, in der Hoffnung, dass es einen Ausweg findet, obwohl es die Unmöglichkeit dieses Unterfangens ahnt. Es empfindet sich als unsterblich, und unser ein und alles, das Ego, versucht, die Welt zu beherrschen, statt eins mit ihr zu sein.

Nun kann man zur Verteidigung des Egos anführen, dass es aufgewachsen ist in einer materiellen Welt. Schon als Kind wurden wir erzogen mit der Zielrichtung, immer der Beste, der Schnellste, der Schlaueste zu sein. Dummerweise war immer nur einer der beste, alle anderen waren demnach mehr oder weniger die Versager. Die Furcht vor dem Versagen wurde uns so schon in die Wiege gelegt. Wer von uns wuchs schon auf mit der Aufforderung, besonders liebevoll zu sein? Welche Eltern legten nicht schon immer mehr Wert auf Schule und Materielles? Das Ego kann die Problematik seiner Situation nicht lösen, da es selbst das Problem ist. Hier müssen wir unmittelbar an die Koans im Zen-Buddhismus denken. Schon mal gehört davon?«

»Ja, habe ich, ich habe ein, zwei Bücher über Zen-Buddhismus gelesen und Guy hat sie natürlich letztens auch ausführlich erwähnt.«

»Man sagt übrigens, dass das Verlangen, zu töten, aus dem Kampf gegen das Ego entstand. Der Mensch war sich tief im Innern bewusst, dass er sein Ego opfern musste für seine Erleuchtung. Da er dazu nicht in der Lage war, brachte er andere Menschen um und suchte darin die Erlösung seiner Angst. Otto Rank, ein Zeitgenosse Freuds, sagte:

›Die Todesfurcht des Egos wird durch das Töten, das Opfern des anderen vermindert; durch den Tod des anderen kauft man sich selbst frei von der Strafe des Sterbens, des getötet werden.‹ (86)

Man bringt also andere um, um das eigene Leben zu retten; man erkämpft sich Unsterblichkeit mit dem Tod der anderen. Der Stärkere hat gewonnen, man ist auserwählt und damit Gott nähergekommen. Eugene Ionescu beschrieb den Sachverhalt ebenfalls:

›Solange wir unserer Unsterblichkeit nicht sicher sind, werden wir uns trotz unseres Verlangens nach gegenseitiger Liebe weiterhin hassen.‹ (86)

So entstehen Kriege, Krieg erfährt seine Ursache in einer lebenserhaltenden Maßnahme. Das Ego kann die Behauptung seiner eigenen Unsterblichkeit nicht aufrechterhalten; solange es existiert, steht uns der Tod immer im Nacken. Eine Lösung aus diesem Drama beginnt mit dem Verständnis seiner hoffnungslosen Situation, es sieht seine Zwangslage und akzeptiert sie. An diesem Punkt ist man vielleicht auch schon angekommen, wenn man entscheidet, eine Schamanenausbildung zu machen oder spontan Esoterikstunden bei einem amerikanischen Spinner am Atitlán-See zu nehmen. Wenn das Ego sich damit begnügt, ›zu sein‹, besteht die Möglichkeit einer weiteren Entwicklung. Wir erwachen aus unserem Selbst, das Selbst ist wieder ›es selbst‹ und gleichzeitig alles andere, die Trennung der Welt wird aufgehoben. ›Ich bin das andere Du, du bist das andere Ich‹. Das Subjekt wird zum Objekt, das Objekt ist das Subjekt. Ich bin ich und ich bin nicht ich. Das fehlende Gleichgewicht in unserem Leben wird wiederhergestellt. Lama Anagarika Govinda vergleicht dies mit einer nicht belasteten Waage, deren Schalen nicht ausbalanciert sind.

> ›So wie man bei einer unbelasteten Waage, deren Schalen nicht ausbalanciert sind, diesen Fehler dadurch behebt, dass man den Schwerpunkt des Waagebalkens verschiebt und nicht als Ausgleich die höher stehende Schale mehr belastet, so muss auch die Disharmonie der menschlichen Psyche durch Verlegung des Schwerpunktes aus dem »Ich« in das »Nicht-Ich« behoben werden‹ (39)

Das Ego wird also geheilt durch die Auflösung seiner selbst. Dies jetzt zu begreifen und wahrhaftig tief in deinem Inneren zu realisieren, ist sicherlich nicht so einfach. Du kannst nur daran arbeiten, immer weniger an den Dingen zu haften und gleichzeitig keinen Widerstand gegen was auch immer zu leisten. Dann wird dein Ich die Gewalt über dich verlieren. Du bist zwar durch reines Verstehen und Befolgen dieser Ratschläge noch lange nicht weise oder gar erleuchtet, aber du bist auf dem richtigen Weg. Wie können wir uns selbst erfahren, wie finden wir unser Ich? Sicherlich nicht, indem wir uns weiterhin wissenschaftlich von außen betrachten. Wir können uns nur selbst erkennen, wenn wir die Trennung von Subjekt und Objekt aufgeben und in uns selbst suchen.

Sinnlos ist es auch, das Ego zu bekämpfen; du darfst niemals den Fehler machen, es zu bewerten und als Feind zu betrachten. Letztlich ist es ein Teil von dir und hat auch seinen Sinn in Situationen, in denen dein Verstand gefragt ist. Das kommt aber seltener vor, als du meinst, und sicherlich nicht ständig. Wenn du dir angewöhnt hast, deine Gedanken zu beobachten, wirst du dir der Geschwätzigkeit deines Verstands erst richtig bewusst werden. Du wirst merken, dass sich das meiste um Sorgen und theoretische Abhandlungen dreht, die im aktuellen Moment überhaupt keine Rolle für dein Leben spielen. Bekämpfst du aber dein Ego, wird dies genau das Gegenteil des gewünschten Erfolgs als Ergebnis haben. Es gilt auch nicht, das Ego bis in die Tiefen deines Verstandes hinein zu analysieren; da dies immer mittels des Verstandes selbst passieren würde, würdest du also genau das stärken, was du kausal verhindern möchtest. Solange sich deine Gedanken um dich, um deine eigentlich hehren Absichten, drehen, solange wird dein Ego stark sein. Da ist es sinnvoller, zu erkennen, dass du noch von Deinem Ego besessen bist, und zu hoffen, dies einmal auflösen zu können. Ich weiß leider nicht mehr, wer gesagt hat:

> *Alles Äußere sagt dem Individuum, dass es nichts ist, während alles Innere es davon überzeugt, dass es alles ist.*

Das Ego ist ein Meister in der Kunst der Selbstgefälligkeit. Selbstgefälligkeit und Ich-Bezogenheit sind unsere größten Feinde. Wie oft fühlen wir uns verletzt und ungerecht behandelt durch das Tun und Lassen unserer Mitmenschen? Unser halbes Leben besteht darin, andere für unser Unglück verantwortlich zu machen. Wenn wir lernen, dies abzustellen, stellen wir auch unsere Verletzlichkeit ab. Die menschliche Existenz ist nie mit dem Verstand zu erklären, auch wenn das Ego dies gerne hätte und es sich in seiner bestimmenden Rolle sehr bequem gemacht hat. Der Verstand kann immer neue Fragen erzeugen, wird jedoch nie die letzte Antwort dazu haben. Dies zu beantworten, hieße, sich selbst obsolet zu machen. Warum sollte das Ego dies wollen? Der Verstand als bester Freund des Egos ist zwar oft nützlich in unserem Leben. Manchmal ist er auch einfach gefährlich und verursacht Kriege; was er nie können wird, ist, die Frage nach dem Sinn des Lebens zu lösen. Hier hebt der Verstand die Hände und muss passen; egal, wie er argumentiert, er wird immer in einer Sackgasse enden. Es fehlt ihm anscheinend eine weitere Dimension, die seine Wahrnehmung erweitern könnte um das fehlende Glied.«

Earl pausierte und ich meinte zu ihm: »Zusammenfassend heißt das, ich soll nicht so viel denken und planen?«

»So könnte man es auch sagen.«

27. Kapitel – Das Unbewusste

Wir waren unterwegs nach Monterrico an der Pazifikküste. Wir, das waren Earl, Guy und ich; wir wollten ein paar Tage am Strand verbringen, frischen Fisch und Lobster am Strand essen und es uns einfach gut gehen lassen. Schon die Anfahrt war wieder einmal abenteuerlich; zuerst die Schifffahrt über den See, mit dem Minibus zur Hauptstraße, von dort der lokale Bus bis zur Panamericana, dann der Bus von Guatemala City nach Iztapa. In Iztapa fuhr ein Schnellboot weiter über den Salzwasserkanal nach Pueblo Viejo und von dort ging dann endlich der letzte Bus des Tages bis Monterrico. Obwohl die gesamte Strecke in Luftlinie nur gut einhundert Kilometer betrug, waren wir doch den halben Tag unterwegs. Ich sah das erste Mal die Panamericana, die ich bis dahin nur aus dem Fernseher kannte. Allzu beeindruckend war die dreckige Kreuzung, auf der wir gemeinsam mit zehn Einheimischen auf den Bus aus Guatemala City warteten, nicht gerade. Eine ganz normale zweispurige Straße, der man den Mythos, der sich um sie rankt, nicht ansah. Ständig ratterten uralte, stinkende Lastwagen und ein paar moderne Sattelschlepper gefährlich nah an uns vorbei. Wer die Idee hat, diese Strasse einmal mit dem Fahrrad zu erkunden, braucht gute Nerven und viel Glück. Wir waren froh, als wir im tropischen Monterrico ankamen und jeder seine Strandhütte beziehen konnte. Die guatemaltekische Pazifikküste besteht großteils aus breiten Sandstränden, der feine Sand ist entsprechend seines vulkanischen Ursprungs eher dunkel und infolgedessen heiß. Der Pazifik bricht sich entlang der ganzen Küste aufgrund des nur langsam ansteigenden Meeresbodens in langen, gleichmäßigen Wellen, die beachtliche Höhen erreichen; ein wirkliches Paradies für jeden Surfer. Pünktlich zum Mittagessen saßen wir unter großen, ausgeblichenen Sonnensegeln mit reichlich Löchern vor dem improvisierten Restaurant unseres Vermieters Richard. Richard hatte hier direkt am breiten Strand vor etwa zehn Jahren einige einfache Hütten mit Gemeinschaftsduschräumen gebaut und lebte so eben davon. Am Wochenende und in den Ferien fielen die guatemaltekischen Städter hier ein und aßen und tranken innerhalb weniger Stunden jedes Mal seine gesamten Vorräte auf. Alle bis auf den Fahrer und die Kinder tranken Alkohol in rauen Mengen, bis die ganze Familie betrunken und vollständig angezogen in der Brandung lag und sich kräftig durchschleudern ließ.

Ein nicht ganz ungefährliches Vergnügen, wie ich selbst einmal feststellte, als ich abends nach ein paar Bier noch meinte, bodysurfen zu müssen. Schon die erste Welle war größer als erwartet und überschlug sich nahezu auf der Stelle. Ich wurde mit dem Kopf wie ein Pfahl in den Boden gerammt, hatte das Gefühl, mein Rücken bräche durch und wurde daraufhin eine halbe Ewigkeit durch das Sand-Wasser-Luft-Gemisch der Brandung gewirbelt und über den Boden geschleift. Als ich endlich wieder Luft bekam und mich aufrappelte, rechnete ich wirklich mit dem Schlimmsten, aber ich hatte Glück. Außer Kopfschmerzen, einigen Prellungen und Hautabschürfungen war nichts passiert. Selbstverständlich tat ich so, als sei dies alles ganz normal und ließ mir nichts anmerken. Jetzt aber hatten wir erst einmal Hunger und bestellten uns Bier und Gambas. Earl war schon einige Male hier gewesen und sein Tipp erwies sich als eine gute Wahl. Während der Hinreise hatten die beiden es sich nicht nehmen lassen, meine privaten Vorlesungen fortzuführen. Guy entpuppte sich mehr und mehr als eine Art Diogenes in der Tonne, so entspannt und genügsam wie er war. Ich stellte in mir eine Tendenz zur Missgunst fest, wenn ich ihn so erzählen hörte. Mit seiner

Rente und als Single war es für ihn schließlich einfach, so in den Tag hinein zu leben. Anders herum: Ich hatte eine Ausrede gefunden, warum ich diese Lebenseinstellung nicht haben konnte. Dafür müsste man Frührentner sein, eine kleine Rente beziehen, durfte keine Frau haben und dann, ja dann, ginge das Leben erst richtig los. Man legt sich seine Argumente halt so zurecht, wie man sie gerade braucht. Neid ist insofern ein hilfreiches Gefühl, als man merkt, dass man entweder eine falsche Sicht auf die Dinge hat oder dass im eigenen Leben Verbesserungsbedarf besteht.

Im Bus hatte zuerst Earl das Wort ergriffen: »Ssso!« Dieses »ssso« klang bedrohlich.

»Heute wird es kompliziert für dich. Für mich – Gott sei Dank – nicht so sehr.«

Er lachte.

»Heute wird Guy dir mal wieder die Welt erklären, er ist mir in der Psychologie weit voraus, vor hundert Jahren soll er das sogar mal studiert haben.«

»Blödsinn, ich habe mal zwei Semester angefangen, dann aber war mir das alles viel zu wissenschaftlich, zu viel Statistik und Mathematik und vom wahren Leben zu weit weg. Damals kam ich gerade aus Indien zurück und dachte, Psychologie zu studieren, das wär´s. War´s aber nicht, mehr Mathe als sonst was und dazu Leute, die – so hatte ich den Eindruck – alle erst einmal selbst auf die Couch gehört hätten.«

Dem konnte ich nicht widersprechen, das Gefühl hatte ich bei jedem Psychologiestudenten damals während des Studiums auch gehabt.

»Wo fange ich an? Wir wollen versuchen, dir heute eine Ahnung vom Bewusstsein und vom Unbewussten zu geben. Vielleicht zuerst einmal eine Definition des Bewusstseins von Scharfetter:

›Bewusstsein ist bewusstes Sein.‹ (66, S. 25)

Ich weiß also, dass ich bin, ich bin dessen gewahr. Dessen gewahr wird das Bewusstsein durch unsere fünf Sinne. Es sieht mit unseren Augen, es hört mit unseren Ohren, es riecht mit unserer Nase, es schmeckt mit unserer Zunge, es fühlt mit unserer Haut. Das Unbewusste hingegen ist bei Freud im Wesentlichen der Sammelort verdrängter oder vergessener Inhalte, der Sitz der Irrationalität, das Lager der Laster des Menschen. Hier ist es wichtig, zu verstehen, dass er diese Inhalte als irgendwann einmal von der jeweiligen Person realisiert ansieht. Erst dann hat diese Person die Möglichkeit, diese realisierten Dinge zu verdrängen und zu vergessen. Versuch dir das zu merken! Im Gegensatz dazu unterscheidet der Schweizer C.G. Jung, da waren euch die Schweizer also voraus, das Unbewusste, was wir landläufig auch als das Unterbewusstsein bezeichnen, vom kollektiven Unbewussten, etwas, das nie wirklich an die Oberfläche kommt, etwas, das nicht für den einzelnen Menschen gilt. Er spricht vom kollektiven Unbewussten, das allen Menschen zugleich immanent ist und nicht auf persönlichen Erfahrungen oder Erlerntem beruht. Es ist nicht individuell, sondern bildet die Basis, die Grundlage aller Menschen, die in jedem absolut gleich vorhanden ist. Er bezeichnet dies als *›eine in jedermann vorhandene, allgemeine seelische Grundlage überpersönlicher Natur, die ihr Dasein ausschließlich der Vererbung verdankt.‹* (49)

Es beinhaltet die Weisheit des einzelnen Menschen und der gesamten Menschheit. Die Inhalte dieses Unbewussten selbst bezeichnet er wiederum als Archetypen. Ein anderer Begriff wäre *›Elementar- oder Urgedanken‹* (49).

Bei der Geburt hat bereits jedes Neugeborene diese Archetypen in sich. Archetypen sind also Themen, die ihren Ursprung in der kollektiven Seele haben, und die Grundlage aller Sagen und Mythen sind. Beispiele sind der Held, der Erlöser, der Abenteurer, die Mutter, die Liebende, die Wilde und viele mehr. Mancher sagt, dass uns ein bestimmter Archetyp bereits in die Wiege gelegt wurde. Zu beachten ist, dass es sich nicht um *vererbte Vorstellungen, sondern um Möglichkeiten von Vorstellungen handelt* (49). Jung schreibt in seinem Buch ›Archetypen‹ weiter:

> ›*Es muss deshalb nochmals hervorgehoben werden, dass die Archetypen nicht inhaltlich, sondern bloß formal bestimmt sind, und letzteres in nur sehr bedingter Weise … Der Archetypus an sich ist ein leeres, formales Element, das nichts anderes ist, als eine … a priori gegebene Möglichkeit der Vorstellungsform … Es gibt ein Apriori aller menschlichen Tätigkeiten, und das ist die angeborene und damit vorbewusste und unbewusste individuelle Struktur der Psyche. Die vorbewusste Psyche, also die des Neugeborenen, ist keineswegs ein leeres Nichts, dem alles beizubringen wäre, günstige Umstände vorausgesetzt, sondern eine enorm komplizierte und individuell aufs schärfste determinierte Voraussetzung, die nur darum als dunkles Nichts erscheint, weil wir sie nicht direkt sehen können. Kaum erfolgen aber die ersten sichtbaren, psychischen Lebensäußerungen, so braucht es schon einen Blinden dazu, um den individuellen Charakter dieser Äußerungen, nämlich die eigene Persönlichkeit, nicht zu sehen. Man kann dabei nicht wohl annehmen, dass all diese Einzelheiten erst in diesem Moment entstehen, wo sie erscheinen. … Wir müssen heutzutage von der Hypothese ausgehen, dass*

der Mensch ... eine präformierte, artgerechte Psyche be-sitzt, ...‹

Weiter sagte er auch:

> › ..., *so erscheint es doch wahrscheinlich, dass ein Arche-typus im ruhenden, nicht projizierten Zustande keine genau bestimmbare Form hat, sondern ein formal unbestimmtes Gebilde ist, dem aber die Möglichkeit zukommt, vermö-ge der Projektion in bestimmten Formen zu erscheinen.‹«*
> (49)

»Das muss ich aber jetzt nicht wirklich verstehen, oder?« warf ich ein.

Earl´s Antwort war typisch: »Ich predige doch seit Tagen, dass es nicht ums Verstehen geht«, worauf Guy aber dann doch meinte, dass es nicht hinderlich wäre, dies in etwa verstanden zu haben, da Jung wohl eine Menge neuer Ideen in die Psychologie gebracht hatte. Also wiederholte er den ersten Teil nochmals und fuhr dann fort: »Das Wissen um dieses kollektive Unbe-wusste sowie die Archetypen wurde und wird in vielen primi-tiven Kulturen als Geheimlehre betrachtet und entsprechend behandelt und weitergegeben. Je weiter entwickelt diese Lehren sind, desto mehr sind sie zwangsläufig vom jeweiligen Bearbeiter beeinflusst. Diese Geheimlehren, zu denen auch die Religionen zu zählen sind, versuchen, das unsichtbare Geschehen der See-le zu erfassen und beanspruchen zwangsläufig für sich höchste Autorität, was immer gefährlich werden kann, wie uns die Ge-schichte regelmäßig beweist. Jung führt die späte Entdeckung des Unbewussten sogar auf die Kirchen zurück, die uns benebelt haben mit religiöser Lehre, Ritualen und Bildern. Der Buddhismus spricht übrigens vom Speicherbewusstsein, das er als die Wurzeln der einundfünfzig Geistesformationen, der Gefühle, ansieht und meint damit wohl dasselbe. Diese Archetypen treten in Träumen, Visionen und Märchen auf. Werden sie im Traum wahrgenommen, wird der unbewusste Inhalt von der individuellen Psyche des Träumers benutzt, realisiert und zu Traumbildern verarbeitet. Da die Regungen des Unbewussten zu allen Zeiten unheimlich und bedrohlich erschienen, wurde versucht, dies durch Befestigung des Bewusstseins einzudämmen. Hierzu dienten Riten, die später einmal zu den Fundamenten der Kirche wurden.

Auch unsere Gedanken entstanden in der Vorzeit erst einmal im Unbewussten, der primitive Mensch dachte nicht bewusst, die Gedanken erschienen ihm quasi. Sie wurden nicht erdacht, sondern tauchten einfach auf. Jung vergleicht diesen chronischen Dämmerzustand des Bewusstseins und die Gedanken mit Träumen; der Mensch der Vorzeit konnte diese ursprünglich vielleicht gar nicht voneinander unterscheiden. ›Denken‹ war für ihn noch keine bewusste Willensanstrengung. Weiter stellte Jung fest, dass ›die Archetypen seelische Lebensmächte sind, welche ernst genommen werden wollen‹ (49) und sich bemerkbar machen, wenn sie verletzt werden. Er bezeichnet sie als Schutz- und Heilsbringer, aber auch als die unfehlbaren Erreger neurotischer und sogar psychotischer Störungen, die sich genau wie gestörte Körperorgane verhalten. Erkennt man das Vorhandensein der Archetypen an, die nun einmal uralt sein dürften, ist der immer mehr wachsende Konflikt im Menschen durch seine kulturelle und intellektuelle Weiterentwicklung offensichtlich. Die Spaltung, die Distanz, zwischen den uralten Archetypen im Unbewussten und der Gegenwart wird immer größer. Ständig müssen wir versuchen, beides in Einklang zu bringen, zu deuten und zu verknüpfen. Geschieht dies nicht, verlieren wir quasi unsere Wurzeln und sind anfällig für jede Art von neuer Sugges-tion für psychische Epidemien, für neue Heilsbringer. Für den Archetypus gibt es keinen Ersatz. Wird ein Seelenteil vom Bewusstsein dauerhaft abgetrennt, führt dies zu einer psychischen Störung. Treffenderweise schreibt der amerikanische Anthropologe Paul Radin:

›*Psychologisch betrachtet könnte man behaupten, dass die Geschichte der menschlichen Kultur weitgehend die Versuche des Menschen darstellt, seine Wandlung vom Tier zum Menschen zu vergessen.*‹

Diskussionswürdig wäre unter diesem Aspekt sicherlich der Grund, warum wir weiterhin an uralten Bräuchen und Riten wie Karneval, dem Tannenbaum und anderen festhalten, die ursprünglich auf einem Aberglauben begründet wurden. Pflegen wir wirklich nur noch die Tradition, oder geht es in unserem Unbewussten durchaus weiterhin um viel mehr? Der Kreis zu den asiatischen Philosophien und der Quantenphysik schließt sich bei Jung, wenn er schreibt:

›*Kein Archetypus lässt sich auf eine einfache Formel bringen. Er ist ein Gefäß, das man nie leeren und nie füllen kann. Er existiert an sich nur potentiell, und wenn er sich in einem Stoff gestaltet, so ist er nicht mehr das, was er vorher war.*‹ (49)

Vielleicht verstehst du das alles auch besser, wenn wir jetzt über das Bewusstsein sprechen. Betrachten wir Babys und Kleinkinder, so stellen wir fest, dass diese noch gar nicht differenzieren können zwischen sich und der Welt. Ihre zappelnden Arme und Beine sind für sie genauso die Welt wie auch sie selbst, und die Stimme der Mutter wird noch nicht einer anderen Person zugeordnet, sondern ist eins mit ihnen. Beachte dabei, dass es nicht denkt, ›das bin alles ich, meine Mama ist ein Teil von mir‹; nein, es denkt überhaupt nicht in ›Ich‹ und ›der Rest‹. Das Kind fühlt sich eins mit der Brust der Mutter, es kann noch gar nicht trennen in ›Du‹ und ›Ich‹ oder ›Materie‹ und ›Geist‹, es ›ist‹ einfach. So ist auch der körperliche Vorgang der Geburt, genau wie das dann folgende Leben und der unvermeidliche Tod, nur ein einzelner Schritt in der Entwicklung des Menschen und wird oft überschätzt. Gott sei Dank fehlt uns die Fähigkeit, rückwirkend Angst zu haben, ansonsten würde sich auch noch jeder vor seiner eigenen Geburt fürchten. Auch in den Tagen nach der Geburt gleicht das Leben des Säuglings mehr der Zeit im Mutterbauch als einem bewussten Leben, bis es nach einiger Zeit als Erstes den Unterschied zwischen ihm selbst und den anderen erkennt. In den ersten vier bis sechs Monaten bleibt es eins mit der Mutter, erst dann beginnt sich sein eigenes Bewusstsein langsam zu entwickeln, es spaltet sich ab. Mit etwa drei Jahren ist dieser Vorgang abgeschlossen, die Mutter ist plötzlich eine andere Person, woraus dann in der Entwicklung des Menschen die ersten Herausforderungen und oft auch die ersten Probleme entstehen.

Dieses Bewusstsein als der wesentliche Bestandteil unserer menschlichen Entwicklung hat sich im Laufe der Evolution immer weiterentwickelt und wird nie damit aufhören. Nach Castaneda ist der Existenzgrund aller empfindenden Wesen die Erweiterung des Bewusstseins. In der westlichen Welt wurde und wird das Bewusstsein großteils immer noch als passives wahrnehmendes Element angesehen, eine weitergehende Rolle als die eines reinen Beobachters der eigentlichen Wirklichkeit ist nicht vorgesehen. Der Buddhismus kennt drei Bewusstseinszustände, das Wachen, das Träumen und den tiefen Schlaf. Der vierte Bewusstseinszustand transzendiert alle anderen und ist insofern kein weiterer, sondern nur das Ziel. Diese drei Zustände werden übrigens in der genannten Reihenfolge dem Körper, dem Geist und der Seele zugeordnet. Wie ich schon bei meinen Anmerkungen zur Wahrnehmung sagte, darfst du nicht den Verstand oder das Gehirn mit dem Bewusstsein gleichsetzen. Das Bewusstsein ist eine unabhängige und höhere Substanz, der Verstand und das Ego sind ihm letztendlich untergeordnet, auch wenn sie ihr Leben lang dagegen ankämpfen. Das Gehirn ist auch nicht der Sitz des Bewusstseins, dieses sitzt nicht im Körper, es war vor dem Körper und es wird nach dem Körper sein.«

»Stimmt da etwas nicht?« wandte ich zögerlich ein. »Passt das zusammen, dass das Bewusstsein alles ist, dass alles Bewusstsein ist, es sich jedoch trotzdem entwickelt. Wie soll es sich eigentlich entwickeln können? Warum musste der Mensch sein Bewusstsein erst noch entwickeln, wo es doch schon vorher da gewesen sein muss? Fällt mir das lediglich auf, weil ich mit dem Verstand darangehe, oder wo ist der Haken?«

»Du hast recht. Aus Sicht unseres Verstandes betrachtet ist dies unlogisch. Die Realität baut aber nicht auf unserer Logik auf, sondern auf etwas völlig anderem. Was das ist, kannst du nur bei deiner Erleuchtung erleben. Vorerst kannst du der Sache nur eine Chance geben. Auch versuche ich, genau wie Earl und die noch viel größeren Philosophen, mit Bildern zu arbeiten. Diese sollen eine Idee, besser noch ein Gefühl, vermitteln, keine Logik. Dass uns dies nicht immer gelingt, merken wir jetzt gerade wieder. Dein Verstand entwickelte sich, als sich das Ego aus dem Bewusstsein entwickelte, vorher konnte es in seinen früheren

Entwicklungsstadien nur wahrnehmen und instinktiv reagieren. Eigentliche Gedanken gab es nicht, diese waren unmittelbar von der Umwelt auferzwungene Wahrnehmungen, die gar keinen Verstand passierten und infolgedessen nicht analysiert wurden. Das Bewusstsein beobachtet die Gedanken des Gehirns und die Emotionen des Körpers und erlebt damit seine Existenz. Es erfährt sich selbst und arbeitet mit Informationen, die das Gehirn wahrnimmt, interpretiert dabei aber nicht. Außerdem ist es in der Lage, die Gedanken des Verstands unabhängig zu beobachten. Dies ist ein wichtiger Aspekt, mit dem jede wirkungsvolle Therapie und Heilung arbeitet. Du bist nicht dein Verstand oder dein Gehirn, du bist dein Bewusstsein. Unser individuelles Bewusstsein ist unmittelbar verbunden mit dem kollektiven Bewusstsein aller Menschen, das sich wiederum aus der Vielzahl individueller Bewusstseine bildet. Vergleichbar mit der einzelnen Ameise in der Gesamtheit eines Ameisenvolks, sind wir selbst jeweils nur ein kleiner Teil eines großen Ganzen, das auch erst als Ganzes seine Kraft erhält. Zu diesem Ganzen gehört nicht nur der Mensch, auch die Tiere, Pflanzen, Steine, das ganze Universum sind ein Teil davon. Den einzelnen Menschen könnte man vielleicht vergleichen mit einer einzelnen Zelle im menschlichen Körper. Alles ist miteinander verbunden und kommuniziert ständig miteinander, es ist nur die Frage, was du davon gerade wahrnehmen kannst und willst. Wie oft passiert es dir, dass du an jemanden denkst und dich genau diese Person dann plötzlich anruft? Zufall? Wir alle haben ein gemeinsames Bewusstsein, vielleicht vergleichbar mit einem Netz. Carlos Castaneda spricht von leuchtenden Perlenschnüren, die aus der menschlichen Aura zu einer großen gemeinsamen Aura verlaufen und sich dort verbinden. Schon Paracelsus sagte:

›Der Mensch besitzt auch eine Fähigkeit, durch die er seine Freunde und die momentanen Gegebenheiten, denen diese gerade unterliegen, erkennen kann, obwohl sie zum betreffenden Zeitpunkt tausend Meilen entfernt sein können.‹
(72)

In seiner extremsten Version führen alle diese Gedanken zu einer kaum vorstellbaren Variante: Du bist das einzige Lebewesen, das einzige Bewusstsein im Universum. Du schaffst dir deine Realität durch dein Bewusstsein, diese Realität nimmst du wahr. Es existiert niemand außer dir, dieses Buch hast du mit deinem Bewusstsein geschaffen. Alle Gespräche mit Freunden sind von dir geschaffene Vorstellung mit imaginären Personen. Du bist ein irgendwo schwebendes Bewusstsein mit einer Menge Fantasie und Lust auf Erfahrungen. Das Ehepaar Wim Coleman und Pat Berrin nannte ein Wesen in ihrem Buch ›The Jamais Vu Papers‹ ›Llixgrijb‹. Llixgrijb existiert in einem für uns nicht verstehbaren Raum, aus dem es keinen Ausweg gibt, es kann aber auch nicht sterben, sondern wird ewig leben. Ganz allein und ohne Hoffnung beginnt Llixgrijb, sich seine eigene Welt auszudenken, es erfindet ein Universum …

Es ist offensichtlich, dass dir dieser Gedanke nicht sympathisch sein kann, dieser Gedanke hieße schließlich, dass wir uns gerade überhaupt nicht unterhalten, dass du – und ich schon gar nicht – nicht hier sitzt, sondern dass das alles eine Ausgeburt deiner selbst repräsentiert, lediglich ein Spiel deines Bewusstseins darstellt.«

»Stopp! Warte mal eben. Ich hatte schon die ganze Zeit das Gefühl, dass die ganze Sache in so eine Richtung abdriftet. Wenn ich das alles einmal zusammenfasse, was ich in den letzten Wochen gelernt habe, gibt es in mir zwei verschiedene Arten der Interpretation, die beide nicht zu einem Ziel führen. Ich verstehe, dass alles eins ist. Es gibt keine Materie, entsprechend kann alles, was ich meine zu sehen, nur aus Bildern bestehen und enthält nichts, was wir unter fester Materie einstufen würden. Ich verstehe also, dass jede Wahrnehmung subjektiv ist und bin bereit zu glauben, dass ich meine Realität selber erschaffe. Ich habe die Funktion des Egos verstanden, dieses ist eine Konstruktion meines Verstandes. Wer aber sitzt jetzt hier vor dir? Sitze ich hier oder nicht? Wenn ich hier sitze, sitzt du dann auch hier? Bist du von mir geschaffen, rede ich mit einer Fiktion meines eigenen Geistes? Gibt es dich etwa gar nicht? Kannst du mir diese Fragen eigentlich überhaupt beantworten, wenn meine Gedanken dich geschaffen haben, wenn meine Idee zu deiner Schöpfung führte, wenn du also quasi ›ich‹ bist? Du müsstest meine Frage beantworten können, ja, du müsstest schon vorher wissen, was ich dich fragen möchte, wenn das Wissen in allem ist. Müsste ich dich dann aber überhaupt fragen, da ich es ja dann auch gleich selber wüsste? Zu Ende gedacht würde dies bedeuten, dass ich auch als Eremit in einer Höhle leben könnte, die ich mir aber sowieso nur vorstelle, denn materiell existiert sie ja gar nicht. Ich wäre nicht mehr allein, sondern bin überall, alles, was ich sonst wahrnehme, sind meine eigenen Schöpfungen. Wenn ich aber so etwas Tolles wäre, ein Gott oder ein Teil von ihm, vielleicht das Universum, warum verstehe ich dann meine eigene Welt nicht? Wo bin ich dann überhaupt? Die Erde gibt es nicht, ich bin nur Bewusstsein, also bin ich überall und zugleich nirgends. Dies könnte ich als eine Ebene vielleicht verstehen. Dann kommt aber diese zwischenmenschliche Geschichte dazu, es gibt offensichtlich mehrere Menschen auf der Erde. Warum sonst würden so viele weise Männer die Liebe so hoch hängen, wenn wir, also ich, nur ich wären? Gut, aus Menschensicht gefühlt und verstanden, ist es sinnvoll, Liebe in die Welt zu bringen, aber mache ich dies dann nur für mich, weil sonst gar niemand existiert? Wären dies nicht rein egoistische Beweggründe? Das, was wir unter wahrer Liebe verstehen, hat in meinem Verständnis immer noch einen Gegenpol, dem ich diese Liebe zukommen lasse. Zwar eine absolut unegoistische, reine Liebe, die nur um ihrer selbst willen existiert, jedoch immer noch reflektiert ist durch irgendetwas. Wäre ich hingegen allein, wofür sollte ich wen lieben, gäbe es dann überhaupt Liebe? Egoismus könnte ich es wohl auch kaum nennen, da es diesen nicht gäbe, wenn ich der oder das Einzige wäre. Auch Egoismus benötigt einen Gegenpol, ansonsten wäre er hinfällig. Bin ich aber nicht allein, wie passt dann alles zusammen? Wie würden auch nur zwei Menschen auf der Welt die Dinge wirklich gleich sehen?«

Guy meinte darauf weise: »Ja, du hast absolut recht mit dem was du sagst. Du hast dies und das verstanden und analysiert. Ich aber erinnere mich, dir in den letzten Wochen hin und wieder schon angedeutet zu haben, dass der Verstand das letzte Geheimnis des Lebens nie ergründen wird. Hat sich eine Teetasse schon einmal selber beschrieben?«

Damit konnte ich wenig anfangen, wie sollte mich diese Antwort weiterbringen? Jedes Mal wenn ich etwas nicht verstand, wurde mir gesagt, dass ich es auch gar nicht verstehen könne und dass dies auch nicht das Ziel sei.

Und jetzt kam Earl noch dazu: »Alles, was du sagst, ist richtig. Aber alles, was du sagst, ist auch falsch. Alles, was du nicht sagst, ist richtig. Aber alles, was du nicht sagst, ist falsch. Du bist allein auf dieser Welt. Du bist nicht allein auf dieser Welt. Diese Welt ist und diese Welt ist nicht. Alles ist und alles ist nicht, my friend. And that I know!«

Mir reichte es.

»Weißt du, ich habe das Gefühl, ich bin kein bisschen schlauer als vor einem Jahr, ganz im Gegenteil, ich habe nur neue Probleme anstelle der alten. Vorher plätscherte mein Leben vielleicht so vor sich hin, gut, im Vergleich zu anderen war es möglicherweise schon ein ordentlicher Bach, aber jetzt ist es ein völliges Durcheinander. Meine Freunde zu Hause haben mich schon zuletzt nicht mehr verstanden, wenn ich jetzt zurückkommen werde, werden sie mich noch weniger verstehen. Keiner wird mit mir über meine neuen Interessen reden wollen, überall um mich herum höre ich nur noch ›Ja, aber‹-Sätze. Mir fehlen dann die richtigen Antworten, wenn es die gar nicht wirklich gibt. Ich kann aber doch nicht nur selig grinsen, die Arme verschränken und »Om« murmeln. Geht das jedem so auf diesem Weg?«

»Nein, das passiert nur denjenigen, die es nicht kapiert haben!«. Earl konnte sich kaum noch halten vor Lachen. Schließlich musste auch ich anfangen, zu lachen, bis wir beide die Tränen in den Augen hatten.

»Hey, du hast neue Freunde gefunden, von denen jeder mit dir unendlich viel mehr gemeinsam hat, als alle deine alten Freunde zusammen. Wenn du gelernt hast, deinen Verstand auszuschalten und du die Dinge nur noch, und ich meine ausschließlich und wirklich nur noch, beobachtest und nicht bewertest, dann wird es wieder einfacher für dich werden. Dann werden auch die richtigen deiner alten Freunde bemerken, dass von dir etwas ausgeht, was richtig ist. Es geht um das Gefühl, nicht um das Verstehen. Verabschieden wir uns also von dem Gedanken, dass wir uns durch die Erweiterung unseres Bewusstseins der Realität nähern können. Auch ist das Bewusste nicht wertvoller als das Unbewusste, warum auch? Wenn das Unbewusste die gesammelte Weisheit der Menschheit enthält, wie sollte unser kleines, beschränktes Bewusstsein dies überragen können?«

Nachdem auch Guy seinen Lachanfall überwunden hatte, machte er weiter.

»Wir waren stehen geblieben bei der Idee, dass das Bewusstsein aller Menschen verbunden ist. Wie du dir das bildlich vorstellst, sei dir überlassen. Am Anfang hatte ich mich immer gefragt, warum alle diese mystischen Philosophien und Religionen, der Schamanismus, der Hinduismus und wie sie alle heißen, nie sachlich sind, sondern mit langen, komplizierten Geschichten und einer bildreichen Sprache arbeiten. Irgendwann wurde mir klar, dass dies der beste Weg ist, dies alles zu erklären, was man anders nicht erklären kann. Wir Westler haben nur das Problem, dass wir diese bildreiche Sprache gar nicht mehr haben, geschweige denn sie verstehen können. Da sind uns die Asiaten wieder voraus. Gehen wir also lieber davon aus, dass wir drei alle existieren und jeder einen kleinen Teil des großen Ganzen darstellt, aber auch irgendwie das Ganze selbst repräsentiert. In Experimenten wurde bereits nachgewiesen, dass verschiedene, voneinander getrennte Menschen schon vor großen Ereignissen gleiche, messbare Reaktionen zeigen, dies auch, wenn sie selbst absolut unbeteiligt und weit entfernt sind. Es gibt also Verbindungen zwischen den Menschen, die so weit gehen, dass wir mit ihrer Hilfe sogar schon ein Ereignis vor dessen Eintreten erfahren.

Was wäre es für ein fantastisches Experiment, wenn wir unser aller Bewusstsein nur einmal für eine Viertelstunde auf ein gemeinsames und sinnvolles Ziel richten würden. Kaum vorzustellen, oder? Mir scheint es jedoch so, als ob das Ergebnis dieses gemeinsamen Bewusstseins eher ein kleinster gemeinsamer Nenner werden würde. Wir sind geprägt von unserer Gesellschaft, wir halten für schön, was unsere Gesellschaft für schön hält. Menschen aus ganz anderen Gesellschaften werden völlig andere Dinge schön finden. Unser Bewusstsein ist das Resultat einer jahrtausendelangen Entwicklung unserer Gesellschaft, die stets von einer Minderheit regiert wurde, die wiederum durch falsche Behauptungen ihre Existenz, Funktion und Berechtigung verteidigte. Die Trägheit der Masse tut ihr Übriges, der Mensch will verharren bei dem, was er erreicht hat, er hat Angst vor Veränderungen. Dieser Zustand setzt bereits auf einem erstaunlich geringen Zufriedenheitsniveau ein. Höhere Ziele werden verdrängt oder natürlich mit erfundenen mehr oder weniger guten Argumenten für obsolet erklärt. Die Gesellschaft spielt uns dauerhaft ein falsches Weltbild vor. Resultat ist ein aus Falschaussagen und selbst erfundenen Glaubenssätzen kreiertes Bewusstsein, das erst seinen eigentlichen Wert bekommt, wenn wir die wirkliche Weisheit, die ja immer noch in uns ist, aus dem Unbewussten herausholen. Unser Bewusstsein kann viel mehr. Wenn das Bewusstsein sich selbst erkennt, dann nennen wir dies Gegenwärtigkeit. Gegenwärtig zu sein, im Jetzt zu leben, ist das Ziel.«

»Ist denn eigentlich das Unterbewusstsein das gleiche wie das Unbewusste?«

»Nein. Jeder Mensch oder auch sein Geist hat zwei Bewusstseinsebenen, die bewusste Wahrnehmung und das Unterbewusstsein. Jegliche Erfahrung unseres Lebens und möglicherweise aller früheren Leben sind dort immer vorhanden und abrufbar. Das Unterbewusstsein arbeitet wie ein Computer, es speichert alles, es vergisst nichts. Alles wird von ihm später genau so wiedergegeben, wie es aufgenommen wurde. Das Unterbewusstsein bewertet nicht. Alles, was du erlebst, speicherst du also in einer Art Filmarchiv in deinem Unterbewusstsein ab. Dein gesamtes Leben ist wie auf dicken Filmrollen abgelegt und festgehalten. Erinnerst du dich an den letzten traurigen Kinofilm, den du gesehen hast? Vielleicht die ›Titanic‹? Weißt du noch, wie sehr dich der Film mitgenommen hat und wie du mit der Hauptdarstellerin gelitten hast? Auch wenn wir genau wissen, dass es sich lediglich um einen Film handelt, reagiert unser Körper, als ob es sich um die pure Realität handelt; zumindest bei gut gemachten Filmen ist es so. Vielleicht hast du als Kind auch abends heimlich einen Horrorfilm gesehen und konntest tagelang nicht schlafen, weil du hinter jeder Ecke Dracula vermutetest. Diese Angst kam dir mindestens so echt vor, wie die Angst vor irgendeiner Strafe. Ja, eigentlich war die Angst größer als alle Ängste, derer wir uns als Kind bewusst waren. Bei simplen Casting-Shows leiden und freuen wir uns alle mit; und das nur, weil wir bunte Bilder sehen. Wie wir uns bei ›Freddy Krüger‹ in ›Nightmare on Elm Street‹ gruseln, obwohl wir genau wissen, dass es sich nur um einen Film handelt. Trotzdem gruseln wir uns noch, wenn wir dann im Bett das Licht ausmachen.

Irgendwo werden unsere Sinneswahrnehmungen auf das Detaillierteste in einer unglaublichen Qualität abgespeichert. Diese gespeicherten Bilder, Töne und anderes sind so genau, dass sie uns real erscheinen. Was uns nicht wundern muss, wenn wir wissen, dass unsere Realität ebenfalls von uns selbst geschaffen wurde. Wie gesagt, das Unterbewusstsein bewertet die Bilder, die es gespeichert hat, nicht. Und hier kommen wir zum entscheidenden Punkt: Die Bewertung erst macht die Sache zum Problem und dies geschieht durch Ego und Verstand. Mit diesen gespeicherten Bildern arbeitet das Ego, es gibt die alten Bilder nicht nur wieder, es stellt neue Filme zusammen und experimentiert. Es lässt seiner Fantasie freien Lauf. So kommt es, dass wir uns in unserer Angst vor etwas Dinge ausmalen, die wir nie erlebt haben und wohl auch nie erleben werden, weil sie absolut abstrus und unwahrscheinlich sind. Die Funktionsweise unserer eigenen

Wahrnehmung verbietet an sich schon, dass diese Kreationen des Verstandes objektiv richtige Wahrheiten sind. Schon das Ausgangsmaterial, deine gespeicherten Filme, ist absolut subjektiv, die Filme der anderen Menschen, die dieselbe Situation miterlebt haben, sind niemals die, die du meinst erlebt zu haben. Und trotzdem nutzen wir dieses Archiv an Halbwahrheiten und Subjektivismus, meinen, es käme Erfahrung und Weisheit gleich, und bauen uns daraus eine Prognose für die Zukunft. Wir haben die Möglichkeit, über unsere Wirklichkeit zu entscheiden, wenn wir dieses Schema durchbrechen, wenn wir es erkennen und uns dagegen wehren. Nur wir selbst schaffen uns unsere Begrenzungen, der Geist an sich ist unendlich. Schade, dass der Mensch eine negative Prognose zur Absicherung gegen negative Überraschungen bevorzugt. Man male sich die schlimmste denkbare Variante aus, dann dürfte das, was tatsächlich passiert, immer besser sein, als das, was man erwartet. Bull shit! Der Mensch meint, dass er mithilfe der Ängste der Vergangenheit seine Zukunft vorhersagen kann. So nutzen wir das Einzige, das wir haben, die Gegenwart, um uns Sorgen über die Vergangenheit und die Zukunft zu machen. Diese negativen Gedanken beeinflussen selbstverständlich unseren Körper. Nach diesem System funktionieren auch Prophezeiungen. Wenn nur ausreichend Menschen an eine negative Prophezeiung denken, wird diese letztendlich passieren. Die gesammelte Energie einer Nation, die Angst vor einem Krieg hat, wird zu einem Krieg führen. So wird etwas, wovor wir genügend Angst haben, automatisch wahr werden.

Wenn wir die Vergangenheit loslassen und unser Leben auf der Gegenwart aufbauen, so lassen wir auch unsere Ängste, Schuldgefühle und Schmerzen zurück, denn die Macht der Gedanken ist größer als wir denken. Stell dir einen schönen Sonntagnachmittag vor! Es ist kurz vor der Abenddämmerung, die Hitze des

Tages geht gerade, der See liegt still vor dir. Du sitzt im Media Luna am See, hast bei der hübschen Kellnerin einen Cappuccino bestellt, den sie dir mit einem Lächeln auf den Lippen serviert. Dann nimmst du einen Löffel Zucker und bemerkst beim ersten Schluck, dass du den Zucker mit Salz verwechselt hast. Hast du den Geschmack jetzt im Mund? Hast du dich erschrocken oder gar geekelt? Du siehst, so können Gedanken den Körper beeinflussen! Gott sei Dank können wir genauso, wie wir mit negativen Gedanken negative Ereignisse heraufbeschwören, diese mit positiven Gedanken wieder in den Griff bekommen. Gedanken beeinflussen auch unsere Gefühle. Du kennst jetzt die Grundzüge der östlichen Philosophie, die Parallelen zum aktuellen Wissen der Physik. Du weißt einiges über die Funktionen von Bewusstsein, Ego und Verstand, du hast eine ganz ordentliche Basis, um jetzt der Sache auf den Grund zu gehen: Zu klären, woher die Probleme der Menschen eigentlich kommen. Das besprechen wir in Monterrico mal bei einem kühlen Bier.«

Das hatte sich, wie gesagt, während der Anreise zugetragen. Jetzt stand das kühle Bier vor uns und dazu hervorragende Gambas. Wir sahen ein paar Kindern beim Spielen in der Brandung zu und ließen den lieben Gott für ein paar Stunden einen guten Mann sein.

28. Kapitel – Glaubenssätze

Am nächsten Tag war es schon ein tolles Erlebnis, aufzuwachen und den Strand und das Meer direkt vor der Tür zu haben. Insgeheim stellte ich dabei aber wieder einmal ein deutliches Neidgefühl bei mir fest. Warum lebte ich nicht in so einem kleinen Paradies, was hatte Richard, was ich nicht hatte? Wahrscheinlich hatte er einfach den Mumm dazu … Langsam ging es mir selbst auf die Nerven, dass ich zwar genau wusste, was ich nicht wollte, teilweise wusste, was ich ganz gerne hätte, wie zum Beispiel diese kleine Idylle hier am Meer, aber nie wusste, was ich wirklich will. Na ja, dieses Wollen selbst war, wenn ich Earl Glauben schenkte, bereits ein Teil des Problems. Irgendwie musste ich davon auch einmal loskommen und einfach leben, was mir Spaß macht. Diese ständige latente Unzufriedenheit musste doch auflösbar sein. Beim Zähneputzen hatte ich mich wieder beruhigt von meiner kleinen Neidkrise, stapfte eine kleine, erste Runde durch den Sand und freute mich mit den anderen auf unseren kleinen Urlaub im Urlaub. Richard hatte am Strand jeweils vier ausgebleichte, dünnere Baumstämme in den Sand gerammt und ein Dach aus Palmblättern darauf befestigt. Darunter hatte er lounge-mäßig zwei große Podeste gezimmert, die mit einer dicken, zwischenzeitlich doch ziemlich lädierten Matratze belegt waren, sodass wir es uns hier wunderbar bequem machen konnten.

»Also, schieß los, woher kommen meine Probleme?«, meinte ich zu Guy.

»Welche Probleme?«

»Du wolltest heute etwas über die Ursache der menschlichen Probleme sagen.«

»Ach ja, ich habe gerade nicht geschaltet. Klar doch.«

Er räkelte und streckte sich erst einmal.

»Du bekommst den Hals aber auch nicht voll, was? Tja, worin liegt eigentlich der Ursprung für das Unglück mancher Menschen, wenn doch äußerlich und bis in die Kindheit hinein keine Ursache zu erkennen ist? Warum stoßen gewisse Dinge gerade diesen Menschen zu? Können wir es uns wirklich so einfach machen, zu sagen, dass ein Mordopfer der Schöpfer seiner Realität ist? Warum geht es gerade zu diesem Zeitpunkt durch die dunkle U-Bahnstation und trifft dort auf seinen Mörder, wo fünf Minuten später nichts passiert wäre? Liegt dies an den Angebotswellen, die das Opfer versendet, und passen diese ausgerechnet zu den Echowellen, die den eigenen Tod zum Ergebnis haben? Warum bleibe ich bei meinem Partner, obwohl dieser mich immer nur schlecht behandelt? Schlimmer noch, wenn ich denn einmal den Absprung geschafft habe, passiert mir das gleiche wieder, als ob die neue Beziehung eine Kopie der alten wäre. Die Antwort ist einfach. Unser Verstand hängt eben an unserer Vergangenheit, er hat nichts anderes, alles bereits Bekannte ist für ihn immer besser als das große Unbekannte. Da er immer nur von der Vergangenheit lebt, kann er das Unbekannte nicht kennen, er hat es schließlich noch nie erlebt. Davor hat er Angst. Zusätzlich habe ich vielleicht tief in mir drin den Glaubenssatz, dass dies so alles ganz normal sei, dass es richtig ist, wenn ich derart für etwas bestraft werde. In meiner Beziehung hole ich mir nun das, was ich vermeintlich verdiene. Woran liegt es, dass die Menschen immer wieder bei ihren kleinen und großen Plänen und Vorhaben scheitern oder gar nicht erst versuchen, sie zu realisieren? Wer hindert sie daran, einfach ihr Bestes zu geben, bis sie ihr Ziel erreicht haben?«

Da waren wir ja genau bei meinem Problem vom heutigen Morgen angekommen: Was hielt mich davon ab, das zu verfolgen, was ich eigentlich so gerne machen würde? Ich war entsprechend gespannt auf die Erläuterung und hoffte nur, dass etwas Praktikables heraus kommen würde und nicht wieder etwas von der großen Leere, der ich mich öffnen solle.

»Der moderne Mensch beschäftigt sich mittlerweile mehr mit dem, was alles schiefgehen könnte, als dass er seine Ziele verfolgt. Stundenlang überlegt er, was alles schiefgehen könnte, wo Probleme auftauchen könnten, wieso etwas sowieso nicht gutgehen kann. Je intelligenter und wissenschaftlicher ausgebildet die Person ist, desto negativer wird die Herangehensweise. Als Wissenschaftler hat man schließlich gelernt, jede Behauptung intensiv und nachhaltig auf ihren Wahrheitsgehalt zu prüfen. Solange man sich darauf konzentriert, warum etwas nicht funktionieren kann, wird es aber nie funktionieren. Das Scheitern beruht allein darauf – egal wie hoffnungsvoll die Idee ist, sie wird immer scheitern. Dies bedeutet nicht zwangsläufig, dass alle Ideen ein gigantischer Erfolg werden, wenn wir sie mutig angehen. Dinge können auch schiefgehen. Sie müssen es aber nicht! Genauso entscheiden Menschen, dass sie irgendetwas nicht gut können; dass sie unmusikalisch oder unsportlich sind, dass sie dumm oder unattraktiv sind. Natürlich lebt dieser Mensch danach entsprechend seiner Entscheidung, er wird sich solange einreden, nicht singen zu können, dass er nicht einmal ein Schlaflied für sein Baby singen wird. All diese fixen Ideen tief in unserem Inneren nennen wir unsere Glaubenssätze. Jeder trägt seine eigene persönliche Ansammlung von Glaubenssätzen in sich, die grundsätzliche, tiefgehende Regeln definieren, wie wir die Welt sehen und nach denen wir unser Verhalten ausrichten. Sie sind uns nicht bewusst, sondern wir bemerken sie in der Regel überhaupt nicht, darum können wir uns auch kaum gegen sie wehren. Man kann das System der Glaubenssätze vergleichen mit einer Landkarte, der individuellen Landkarte des Lebens, die jeder Mensch hat und mit der er sein Leben bereist. Bei unserer Geburt existiert diese Karte noch nicht. Wir werden geboren mit nichts, haben eine Ahnung tief in uns, sind jedoch grundsätzlich völlig orientierungslos. Die ersten Jahre arbeiten wir also an den ersten Entwürfen unserer Landkarte, wir zeichnen, lernen Neues dazu, ändern die Karte, radieren und planen um. Alles, was wir erleben, alles was uns zustößt, beeinflusst sie und so wird sie zu unserer einzigartigen Karte. Wenn wir erwachsen sind, haben wir die erste oder zweite Ausgabe unserer Landkarte des Lebens fertig und leben nach ihr. Jeder Mensch hat seine eigene individuelle Landkarte. Mit der Karte eines anderen zu leben, würde nicht funktionieren, wohingegen der gegenseitige Austausch äußerst fruchtbar sein kann. Im Gespräch mit anderen Menschen können die eigenen Karten überprüft werden, sofern wir dies zulassen. Manche behalten dann diese Karte für den Rest ihres Lebens, andere sind weiter neugierig und wissbegierig und überarbeiten ihre Karte laufend oder zumindest hin und wieder. Nur die wenigsten Menschen aber pflegen ihre Landkarte des Lebens bis zu ihrem Tod und suchen weiter nach den Geheimnissen des Lebens. Bei den meisten ist irgendwann vor dem vierzigsten Geburtstag Schluss, sie meinen zu diesem Zeitpunkt, das Leben verstanden zu haben. Ihre Landkarten sind mehr oder weniger ungenau, aber ihre Zeichner sind von ihrer Perfektion überzeugt. Sie haben nicht verstanden, dass ihre Karten immer wieder angepasst und überarbeitet werden müssen. Welcher Segler würde heute noch mit den Seekarten von Kolumbus versuchen, den Atlantik zu überqueren? Warum erkennen wir dann nicht, dass unsere Landkarte des Lebens eine veraltete Ausgabe ist, vielleicht noch mit etwas Liebhaberwert, jedoch für das wirkliche Leben überhaupt nicht mehr geeignet? Sehen wir die neuen Informationen nicht oder ignorieren wir sie einfach? Wer aber wirklich mutig ist, stellt fest, dass auch die Karte von vor fünf Sekunden im Grunde genommen bereits eine Karte der Vergangenheit und damit veraltet ist. Sie ist zwar die beste, die wir haben können, aber sie ist nicht aktuell. Vielleicht sollten wir es ganz ohne diese Landkarten versuchen und unser Glück in der freien, unbeeinflussten Entscheidung suchen?

Warum haften wir an überholtem Wissen, der alten Karte? Was bringt uns dazu, uns an veraltete Sichtweisen zu klammern? Sehr einfach, wir haben irgendwann in unserer Kindheit oder auch später eine meist schlechte Erfahrung gemacht, über die wir mit einer bestimmten Methode hinweggekommen sind. Vielleicht hatten unsere Eltern unser Vertrauen massiv enttäuscht, irgendwann haben wir uns damit abgefunden und beschlossen, ihnen einfach nicht mehr zu trauen und nichts mehr von ihnen zu erwarten. Wenn man aber den eigenen Eltern, den wichtigsten Menschen in unserem Leben, nicht mehr vertrauen kann oder will, wie sollte man anderen, viel fremderen Menschen noch vertrauen? Irgendwann haben wir dann den Glaubenssatz: ›Ich kann niemandem vertrauen. Wenn ich es mache, werde ich enttäuscht werden.‹ Das Schlimme an den alten Karten ist also nicht das, was nicht drauf ist, sondern das, was falsch aufgezeichnet wurde aufgrund einer einzigen negativen Erfahrung und nie mehr korrigiert wurde und wird. Ohne bewerten zu wollen, ob Eltern ihre Kinder lieben müssen oder nicht, ob diese Liebe automatisch vorhanden ist, oder ob es Gründe geben könnte, dass sie ihre Kinder einfach nicht lieben können, passiert dies sicherlich immer wieder. Nicht jeder kann sein Kind lieben, wie er meint, es lieben zu müssen. Das nicht geliebte Kind aber wird in der Regel nie zugeben, dass es nicht geliebt wurde, sondern sich alle möglichen Erklärungen und Entschuldigungen zurecht legen, warum der Vater nie Zeit hatte, es zu lieben. Eltern sind gut, sie können nicht schlecht sein; das ist für ein Kind seit jeher Gesetz. Das erwachsene Kind ist in diesem eigenen Konstrukt gefangen und glaubt irgendwann selbst an die alten Erklärungen. Es will nicht wahr haben, dass es einfach nicht geliebt wurde und dass es damit ein Problem hatte und hat.

Wenn wir in der Vergangenheit verletzt wurden, haben wir Mechanismen entwickelt, uns vor vermeintlich drohender, zukünftiger Verletzung zu schützen. Die Vergangenheit dient als Prognosemittel für die Zukunft, die Angst der Vergangenheit wird somit zur Angst vor der Zukunft. Da die Ausgangssituation so lange her ist, können wir uns in der Regel gar nicht mehr an den konkreten Vorgang erinnern, im besten Falle bemerken wir jetzt aber zumindest ein irgendwie unangemessenes, uns behinderndes Verhalten. Nun begegnest du den Menschen immer mit Misstrauen, was überhaupt nicht förderlich ist, um eine vernünftige zwischenmenschliche Beziehung aufzubauen. Du drehst dich fortlaufend im Kreis und wirst keine Probleme haben, deinen falschen Glaubenssatz immer wieder zu bestätigen, da du das Ergebnis selbst insgeheim vorgibst. Hat der eigene Vater die Mutter, als man selbst noch Kleinkind war, regelmäßig schlecht behandelt, hat das Kind, wenn es ein Mädchen ist, vielleicht den Glaubenssatz ›Alle Männer sind schlecht‹ abgespeichert. Als Junge hingegen wurde möglicherweise unbewusst vermerkt ›Frauen behandelt man schlecht‹. Ist das Mädchen dann erwachsen und in einer Beziehung, steht die Energie dieses Glaubenssatzes ›Alle Männer sind schlecht‹ immer mit im Raum. Das Mädchen geht – immer unbewusst – davon aus, dass Männer schlecht sind, dass sie ihr nichts Gutes tun werden, dass sie aufpassen muss. Dass diese innerliche Einstellung irgendwann zu Problemen führen und vielleicht aufgrund der negativen Einstellung zur self fulfilling prophecy wird, ist leicht verständlich. Womit sich dann das

Ego bewiesen hat, dass es Recht hat und dass der Glaubenssatz doch richtig und wichtig war. Beim nächsten Mann wird alles entsprechend verlaufen und immer wieder wird die Richtigkeit des Glaubenssatzes bewiesen, bis er tief und fest verankert ist in unserem Weltbild. Glaubenssätze werden ohne weiteres über Generationen vererbt, daher ist es kein Wunder, dass sich Kinder immer wieder wie ihre Eltern verhalten. Insbesondere, wenn wir älter werden, stellen wir mit Erschrecken fest, dass wir unseren Eltern immer ähnlicher werden; und entdecken dabei auch noch in der Regel besonders die negativen Eigenschaften an uns wieder Glaubenssätze, die sich beispielsweise durch irgendein schreckliches Ereignis im 15. Jahrhundert entwickelten und haften blieben, können in uns bis zum heutigen Tage eine Rolle spielen; wir geben sie unter Umständen auch noch an unsere Kinder und Enkel weiter. Dies geschieht dadurch, dass wir als Kind die Energien unserer Eltern kopieren. Wenn wir die Entwicklung eines männlichen Kindes sehen, stellen wir fest, dass es zunächst danach trachtet, die Mutter als erste Frau seines Lebens zu erobern und zu besitzen, dabei stört der Vater. Das Kind versucht, die Eltern auseinanderzubringen, was es nicht schaffen kann. Es bedient sich also eines Tricks, es identifiziert sich mit dem Vater, fühlt sich als eins mit diesem und besitzt faktisch auf diesem Umweg die Mutter. Es strebt danach, den Vater bestmöglich zu imitieren, es benutzt seine Verhaltensweisen und speichert diese ab. Das weibliche Kind agiert ähnlich, es versucht, die Mutter zu ersetzen, scheitert und kopiert – analog zur Relation Junge-Vater – die Mutter. Gleichzeitig tragen beide aber auch jeweils die Anlagen des anderen Geschlechts in sich, sodass ein Teil des Jungen wiederum den Vater besitzen möchte und das Mädchen die Mutter. Ergebnis ist, dass beide jeweils die Verhaltensmuster beider Elternteile übernehmen. Auf der positiven Seite ist dies für die kindliche Entwicklung sehr wichtig. Offensichtlich negativ ist hingegen die Kopie der Ängste, Glaubenssätze und Tabus der Eltern. Das Ego ist geprägt durch früheste soziale Beziehungen, die es selbst später kaum noch erkennen wird. Neben den Eltern hat jedes Kleinkind natürlich auch andere Bezugspersonen, die die Entwicklung des Egos beeinflussen. Alle Ängste, Traumata und Glaubenssätze dieser Personen sind Teil von deren Egos und beeinflussen das Kind bereits, auch wenn es noch gar kein eigenes Ego hat. Ist das Ego dann einmal da, hat es diese Störungen bereits aufgenommen und arbeitet damit. So werden unsere Glaubenssätze zur Last, die wir alle zu tragen haben, von denen wir in aller Regel jedoch keine Ahnung haben. Gespeichert werden die Glaubenssätze allerdings nicht tief im Unbewussten sondern irgendwo an der Grenze des Bewusstseins zum Unbewussten, sodass sie doch relativ leicht aufzudecken sind. Letztendlich sind diese Glaubenssätze nichts anderes als Energien, der Schamane oder Energieheiler kann sie sehen und insofern auch behandeln und entfernen. Je nach Ausmaß der Bedeutung, die man seinen Glaubenssätzen unbewusst gibt, sind die Energien groß oder klein, schwer oder leicht, definiert oder diffus. Wenn du dir nichts mehr vorlügst und den Drang verspürst, die Wahrheit zu erfahren, und wenn du die Kraft und den Willen hast, solch ein Verhalten zu erkennen, besteht eben die Chance, diese Energien zu finden und aufzulösen. Unsere Glaubenssätze sowie die großen gesellschaftlichen Basisglaubenssätze bilden die Spielregeln, nach denen wir Dinge überhaupt wahrnehmen. Wenn wir uns gewisse Dinge nicht vorstellen können, werden wir sie auch nie erleben. Wie sollte dies auch möglich sein, da wir uns unsere Realität selbst erschaffen? Wir erleben genau die Welt, die unseren Glaubenssätzen entspricht. Manche gehen dabei so weit, zu sagen, dass, wenn ich meine, etwas zu wissen, ich mir damit alle Möglichkeiten, Dinge wahrzunehmen, nehme. Wenn ich weiß, dass alle Legosteine grün sind, werde ich es niemals für möglich halten, ein rotes Haus aus Legosteinen zu bauen. Wenn ich meine zu wissen, dass Menschen nicht fliegen können, sondern dass man dazu nicht nur Bewusstsein, sondern auch Flügel braucht, werde ich zum einen niemals fliegen, werde aber auch niemals einen Menschen ohne Flügel fliegen sehen. Ja, wir werden gar nicht erst in eine Situation kommen, wo wir einen fliegenden Menschen sehen könnten. Halte ich dies allerdings wirklich und ernsthaft für möglich, werde ich spätestens beim ersten fliegenden Menschen, den ich sehe, für verrückt gehalten. Früher wäre ich verbrannt worden, heutzutage werde ich vielleicht nur noch eingesperrt und werde diese Geschichte nie wieder sehen wollen und möglicherweise auch nie mehr sehen. Der gesellschaftliche Glaubenssatz hat uns eingeholt. Bist du aber so weit, dass du unmögliche Dinge für möglich hältst und dich eins mit dem Universum fühlst, wirst du Wahrnehmungen erleben, die du nie für möglich gehalten hast. Du wirst vielleicht fähig sein, Dinge mental zu bewegen, deinen Körper zu verlassen und blitzschnell von einem Ort zum anderen zu reisen. Denke also daran, du wirst immer nur erleben, was du für möglich hältst, was zu deinen Glaubenssätzen passt. Du wirst dich immer mit anderen Menschen umgeben, die ähnlich eingestellt sind wie du. Interessant wird dies, wenn du einmal einige Glaubenssätze geändert hast. Plötzlich wirst du feststellen, dass eine andere Gruppe von Menschen dich anzieht, anders, als es zuvor der Fall war. Deine Freunde werden sich ändern, du wirst alte Beziehungen aufgeben und neue finden.«

»Hmm, wenn ich mir euch so anschaue, dann müssen sich bei mir schon einige Glaubenssätze vor diesem Urlaub geändert haben. Prost!«

Mittlerweile war es Mittag geworden und wir gönnten uns ein Bier vor dem Essen. Die drei Tage in Monterrico vergingen ansonsten wie im Fluge, wir hatten noch eine Menge Spaß mit einer Gruppe Argentinier, die Trommeln und Rasseln dabeihatten und jeden Abend ein Lagerfeuer am Strand machten, das für diese Zeit zum Treffpunkt für alle Touristen nach dem Abendessen wurde. Stundenlang trommelten wir auf allem, was sich irgendwie dafür eignete bis wir dann wieder die mühsame Rückreise nach San Pedro antraten.

29. Kapitel –
Ausflug mit Don Marco

Ich war auf dem Weg ins Dorf, um einige Dinge einzukaufen. Auf halbem Wege traf ich Don Marco. In der einen Hand eine einfache Angel, in der anderen einen Stoffbeutel, pfiff er gut gelaunt vor sich hin und rief mir zu: »Heute Abend grillen wir Fisch!«

Dann schien er eine Sekunde zu überlegen und fragte, ob ich Lust hätte, mitzukommen.

»Claro, que si!«, sagte ich.

Er hatte unten am See ein kleines Ruderboot liegen, das wir durch den feinen, mehligen, weichen Schlamm ins Wasser schoben.

»Schön, dass du mitkommst, dann ruderst du nämlich«, befahl er mit einem Lachen.

Ich gehorchte und ruderte uns langsam auf den See, froh darüber, dass es keiner dieser wackelig aussehenden und undichten Einbäume war. Schon nach ein paar hundert Metern hatten wir offensichtlich unser Ziel erreicht und er holte aus dem Beutel ein paar Döschen mit Maden, Würmern und Tortillas als Köder, die er auf den Haken aufzog. In der Erwartung auf einige Stunden meditativen Angelns schaute ich zu. Offensichtlich brauchte Don Marco aber keine Ruhe beim Angeln, sondern fragte mich nach meinen Eltern aus und wollte wissen, wie ich aufgewachsen war. Ich erzählte ihm das, was mir gerade einfiel, beschrieb meine Eltern, meine Geschwister und die Orte, wo wir gewohnt hatten.

Er nickte nur hin und wieder dazu und erklärte dann: »Weißt du, es ist wichtig, zu wissen, was es heißt, Kind zu sein. Jeder war einmal Kind, jeder war ungezwungen und spontan, das Leben war einfach, wir waren unmittelbar mit ihm verbunden. Dieses innere Kind ist immer noch in uns, wir haben es jedoch durch unseren Verstand unterdrückt. Dieses Kind können wir wieder erwecken, wenn wir meinen, dass es in unserem Leben nicht mehr ausreichend vorhanden ist.«

Mir fiel ein, dass ich in meiner Schamanenausbildung bemerkt hatte, dass ich mich kaum an Geschehnisse aus meiner Kindheit erinnern konnte. Zumindest hatte ich den Eindruck, dass sich die anderen da wesentlich mehr erinnern konnten.

»Deine ersten Lebensjahre sind prägend für dein Leben, schon ganz früh hast du gelernt, wie du Liebe und Aufmerksamkeit von deinen Eltern bekommen konntest. Vielleicht war deine Mutter mit Haushalt und Erziehung von mehreren Kindern immer viel zu beschäftigt, während der Vater Karriere machte. Ihre Aufmerksamkeit erreichte dich möglicherweise nur, wenn etwas schiefging, wenn du dich verletzt oder etwas kaputt gemacht hattest. Gelobt wurdest du dafür natürlich nicht, eher wurde geschimpft und dein Weltbild entstand, das vielleicht beinhaltete, dass du in mancher Hinsicht nichts taugst. Mangelndes Selbstwertgefühl kann hier seinen Ursprung haben. Vielleicht war die Beziehung deiner Eltern nicht glücklich, du hast ja erwähnt, dass sie sich sogar einmal zeitweise getrennt hatten. Deine Mutter war in die Pflicht genommen, drei kleine Kinder mehr oder weniger allein großzuziehen, während der Mann andere Wege ging. Nachvollziehbar, wenn das mitunter für sie zu viel war und sie auch einmal ungerecht zu den Kindern war. Es ist wichtig, dass du dabei immer im Auge behältst, dass es hier nicht um Schuld geht. Diese Zeit ist lange vorbei, es bringt überhaupt nichts, darüber zu grübeln und nach Ursachen für heutiges Verhalten zu suchen. Niemand ist schuld, jeder hatte seine Gründe und hat auch immer sein Bestes gegeben. Du lebst heute, hier und jetzt, nicht in der Vergangenheit. Es muss sich niemand für etwas, was er irgendwann einmal getan hat, entschuldigen, auch wenn wir oft meinen, dass jetzt aber wirklich einmal eine Entschuldigung angebracht wäre. ›Entschuldigen‹ geht nur, wenn ich Schuld auf mich geladen habe. Ich gehe aber davon aus, dass es gar nicht möglich ist, dass ich jemanden verletze; zumindest nicht mit Worten. Mit einer Bitte um Entschuldigung setze ich mich dann in die Rolle des Opfers und eröffne meinem Gegenüber damit die Möglichkeit, in die Täter- oder Retterposition zu treten. Und zack, bin ich schon im Drama. Daher überlasse ich meinem Gegenüber immer die volle Verantwortung für seine Gefühle und sein Handeln und übernehme selbst ebenfalls die volle Verantwortung für mein Handeln und natürlich auch für meine Gefühle. Jeder kann in diesen Dingen nur für sich selbst verantwortlich sein.

Vielleicht habe ich deine Erzählungen über deine Kindheit aber auch falsch interpretiert. Kann ja auch sein, dass du eine glückliche Kindheit hattest. Vielleicht waren deine Eltern aufmerksam und zeigten dir ihre Liebe, interessierten sich für dich. Meine Erfahrung hat leider gezeigt, dass der erste Fall wesentlich häufiger vorkommt. Was ich nicht sage, ist, dass jemand an etwas schuld ist. Auch unsere Eltern sind nicht schuldig im herkömmlichen Sinne, auch sie hatten Eltern, waren Kinder, haben die Jahrtausende der Menschheit in ihren Zellen. Es ist bekannt, dass vieles in unserem Leben bestimmt wurde durch die Art unserer Erziehung und wie wir aufwuchsen. Irren wir ziellos und ohne Richtung durchs Leben? Wie war unsere Beziehung zu unseren Eltern, wie wurden wir erzogen? Wie sahen wir unsere Eltern? War der Vater dominant oder verständnisvoll, interessierte er sich für uns und unsere kleinen wichtigen Dinge? Wie war unsere Mutter, war sie liebevoll und offen oder verhärmt und frustriert? Ich denke, dass viele der modernen Ängste daher rühren, dass unsere Eltern uns nicht ermutigt, sondern eingeschränkt haben. Wie sollten wir an uns selbst glauben können, wenn wir die ersten Jahre unseres Lebens erst einmal nur gehört haben, dass man dies nicht tut, dass man das besser machen kann. Ließen sie uns spontan entscheiden? Agierten sie selbst so, oder prägten offene und verborgene Ängste wie die vor dem Verlust der materiellen Sicherheit oder dem Verlust der Liebe des Partners ihr Leben? Unsere Eltern waren unsere ersten Götter, sie waren unfehlbar, was sie sagten war Gesetz. Es war unsere erste Religion. Die Angst vor Fehlverhalten, das bestraft wurde, war uns zumeist immanent. Ähnlich funktionieren letztendlich viele Religionen, die mit Strafe drohen, wenn wir uns nicht ordnungsgemäß verhalten. Spätestens beim Jüngsten Gericht wird man uns immer auf die Schliche kommen. Was für ein Unfug, mein Gott ist ein Gott der Liebe, ich habe keine Angst vor seiner Strafe, warum sollte er das tun? Wenn du Lust hast, können wir eine Übung machen, die dich näher an eine Ursache deiner Probleme heranführt.«

»Was muss ich dafür tun?«, fragte ich vorsichtig.

»Diese Übung soll dir helfen, Schwächen in dir zu entdecken, denen du dich vielleicht bisher verweigert hast, sei es, dass du diese gar nicht erkannt hast, sei es, dass du sie verdrängt hast, sei es, dass du dir ihrer noch nie bewusst warst. Ich möchte, dass du dir die folgenden Fragen in Ruhe beantwortest. Zunächst einmal entscheidest du, wer die drei wichtigsten Bezugspersonen in deiner Kindheit waren. Wer zog dich auf? Mit wem bist du groß geworden? Waren es deine Eltern und vielleicht eine Oma? Oder war es vielleicht die große Schwester? Entscheide dich für die zwei oder drei wichtigen in deinem Leben und versuche, die nachfolgenden Fragen für jede Person einzeln zu beantworten. Bei den Eltern greifen naturgemäß viele Antworten ineinander und sind nicht immer getrennt zu beantworten, das ist in Ordnung.

Dies sind nun die Fragen:

- Wie waren diese Personen?
- Wie waren diese Personen zu sich selbst?
- Wie waren sie zu dir?
- Was haben sie dir mitgegeben?
- Wie haben sie dir Dinge gezeigt, was haben sie dich gelehrt?
- Wo waren ihre Stärken?
- Was betrachtest du als ihre Schwächen?
- Wie haben sie dich geliebt, wie haben sie dir ihre Liebe gezeigt?
- Wie viel Liebe haben sie dir gegeben?
- Wie war euer Zusammenleben?
- Wie haben diese Personen sich gegenseitig behandelt?
- Haben sie sich ihre Liebe gegenseitig gezeigt?
- Hatten sie Zeit für dich?

Nachdem du diese Fragen beantwortet hast, solltest du dies alles einmal beurteilen:

- Was wirfst du diesen Personen vor?
- Was haben sie in ihrem Leben falsch gemacht?
- Was waren ihre schlechten Eigenschaften?
- Was waren ihre Schwächen?

Die letzte und finale Frage lautet:

- Was, aus deiner Sicht, waren ihre größten Fehler?«

Gut, dass ich mein Notizbuch dabeihatte. Das Buch ist ein handgebundenes, mittelgroßes Buch mit Ledereinband, unten rechts auf der Vorderseite ist das Wort ›Prana‹ golden aufgedruckt, auf der ersten Seite steht ›Du bist das andere Ich, Ich bin das andere Du‹. Meine Frau hatte es mir zum Geburtstag geschenkt. Dahinein schrieb ich die wichtigeren Dinge, oder die, die ich dafür hielt. Don Marco widmete sich seiner Angel, während ich mir überlegte, wen ich als Bezugspersonen nehmen sollte und dann der Reihe nach versuchte, seine Fragen zu beantworten. Die Übung entwickelte nach einigen Minuten eine merkwürdige Eigendynamik, es war schon erstaunlich, was ich letztendlich meiner Mutter, meinem Vater vorwarf. Nach dann doch einer Stunde hatte ich das Gefühl, fertig zu sein, und schaute zu, wie Don Marco hin und wieder einen Fisch herauszog, den er einfach, ohne ihn zu töten, in das Boot warf, so dass dort mittlerweile fünf forellengroße Fische zappelten, die ich nicht kannte. Ich wundere mich immer wieder über die Grausamkeit und Unbedachtsamkeit gegenüber Tieren in diesen Ländern. Andere Länder, andere Sitten, dachte ich mir im Stillen, da ich selbst auch nicht den Mut hatte, die Fische zu töten.

»Und jetzt erzähl mal, wen hast du gewählt, wie waren sie, was wirfst du ihnen denn nun vor?«

Ich erzählte ihm, dass ich erwartungsgemäß natürlich meine Eltern genommen hatte, dazu meine Oma, bei der ich als kleines Kind viel Zeit verbracht hatte, und beschrieb ihm, was mich insbesondere an meinen Eltern am meisten störte.

Don Marco meinte danach nur knapp: »Siehst du, das bist du!«

»Wie, das bin ich? Wie meinst du das?«

Und er erklärte mir, dass negative Energien immer wieder von den Eltern auf die Kinder weitergegeben werden, dass wir die Last von Generationen tragen, da der westliche Mensch verlernt habe, diese Last wieder abzugeben.

»Diese negativen Energien äußern sich in dem, was du kritisierst, das, was dir an deinen Eltern nicht gefällt, sind genau die Resultate der Energien. Du hast die gleichen negativen Energien also auch die gleichen Schwächen und Probleme.«

Zögernd ließ ich den Gedanken zu, dass ich die gleichen Macken wie mein Vater haben sollte. Irgendetwas war schon dran, wir waren zwar unterschiedlich, jedoch gab es grundsätzliche Parallelen, die sich nicht verleugnen ließen. Don Marco war wohl der Ansicht, dass es genug wäre, denn er meinte nur kurz, dass ich das ja dann zu Hause mal von einem meiner Schamanenkollegen wegmachen lassen könnte, er wäre bei dieser Art von Themen nicht der Richtige. Was er damit meinte, habe ich nie verstanden. Wir gingen in der Mittagshitze mit den mittlerweile verstorbenen Fischen langsam zu seinem Haus den Berg hinauf. Das Dorf war mehr oder weniger ausgestorben, die Fensterläden und Vorhänge geschlossen, um die größte Hitze von den Häusern fernzuhalten. Selbst die sonst allgegenwärtigen Hunde schienen verschwunden zu sein. Diese Straßenhunde waren im Übrigen die reinsten Rassisten. Schlichen sie üblicherweise mit zwischen den Hinterbeinen eingeklemmtem Schwanz herum und waren entweder zutraulich oder die größten Angsthasen gegenüber jedem Weißen und Touristen, so wurden sie urplötzlich zu wahren Helden, wenn ein Maya vorbei kam; sie fielen den Maya beinahe an und waren nur mit gezielten Steinwürfen zu vertreiben.

Beim ersten Besuch in Don Marco´s Haus hatte ich in meiner Aufregung den Raum nur halb wahrgenommen, jetzt sah ich, dass fast die ganze Wand hinter seinem Altar voll von Bildern, Andenken, Flaschen und Blumen stand, die treppenartig auf Brettern angeordnet waren. Zwischen allem möglichen Gerümpel befanden sich Essensreste von Opfergaben, Maismehl und Heiligenbildchen. Sogar eine kleine Buddhafigur war dazwischen. Auf einem Tisch lagen merkwürdige Reliquien, kleine Knochen, Fellstücke, eine getrocknete Fledermaus und als zentraler Mittelpunkt ein Totenschädel, der mir allerdings – Gott sei Dank – für einen menschlichen Schädel deutlich zu klein vorkam. Auch hatte ich das Gefühl, dass die dunklen, eingetrockneten Flecken vor dem Altar nicht nur aus Cola bestanden. Dieses Panoptikum musste das Ergebnis vieler Generationen von Heilern sein, die ursprünglich einfach heilten, dann aber im Lauf der Jahre immer mehr offensichtliche Magie und Schauspielerei hinzugenommen hatten, um ihre Patienten zu beeindrucken und vielleicht den Heilerfolg zu verstärken. Mit einem Bündel getrockneter Blätter, die sich ähnlich einer Rassel anhörten, wenn er sie rhythmisch schüttelte, und unter lautem Murmeln begann Don Marco alle Himmelsrichtungen zu besprechen und streute dann etwas Maismehl auf den Boden. Dabei atmete er mehrere Male tief ein und aus und streckte die Arme gen Himmel. Er schloss die Augen und verharrte so für eine Weile, dann beugte er sich zum Boden und legte die Hände flach auf die Erde und blieb für einige Sekunden in dieser Position. Zu guter Letzt rauchte er eine Zigarre an und blies den Rauch in die vier Himmelsrichtungen sowie nach oben und nach unten.

»Ich habe mich bei den Göttern dafür bedankt, dass sie uns die Fische überlassen haben«, erklärte er. »Früher haben das hier alle so gemacht, mittlerweile aber halten sich nur noch die wenigsten mit diesem Brauch auf. Der Respekt vor der Natur nimmt immer mehr ab, auch hier bei uns. Die vier Himmelsrichtungen sind für unser Volk einmal sehr wichtig gewesen, jetzt glauben viele Leute nicht mehr daran. Nur, wenn sie etwas brauchen, rufen sie diese noch an. Für die Indios haben die vier Himmelsrichtungen jeweils wichtige unterschiedliche Eigenschaften. Der Osten als Ort, wo die Sonne aufgeht, steht für Erkenntnis. Schaue nach Osten, wenn du nachdenkst, um ein Problem zu lösen. Der Süden ist ein Symbol für unser aller gemeinsames Schicksal. Nach dem Tod eines dir nahestehenden Menschen richtest du dich nach Süden und bittest oder betest um die Fähigkeit, dein ursprüngliches Leben wieder aufnehmen zu können. Nach Westen solltest du dich täglich wenden, denn er steht für die Dankbarkeit. Die Sonne geht im Westen unter und ein neuer Tag wird kommen. Danke für den vergangenen Tag, wenn du dich nach Westen gewendet hast. Der Norden dient zur Heilung. Bei einer Krankheit legt man sich mit dem Bauch auf den Boden, mit dem Kopf nach Norden, und zieht damit Energie aus der Erde. Probiere es irgendwann einmal aus, bei mir funktioniert es.«

Wir machten uns daran, etwas Holz in der kreisrunden Feuerstelle vor dem Haus anzuzünden. Wie ich Don Marco kannte, hatte er nichts gegen ein kühles Bier zum Essen einzuwenden, also lief ich kurz zum Mini-Market und kaufte einige kleine Corona. Die Fische wurden kurz geschuppt und ausgenommen, dann schnitt er sie rautenförmig ein und rieb eine grüne Kräutermischung mit Salz und Limettensaft in die Schnitte. In einen gespaltenen Bambus eingespannt, wurden die Fische auf dem offenen Feuer gegrillt. Ich sah, dass Don Marco in der Zwischenzeit auch einige Kartoffeln in Alufolie eingewickelt hatte und ins Feuer warf. Wir stießen an und ich dachte bei mir, wie normal ein berühmter Heiler am Atitlán-See doch war. Irgendwann später stapfte ich dann satt und zufrieden wieder zu meinem Häuschen und konstatierte, wie einfach das Leben sein kann. Zuletzt hatte Don Marco mir beim Abschied noch versprochen, dass wir einmal über Träume sprechen würden. Dieser Zeitpunkt kam dann schneller, als ich dachte.

Als ich ihn am nächsten Morgen auf dem Markplatz beim Einkaufen von allerlei mir unbekannten Blättern, Rinden und Kräutern sah, ging ich sofort auf ihn zu.

»Holá, que tal? Don Marco, du glaubst ja nicht, was ich heute Nacht für einen Mist geträumt habe. Nachdem du gestern gesagt hattest, dass Träume wichtig sind, scheint mir das nicht mehr aus dem Kopf gegangen zu sein.«

Ich hatte bisher nicht besonders an irgendeine Aussagekraft von Träumen oder deren Auswirkungen auf mein Leben geglaubt. Das alles erschien mir viel zu unwissenschaftlich und esoterisch angehaucht, als dass ich mich damit beschäftigt hätte.

»Weißt du, die meisten Menschen messen ihren Träumen keine Bedeutung bei«, meinte er, als ob er Gedanken lesen könnte. »Manche sind je nach Bedarf abergläubisch und haben vielleicht einmal gehört, dass, wenn man von Zähnen träumt, dies großen Reichtum bedeute. Grundsätzlich messen sie jedoch unserer menschlichen Alltagswelt, der linearen Zeit, dem dreidimensionalen Raum und der greifbaren Materie, erheblich mehr Bedeutung bei. Über Träume wird – falls überhaupt – gesprochen wie über einen Film, der uns in der Nacht vorgespielt wurde, auch wenn wir ihn gar nicht bestellt hatten. Ein Albtraum ist dann eben ein nicht bestellter Horrorfilm. Und das, obwohl der Traum realer war, als jeder Film. Wir Mayas glauben allerdings auch nicht, dass Träume uns eine Botschaft für unser Leben bringen sollen. Ich halte all diese Deutungsversuche von Träumen als Botschaften unseres Unbewussten für Unfug. Aber erzähl mir zuerst deinen Traum, ehe du ihn wieder vergisst!«

»Es war ganz komisch, ich war so alt wie jetzt, ging aber wieder zur Schule, wofür ich also eigentlich viel zu alt war, und wo ich nun kurz vor den Abiturprüfungen wieder einsteigen musste. Irgendwie war herausgekommen, dass ich mein richtiges Abitur gar nicht gemacht hatte, oder zumindest irgendetwas nicht gestimmt hatte. Was schief gegangen war, weiß ich gar nicht, ich glaube, das war auch im Traum alles völlig unklar. Ich kann mich nicht erinnern, was das Problem war, jedenfalls hätte ich ohne Abitur niemals studieren dürfen, also war mein Ingenieursdiplom erschlichen, ungültig, illegal. Ich war ein Betrüger, meine gesamte Karriere war auf Sand gebaut. Wo und wie auch immer drückte ich also wieder in irgendeiner Schule die Schulbank und musste mein Abitur nachholen, um nicht als Hochstapler in die Geschichte einzugehen. Bei einigen Fächern schien das im Traum auch ganz gut zu gehen, aber insbesondere in der Mathematik hatte ich mittlerweile große Lücken und kam nicht wieder richtig rein. Dazu kam, dass ich zwar genau wusste, dass ich lernen musste, es jedoch nicht tat, und der Tag der Prüfung kam immer näher. Die Uhr lief unaufhörlich ab und ich begann einfach nicht, zumindest den Unterricht zu besuchen, geschweige denn zu lernen. Irgendwie verdrängte ich die Tatsache, dass es Mathematikunterricht gab, so gut wie ich konnte und tat so, als ob dieser noch nicht begonnen hätte. Der Tag der Prüfung rückte jedoch immer näher und mir war klar, dass das nicht gut gehen würde. Ich konnte mich an meine wirkliche Abiturzeit und die Themen erinnern und es war absolut sicher, dass ich das nicht aus dem Gedächtnis zaubern würde. Und dann bin ich aufgewacht. Ein oder zwei Tage vor der Mathematikprüfung. Mit der Gewissheit, dass das nicht gut gehen würde.«

»Welch ein Stress«, antwortete Don Marco lächelnd. »Du bist also nicht einmal durchgefallen? Die Angst vor dem Durchfallen hat dir schon gereicht?«

»Das brauchte ich gar nicht mehr zu träumen, weil es absolut sicher war; mit der Vorbereitung konnte es nicht klappen.«

»Das sei einmal dahingestellt. Komisch ist bei Träumen jedenfalls, dass man so oft mitten drin aufwacht und das Ende nicht erlebt. Etwas Unerledigtes aus dem Traum geht dann über in unseren Tag und beschäftigt uns weiter, wenn wir uns daran überhaupt erinnern. Wenn du mir jetzt deinen Traum erzählt hast, ist dir aufgefallen, dass das, was du erzählst, vielleicht nicht mehr so ganz deinem Traumerlebnis entspricht? Du warst in einer Traumwelt, du wirst aus ihr herausgerissen und versuchst, das, woran du dich erinnern kannst, in Worte zu kleiden. Die Bilder, die du noch im Kopf hast, interpretierst du mit deinem Verstand. Automatisch benutzt du dabei auch dein im Gedächtnis gespeichertes Wissen und interpretierst dabei automatisch. Das, was du mir also von deinem Traum erzählst, kann sich sehr von deinem erlebten Traum unterscheiden. Zunächst einmal möchte ich dir erzählen, wie wir hier Träume sehen.

In unserer wie auch in manchen anderen Kulturen ist man der Ansicht, dass es nicht nur eine Welt, sondern mehrere oder gar sehr viele verschiedene Welten gibt, von denen unsere Welt nur eine einzelne ist. Diese Welten betrachten wir wie eine Zwiebel, deren übereinanderliegende Häute die verschiedenen Welten darstellen. Alle Welten sind gleich real und gleichwertig, wir leben eben in dieser unseren Schicht, weil wir entsprechend konditioniert sind.«

Mir kam in den Sinn, dass sich hier wieder Parallelen zur Quantenphysik auftun, in der Hugh Everett einmal die Theorie aufgestellt hat, dass es unendlich viele Parallelwelten gäbe. Er entwickelte die »Viele-Welten-Interpretation«, die aussagt, dass es eine ganze Reihe von Welten, möglicherweise unendlich viele Welten gibt, die parallel nebeneinander existieren.

»Wenn wir Mayas diese anderen Welten betreten, wenn wir in ihnen reisen, so nennen wir das Träumen. Unsere Seele betritt dabei andere, fremde Welten. Dabei erlebt die Seele absolut ursprüngliche Welten, in denen es keine Trennung in Subjekt und Objekt mehr gibt. Im Traum sind wir eins mit unserer Traumumwelt, es gibt keine Trennung. Vielleicht hast du über Don Juan, den alten Yaqi-Indianer, in den Büchern Carlos Castanedas gelesen. Auch er beschreibt den Vorgang des Träumens als die Kunst, einen gewissen Energiepunkt, den er Montagepunkt nennt, absichtlich aus seiner üblichen Position hinaus zu verschieben und dadurch andere Welten zu entdecken. Der Montagepunkt ist sozusagen die Ausgangsbasis für das menschliche Bewusstsein, er befindet sich bei allen Menschen, verursacht durch die Evolution und unsere kulturelle Entwicklung, an einer festen Stelle. Dieser Punkt ist als ein tennisballgroßes Energiebündel etwa einen halben Meter hinter unserer rechten Schulter in unserer Energiehülle zu verstehen. Im Schlaf kann der Montagepunkt sich etwas bewegen, jede minimale Verschiebung dieses Punktes lässt uns eine andere Welt wahrnehmen. Die alten Zauberer Mexikos beherrschen die Kunst, diesen Punkt bewusst zu verschieben und in andere Welten zu reisen, die ihrer Ansicht nach genauso real sind wie die unsere. Selbst die Verwandlung in andere Menschen oder Tiere sowie das Reisen an andere Orte innerhalb eines Augenblicks ist so möglich.«

»Und du kannst das auch?«, fragte ich verblüfft und erwartungsvoll.

»Natürlich, alle ernst zu nehmenden Curanderos hier können das. Aber wir benutzen es nicht für Zaubertricks oder Touristenvorführungen, sondern ausschließlich für wichtige Dinge. Bei Kindern ist der Montagepunkt anfangs nicht so fixiert wie bei Erwachsenen, sondern kann sich noch viel leichter verschieben und bewegen. Vielleicht liegt es daran, dass Kinder noch viel mehr in Fantasiewelten leben.«

Ich verstand. Im Laufe des Erwachsenwerdens wird der Montagepunkt durch den Einfluss der anderen Menschen und der Gesellschaft immer mehr fixiert und normiert, das Ego festigt seine Position. Vielleicht erreichen wir im Traum einfach eine weitere Dimension unserer Welt, die wir ansonsten – aus welchen Gründen auch immer – zu besuchen verlernt oder vergessen haben oder erst noch im Laufe der weiteren Entwicklung unseres Bewusstseins erreichen werden.

Don Marco fuhr fort: »Das Interessanteste am Träumen aber ist, dass es uns wertvolle Hilfen zu unseren Problemen und Sorgen gibt. Im Traum sprechen die Götter zu uns, wie wir sagen. Sie geben dir wertvolle Hinweise für dein Leben durch deine Träume. In der Schule habe ich bei den Missionaren aus der Bibel gelernt: ›In der Nacht ist mein Herz zu Hause. So kann Gott mich besuchen und zu meinem Herzen sprechen.‹

Träume können tief in dir schlummernde Kräfte wecken, die durchaus heilend wirken können. Die Bilder, die du siehst, die Gesichter, die du vielleicht nicht erkennen kannst, all das kannst du in diesem Leben verwenden. Selbst das gezielte Träumen zu bestimmten Themen ist möglich, indem du vor dem Einschlafen intensiv an ein bestimmtes Problem denkst. Dazu ist es natürlich wichtig, dass du dich an deine Träume erinnerst. Am einfachsten ist dies, wenn du erst einmal alle Träume aufschreibst. Tust du dies nicht, oder erzählst ihn auch nicht jemandem unmittelbar nach dem Aufwachen, hast du den Traum wenige Minuten später bereits vergessen. Du hast deinen Traum also aufgeschrieben und konzentrierst dich nun einfach einmal auf die Bilder, an die du dich noch erinnern kannst. Versuche nicht, den Traum zu analysieren, zerlege ihn nicht in seine Einzelteile. Überleg stattdessen, welche Personen vorgekommen sind, wo spielte der Traum, von welchen Emotionen wurde er beherrscht. Vielleicht machst du das alles auch in einer Meditation, jedenfalls nimm dir ausreichend Zeit dafür. Sprich mit dir selbst über den Traum oder wenn es dir lieber ist, sprich mit Gott darüber, dies spielt keine Rolle. Wenn du das Gefühl hast, emotional wieder einen Bezug zu deinem Traum aufgebaut zu haben, so träume den Traum dort weiter, wo er endete. Du hast dabei die freie Wahl, in welche Richtung du dabei gehst. Wenn du zum Beispiel von einem Berglöwen verfolgt wurdest, kannst du weiterträumen, dass er dich fängt und frisst. Du kannst aber auch träumen, dass du stehen bleibst, ihn laut anbrüllst und ihn vertreibst. Vielleicht bleibst du aber auch einfach stehen, drehst dich um und der Berglöwe hat eine Botschaft für dich. Du kannst mit ihm sprechen, frag ihn, was er will. Du kannst machen, was immer du möchtest. Die Variante des Davonlaufens ist im Traum allerdings immer die sinnloseste Möglichkeit, denn aus ihr etwas zu lernen, wird schwer werden. Solange du vor etwas fliehst, hast du dich ihm verweigert, es nicht angenommen, und es ist nie gut, die Probleme nicht wahr haben zu wollen. Besser, man schaut ihnen direkt ins Auge. Grundsätzlich hat alles, was du in deinem weitergeführten Traum siehst, eine Bedeutung. Das zu wissen, kann sehr hilfreich sein. Liegt dir ein riesiger Fels bei der Flucht vor dem Berglöwen im Weg, versetz dich in die Rolle des Felsen, hinterfrage seine Rolle. Sprich auch mit ihm. Genauso kannst du dich aber auch in die Dinge deines Traums hineinversetzen. Sei der Fels und fühle dich in ihn hinein. Was will der Fels? Genau so solltest du alle anderen Dinge aus deinem Traum, an die du dich erinnern kannst, nochmals erleben. Genug der Theorie, gehe jetzt und arbeite mit deinem Traum. Ich bin gespannt, was dabei herauskommt.«

Gehorsam machte ich mich mit meinen Einkäufen auf den Heimweg und legte eine Extrameditation unter dem großen, schattigen Avocadobaum ein. Meine Vermieterin hatte sich zwischenzeitlich an meine merkwürdige Angewohnheit, bis zu einer Stunde bewegungslos auf der Stelle zu sitzen, gewöhnt.

30. Kapitel –
Leiden und Hoffnung

Am nächsten Morgen begannen Earl und ich wieder den Tag mit einem großen Becher lokalen Kaffees. Schade nur, dass es nahezu unmöglich war, vernünftigen, gemahlenen Kaffee zu bekommen, obwohl in Guatemala der Kaffee angebaut wird. Offensichtlich wurde der gute Kaffee ausschließlich exportiert und die zweite Wahl den Einheimischen überlassen. Earl erinnerte mich daran, dass wir die Entstehung unserer Probleme in Monterrico am Strand bereits in Angriff genommen hatten und er wollte dies nun vertiefen.

»Hast du schon einmal beobachtet, wie ein Problem in dir wahrgenommen wird? Ich habe dir bereits dargestellt, dass du deine Realität selbst erzeugst und dass dies auch für deine Gefühle gilt. Dieses ›DU‹, was ich hier anspreche, ist natürlich dein Ego. Als erstes halten wir also fest: Es ist dein Ego und nicht das eines anderen Menschen; keine unglücklichen Umstände, du und nur du allein entscheidest über die Wahrnehmung eines Problems. Dein Vorgesetzter spricht dich auf eine Sache an und behandelt dich offensichtlich ungerecht. Dann geschieht etwas in dir, blitzschnell, schneller, als du denken kannst, offensichtlich rein instinktiv. Du fühlst eine unmittelbare Wut in dir, du meinst, dass diese direkt durch deinen Chef ausgelöst wurde. Dies ist nur insofern richtig, als dass die Wut natürlich nicht da wäre, wenn der Chef nicht da wäre. Ansonsten entsteht diese Wut ausschließlich in dir. Ursprünglich in grauer Vorzeit dienten unsere Gefühle einmal dem Erhalt unseres Lebens, jetzt müssen wir uns mit den gleichen Mechanismen im modernen Alltag bewegen, was offensichtlich nicht mehr so ganz passt. Menschenfressende

Tiere sind bekanntermaßen alle ausgestorben und trotzdem nutzen wir die alten Mechanismen weiter, in diesem Fall fühlen wir unser Leben bedroht durch eine Äußerung unseres Chefs. Dein Leben ist in Gefahr! Du entwickelst ein unangemessenes und dir überhaupt nicht weiterhelfendes Gefühl. Sei dir bewusst: Wenn du ein Problemgefühl bekommst, kommt dieses nicht von außen zu dir, sondern du erzeugst das Gefühl in deinem Innern. Dieses schlechte Gefühl zeigt dir, dass etwas falsch läuft in deinem Leben, du solltest daher dringend etwas ändern, damit es dir wieder besser geht. Ein Unglücksgefühl soll dich also glücklicher machen. Warum nicht gleich glücklich oder zumindest im inneren Frieden sein? Versuche vielleicht in Zukunft einfach, sobald du auch nur ein schlechtes Gefühl bekommst, zu hinterfragen, wohin dich dieses führen soll. Die Antwort ist eigentlich immer, dass du glücklich sein willst. Sei gegenwärtig und beobachte dich selbst und deine Gedanken. Sei unmittelbar glücklich. Wir neigen oft dazu, andere mit Leiden, Krankheiten oder Sorgen beeinflussen zu wollen. Unsere Schwäche erlaubt es dem anderen schließlich gar nicht, ›Nein!‹ zu sagen, dies geht so weit, dass wir an einem Problem so sehr hängen, dass wir es gar nicht mehr loswerden können. Unsere Krankheit sorgt letztlich dafür, dass wir so die uns fehlende Aufmerksamkeit erhalten. Wenn du versuchst, andere Menschen durch deine Probleme zu beeinflussen und zu manipulieren, ist dies jedoch immer die falsche Methode. Du weißt, Leben bedeutet immer auch Leiden. Gerade im Buddhismus spielt der Begriff Leiden eine wesentliche Rolle. Der Buddhismus startet seine vier großen Wahrheiten mit: Leben bedeutet Leiden. Leiden macht uns aber auch stark, wenn man nicht aufgibt. Leiden hat einen Sinn, den wir selten verstehen. Wer die Hoffnung nicht aufgibt, hat immer eine Chance. Jede negative Situation hat auch eine positive Seite. Diese gilt es zu suchen und zu nutzen. Das Erkennen des Leidens ist der erste Schritt zur Heilung. Verursacht wird das Leiden laut Buddha durch Gier, Zorn, Unwissenheit, Misstrauen, Überheblichkeit oder falsche Ansichten. Gehen wir auf die Unwissenheit näher ein, zählt dazu auch eine falsche Sichtweise der Dinge, eine falsche Wahrnehmung unserer Umwelt und Mitmenschen. Mit dem Leiden ist im Buddhismus auch immer der Weg unauflöslich verbunden, der aus dem Leiden herausführt. Was verstehen wir denn unter Leiden? Alles, was uns verletzt, was uns krank macht, was uns weh tut, was uns unglücklich macht, ist Leiden. Würden wir in totaler Liebe ohne Angst leben, gäbe es dann Leiden? Leiden resultiert immer aus einer falschen Einstellung gegenüber den Dingen. Da die Welt weder gut noch böse ist, wird eine Tatsache erst durch unsere eigene Wahrnehmung und Bewertung zu einem Leiden. Vor jeglicher Bewältigung eines Leidens, des Schmerzes, steht zunächst die Erkenntnis des Leidens. Oft spüren wir zwar, dass etwas nicht in Ordnung ist, wissen aber gar nicht genau, was. Um keine unangenehmen Überraschungen zu erleben, verdrängen wir dieses Gefühl, bis es sich mit Macht als Leiden den Weg bahnt. So sagte Buddha, dass das Nichterkennen von Leiden schmerzhafter sei als jede Last. Erster Ansatz muss es also sein, das Leiden zu erkennen und festzustellen, ob es physischer oder psychischer Natur ist. Dieses Leiden heißt, es sich selbst einzugestehen und zu akzeptieren. Haben wir doch einfach einmal den Mut, dem Leiden unmittelbar ins Auge zu schauen. Wenn die Ursache für ein körperliches Leiden seelischer Natur ist, müssen wir dem nachgehen. Vor dem Schmerz davonzulaufen, hat keinen Sinn, er wird uns stärker wieder einholen. Fühlen wir, dass in unserer Umgebung Leiden ist, überträgt sich dies oft und wir selbst beginnen ebenfalls zu leiden. Offensichtlich braucht der andere Hilfe. Glück ist ebenso wenig wie Leiden eine individuelle, persönliche Sache. Niemand wird glücklich sein, der um sich herum Leiden hat. Du wirst immer nur das bekommen, was du bereit bist zu geben. Buddha brachte ein Gleichnis, für die Behandlung unseres Bewusstseins steht:

> ›Ein gefährlicher Mörder wurde gefangen genommen und vor den König gebracht. Der König verurteilte ihn zum Tode durch Erdolchen. ›Bringt ihn auf den Hof und durchbohrt ihn mit dreihundert scharfen Messern!‹ Um die Mittagszeit berichtete ein Wachtposten: ›Majestät, er lebt noch!‹ Der König befahl: ›Durchbohrt ihn noch dreihundertmal!‹ Am Abend erklärte der Wachtposten erneut: ›Majestät, er ist immer noch nicht tot!‹ Der König gab jetzt den dritten Befehl: ›Durchbohrt ihn mit den dreihundert schärfsten Messern, die im Königreich zu finden sind.‹‹

Auf die gleiche Art gehen wir mit unserem Bewusstsein um, wenn wir die ersten Anzeichen einer Meldung spüren, wenn etwas nicht stimmt in unserem Leben. Wir schauen weg, verdrängen, wollen die Wahrheit nicht wissen, da wir ja ansonsten die notwendigen Konsequenzen ziehen müssten, die möglicherweise ins unbekannte Terrain des Lebens führen. Vielleicht sollten wir an diesem Punkt auf die Abwesenheit von Leiden oder das Gegenteil von Leiden kommen. Wenn wir nicht leiden, sind wir dann gesund? Was verstehen wir eigentlich unter Gesundheit? Da gibt es die unterschiedlichsten Definitionsmöglichkeiten. Meist definieren wir sie über das Fehlen von Krankheiten, vielleicht zusätzlich gestaffelt unter Berücksichtigung unterschiedlicher Altersstufen. Grundsätzlich beginnen wir bei der körperlichen Gesundheit, dem Fehlen von Gebrechen, Krebs und anderen Krankheiten. Selten nähern wir uns von der geistigen

Ebene. Wenn aber Krankheit – wie ich der Ansicht bin – immer und wirklich immer auf seelischen Ursachen beruht, macht es keinen Sinn, die körperliche Gesundheit in den Vordergrund zu stellen. Vielleicht sollten wir Gesundheit definieren als Zustand der vollständigen geistigen Entwicklung, als Gefühl für die Natur der Dinge, als den Zeitpunkt der Überwindung der Ichbezogenheit, als Entwicklung der Empfindsamkeit, als man selbst zu sein, als sich zu verwirklichen, als eins sein mit allem, als ganz sein. Du siehst die Welt, wie sie ist, als deine Welt, als dich. Es gibt kein Ich mehr. Gesundheit ist die direkte und unmittelbare Harmonie mit der Welt.

Unter Krankheit hingegen verstehen wir eine Störung der körperlichen, kognitiven, sozialen und/oder seelischen Funktionen, die die Leistungsfähigkeit oder das Wohlbefinden eines Lebewesens subjektiv oder intersubjektiv deutlich wahrnehmbar negativ beeinflusst oder eine solche Beeinflussung erwarten lässt. In diesem Umschreibungsversuch sind drei Ebenen angedeutet, die beim Menschen mit ›Krankheit‹ bzw. ›Kranksein‹ verbunden sind: der mehr oder weniger objektive, beobachtbare Tatbestand, das subjektive Befinden und das daraus folgende oder erwartete soziale Verhalten. Krank fühlen wir uns zum Beispiel, wenn wir Schmerzen empfinden. Was gibt es schlimmeres als Schmerzen? Schmerzbekämpfung spielt eine immer wichtigere Rolle in unserer Gesellschaft. Derjenige, der Schmerzen zu beseitigen weiß, kann steinreich werden. Vorrangig bekämpft wird aber auch nur der Schmerz, die Ursache ist zweitrangig. Dabei vergessen wir den Sinn des Schmerzes, seine Warnfunktion. Er ist nicht da, um uns zu ärgern, er soll uns warnen, er sagt uns, dass wir etwas falsch gemacht haben. Schmerz an sich ist etwas Positives, als solches sollten wir ihn ansehen. Nicht nur die alten Griechen machten für die Krankheiten noch die Götter verantwortlich,

Krankheiten waren eine Strafe, die durch die richtigen Opfer wiedergutgemacht werden konnte. Hippokrates war der Begründer der ärztlichen Wissenschaft und lebte zur gleichen Zeit wie die Naturphilosophen. Krankheit entstand seiner Ansicht nach wegen eines körperlichen oder seelischen Ungleichgewichts, insbesondere aufgrund eines Ungleichgewichts der vier Körpersäfte Blut, Schleim sowie gelbe und schwarze Galle. Neben dem Wissen, dass der Lebenswandel und die Seele Krankheiten beeinflussen, beherrschten damals jedoch auch noch eher skurrile Behandlungsmethoden die ärztliche Wissenschaft.

Paracelsus, ein um 1500 lebender Sohn eines Arztes, Naturforschers und Alchemisten in der Schweiz, baute seine Medizin auf Natur- und Gotterkenntnis auf. Zum Verständnis der Dinge und damit auch der Krankheiten und ihrer richtigen Behandlung seien einerseits empirische Befunde, andererseits – und weitaus wichtiger – die Betrachtung des Großen und Ganzen notwendig:

›*Denn der Mensch kann nur vom Makrokosmos aus erfasst werden, nicht aus sich selbst heraus. Erst das Wissen um diese Übereinstimmung vollendet den Arzt.*‹ (101)

Für Paracelsus war der materielle Körper lediglich ein Teil des für den gewöhnlichen Betrachter zu großen Teilen nicht-sichtbaren vollständigen Körpers. Nur wer durch stetige Arbeit an sich selbst der göttlichen Erleuchtung teilhaftig würde, der könne die Welt mit anderen Augen, d. h. ›im Lichte der Natur‹ sehen und nur der würde auch zum Arzt taugen, da › … *sein Wissen vom Hörensagen und Lesen zu schöpfen, verfehlt sei.*‹ (101)

Wer entscheidet nun, wer welche Krankheit bekommt und wer nicht? Insbesondere bei Menschen mit ansteckenden Krankheiten führen wir dies auf eine Abwehrschwäche, eine mangelnde Resistenz, zurück. Würde man diese Kranken vorher auf diese Resistenz untersucht haben, würde man wirklich feststellen, dass sie eine schwache Resistenz haben? Offensichtlich gibt es unbekannte, innere Kräfte, die diese Dinge bewirken. Dein Leiden wird aber vielleicht von dir selbst geschaffen durch deine ständigen und nie aufhörenden Gedanken, die dich krank machen. Die schwache Resistenz ist möglicherweise ein Resultat deiner Gedanken. Würden wir Tagebuch führen über unsere täglichen Emotionen, aufkommende negative Gefühle, Sorgen und Ängste, dann würden wir eine später aufkommende Krankheit vielleicht instinktiv auf eines unserer notierten Probleme zurückführen können. Unser halbes Leben sind wir damit beschäftigt, uns Sorgen zu machen, wir verschwenden unsere Energie auf völlig wert- und nutzloses Zeug. Unsere Seele hatte uns schon vor dem wirklichen Krankheitsausbruch darauf aufmerksam gemacht, dass etwas in unserem Leben nicht mehr stimmt. Die Symptome sind nun einmal nicht die Ursache; dieses Problem, dieses Leiden, ist schon lange vorher da. Du hast Albträume, Phobien, Depressionen und anderes und verleugnest diese erst einmal. Wie alle Menschen hast du Angst vor geistigen Problemen; dann doch lieber eine klassische Krankheit, denn dann geht man zum Arzt, man muss nicht zum Therapeuten gehen. Nach dem Arzt kommt das Krankenhaus, nach dem Psychiater aber das Irrenhaus! Gehen wir also einfach einmal davon aus, dass jede Krankheit letztlich seelisch bedingt ist. Die Seele wurde verletzt, wir hören nicht auf unser Inneres, wir verdrängen Probleme. Unsere Seele ist im Ungleichgewicht. Obwohl wir uns viel mehr als geistiges denn als körperliches Wesen sehen sollten, laborieren wir an körperlichen Symptomen herum. Die Ursache suchen wir nahezu nie in der Seele. Erst wenn alle Behandlungserfolge ausbleiben, sagt uns der Arzt lapidar, dass es etwas Psychosomatisches sein könne. Wenn wir hingegen Krebs haben und die moderne Medizin den Kampf verliert, soll es daran liegen, dass wir eine tödliche Krankheit haben.

Eine Störung unserer Seele macht sich übrigens auch bemerkbar in einer Veränderung unseres Energiefelds. George hatte dir ja bereits einiges dazu gesagt, da ist er der Fachmann. Viele Menschen sind in der Lage, die Aura zu sehen, einige sehen auch das menschliche Energiefeld mehr oder weniger vollständig, ich selbst sehe da relativ wenig. Bei Krankheiten hat sich das Energiefeld farblich verändert, es verdunkelt sich. Normalerweise ist das Feld gleichmäßig und homogen, bei Krankheiten ist es hingegen unsymmetrisch oder lückenhaft. Hier im Energiefeld nehmen die Krankheiten ihren Ausgang, erst nach und nach dringen sie durch die uns umgebenden Energieschichten bis zum Körper durch und verursachen dort die uns bekannten Krankheitssymptome. Auch steht jede Krankheit in direkter Beziehung zu unserer Lebensaufgabe, was auf den ersten Blick schwer zu verstehen ist. Unser Energiefeld hat diese Krankheit verursacht, um uns zurück zu unserer tiefen Sehnsucht nach unserer Lebensaufgabe zu bringen. Wir haben unsere Lebensaufgabe vernachlässigt oder verdrängt und bekommen durch die Krankheit die Quittung. Nun sind Krankheit und Schmerz ein Hinweis einer unbekannten Macht auf eine Fehlentwicklung in uns oder in unserem Leben. Diesen Hinweis sollten wir nutzen, anstatt ein Problem daraus zu fabrizieren. Zum Problem wird sowieso jede Krankheit erst dadurch, dass du sie bewertest und ablehnst. Würdest du dies nicht tun, hättest du kein Problem. Ja, die Stärke des Leidens regulierst du letztendlich selbst über die Stärke deiner Ablehnung, die du mithilfe deines Verstandes erzeugst. Je mehr du denkst, je mehr du kämpfst, desto mehr leidest du.

Würdest du die Krankheit mit echter Freude begrüßen, hättest du das Gegenteil eines Problems. Gibst du dein Ego auf, gibst du den Widerstand auf und damit das Problem, das Leiden!

Die gedanklichen Manipulationen deines Egos, das liebend gerne in der Vergangenheit lebt, spielen ebenfalls eine Rolle. Solange, wie du nicht in der Gegenwart lebst, wirst du Schmerz empfinden, dein Verstand wird in der Vergangenheit wühlen und auch alten Schmerz wieder ausgraben, den du nie angenommen hattest. Hinzu kommen die Schmerzen, die du schon bei der Geburt von deinen Vorfahren ererbt hast und die durch Generationen weitergegeben wurden. All dieser Schmerz sammelt sich in einem negativen Energiefeld in uns. Dieses Energiefeld nennt Eckhart Tolle unseren ›Schmerzkörper‹ (79). Du kannst ihn betrachten als ein in dir existierendes Monster, das danach dürstet, dass du leidest, es ernährt sich von deinen Schmerzen. Der Schmerzkörper lebt in dir und ist immer bereit für seinen Auftritt, er wartet nur darauf, dass der Verstand ihn aktiviert. Er ist Teil deines Egos. Je nachdem, wie du lebst, ist dein Schmerzkörper mehr oder weniger aktiv. Bist du depressiv, ist er nahezu immer gegenwärtig, hast du dich gerade mit deinem Partner gestritten, ist er hoffentlich nur kurzfristig aktiviert. Selbstverständlich arbeitet der Verstand bevorzugt mit altem, bekanntem Schmerz, den er schon abgespeichert hat und in Sekundenbruchteilen abrufen kann. Der Schmerzkörper zeigt sich im Geiste, aber auch im Körper. Er kann dich zur Gewalttätigkeit bringen, er manipuliert dich.

Dein Ego, dass sich deines Verstandes bedient, um seine Existenz zu rechtfertigen, liebt von daher verrückterweise den Schmerz. Es lebt vom Schmerz, es kämpft für ihn, um sich selbst unersetzlich zu machen. Sobald du den Schmerz aber einfach annimmst, verliert er seine Macht über dich, das Ego verliert seine Macht, du beginnst, gegenwärtig zu sein. Dein Verstand wird sich dagegen wehren, alles, was dir logisch erscheint, wird dagegen sprechen. Du musst den ersten Schritt aus deinem Bewusstsein heraus machen, der Verstand wird dir dabei nie helfen. Dein Schmerz ist ein Produkt deines Verstandes, er ist nicht du. Solange du bewusst bist, hat der Schmerzkörper keine Chance, dich zu quälen. Bewusst bist du im Jetzt, wenn dein Ego schweigt, wenn der Strom deiner Gedanken pausiert. Sobald du auf irgendetwas Ärgerliches stark emotional reagierst, jubiliert dein Schmerzkörper, er sieht die Chance, dass du unbewusst wirst und er reichlich Nahrung von dir bekommt. Diese Energie solltest du ihm nicht zukommen lassen; am Anfang wird dir dies schwerfallen, aber mit etwas Übung und Geduld wirst du feststellen, dass es funktioniert. Nimm den Schmerz an, wehre dich nicht gegen ihn und lass diese Energie, die im Schmerzkörper gebunden ist, frei. Wandle diese Energie um in positive Energie. Denke nicht über den Schmerz nach. Sei bewusst und identifiziere dich nicht mit deinem Schmerzkörper, unterstütze ihn nicht durch deine Gedanken. In dem Moment, in dem du negative Emotionen spürst, sei gewiss, dass du dann nicht mehr bewusst bist. Wenn du auf was auch immer aggressiv reagierst, so agiert dein Schmerzkörper mit seinem Drang, sich zu profilieren, er sucht neuen Schmerz, will sich weiterentwickeln, will wachsen. Er lebt davon. Wenn du meinst, es reiche aus, dem Schmerz aus dem Wege zu gehen, irrst du. Lehnst du Situationen ab, in denen Du einmal Schmerzen empfunden hast, um diese nicht wieder zu erleben, so wirst du diesen Schmerz vielleicht vermeiden können, deine Gedanken zu diesem Thema wirst du nicht verhindern. Sie werden trotzdem Schmerz erzeugen, der Schmerzkörper lebt davon. Auch wird er neue Gedanken erzeugen, neue Themen finden.

Jetzt ist dies natürlich alles leichter gesagt, als getan. Dein Ego wird gemeinsam mit deinem Verstand und mit zuverlässiger Unterstützung deines Schmerzkörpers alles dafür tun, um dir die Unsinnigkeit dieser Gedanken logisch zu beweisen. Nach jahrelanger Krankengeschichte hängen viele Menschen unbewusst an ihrem Schmerz, sie identifizieren sich über ihn. Ihn aufzugeben hieße, einen Teil ihres Selbst aufzugeben. Was würde aus ihnen, wenn sie einen Teil ihres Selbst aufgäben? Die Angst vor dem Unbekannten scheint zu gewinnen. Genauso haben Menschen Angst davor, dass ihnen jemand anderes ihr Problem auflöst. Ihr Selbst definiert sich manchmal seit Jahren über den Kampf gegen einen Schmerz. Dieser Kampf strukturiert ihr ganzes Leben, das Leiden diente als Erklärung dafür, dass sie nie das machen konnten, was sie wirklich wollten. Nun müssten sie einen immer wichtiger gewordenen Bestandteil ihres Lebens aufgeben und sich plötzlich etwas Neuem öffnen. Eine schreckliche und grausame Vorstellung für die, die immer noch mit ihrer uralten Landkarte über die Weltmeere segeln. Jedoch, sei gewiss, dass es stimmt, was ich dir sage: Gib dir selbst eine Chance, beginne einfach, den Schmerz zu beobachten und anzunehmen. Du entlastest dabei auch deinen Verstand, der erholter an seine wirklichen Aufgaben herangehen kann und deutlich besser funktioniert.

Neben deinem eigenen Schmerzkörper existiert auch so etwas wie ein kollektiver Schmerzkörper. Gruppen von Menschen können einen gemeinsamen Schmerzkörper teilen, Nationen sind über einen gemeinsamen Schmerzkörper verbunden. Aufgrund der gemeinsam gemachten schrecklichen Erfahrungen leidet die Nachkriegsgeneration gemeinsam. Jahrtausende negativer Erfahrungen der Menschheit durch Kriege, Ungerechtigkeit und Gewalt haben sich in uns gesammelt. Oft lächeln wir über die Reaktion einer Nation auf eine unserer Ansicht nach dumme

Kleinigkeit, wir verkennen den Schmerzkörper dieses Landes, der nicht dem unseren entspricht. Die Reaktion kann aufgrund der Vorgeschichte nur derart gestaltet sein, wie sie auch ist; wer diese Geschichte aber nicht kennt, wird sie auch nicht verstehen. ›Kennen‹ heißt aber nicht, darüber gelesen zu haben, der Verstand hilft dabei nicht. Alles, was ich dir zum Thema Schmerz und Leiden sage, gilt für Völker und Nationen gleichermaßen wie für dich allein. Heutzutage ist es so, dass ein Problem schnellstmöglich gelöst werden muss. Dafür tun die Menschen alles, sie richten ihre volle Konzentration auf die Beseitigung des Problems. Unsere gesamte Wahrnehmung bemüht sich um das Problem und der Teufelskreis entsteht: Da wir unsere Realität selbst kreieren, wird durch vermehrte Konzentration auf das Problem dieses noch verstärkt. Sinnvoller wäre es, das Problem zu akzeptieren. Wenn du dich auf das Negative konzentrierst, wird dir wahrscheinlich mehr Negatives zustoßen. Viel ertragreicher ist es in der Tat, Probleme und unangenehme Situationen anzunehmen und locker zu bleiben. Beobachte dich und deinen Körper, deinen Geist, bewerte nichts dabei. Höre auf die Stille um dich herum und in dir, achte auf deinen Atem. Ich werde demnächst noch einmal auf dieses Thema zurückkommen. Dschuang Dsi, der berühmte Chinese, sagte vor 2300 Jahren bereits in seinem Buch ›Das wahre Buch vom südlichen Blütenland‹:

> ›Wenn man in äußerster Stille verharrt, dann scheint das himmlische Licht hervor.
> Wer dieses himmlische Licht ausstrahlt, der sieht sein wahres Selbst.
> Wer sein wahres Selbst bewahrt, der verwirklicht das Absolute.‹ (27)

Solange, wie du dich hauptsächlich mit deinen Problemen beschäftigst, wirst du dem Leben keine Chancen geben, etwas Neues für dich und mit dir zu entwickeln. Das Neue braucht Raum in dir, den du mit deinen Problemen dummerweise blockierst. Genaus owenig macht es natürlich Sinn, sich vorzunehmen, auftauchende Probleme fröhlich willkommen zu heißen und sie zu akzeptieren. Zu leicht beginnt man regelrecht nach Problemen zu suchen, um sie durch Akzeptieren zu verarbeiten, was nichts anderes ist, als sie zu bekämpfen. Es funktioniert nicht, wenn du meinst, fließbandmäßig deine Probleme zu suchen und analysieren zu müssen. Solltest du bei einem Problem erfolgreich sein, beginne niemals, ein neues zu suchen. Es wird sich dir zeigen, wenn der richtige Zeitpunkt gekommen ist. Der Mensch an sich hat die Eigenschaft, erst einmal alle Probleme beseitigen zu wollen, bevor er glücklich sein kann. Vielleicht beruht dies auf alten Urinstinkten, als er an seinem neuen Feuerplatz erst einmal alle Gefahren prüfen und beseitigen musste, bevor er sein Wild grillen konnte. Jeder hat reichlich Probleme; was ich dir damit sagen möchte, ist, nicht zu suchen, da die Suche wiederum einen Druck erzeugt, der kontraproduktiv ist. Du würdest dir selbst suggerieren, dass irgendwo in dir riesige, unglaubliche Probleme sind, die nur darauf warten, entdeckt zu werden. Allein dadurch schaffst du natürlich diese Probleme, da du dir deine eigene Realität schaffst. Lass also keinen Zwang aufkommen. Nimm den Druck von dir, sei gegenwärtig. Lass los. Es ist viel wichtiger, im Jetzt zu leben, als Probleme zu suchen und zu bekämpfen. Wenn eines da ist, ist immer noch ausreichend Zeit, es ausreichend zu würdigen. Dann heißt es jedoch nicht, es zu bekämpfen, sondern es einfach zu akzeptieren, es anzunehmen. Nimm das, was du bisher als Problem gesehen hast, wahr als einen Teil von dir, nicht gut und nicht schlecht, sondern einfach als einen Teil deines

Lebens. Vielleicht nennen wir das Problem besser ein Thema. Würdige das Thema nicht unnötig, sei gegenwärtig und nimm das Thema an. Die Lösung wirst du dann in dir selbst finden. Indem du dich gegen etwas wehrst, gibst du dieser Sache durch deine Gedanken Raum, du erschaffst eine Realität, du verstärkst das Problem. Je mehr du dich widersetzt, desto mehr Energie legst du in das Problem.

Wie wir in der Quantenphysik und den fernöstlichen Philosophien gesehen haben, ist alles ›Eins‹, nichts ist wirklich getrennt. Wenn irgendwo in diesem Kosmos etwas geschieht, hat dies Einfluss auf uns selbst. Wenn wir etwas tun oder nicht tun, hat dies ebenfalls Einfluss auf alle anderen Menschen, ja auf die Welt, das Universum. Dementsprechend müsste auch jeder Heilungsansatz zunächst einmal lokal bei uns selbst ansetzen, parallel dazu aber auch immer das ganze Universum in Betracht ziehen. Wir können unsere Krankheiten mit Medikamenten behandeln, bestrahlen oder herausschneiden, und vorübergehend hilft dies auch. Längerfristig kann sich dieser gesunde Zustand aber nur halten, wenn wir auch auf unsere Seele gehört haben. Ansons-ten laufen wir Gefahr, dass die Krankheit so oder in einer anderen Form wiederkommt, so wie eine bereits operierte Krebserkrankung oft an anderer Stelle wieder entsteht. Genau wie beim Schmerz reicht es nicht nur, die Symptome zu bekämpfen. Wir müssen uns fragen, was uns diese Krankheit sagen will. Als Skeptiker kannst du anführen, dass du Menschen kennst, die absolut nicht glücklich sind, ungesund leben und trotzdem nicht krank sind. Aber diese Menschen haben nicht deine Seele und deine Sensibilität. Ihre Lebensaufgabe ist eine andere. Zudem ist es deine subjektive Wahrnehmung, ob sie glücklich sind oder nicht. Bei schlimmeren Krankheiten, die gerade uns treffen, fragen wir uns: ›Warum gerade ich?‹ Ein Nichtraucher bekommt Lungenkrebs, wohingegen ein starker Raucher problemlos alt wird. Ist das etwa gerecht? Nun könnte man sagen, dass die Krankheit selbst die Antwort auf diese Fragen enthält, sie ist eine Botschaft des Universellen, die wir als Krankheit wahrnehmen. Oft höre ich bei diesen Gedanken das Gegenargument, was denn das Baby dafür kann, dass es Leukämie hat. Nun ist aber ein Baby nach meinem Verständnis kein einzelnes getrenntes Lebewesen sondern Teil eines großen Ganzen. Wir sind nicht individuell, alles ist miteinander verbunden, alles ist ein großes Netz. Wenn man dem Tibetanischen Totenbuch glaubt, so suchen Kinder sich ihre zukünftigen Eltern bereits vor der Geburt aus. Entscheiden sie sich möglicherweise für bestimmte Eltern, um ganz bestimmte Erfahrungen zu machen?

Wie kommt es, dass wir Opfer eines Unglücks werden oder nicht? Ist dies reiner Zufall? Haben wir selbst dafür gesorgt oder war es eine höhere Macht? Kann man es sich wirklich so einfach machen, zu sagen, dass das Opfer immer selbst auch die Veranlagung zu diesem Ereignis in sich hat? Sucht das Opfer eines Verbrechens die entsprechende Situation, wohingegen jeder andere eben gerade nie zu diesem falschen Zeitpunkt am falschen Ort wäre? Nun könnten wir jetzt wunderbare Streitgespräche darüber führen, wie es denn entsprechend mit der Sinnhaftigkeit von Bestrafung aussieht, wenn der Täter nicht mehr Schuld hat als das Opfer und vielleicht auch keine andere Wahl hatte? Hilft dann Bestrafung, wird die Welt besser, wenn wir Gewalt mit Strafe beantworten? Wäre Hilfe nicht sinnvoller? Letztlich wäre doch der Täter getrieben von seinen Ängsten in seiner Realität. In seiner Realität sieht er keine andere Möglichkeit zu handeln. Er handelt so wie er meint, es tun zu müssen, um zu überleben. Welcher Täter fügt einem anderen Menschen schon aus Spaß Leid zu; tut er das, sind selbst wir heute in unserer Gesellschaft so weit, ihn als krank und nicht normal einzustufen. Inwieweit bestraft sich ein Täter durch seine Tat selbst? Er schadet doch sich selbst, er ist Teil des großen Ganzen. Wer an Karma glaubt, das alle guten und schlechten Taten speichert und sammelt, und das dann über seine Rolle in der Welt nach der Wiedergeburt entscheidet, der weiß, dass der Täter irgendwann in seinem nächsten Leben ohnehin schon bestraft werden wird. Aber ich schweife ab, zurück zu den Anmerkungen unserer Seelen.

Wenn du Schwierigkeiten dabei hast, die Anmerkungen und Beschwerden deiner Seele zu hören oder zu verstehen, kann ich dir nur raten, auf deine Emotionen zu achten. Emotionen sind Teil des Verstandes, dein Körper reagiert durch Emotionen auf deinen Verstand, deine Gedanken. Jeder Gedanke führt zu einer Emotion im Körper, jede Emotion führt zu einer unbewussten Reaktion des Körpers. Wenn du einmal darauf achtest, wie dein Körper reagiert, wenn du wütend bist, wirst du feststellen, dass sich verschiedene Muskelgruppen angespannt haben, ohne dass du dies gezielt gemacht hast. Du bist genetisch bedingt bereit zum Kampf; ein Verhalten, dessen Ursprünge in grauer Vorzeit liegen. Versuchst du aber umgekehrt einmal, alle Muskeln bewusst zu entspannen, wird es dir unmöglich werden, Wut oder Aggression zu empfinden. Du siehst also, dass es Sinn macht, auf seinen Körper zu achten. Stellst du eine Anspannung fest, ist damit verbunden auch immer eine Emotion, die zumeist keine positive ist. Die Emotion wiederum ist koexistent mit einem Gedanken, der offensichtlich von deiner Seele beanstandet wird. Realisierst du jetzt einmal dein tägliches Gedankenchaos, wirst du dir bewusst darüber, wie sich dies durch die damit verbundenen Emotionen auf deinen Körper auswirken muss. Zuviel denken kann krank machen.«

»Meinst du denn wirklich, dass alle Krankheiten Meldungen

der Seele sind, oder nur einige bestimmte? Vielleicht nur die, die wir als psychosomatisch bezeichnen?«

»Nein, ich bin der Meinung, dass jede und wirklich jede Krankheit eine Äußerung der Seele ist. Achte einmal auf den Ursprung des Wortes. Der Begriff Psychosomatik kommt vom griechischen psyche, was ›Atem‹, ›Hauch‹, ›Seele‹ und auch ›Schmetterling‹ bedeutet und von soma, was ›Körper‹ oder ›Leib‹ heißt. Sie befasst sich mit den Wechselbeziehungen zwischen seelischen, körperlichen und sozialen Vorgängen. Es gibt in der Medizin den Trend, dem Seelischen mehr Aufmerksamkeit zu widmen, ohne dabei das Körperliche zu vernachläsigen, wie Edward Weiss und O. Spurgeon English dies bereits 1949 feststellten. Der Begriff Psychosomatik selbst wurde ursprünglich benutzt, um Krankheitsgeschehen in ihrer moralistischen Deutung zu beschreiben, also Krankheit als Störung der Seele, da jemand von Gott abgefallen war. Freud sah als Krankheitsursache ›psychische Erregung, die nicht adäquat verarbeitet oder abgeführt werden kann, ›springt‹ in einen Körperteil, wird also umgewandelt‹ (90). Das körperliche Leiden ist in dieser Vorstellung Symbol des unbewussten Konflikts respektive Traumas. Die Psychosomatik beschäftigt sich mit körperlichen Erkrankungen und ihren Folgen, wie zum Beispiel Krebs und seine Bewältigung, mit körperlichen Problemen als Reaktionen von Emotionen und mit bewussten und insbesondere unbewussten Konflikten. Dazu kommt die Hypochondrie, die immer beliebter wird, mit seelischen Störungen, die körperliche Symptome verursachen, Suchtprobleme, Persönlichkeitsstörungen und vieles mehr. Weiter gehören dazu die körperlichen Probleme, bei denen kein organischer Befund nachweisbar ist und psychische Faktoren bei der Entstehung und Aufrechterhaltung der Symptome eine bedeutsame Rolle spielen. Eine Reihe von Modekrankheiten gehört hierzu. So führt zum Beispiel ständige Angst dazu, dass im Körper Adrenalin ausgestoßen wird, was auch die Magen-Darm-Peristaltik hemmen soll und bei längerem Bestehen zu Verdauungsstörungen führen kann. Man sagt ja auch, dass etwas einem ›schwer im Magen‹ liegt, eine Sache geht einem ›an die Nieren‹, der Schreck ›fährt einem in die Glieder‹, jemandem ist eine ›Laus über die Leber gelaufen‹. Oft führen traumatisierende Ereignisse, wie sie zum Beispiel im Krieg viele Soldaten erlebten, zu Krankheiten wie dem Kriegszittern. Halten wir uns dieses extreme Beispiel vor Augen, so wird deutlich, wie eine psychisch gesunde Person durch starke oder anhaltende Traumatisierung nicht nur psychisch, sondern auch körperlich geschädigt werden kann. Patienten, die an körperlichen Symptomen leiden, fühlen sich oft missverstanden und oft als ›eingebildete Kranke‹ oder Simulanten stigmatisiert. Sie pilgern von einem Arzt zum anderen und kommen nicht voran. Sicherlich fragt der eine oder andere Arzt, ob man Stress habe, keiner geht aber so weit, zu sagen, dass die Krankheit ausschließlich aus Stress resultiert. Hören möchte dies auch niemand, denn dann müsste man zum Psychotherapeuten gehen. Kaum ein Patient kann und will selbst die psychische Komponente seiner Beschwerden akzeptieren; auch deswegen, weil die Art und Weise seiner Beschwerden mitunter allein auf körperliche ›Fehlfunktionen‹ hinzuweisen scheint. Dennoch herrscht heute zumindest weitgehend Konsens darüber, dass die meisten Krankheiten multikausal bedingt sind.

Jung betrachtet ›die natürlichen Lebensäußerungen des Unbewussten als Fantasien‹ (49).

Diese sind essentiell, können sehr real werden und drücken sich in unserer Welt zwangsläufig in der Materie aus, in unserem Körper. So hat das Unbewusste die Möglichkeit, seine Störung, Missachtung oder Fehlbehandlung zu zeigen. Dies beginnt vielleicht mit kleinen vorsichtigen Äußerungen, einem Unwohlsein, einem schlechten Gefühl, und endet möglicherweise nach Jahren in einer ernsten körperlichen Krankheit.«

»Woher kommen denn heute diese vielen Phobien? Immer mehr Menschen leiden an irgendwelchen skurrilen Ängsten! Ich selbst hatte lange ein riesiges Problem. Ich konnte nicht mit dem Auto in einen Tunnel oder über eine größere Brücke fahren. Irgendwann bekam ich sogar Probleme, überhaupt Auto zu fahren. Ich habe manchmal die Autobahn verlassen müssen und bin langsam über Landstrassen weitergefahren. Warum auch immer hatte ich das Gefühl, ich könnte ohnmächtig werden oder gar einen Herzinfarkt bekommen.«

»Tja, Angst ist die Krankheit unserer Zeit. So viele Menschen haben schwerwiegende Probleme mit Ängsten, die zum einen neurotischer Natur, zum anderen existenzieller Art sind. Sie alle beruhen auf unserer Unfähigkeit, im Hier und Jetzt zu leben. Wir haben Angst vor diesem und jenem, wir haben Angst, krank zu werden, wir haben Angst, arm zu werden, wir haben Angst, zu sterben, wir haben Angst, unsere Liebe zu verlieren. Unsere Herzen sind erfüllt von Angst. Angst entsteht, wenn wir das Gefühl haben, nicht alles im Griff zu haben, wenn unser Bewusstsein unser Leben nicht völlig überschauen kann. Angst resultiert also daraus, dass wir alles im Griff haben wollen, aber nicht wissen, wie. Da es mit absoluter Sicherheit so ist, dass wir nie das Leben kontrollieren können, führt der Wunsch nach Kontrolle unweigerlich zu Verzweiflung und Angst. Dieser Pseudo-Mangel an Wissen erzeugt die Angst. Du erinnerst dich, dass Wissen nur Vergangenheit und ein Mittel des Egos ist. Schon vor 2300 Jahren war der Grieche Epikur sich darüber bewusst, dass Furcht, Schmerz und Begierden aufgelöst werden müssten, um dauerhaftes Glück erfahren zu können. Auch die in vielen Religionen verbreitete Angst vor der Strafe oder Rache Gottes und vor dem Jüngsten Gericht waren für Epikur reiner Aberglauben, für ihn gab es keinen Gott, der aktiv in das Weltgeschehen eingreift. Angst entsteht aus dem Kampf des Egos um sein Überleben, aus seiner Suche nach einer Daseinsberechtigung. Diese Angst ist uns existenziell mitgegeben. Um Sicherheit für unser Leben zu erreichen, streben wir nach materiellen Dingen, doch dies sind nur Symbole für das Glück oder den Frieden, den wir wirklich suchen. Nun, da wir jedoch nur die Symbole erreicht haben, führt dies zu Angst. Der Versuch, sein Leben abzusichern, ist eine reine Illusion, sie bindet uns an die Vergangenheit und blockiert uns.

Gibt es jedoch heute überhaupt noch einen Grund dafür, Angst zu haben? Fast alle gefährlichen Dinge sind so unwahrscheinlich, dass es absolute Zeitverschwendung ist, sich mit einer Angst davor zu identifizieren. Für dein modernes Leben brauchst du einfach keine Angst mehr, Vorsicht und gesunder Menschenverstand sollten für dein Überleben völlig ausreichend sein. ›Hätte‹, ›würde‹ oder ›könnte passieren‹, sind vom Ego konstruierte Ängste, die nichts mit der Gegenwart zu tun haben.

Angst verursacht Kriege. Materielle Not erzeugt Angst, diese Angst schürt Aggressionen und Gier. Leicht lässt sie sich nutzen für die Zwecke irgendwelcher Despoten oder ideologisch verklärter Anführer. Angst beruht immer auf der Furcht vor Strafe, vor Konsequenzen aus Fehlern, die wir machen könnten. Wir haben Angst davor, etwas falsch zu machen. Und wer entscheidet, was richtig und was falsch ist? Genau, du entscheidest selbst für dich und ich für mich. Du stellst dir also deine eigenen Regeln auf und fürchtest dich dann davor, dass du sie nicht einhältst. Dazu kommen die Regeln der Gesellschaft, die aber doch relativ einfach einzuhalten sind und niemanden in die Angst treiben sollten. Viel wichtiger sind die Gesetze der Natur, des Kosmos, des großen Unbekannten. Wenn du im Einklang mit diesen Regeln lebst, wirst du frei sein, du wirst Probleme gar nicht mehr als Probleme erkennen.

Angst bezieht sich immer auf die Zukunft. Wie ich dir erklärt habe, lebt die Zukunft wiederum durch den Verstand als Werkzeug des Egos von der Vergangenheit. Angst ist also ein Mangel an Gegenwart. Wenn du in der Gegenwart lebst, existiert keine Zukunft mehr, die Angst kann nicht mehr überleben. Dein Ego flüstert dir zu: ›Pass auf, das alles könnte uns passieren. Wenn wir nicht wachsam sind und du nicht auf mich hörst, werden uns die schlimmsten Dinge zustoßen‹. Und so wie ich dich kennen gelernt habe, hast auch du dich bisher von deinem Verstand und den von ihm erzeugten Ängsten leiten lassen. Deswegen bist du jetzt hier. Wenn deine Frau dich wütend oder traurig ansieht, wirst du möglicherweise unmittelbar eine Angst entwickeln, dass sie dich verlassen wird. Sieht dein Chef dich sehr ernst an und bittet dich um ein Gespräch unter vier Augen, so ängstigst du dich um deine Existenz. Instinktiv wirst du meinen, es drohe dir unmittelbare Gefahr für dein Leben, du wirst arbeitslos, du wirst zu wenig Geld haben, die Wohnung aufgeben müssen, irgendwann auf der Strasse leben, unter Brücken und in Hauseingängen schlafen und irgendwann krank werden, verhungern oder ermordet werden. Es ist offensichtlich, dass in den seltensten Fällen dieser ›schlimmste Fall‹ eintreten wird. Wahrscheinlich wirst du nicht einmal arbeitslos. Aber Dein Ego lässt einen unglaublichen Film ablaufen.

Hinter den meisten menschlichen Problemen steckt eine unbekannte Angst. Es gibt eigentlich nur zwei große Gefühle. Dies sind die Angst und die Liebe. Wo Angst ist, ist keine Liebe, wo Liebe ist, ist keine Angst. Wir haben Angst vor Einsamkeit, vor dem Tod, vor Armut und vielem mehr. Es scheint, als ob wir dieses AngstPotenzial aus einer Zeit herübergerettet haben, als Angst noch lebensrettend war. Als der Mensch noch in jeder Sekunde fürchten musste, vom Säbelzahntiger überrascht und gefressen zu werden, musste er ständig auf der Hut sein. Die Angst war sein ständiger Begleiter. Nun gibt es heute, soweit ich weiß, in den allermeisten Ländern keine Menschen fressenden Tiere mehr. Die zweite große Angst war für viele Jahrtausende der Hunger. Ihr habt in Deutschland und Europa ein soziales System, in dem niemand verhungert. Die meisten kommen auch trotz aller Globalisierung nie mit dem Gefühl wirklicher Armut zusammen; sie kennen die Angst vor der Armut, mehr aber auch nicht. Es ist offensichtlich, dass diese Angst vor dem Verhungern eher hausgemacht und nicht realistisch ist. Ich will gar nicht abstreiten, dass die Spaltung der Gesellschaft in Arm und Reich zu immer mehr Konflikten und einem erheblichen Wohlstandsgefälle führt. Unser Sozialsystem in den Staaten ist zwar nicht halb so gut, aber auch bei uns geht es doch den meisten Menschen immer noch besser als in Indien, Bangladesch oder vielen Ländern in Afrika. Trotzdem sind sie nicht glücklicher als die Menschen dort. Kommen wir zur Angst vor Gewalt, die in ihrer höchsten Form wieder auf die Angst vor dem Tod hinausläuft, was wir jetzt und hier aber nicht betrachten wollen. Diese hat sicherlich auch heute noch eine Daseinsberechtigung. Zu viele Grausamkeiten und Verbrechen geschehen, als dass man dies ignorieren könnte. Aber hilft dir denn diese Angst, wenn du nachts durch ein dunkles Stadtviertel gehst, wirklich weiter? Würde nicht erhöhte Achtsamkeit ausreichen, um im immer noch eher unwahrscheinlichen Fall einer Gefahr zu reagieren? Ich denke schon. Du wirst in der Lage sein, dann die richtige Entscheidung zu treffen. Die Angst vorher wird dir jedenfalls nicht helfen, im Zweifelsfall wird sie nur heraufbeschwören, was du gerade nicht wolltest.

Kommen wir zur Angst vor der Einsamkeit, zur Angst, nicht geliebt zu werden. Jeder Mensch hat eine andere Art mit Einsamkeit umzugehen, der eine kann es gut, der andere weniger. Viele haben sogar große Angst vor der Einsamkeit, dem Alleinsein. Sie passen sich unnötig an ihre Umgebung an aus Angst, ansonsten die Gruppe vor den Kopf zu stoßen. Sie tun vieles, um akzeptiert zu werden; dass dies nicht unbedingt zu ihrem eigenen Glück beitragen wird, ist offensichtlich. Dabei sehen sie nicht, dass es eigentlich in unserer Welt sehr einfach ist, andere Menschen kennenzulernen. Es gibt moderne Kommunikationsmittel, Theater, Kinos, Restaurants, Bars, Konzerte, Kurse aller Art und vieles mehr. Überall können wir Menschen mit den gleichen Interessen kennenlernen. Nur wenn wir ein Leben als Eremit bevorzugen, werden wir keine Freunde haben, dann ist dies aber selbst gewählt und nicht gottgegeben. Angst hat noch nie irgendein Leben verbessert, sie blockiert und lähmt uns. Wir haben Angst, weil wir Erfahrungen der Vergangenheit in die Zukunft projizieren. Natürlich läuft auf der Welt nicht alles rund, es gibt viele Grausamkeiten und viel Unrecht. Nur, verbessern wir die Welt, indem wir voller Angst sind und uns Sorgen machen? Verbreiten wir nicht im Gegenteil auch noch Angst unter unseren Mitmenschen? Es hilft niemandem, wenn wir uns sorgen. Wenn wir versuchen, zu helfen, sollte dies ausreichen; mehr, als unser Bestes zu geben, können wir nicht tun. Wenn wir sehen, was alles aus Angst entsteht, erkennen wir, dass wir Angst keinesfalls noch künstlich erzeugen sollten, weder in der Kindererziehung durch Drohung mit Strafe noch in der Liebesbeziehung durch Drohung mit Liebesentzug. Verständlich, oder?

Überlege einmal, was gerade deine größte Angst ist. Ist es die

Angst vor den Auswirkungen einer vorhandenen Krankheit? Ist es die Angst vor Krankheit und Tod? Ist es die Angst vor finanziellen Sorgen? Hast du Angst, eine Liebe zu verlieren? Hast du Angst, auf deinen Bauch zu hören?«

Mehrere dieser Fragen konnte ich bedenkenlos mit ›ja‹ beantworten. Trotz aller meiner Bemühungen, im Jetzt zu leben, nicht zu grübeln, einfach glücklich zu sein, war ich letztlich immer noch nicht in der Lage, einfach auf meinen Bauch zu hören. Aber immerhin hatte ich die Reise nach Guatemala gemacht, das war doch schon einmal ein erster Schritt.

»Dann denk einmal darüber nach, was das schlimmste wäre, was dir zustoßen könnte, wenn deine Angst begründet wäre. Was würde passieren? Hilft es dir, vor dieser Angst auszuweichen, diese nicht wahrhaben zu wollen? Wäre es nicht sinnvoller, sich dieser Angst zu stellen, sich in die Angst hineinzufühlen?«

Er machte eine Pause, und ich musste ihm innerlich zustimmen; es war einfach idiotisch, sich ständig Sorgen um alles und jedes zu machen. Wenn unsere Ängste, mit denen wir ja eigentlich nur unser Leben sichern wollen, zum Selbstzweck werden und Glück verhindern, indem wir uns unaufhörlich sorgen, ist der ursprüngliche Sinn völlig verloren gegangen.

Earl kam zum Ende: »Wie du siehst, hilft die Angst uns nicht mehr, sie zerstört uns. Zeit, sie loszuwerden! Nicht wenige Menschen sagen, dass, nachdem sie alles verloren hatten, dies eine ausgesprochen glückliche Zeit ihres Lebens war. Sei gewiss, nichts, was wahr ist, kann bedroht werden oder verloren gehen und was nicht wahr ist, kann dies ebenfalls nicht, da es gar nicht existent ist. Wenn die Angst geht, wird dein Geist friedlich und frei sein und du wirst eine unendliche Energie wieder spüren, die du bis dahin an deine Angst verschwendet hattest. Nutze diese neue Energie und fokussiere sie auf die Beobachtung, auf das Gewahrsein der Stille. Deine Kreativität wird wachsen und allein durch die Änderung deiner Wahrnehmung beeinflusst du dein Leben zum Positiven.«

31. Kapitel – Heilung

»Nachdem wir tagelang über Leiden, Probleme und Krankheiten gesprochen haben, ist es an der Zeit, darüber zu sprechen, wie wir dies alles wieder loswerden. Du hast schon gehört, dass jede Heilung einer Krankheit, egal ob psychisch oder physisch, die Heilung der Seele ist, ihre Hinführung zu ihrer ursprünglichen Vision, ihrer Lebensaufgabe. Vollständige Heilung führt deshalb letztlich immer zu den Grundfragen der menschlichen Existenz. Ohne die Einsicht in das Leben gibt es keine Heilung, denn Heilung soll uns gesund machen. Unter ›gesund sein‹ verstehe ich jedoch nicht, ein Symptom geheilt zu haben, sondern darunter verstehe ich, absolut mit der Natur im Einklang zu stehen, wobei Natur das Ganze meint: den Menschen selbst, die anderen Menschen, das Universum, alles. Eine Frage, die wir uns stellen sollten, ist die, ob das Prinzip von Ursache und Wirkung aus unserer materiellen Welt, geschaffen von unserer Logik, auch für unsere Seele und für Krankheiten überhaupt gelten muss. Oder, aus einer anderen Sichtweise formuliert, ob wir die seelische Ursache einer Krankheit negieren können, bloß weil wir sie mit unserem Verstand nicht sehen können. Viel zu oft noch verstehen wir unter Heilung das Bekämpfen von allen möglichen Symptomen. Heilen heißt aber nie, gegen eine Krankheit anzukämpfen, sondern bedeutet, das Bewusstsein zu schulen. Krankheitssymptome sind nicht nur zu lösende Probleme, sondern sie bedeuten viel mehr. Es ist erforderlich, in uns selbst hineinzuhören. Heilung ist auch immer die Antwort auf eine Frage der Seele, egal, ob wir Rückenschmerzen, Kreislaufprobleme oder eine Phobie haben. So behandelst du als Heiler ja nicht die Schmerzen im Rücken, du suchst die Lösung eines verborgenen Problems der Seele.

Diese Seele sucht ihren Weg nach Hause, sie sucht Liebe und Frieden. Krankheiten sind der einfachste Weg der Welt, uns zu zeigen, dass wir ein ernstes Problem haben. Vielleicht ist es etwas zuviel von dir verlangt, dich über deine Krankheit zu freuen, sie kann dir aber eine große Hilfe für dein weiteres Leben sein. Dein Körper ist das beste Messgerät für dein seelisches Wohlbefinden. Seelisch gesunde Menschen werden möglicherweise nie krank. Ich sehe schon an deinem Gesicht, dass du nach einem Gegenbeispiel suchst. Es liegt in der Natur des Verstandes, jetzt einen wirklich guten Menschen, eine Mutter Theresa, zu suchen, die irgendeine Krankheit hatte.

Ich bin nicht allein mit meiner Ansicht, dass es einzig und allein von der Einstellung des Kranken abhängt, was ihn heilt; dies kann sowohl die klassische Medizin sein als auch Handauflegen oder eine geistige Heilung per Telefon. Heilung ist immer Selbstheilung. Wir sollten diese Kräfte nicht unterschätzen, sie sind zu Unglaublichem fähig. Immer wieder hören wir von Wunderheilungen und Todkranken, die entgegen jeder ärztlichen Prognose wieder gesund wurden. Nun verstehe ich unter ›Wunder‹ nicht die klassische Definition, nämlich eine Art Ausnahmezustand der Natur, der nicht kalkulierbar ist, sondern einen Ausnahmezustand des Bewusstseins, der erstrebenswert erscheint. Unser Bewusstsein hat einen, nennen wir es einmal ›Aussetzer‹ in die richtige Richtung, was zu diesem Wunder führt. Spontanheilung nennen wir alle Heilungen, bei denen wir den Grund der Heilung nicht wissen; etwa bei einem eigentlich gemäß der Schulmedizin nicht heilbaren Krebsleiden, das ohne jede medizinische Behandlung verschwindet. Wenn dieser Patient dann sagen würde, er hätte sich mit seinem Glauben und Willen selbst geheilt, wer würde das glauben? Und dies zu beweisen, würde ihm ziemlich schwerfallen.

Diese Kräfte zur Selbstheilung werden durch die Hilfe des Arztes oder Heilers stimuliert, aber nicht allein dadurch erzeugt. Wesentlicher ist, dass der Patient ›JA‹ zu seinem Problem gesagt hat und entschieden hat, es anzunehmen und zu behandeln. Es kommt nicht darauf an, ob man an die jeweilige Heilmethode glaubt, sondern, dass man sein Leiden erst einmal erkennt. Wenn du allerdings absolut nichts von alternativen Heilmethoden hältst, wird es dich auch nicht zur Selbstheilung animieren. Wenn du aber nach Jahren mit einer Krankheit, die nie erfolgreich behandelt werden konnte, deine letzte Hoffnung in einer alternativen Heilmethode siehst und dafür womöglich auch noch eine weite Reise zu einem exotischen Heiler auf dich nimmst, wird dies viel eher funktionieren. Unterbewusst erreichst du dabei auch einen Punkt, an dem du die Krankheit einfach annimmst, sie nicht mehr bekämpfst. Wie oft wird man plötzlich gesund, wenn man resigniert hat. Man hat den Kampf aufgegeben und sich mit den Schmerzen abgefunden. Auf einmal beginnt die Besserung, die Heilung.

Gegen etwas anzukämpfen, ist nie sinnvoll, denn Druck erzeugt immer nur Gegendruck. Wie schon von Buddha vor 2600 Jahren festgestellt, geht der Heilung von Leiden dessen Erkenntnis voraus. Erkenntnis bedeutet nicht nur die verstandesmäßige Analyse des Problems, das Feststellen einer Krankheit oder eines psychischen Problems, sondern viel mehr. Ein Klient, der sich ›objektiv‹ beobachtet und analysiert, baut keinerlei Verbindung zu seinem Unbewussten auf, ihm fehlt der Zugang zu seinem tiefsten Innern. Vergessen wir nach der wie auch immer erfolgten konventionellen Heilung (insbesondere, wenn wir nicht über die Seele gearbeitet haben, sondern vielleicht aus der Not heraus schnell operiert werden mussten), dass die Ursache, der Fehler, über den sich die Seele mittels der Krankheit beschwert hatte, noch nicht beseitigt ist. Hieran müssen wir noch arbeiten, ansonsten kommen die nächste Krankheit und die nächste Operation mit hundertprozentiger Sicherheit. Wir sollten, wenn wir noch nicht soweit sind, auf die herkömmliche Medizin zu verzichten, zumindest unser Bestes geben und versuchen, die Wünsche der Seele zu berücksichtigen. Lass Dich darauf ein, der Seele eine Chance zu geben, entwickle eine geistige Haltung, die auch Heilung auf alternativem Wege ermöglicht und zulässt. Heilung ist also der Prozess, in dem wir alles annehmen und akzeptieren. Du heilst dich selbst, indem du das Leben annimmst, nicht in deinen Gedanken verharrst und im Jetzt lebst.

Im Zen ist die völlige Erleuchtung das Ziel, dies ist eine Alles-oder-nichts-Frage. Völlige Erleuchtung bedeutet auch völlige Heilung. Wer vollständig geheilt ist in diesem Sinne, hat kein Leiden mehr, da er es angenommen hat und einfach nicht mehr als Leiden bewertet. Und das heißt, er bemerkt es natürlich immer noch, es ist jedoch einfach da und Teil des Lebens. Da es nicht überbewertet wird und man der Frage nach dem Sinn des Problems nachgeht, löst es sich oft wieder von allein auf. Nun sieht es nicht so aus, als ob jeder Mensch kurz vor der Erleuchtung stünde. Was bedeutet das für uns? Wir meinen vielleicht, es gäbe keine halbe Erleuchtung, ebenso wenig, wie es dann eine halbe Heilung geben könne. Gerade im Zen gibt es aber verschiedene Stufen der Erleuchtung, sodass jeder sein Maß der Erleuchtung erreichen wird. Suzuki vergleicht sie mit einem dunklen Raum, in dem eine Kerze angezündet wird. Man kann mehr Kerzen hinzustellen, aber der Anfang ist gemacht. Entsprechend werden bei Heilbehandlungen wesentliche Erfolge auch auf einem niedrigen, für den Patienten gerade zugänglichen Niveau erzielt. Vielleicht verfolgt er danach das Thema weiter und es eröffnen sich ihm neue Möglichkeiten, er zündet sozusagen ein paar weitere Kerzen in seinem dunklen Raum an.«

Ich wusste genau, was er meinte. Bei meinen Behandlungen hatte ich gemerkt, dass auch die Behandlung eines kleinen Problems zu spürbaren Veränderungen im Leben desjenigen führt. Es verbleibt natürlich für den Klienten ein erhebliches weiteres EntwicklungsPotenzial, das er oft auch nicht weiter bearbeitet, andererseits bemerkt auch er, dass etwas in seinem Leben passiert ist, das der Verstand nicht erfassen kann, und probiert eine zweite Behandlung aus. Und wieder geschieht etwas, eine Veränderung tritt ein. Oft wird diese Veränderung erst nach Wochen wirklich bemerkt. Meine Erfahrung ist, dass es bis zu drei Monate dauert, bis ich von meinen Klienten höre, dass sich jetzt aber wirklich etwas zeigt. Das Problem, die Schmerzen, sind schließlich auch nicht über Nacht entstanden. Wir sollten uns klarmachen, dass eine negative, energetische Veränderung des Energiefeldes, und auch ein schwarzer Fleck, einige Zeit brauchen, bis sie zu körperlichen Symptomen führen. Hätten wir nicht die Fähigkeit weitestgehend verloren, auf unsere Seele zu hören, hätten wir vielleicht schon viel früher reagiert und nicht erst, wenn der Arzt den Bandscheibenvorfall diagnostiziert. Dann hat die Seele als letzten Hilfeschrei dieses körperliche Leiden verursacht. Kein Wunder, dass wir vielleicht zehn Jahre später die Beschwerden keiner konkreten Ursache mehr zuordnen können und gar nicht erst in unserer Seele und den Geschehnissen der letzten Jahre suchen. Seelisch gesehen sind die Ursachen klar, die Konsequenzen ebenfalls. Wenn wir emotional abblocken und Dinge verdrängen, schafft sich die Seele irgendwann ihren Weg und erinnert uns massiv daran, etwas zu ändern. Da wir jedoch schon lange verlernt haben, dies zu verstehen, sind wir zwangsläufig rat- und hilflos. Radikal weiter gedacht führt dies dazu, dass wir auch Unfälle als von der Seele verursacht einordnen können, sie schickt uns einen Notruf. Sieht man einmal von unserer menschlichen Todesangst ab und bedenkt, dass wir vielleicht ewig leben und immer wiedergeboren werden, wäre auch ein Unfall nicht mehr von der Tragweite, die wir ihm heute geben. Ich kenne Schamanen, die glaubhaft behaupten, Schmerzen allein durch das Auffinden des kritischen Punktes – das, was für sie ›falsch gelaufen‹ ist – beseitigt zu haben. Den kritischen Punkt fanden sie schlicht durch das Nachdenken darüber. Bei Kinderkrankheiten sprechen sie mit dem Kind, fragen es, was denn passiert sei, und auch da funktioniert eine ›Spontanheilung‹ sehr oft. Insofern verwundert es nicht, als Buddha feststellte, dass, wenn wir unser eigenes Leiden erkennen und es uns eingestehen, es betrachten und herausfinden, wodurch es entstanden ist, wir es in Friede, Freude und Befreiung umwandeln können.«

»Gibt es grundsätzlich Menschen, die nicht geheilt werden können?«

»Es wäre zu einfach, zu sagen, dass der nicht geheilt werden wird, der aufgegeben hat, der nicht mehr geheilt werden will. Solange der Mensch leben will, ist Heilung auch möglich, egal wie verfahren die Situation erscheint. Ich persönlich habe die Erfahrung gemacht, dass Menschen, die zu sehr in der Vergangenheit leben, es oft nicht einfach haben, solange sie dies nicht ändern. Entscheidend ist der innere, geistige und emotionale Wandel.«

Abends war Kalani, ein Freund von Earl aus alten Tagen, eingetroffen. Vielleicht Ende vierzig, durchtrainiert bis in den letzten Muskel, braun gebrannt und kahl rasiert, sah er aus wie ein Harpunier auf einem Walfänger in alten Zeiten. Später stellte sich heraus, dass er tatsächlich Jahre als Fischer in Alaska gelebt hatte. Ob er davon auch die vielen fetten Narben an allen möglichen Körperteilen hatte? Ein paar große, dunkle Tattoos rundeten das Klischee ab. Alles in allem also ein Typ, den man lieber als Freund denn als Feind hat. Ursprünglich kam Kalani von Hawaii, genauer gesagt von der Insel Maui, wohin er jedoch aus mir jedenfalls nicht bekannten Gründen nicht mehr zurückkonnte. Wie ich es verstanden hatte, war sein Problem, dass er dort zwar noch Land besaß, jedoch nichts damit anfangen konnte. In der Woche, die er in San Pedro blieb, offenbarte er sich als Huna-Schamane, der allerdings kaum noch praktizierte. Er machte sich einen Spaß daraus, denen, die danach fragten, mittels einiger bunter Muscheln die Zukunft vorauszusagen. Logisch, dass ich dies ebenfalls haben wollte. Die mir vorausgesagte Zukunft war aber so allgemein und vage gehalten, dass ich nicht wirklich zufrieden war. Na ja, immer noch besser, als etwas zu hören wie: ›Du wirst nicht mehr lange leben und große Schmerzen haben‹. Als ich den Hawaianer dann allein im Schatten eines Pepsi-Cola-Sonnenschirms vor dem kleinen Taco-Restaurant sitzen sah, ergriff ich die Gelegenheit, einmal zu hören, was ein hawaianischer Schamane denn so anders macht. Earl hatte bereits erzählt, dass ich mich ebenfalls als Schamane betätigen würde. Genauer gesagt hatte er mich als ›verlorengegangener Schamane aus Deutschland auf der Suche nach dem Nichts‹ vorgestellt. Irgendwie traf es das ja auch. Was Kalani zuerst erzählte, waren Dinge, die ich auch bereits von anderen Schamanenarten gehört hatte oder selber kannte; dass der Schamane mit der Natur und den Tieren kommunizieren könne, dass er Reisen in die Unter- und Oberwelt mache, falls der Zustand eines Klienten es sinnvoll erscheinen lasse und all dieses. Im Großen und Ganzen arbeiten die hawaianischen Schamanen ebenso mit Bildern, wie ich es gelernt hatte. Später kam Kalani dann auf alte hawaianische Mythen zu sprechen. So erzählte er, wie der Magier und gottähnliche Maui, eine Gestalt der uralten hawaianischen Mythen, die hawaianischen Inseln erschuf. Maui war für die Hawaianer und Polynesier der erste Schamane. Aber irgendwann war ich dann auch zu müde und wir vertagten das Gespräch auf ein andermal.

32. Kapitel –
Sprache und Kommunikation

»Was hat eigentlich deine Frau dazu gesagt, dass du einfach mal für einige Zeit nach Mittelamerika in den Busch fliegst und sie in Deutschland sitzen lässt?«

»Ich habe sie nicht sitzen gelassen.«

Das hatte mir gerade noch gefehlt. Mein schlechtes Gewissen, dass ich mich kaum zu Hause gemeldet hatte, war schon schlimm genug. »Sie hat keinen Sinn für all dies hier und ich wollte hier eben einmal Zeit für mich haben und einige Dinge mit mir klären.«

»Warum stört sie dich dabei?« Er ließ nicht locker.

»Ach, sie hat irgendwie keinen Sinn für das alles. Sie interessiert sich mehr für ihre Hochglanzmagazine als für die Geschichte der Welt. Na ja, nicht ganz so schlimm, aber ähnlich.«

»Muss sie sich denn überhaupt dafür interessieren?«

»Nein, natürlich nicht, aber es wäre doch schön, wenn man gewisse Dinge mit jemandem diskutieren könnte, oder?«

»Diskutiert ihr denn ansonsten andere Dinge immer?«

Mir wurde langsam klar, worauf unser Gespräch hinauslief.

»Nein, tun wir nicht. Man muss nicht alles ewig diskutieren.«

»Und wer entscheidet, was wie lange und überhaupt besprochen wird?«

»Mensch Earl, du weißt doch, dass Männer und Frauen unterschiedlich kommunizieren, oder? Das Telefon wurde für Frauen erfunden. Mir reicht ansonsten eine SMS.«

Earl sah, wie ich mich wand und meinte: »Man kann nicht alle Dinge in der Welt und insbesondere in der eigenen Beziehung durch Hellsehen erkennen und erledigen, wir sind nun mal nicht alle erleuchtet und schweben einen Meter über der Erde durch unser Leben. Kommunikation ist hauptsächlich immer noch Sprache. Sprache ist ein wesentlicher Aspekt unseres Lebens. Unsere Sprache entscheidet über die Art und Intensität unserer Empfindungen; im Gegenzug hat unsere Art der Empfindung und Wahrnehmung unsere Sprache entwickelt. Die Art unserer Worte und Möglichkeiten, eine Empfindung auszudrücken, entscheidet über die Wertigkeit des Themas in unserer Gesellschaft. Empfindungen, für die wir kein Wort haben, nehmen wir zumeist gar nicht wahr, da wir sie nicht verstehen, sie nicht über die Sprache definieren können.«

»Wie meinst du das? Heißt das, dass wir Empfindungen haben, die wir aber nicht spüren, weil wir kein Wort dafür haben?«

»Ja, genau. Irgendwann werden wir dann für diese Empfindung ein Wort erfinden und sie geht in unser Allgemeingut ein. Auch wenn wir meinen, dass eine andere Sprache nur andere Wörter für die gleichen Dinge hat, hat doch jede Kultur eine andere Sprachkultur hervorgebracht. So entwickelt sich jede Sprache aus der Erfahrung ihrer Benutzer. Je unterschiedlicher die Kultur ist, desto verschiedener ist auch der Aufbau der Sprache und die Art, sie zu gebrauchen. Die Tibeter haben zum Beispiel 20 Begriffe für das Wort ›Bewusstsein‹. Das Wort ›Liebe‹ wiederum beschreibt einen Sachverhalt von ganz einfachen freundschaftlichen Gefühlen bis hin zu wilder Leidenschaft. Eine Sprache entspricht also immer der Lebensauffassung ihrer Benutzer. D. T. Suzuki sagte dazu:

> ›Der Widerspruch, der die gewöhnliche Denkweise so verwirrt, kommt von der Tatsache, dass wir die Sprache benutzen, um unsere innere Erfahrung, die in ihrer ganzen Natur die Linguistik überschreitet, mitzuteilen.‹ (10)

Sprache kann die Wirklichkeit nie erfassen, Du hast vielleicht gehört, dass Buddha stets auf Fragen nach dem Sinn des Lebens und andere philosophische Fragestellungen mit einem edlen Schweigen antwortete. Ashvaghosha wiederum meinte treffend dazu:

>*Alle Dinge in der fundamentalen Natur sind nicht benennbar oder erklärbar. Sie können in keinerlei Form von Sprache angemessen ausgedrückt werden.*< (2)

»Was dafür spricht, nicht jeden Mist auszudiskutieren«, wagte ich einzuwerfen.

Earl ging gar nicht erst darauf ein und fuhr fort: »Die Zen-Meister mit ihren Koan beabsichtigen offensichtlich ähnliches. Der gute alte Lao-tzu fasste die Möglichkeiten der Sprache einmal wunderschön in wenige Worte:

>*Wer weiß, redet nicht,*
  wer redet, weiß nicht.< (58)

Wusste ich es doch, dachte ich insgeheim. Reden ist für …

»Wie würdest du Kommunikation definieren?«, weckte Earl mich aus meiner inneren Zufriedenheit.

»Hmm, Kommunikation ist der Vorgang, in dem wir einem anderen etwas mitteilen, oder?«

»Nicht schlecht, ich würde es noch ausdehnen auf ein gemeinschaftliches Handeln, in dem Dinge wie Gedanken, Ideen, Wissen oder Erlebnisse mitgeteilt werden und auch neu entstehen. Kommunikation in diesem Sinne basiert auf der Verwendung von Sprache, von Worten, aber auch Mimik oder Bildern. Um sich gegenseitig verstehen zu können, ist es hilfreich, der gleichen Gesellschaft und Kultur anzugehören. In einer gemeinsamen Lebenspraxis entsteht beispielsweise die Sprache. Die kam übrigens erst, als der Mensch sein Jäger- und Sammler-Dasein aufgegeben hatte und sesshaft wurde. Ab dann lebte er ja in immer größeren Gruppen und die Notwendigkeit einer verbalen Kommunikation entstand. Neben dem Gemeinschaftsbewusstsein, das damals entstand, ermöglichte die Kommunikation es den Menschen, sich differenzierter auszutauschen. Durch die Möglichkeit der Sprache, scheinbar alles in Worte zu fassen und damit alles beschreiben zu können, erhielt die Sprache eine wesentliche Funktion in unserer Welt. Bekanntermaßen haben Tiere und Menschen verschiedene Arten der Kommunikationsmöglichkeiten. Aber sogar Pflanzen kommunizieren miteinander, ich habe einmal gelesen, dass Bäume ihren Baumnachbarn zum Beispiel mitteilen können, wenn ein Schädlingsbefall droht. Natürlich war die Sprache ursprünglich nur dazu gedacht, lediglich greifbare Sachverhalte zu beschreiben. Ein Mangel der Sprache ist dementsprechend ihre geringe Eignung, komplexe abstrakte Sachverhalte zu beschreiben, dafür war sie nie gedacht. Mit Worten versuchen wir, etwas zu messen, was wir nicht einmal verstehen. Wir benennen etwas, das nicht benennbar ist. Wie soll mit dem Klang eines Wortes, eher eines Geräusches, ein Gefühl oder ein Gedanke beschrieben werden? Das Wort ›Liebe‹ ist ein typisches Beispiel. An was denken wir, wenn wir das Wort hören? An einen bestimmten Menschen, an ein Gefühl, vielleicht an ein rotes Herz, an rote Rosen, an einen bestimmten Sonnenuntergang am Strand im letzten Urlaub? ›Liebe‹ hat als Wort etwas dinghaftes, obwohl sie nun wirklich nichts Greifbares ist. Die Liebe kommt, sie geht, sie schmerzt und beglückt uns. Aber was ist Liebe? Das Wort kann also niemals das beschriebene Ding selbst sein. Es versucht, eine Idee zu vermitteln, wird aber nie die Tiefe, das Wesen, ein Gefühl vermitteln können, verstehst du?«

»Bis jetzt komme ich mit. Ähnlich ist es doch mit der Zeit, wir alle haben eine Vorstellung davon im Kopf, wenn wir aber die Zeit erklären müssen, kommen wir ins Schwimmen.«

»Ja, genau. Dadurch, dass wir abstrakte Dinge und Phänomene mittels eines Wortes benennen, machen wir eine Art materielles Ding aus ihnen, wir materialisieren sie gewissermaßen. Albert Einstein sagte:

> ›Begriffe, welche sich bei der Ordnung der Dinge als nützlich erwiesen haben, erlangen über uns eine solche Autorität, dass wir ihren irdischen Ursprung vergessen und sie als unabänderliche Gegebenheiten hinnehmen.‹ (102)

Sprache kann dementsprechend, sobald sie schwierigere Sachverhalte versucht zu beschreiben, nie von zwei Menschen absolut gleich verstanden werden.«

»Mir wird aber jetzt immer unklarer, warum ich trotzdem mit meiner Frau über alles reden sollte.«

»Darauf komme ich später. Erst einmal solltest du verstehen, dass wir mit der Sprache versuchen, unsere subjektive Wahrnehmung durch Worte zu vermitteln, die selbst nur eine ungenaue Materialisierung einer Idee sind. Um das Denken in Worten zu verhindern, kannst du versuchen, die Schauung zu setzen; anstelle der Schauung setzt du das Symbol, das Symbol erlebst du bildhaft. Diesen Ansatz habe ich bei Lama Govinda, der versucht hat, den Buddhismus für das Abendland tauglich zu machen, gelesen. Er erklärt das Symbol als etwas Fließendes, wohingegen das Wort einschränkend und verfestigend ist. So ist das Symbol wirklichkeitsnäher und wir erleben uns durch das Denken in Symbolen wirklicher als in Worten.« (39)

»Wie bitte? Ich verstehe nur Bahnhof.«

»Was Lama Govinda meint, ist, dass du etwas nicht mittels eines Wortes beschreiben sollst, sondern dass du die Schauung, das Bild, stattdessen setzt. Das Bild kann ein Gefühl oder was auch immer sein, mithilfe dessen du einen besseren, direkteren Zugang gewinnst. Angesichts der Tatsache, große Probleme mit der Kommunikation zu haben, ist es schon erstaunlich, dass wir gerade in diesem Punkt kaum zu Veränderungen in der Lage sind. In wie vielen Beziehungen scheitert es immer wieder daran, dass man nicht über Probleme sprechen kann? Wie viele Angestellte sind unzufrieden mit ihrer Arbeit, trauen sich aber nicht, dies einmal klar und deutlich anzusprechen. Stell dir einmal eine zwischenmenschliche Sache vor, bei der du immer wieder beobachtest, dass sie mit schöner Regelmäßigkeit schiefläuft. Und schief läuft sie, weil wir Menschen bei einem speziellen Punkt offensichtlich nicht bereit sind, uns zu ändern und weiterzuentwickeln. Obwohl dies aber alles offensichtlich ist, passiert wenig, ganz im Gegenteil, der Mensch verteidigt diesen Fehler mit aller Kraft und gibt ihm dadurch eine Macht, die absolut unangemessen und niemals zielführend ist. Obwohl unsere Lebensqualität stark eingeschränkt ist, verweigern wir uns der Einsicht. Warum?«

Earl machte eine kurze rhetorische Pause.

»Der wunde Punkt ist unser Gesprächsverhalten. Nahezu allen Menschen geht es darum, immer und immer wieder Recht zu haben, das Gegenüber von der eigenen Meinung zu überzeugen; niemand will lernen und Neues kennenlernen, jeder verteidigt seine Meinung, mehr noch, seine Vorurteile, so gut er kann. Jeder neigt dazu, viel zu schnell zu entscheiden, zu urteilen, zu verurteilen. Man ist es von klein auf gewohnt, dass man für seine Sicht der Dinge kämpft und die Gegenseite mit aller Macht bekämpft. Das, was wir als falsch empfinden, muss zerstört werden.

Mit Spott und Ironie versuchen wir, das andere lächerlich zu machen. Dass wir uns damit von einem Teil des Lebens ausschließen, bemerken wir nicht. Der erste Punkt in einem Gespräch oder in einer Beziehung zu einem anderen Menschen, den ich für mich selbst zunächst einmal klären sollte, ist, dass ich mir die Frage stelle, wer ich denn überhaupt bin. Wenn ich dies weiß, sollte ich mir darüber klar werden, wer ich denn eigentlich sein will. Beobachte ich nun in der Folge meine Gedanken über das, was der andere sagt, kann ich diese Gefühle einordnen, ob sie zu dem passen, was ich sein will. Passen sie nicht in dieses Bild, dann sind dies nicht die Gefühle, die ich haben möchte und ich wähle einen anderen Weg. Viel zu oft liegt die Ursache einer festgefahrenen Situation darin, dass alle Beteiligten rechthaberisch den anderen zu überzeugen versuchen, dass sie die Rede des anderen nur schwer ertragen und abwarten können, und nicht versuchen, den Konflikt zu lösen. Vieles scheint daran zu liegen, dass wir uns bei einer anderen als der unsrigen Meinung unmittelbar persönlich angegriffen fühlen. Auch wenn dies völlig unsinnig ist, fühlen wir uns in die Defensive gedrängt, der wir nur mit guten und stichhaltigen Argumenten standhalten können. Unser Ego will sich profilieren. Es kann nicht im Unrecht sein, da dies für das Ego lebensbedrohlich erscheint. Es ist offensichtlich, dass dies nie zielführend sein kann, wollen wir doch eigentlich einen Konflikt, einen Sachverhalt lösen und nicht vertiefen. Was haben wir davon, recht zu behalten? Jeder Konflikt, der nicht für alle Seiten befriedigend gelöst wird, hinterlässt seine Spuren bei allen Beteiligten. Sowohl in privaten Beziehungen als auch am Arbeitsplatz finden wir im Unterbewusstsein der Menschen das Gewicht der vergangenen nicht oder unbefriedigend gelösten Konflikte als negative Assoziationen mit dem betreffenden Menschen oder der Situation verankert. Insofern ist es für jeden naturgemäß unglaublich erholsam, auf einen Gesprächspartner zu treffen, der nicht nach diesem Schema handelt, sondern einfach nur zuhört. Wie sieht es denn eigentlich unser Gegenüber, wenn wir recht behalten und unseren Standpunkt durchgepaukt haben? Wie sähen wir es im umgekehrten Falle? Wenn einer recht hat, muss ein anderer gemäß dieser Sichtweise unrecht haben, also in der Diskussion verlieren. Das will natürlich niemand. Er fühlt sich gedemütigt und verletzt. Der Verlierer bleibt verletzt zurück und der Gewinner hat außer der Bestätigung seines Egos nicht wirklich etwas gewonnen. Über die Relativität von recht und richtig hatten wir bereits gesprochen. Passiert uns dies bei bestimmten Personen in unserer Umgebung öfter, vermeiden wir möglichst jede weitere Kommunikation. Warum sollten wir mit jemandem sprechen, wenn wir uns danach nur schlechter fühlen? Natürlich erkennen wir dabei nicht, dass wie bei allem immer zwei dazugehören. Nur weil wir das Gefühl haben, der andere habe sich durchgesetzt, waren wir vielleicht gar nicht weniger rechthaberisch. In diesem Sinne sollten wir vielleicht, bevor wir das nächste Mal in ein Gespräch gehen, überlegen, was wir anders machen können, sodass sowohl wir als auch unser Gesprächspartner uns danach besser fühlen. Die notwendigen Spielregeln dazu sind einfach; beginnen wir damit, dass wir uns vorher überlegen, worum es gehen wird. Das soll nicht bedeuten, dass wir uns vorher eine dezidierte Strategie überlegen, wie wir den anderen von unserem Recht überzeugen. Der nächste und wichtigste Punkt ist: Höre deinem Gegenüber zu! Finde heraus, was sein Anliegen ist. Lies zwischen den Zeilen. Frage nach! Wenn du dabei immer nur deine eigene Landkarte des Lebens benutzt und auf dieser Basis versuchst, die des anderen zu konstruieren, hat dies nichts mit dem zu tun, was der andere sagt.

Der wesentliche Punkt hierbei ist es jedoch, sich selbst nur zu beobachten, nicht zu bewerten, nicht gedanklich zu kommentieren. Du bist nicht dein Verstand, du bist nicht vom ihm abhängig, ja, ganz bestimmt nicht willst du deine menschlichen Beziehungen von diesem Konstrukt des Egos abhängig machen. Höre nicht mit dem Verstand zu, sondern mit deinem inneren Körper. Indem du dich deinem inneren Körper zuwendest, hat dein Gegenüber Raum für seine Gedanken. Übrigens ein Tipp: Wenn du im Gespräch dein Redetempo dem Atemrhythmus deines Gegenübers anpasst und so das Tempo des anderen übernimmst, wirst du feststellen, dass dieser dadurch beeinflussbarer als sonst wird. Es hört sich komisch an, aber es funktioniert. Probier es mal aus! Sei aufmerksam; schenkst du einem anderen Menschen Aufmerksamkeit, ist dies Liebe. Du kümmerst dich, du tust etwas für ihn. Zuzuhören ist eine der besten Möglichkeiten, Aufmerksamkeit zu zeigen. Gut zuzuhören ist harte Arbeit. Wenn das Gespräch zum Streitgespräch zu werden scheint, wirst du feststellen, wie du dich in die Defensive gedrückt fühlst. Beobachte, wie du darauf versuchst, den anderen ebenfalls anzugreifen. Beide werden rechthaberisch, keiner hört mehr zu. Mache dir bewusst, dass jetzt ausschließlich dein Ego für dich spricht, nicht du. Beobachte dies und du wirst lernen, dass es nicht notwendig ist, recht zu haben. Versuche aus dem, was dein Gegenüber sagt, etwas zu lernen, Was ist neu für dich? Frage nach, wenn du etwas nicht verstehen kannst oder genauer wissen möchtest. Es geht für dich nicht darum, dem anderen deine Weisheit gewaltsam einzutrichtern, du willst von ihm lernen, du willst nicht lehren! Das schaffst du sowieso nicht, wenn der andere nicht will. Dies bedeutet nicht, dein eigenes Denken und Fühlen auszuschalten, nur brauchst du eben nicht deinen eigenen Standpunkt zu verteidigen, es ist gar nicht notwendig, dass sich alle einig sind, ja, es ist geradezu unmöglich, da jeder seine eigene Wahrnehmung hat. Was du aber kannst, ist, den anderen zu inspirieren und ihn von seinen Vorurteilen und Dogmen zu lösen; vorausgesetzt, er hat daran Interesse. Ich kenne das Gefühl nur zu gut, wie es ist, wenn ein anderer mit haarspalterischen Argumenten und Selbstgefälligkeit alles, was du sagst, versucht, zunichte zu machen. Lass ihn, es hat keinen Sinn.«

An dieser Stelle musste ich einwenden, dass ich bei dieser Vorgehensweise in Kürze meinen Job los wäre. Unter lauter Besserwissern und endlos redenden Profilneurotikern wäre jemand, der dem anderen seine Meinung lässt und selbst nicht versucht, seinen Standpunkt durchzupauken, in kürzester Zeit nicht mehr ernst genommen. Ich befürchtete, dass kein Mensch merken würde, warum, sondern alle würden mich als nicht ausreichend qualifiziert und durchsetzungsstark ansehen.

»Und?«, meinte Earl. »Was willst du dann mit solch einem Job?«

Er sprach mir aus der Seele, was wollte ich überhaupt dort?

»Gehe einfach mit gutem Beispiel voran, aber diskutiere nicht. Wenn du deine Ich-Bezogenheit abgebaut hast und deine Eitelkeiten verschwunden sind, wird der andere vielleicht eines Tages erkennen, dass deine Einsichten richtig sein könnten. Und wenn er das nicht erkennt, ist dies auch egal. Für dich ist es wichtig, dass du glücklich bist. Und das resultiert nicht aus dem Durchpauken von Standpunkten. Sollte ein Gespräch aufbauen auf etwas, was schon vorher geschehen ist, entschuldige dich, wenn du etwas getan oder gesagt hast, was andere verletzt. Du wirst dir keinen Zacken aus der Krone brechen, sondern deine Mitmenschen werden dir mehr vertrauen, wenn du deine eigenen Schwächen erkennst und zugibst. Menschen erkennen dieses Verhalten mehr an, als das Verhalten, rechthaberisch zu sein.«

»Wieso sollte ich mich entschuldigen, wenn der andere sein

Problem hat? Ist dies nicht ausschließlich seine eigene Wahrnehmung, seine Bewertung einer Sache? Kann ich mich dafür entschuldigen, dass er etwas als Problem ansieht, dass ihm etwas nicht gefällt?«

»Hey, nicht jeder ist sich dieser Tatsache bewusst, die meisten Menschen funktionieren genauso wie immer, egal wie sehr du dich bereits geändert hast. Es nützt also nichts, dem anderen zu sagen, dass es sein Problem sei und nicht deines, wenn er sich ärgert. Du solltest ihm besser durch dein Verständnis helfen. Gehe mit gutem Beispiel voran, insbesondere, wenn du merkst, dass der andere diese Regeln nicht kennt oder nicht beachtet. Schließlich warst du selbst zig Jahre lang keinen Deut besser als er, achte also darauf, jetzt nicht zu verurteilend oder belehrend zu werden. Vielleicht spürst du, wenn der andere sich so verhält, dass du auch rechthaberisch wirst. Besinne dich, denke an das Ziel des Gesprächs, erinnere den anderen gegebenenfalls daran. Du wirst Dich danach besser fühlen. Es gibt ein paar Phrasen, die man in einem konstruktiven Gespräch übrigens einfach weglassen sollte. Beginnen wir unsere Sätze mit Phrasen wie ›Ja, aber …‹, ›Aber …‹, ›Das stimmt nicht …‹ oder ähnlichen Satzeinleitungen, die sofort alles negieren, was unser Gegenüber gesagt hat, spricht dies nicht für unser Interesse an der Meinung des anderen, sondern nur für unseren Dickschädel. Dies ist ein ganz wichtiger Punkt, auf den du gar nicht oft genug achten kannst! Achte einmal darauf, wie oft in einem beruflichen Gespräch, in dem zwei unterschiedliche Ansichten vertreten werden, ›ja, aber‹ benutzt wird. Entsetzlich. Dies zu vermeiden, ist anfänglich enorm schwierig. Erst wenn du darauf achtest, wird dir auffallen, wie oft du diese Phrasen benutzt hast.«

Mir fiel spontan ein ehemaliger Chef ein, der sich insbesondere durch die fehlende Fähigkeit, zuzuhören, auszeichnete. Soweit ich mich erinnerte, hatte er noch nie wirklich zugehört und begann nahezu jeden Satz mit ›ja, aber …‹. Nach dem Motto: ›Ja, ja, schön dass du meinst, mitzudenken, aber jetzt erzähl ich dir mal was über die Realität und wo es wirklich lang geht.‹

»Auch Worte wie ›könnte‹ und ›sollte‹ sind negativ, da sie den Aufruf der Vergangenheit und die Projektion der Zukunft verursachen, also dem Ego Gelegenheit geben, einzugreifen. Genauso wirken die Worte ›unmöglich‹ und ›schwierig‹ sowie alle Versuche der Beurteilung und der Verurteilung. Und zu guter Letzt versuche doch mal, dem anderen einfach recht zu geben. Akzeptiere einfach mal seine Meinung, auch wenn es nicht die deinige ist. Du wirst bemerken, dass du dabei nichts verlieren, aber vieles gewinnen kannst. Dieses Recht-geben, ist nicht gemeint in dem Sinne von Der Klügere-gibt-nach, oder nach dem Motto ›Du-hast-recht-und-ich-meine-Ruhe! Gerade ein Streit lässt sich doch hervorragend beenden, wenn man in der Lage ist, dem anderen recht zu geben. Streit an sich ist schon das falsche Wort, um eine Streitigkeit zu lösen. Im Streit hat zumindest eine Person ein Problem, ein Leiden. Wollen wir dieser Person helfen, müssen wir die Fähigkeit haben, in Ruhe zuzuhören. Wir sollen nicht beurteilen, kritisieren oder tadeln, lediglich das Zuhören mit Mitgefühl und Ruhe kann dieses Problem, dieses Leiden, lindern. Übrigens ist dabei eine bewusste Ein- und Ausatmung hilfreich. Dadurch behältst du deine innere Ruhe leichter und bist in der Lage, deutlich konzentrierter zuzuhören. Fühlst du dich angegriffen oder ungerecht behandelt, solltest du die Ruhe behalten, ruhig ein- und ausatmen und dich nicht ärgern. Ärgern wir uns, sind wir dem anderen keine Hilfe mehr. Nur mit Mitgefühl können wir ihm helfen. Falls du dich dennoch ärgerst, versuche zumindest, dich zu beobachten und dir klar zu vergegenwärtigen, dass diese Emotionen ein Geschöpf deines Egos sind und nicht du. Im Gespräch sollten wir die Wahrheit, besser unsere Wahrheit, immer so formulieren, dass der andere sie akzeptieren kann. Es hilft nicht, ihn anzugreifen oder zu verletzen. Natürlich haben wir das Recht, alles auszusprechen, was uns auf der Seele liegt, jedoch sollten wir dabei immer beachten, wie unsere Worte bei unserem Gegenüber ankommen. Insofern sollte ein klärendes Gespräch erst dann stattfinden, wenn die Parteien sich soweit beruhigt haben, dass beide in der Lage sind, diese Regeln zu beachten.«

Der hat gut reden, dachte ich.

»Du verlangst da aber eine ganze Menge, wenn ich mir diese Ratschläge mal vorstelle in Bezug auf einen ganz normalen Durchschnittsstreit zu Hause. Wenn man ehrlich ist, geht es in einem Streit meistens um einen Mischmasch von Dingen, der eigentliche Streitanlass ist doch nur ein Auslöser, der Tropfen, der das Fass zum Überlaufen bringt. Da geht es dann gar nicht mehr um eine bestimmte Position, die dient doch bloß als Vorwand für irgendetwas anderes. Daher würde es uns doch auch nicht weiterbringen, wenn ich dann einfach nur brav zuhöre und mir Argumente zu einem Thema anhöre, was nur, sagen wir mal, ›teilursächlich‹ ist.«

Earl lachte. »Du hast zwar nicht ›ja, aber‹ gesagt, jedoch einen typischen ›ja aber‹-Satz gebracht. Du, beziehungsweise dein Ego, hast ein Gegenbeispiel gesucht und gefunden, mit dem du deine eigene Position behaupten kannst. Dabei ist es völlig egal, ob dies für zehn Prozent oder fünfzig Prozent aller Fälle zutrifft. Was ich dir aber erklärt habe, funktioniert immer. Und wenn du schon bei deiner Frau so dämlich warst, einen Vorwand für einen Streit zu benutzen, nur weil du gereizt warst, dann sag doch demnächst einfach: Entschuldigung, es tut mir leid, ich bin etwas genervt, es hat nichts mit dir zu tun. Dann kannst du dir das Zuhören sparen, du kennst die Ursache für den Streit ja schon, sie aber noch nicht. Die meisten von uns lassen im Übrigen die wichtige Eigenschaft – Sensibilität – immer mehr vermissen. Die Menschen meinen, dass Sensibilität sie verletzlich macht, aber keiner möchte mehr verletzlich sein, niemand hat genug Vertrauen in den anderen. Es fehlt die Sensibilität für unsere Umgebung, die Natur, andere Menschen; zumeist reicht die Sensibilität gerade noch für uns selbst aus. Dabei ist Sensibilität, wenn man sie zulässt, eine wunderbare Eigenschaft, die Fülle in unser Leben bringt, sie öffnet unser Herz, ist nicht bezogen auf ein Ziel. Sensibilität macht dich reich. Du wirst wach und aufmerksam sein, du kannst die Dinge wieder in ihrem Ursprung spüren und deine Verbindung zu ihnen erfahren. Versuche dabei, dein Denken abzuschalten, beobachte dich und deine Gedanken und lasse dich fließen.«

»Stopp! Was heißt ›lasse dich fließen‹? Wie mache ich das?«

»Dieses Gefühl ist ehrlich gesagt kaum zu erklären. Wenn du eine Weile meditiert hast, wirst du mit Sicherheit in einen Zustand kommen, in dem du ›fließt‹. Du hast dann keine Anspannungen, spürst keine Widerstände, bist eins mit dir und der Welt.«

Earl machte eine kurze Pause und fuhr dann fort: »Ich habe in unseren Gesprächen gemerkt, dass du jemand bist, der gerne einmal kritisiert, dabei aber gar nicht gerne kritisiert wird. Du selbst reagierst auf Kritik sehr empfindlich. Du kannst Kritik schlecht vertragen, vielleicht siehst du in vielen Dingen eine Kritik, selbst wenn diese nur in deiner subjektiven Wahrnehmung existiert. Keine Sorge, üblicherweise reagieren wir auf Kritik mit Verteidigung und am besten mit einem direkten Gegenangriff. Aber warum machen wir das? Woher kommt die notwendige Aggression? Sie könnte nicht entstehen ohne Schuldgefühle oder

Ängste. Aggression entsteht nach Buddha immer, wenn wir unser Eigentum bedroht sehen; unser Anhaften an etwas, was wir nicht verlieren wollen, weckt die Aggression. Da du als Mensch auch das Eigentum an deiner Person repräsentierst und dein Leben im Sinne der Unsterblichkeit nicht verlieren willst, entsteht auch daraus immer Aggression. Solange wir an materiellen Dingen hängen und auch unser Ego weiter pflegen, wird es also auch Aggression geben. Angefangen bei der einfachen Kritik, über Unterdrückung und Zwang, bis hin zu Kriegen. Wir fühlen uns vom Kritiker bedroht, wir meinen, er beraubt uns unserer Liebenswürdigkeit. Wenn unser Kritiker uns schon nicht mag, dann gibt es sicherlich noch viel mehr Menschen, die uns nicht mögen. Unser persönlicher Glaubenssatz, dass wir nicht liebenswert sind (den wir aber verdrängt haben und versteckt halten, damit es ja niemand merkt), steht vor seiner Aufdeckung. Dagegen verteidigen wir uns mit unserem Gegenangriff und merken dabei nicht, dass wir gerade diese inneren Zweifel damit stärken und verfestigen. Statt an unserem inneren Frieden zu arbeiten, arbeiten wir an einem imaginären Bild. Es geht uns dann um die Frage: ›Wie könnten uns die anderen sehen?‹. Allerdings steht uns zur Beantwortung dieser Frage keinerlei fundierte Grundlage zur Verfügung. Wir sind beherrscht von einer Angst. Hast du dies verstanden, verstehst du auch, warum der andere dich kritisiert, dich angreift. Auch er hat Ängste, die er unterdrückt, die er nicht wahrhaben will. Wenn er keine Liebe zeigt, hat er Angst. So sollten wir Kritik immer als Zeichen von Angst ansehen, als einen Hilferuf, als eine Bitte nach Liebe. Behalte also immer im Hinterkopf, dass, wenn dich jemand mit Worten angreift oder unfreundlich ist, dieser ein Problem mit sich hat – nicht du mit dir und auch nicht du mit ihm. Es ist nicht dein Problem! Und umgekehrt verhält es sich genauso: Die größten Kritiker sind von den größten Ängsten geplagt. Denk daran, wenn du mal wieder anfängst, jemanden zu kritisieren. Jetzt solltest du dir auch bewusst werden, dass du das Gefühl des Kritik-Einsteckens selbst wahrnimmst, es entsteht in dir, es kommt nicht von außen. Letztendlich liegt es an dir, dich kritisiert zu fühlen, dich zu ärgern, dich bedrängt zu fühlen. Kritisieren wir jemanden, ist dies niemals konstruktiv. Mit deiner Kritik sagst du: ›Du bist im Unrecht, ich bin im Recht.‹ Du stellst dich über den anderen, erklärst ihm das Leben im Kleinen und Großen. Du sagst: ›Du verhältst dich hier nicht richtig, ich weiß das. Im Gegensatz zu dir selbst sehe ich dies ganz klar und deutlich. Du solltest das nicht machen.‹

Kritik ist immer, und ich betone: immer, ein Angriff, ein Versuch, unsere Meinung durchzusetzen, zu gewinnen. Wir beziehen eine Position moralischer oder fachlicher Überlegenheit. Wir versuchen, Macht über den anderen auszuüben, wir wollen sein Leben verändern. Wer befugt uns dazu? Es ist offensichtlich, dass dies mit Liebe nichts zu tun hat. Kritisieren wir, ist dies also bei uns selbst der Ruf nach Liebe, hervorgerufen von unseren Ängsten. Im Endeffekt greifen wir uns immer nur selbst an. Lieben wir unsere Mitmenschen im Allgemeinen und unseren Partner im Speziellen, so wissen wir um die Eigenheiten der Kritik und tun uns schwer, zu kritisieren, auch wenn wir wissen, dass Kritik vielleicht angebracht wäre. Hier hilft es nur, erst einmal die eigenen Absichten genauestens zu hinterfragen. Wem tust du mit deiner Kritik einen Gefallen? Siehst du die Sache wirklich so klar, oder könnte es nicht sein, dass der andere auf den zweiten Blick möglicherweise sehr intelligent handelt? In der Regel ist Kritik die Folge einer Beobachtung, die wir gemacht haben, die wir im Anschluss bewertet haben und daraufhin meinen, unser ›Ergebnis‹ kommentieren zu müssen. Wenn du einmal darauf achtest, wie oft am Tag du während der Arbeit oder bei deiner Familie bewertest und urteilst, wirst du überrascht sein. Wir können es zumeist einfach nicht lassen; in Gedanken kommentieren wir alles, in Worten oft noch vieles davon. Das Ablegen dieser schlechten Angewohnheit wird dir schwerfallen; wird dich aber sofort erheblich weiterbringen, auch wenn es nicht sofort zu hundert Prozent funktioniert. Das ist eine Sache der Übung: Wenn du dich dabei erwischst, versuche, dich zu bessern. Wenn du dieses Beurteilen lässt, dich nicht mehr auf die Schwächen, sondern auf die Stärken des anderen konzentrierst, wirst du auch lernen, dich selbst zu akzeptieren und zu lieben. Wenn du gemeinsam mit einem Partner lernst, das Wesen der Kritik zu verstehen und entsprechend sensibel zu benutzen, werdet ihr gemeinsam weiter wachsen. Unsere Welt ist vergänglich. Auch der Mensch, den wir lieben, ist vergänglich. Wir sollten also nicht die Tage mit Streit verschwenden, sondern unseren Partner hier und jetzt glücklich machen.«

»Na, auch wenn das alles stimmt, das lernst du nicht an einem Tag.«

»Nein, sicherlich nicht. Und glaube mir, ich bin in der Theorie deutlich besser, als in der praktischen Ausführung. Aber wenn du einfach mal anfängst, wirst du kleine Fortschritte erleben. Es ist die Mühe wert. Und mit jedem kleinen Schritt wird es dir dann leichterfallen.«

33. Kapitel – Liebe

Für heute hatten Earl und ich uns erst am späten Nachmittag bei ihm zu Hause verabredet. Wir hatten bei diesem entsetzlichen Metzgerstraßenstand, der das Fleisch einfach so in der Sonne direkt an der Straße, umschwirrt von Hunderten von Fliegen, auf einem alten Tisch liegen ließ, ein paar Koteletts gekauft. Meine Bedenken, dieses Fleisch zu essen, hatte Earl kurzerhand ausgeräumt, schließlich werde im Media Luna genau das gleiche Fleisch gebraten und niemand wäre bisher daran gestorben. Jedenfalls hatte ich mir vorgenommen, kein Risiko einzugehen und briet mein Kotelett etwas länger. Zur Krönung des Tages holte Earl eine Flasche chilenischen Rotwein hervor, den er schon länger versprochen hatte.

»Zur Liebe gehören guter Wein und gutes Essen«, meinte er. Das passte mir gut.

»Sag mal, da sagst du was. Ich habe jetzt alles Mögliche über Leiden, Schmerz, Probleme, Ängste und so weiter gehört. Diese Themata wurden von allen Seiten beleuchtet, aber was ist denn eigentlich mit der Liebe? Welche Rolle spielt sie in dem Ganzen?«

»Ja, ich weiß, die Liebe ist einer der noch offenen Punkte in unseren Gesprächen. Ohne ein Verständnis der Liebe wäre alles Bisherige vergebens gewesen. Für dieses Verständnis benötigst du aber ein entsprechendes Handwerkszeug, das du dir jetzt so langsam zugelegt hast. Die Liebe ist ein ganz heikles Gebiet. Scharen von Schriftstellern und Philosophen haben Jahrtausende damit verbracht, sie zu ergründen und ich bin der letzte, der behaupten könnte, sie verstanden zu haben – oder gar sie mit Worten erklären zu können. Vielleicht kann man die Liebe nur selbst erfahren. Der Begriff ›Liebe‹ steht für ein Sammelsurium an verschiedenartigen Gefühlen und Bindungen. Liebe ist Ursache von unglaublichem Glück und noch größerem Leid. Jeder hat so seine eigene, mehr oder weniger vage Vorstellung von Liebe. Das Vage daran resultiert auch daraus, zwar das Wort ›Liebe‹ verwenden zu können, dabei aber simultan festzustellen, dass das Wort allein ihre Bedeutung niemals wird vollständig erfassen können. Liebe ist demnach zu umfassend, als dass wir sie mit Worten beschreiben könnten. Ich würde sagen, dass man sie in drei verschiedene Varianten differenzieren kann, wovon wir im allgemeinen Sprachgebrauch zwei als ›Liebe‹ bezeichnen. Zumeist meinen wir die romantische Liebe, das Verliebtsein, das die egoistischste Form ist. Als nächstes haben wir das, was wir unter wahrer oder reiner Liebe verstehen, welche schon deutlich selbstloser ist. Und dann gibt es Leute, die bezeichnen den Urgrund des Seins – das, aus dem alles kommt, also die Leere – auch als Liebe. Sie sei die Kraft, die die Schöpfung zusammenhält. Diese These geht mir deutlich zu weit; insbesondere, weil das Wort ›Liebe‹ eigentlich doch schon von seiner Herkunft und seinem Sprachgebrauch her seit Jahrtausenden doch eher im herkömmlichen Sinne gemeint ist. Aber den Urgrund des Seins, das Nichts oder das Alles, ebenfalls Liebe zu nennen, halte ich für unangebracht. Im Weiteren beschäftigen wir uns also mit der wahren Liebe, dem tiefen selbstlosen Gefühl bedingungsloser Zuneigung. Wenn wir analytisch herangehen, müssen wir erst einmal feststellen, dass wahre Liebe überhaupt kein Gefühl ist. Wenn du meinst, Liebe sei ein Gefühl, irrst du. Du verwechselst die Emotion, die du hast, wenn du deine Energie auf einen Menschen richtest, mit Liebe. Liebe wird mit einem Liebesgefühl verwechselt, wir täuschen uns selbst. Ausgehend von den beiden Grundemotionen Liebe und Angst, definiert sich Liebe erst einmal grundsätzlich als das Nichtvorhandensein von Angst. Es gibt nur diese beiden Gefühle und Gründe für das Handeln der Menschen. Entweder die Menschen machen etwas aus Liebe, oder sie werden durch Angst motiviert. Gut, jetzt wissen wir zunächst einmal nur, was Liebe nicht ist. Wir meinen aber, sowieso zu wissen, was Liebe ist. Alle suchen nach Liebe und wir alle hassen die Angst; ja, wir haben Angst vor der Angst. Vielleicht meinst du, dass du jemanden brauchst, der dich liebt, wenn es dir schlecht geht. Die meisten von uns sind so aufgewachsen, dass sie sich die Liebe der Eltern ab einem gewissen Alter durch wohlgefälliges Verhalten erkaufen mussten. Auch unsere Eltern hatten es eben nie anders gelernt, auch sie vertrauten weniger ihrem Selbst als auf das Wissen anderer, auf Bücher, auf kluge Ratschläge und nicht zuletzt auf ihre eigene Erfahrung. Mit dieser Erfahrung gehen wir in unsere Partnerschaft, in unsere Liebe, hinein. Wie gut kennen wir dann unseren Partner überhaupt? Zumeist bleiben wir viel zu sehr an der Oberfläche, wir lieben sein Äußeres, seine Intelligenz, seinen Witz, seine Wärme. Aber was wissen wir wirklich von ihm? Und dieser Partner soll jetzt durch seine Liebe dafür sorgen, dass es uns gut geht? Der Partner wird dir nie helfen können, helfen wird dir nur deine Liebe zu dir selbst und das Geben von Liebe an andere. Dadurch wachsen wir. Liebe bedeutet, dem Partner alle Freiheiten zu lassen, die er braucht. Zwanghaftes Festklammern am Partner hat noch keine Liebe gerettet. Auch die Möglichkeit, dass der Partner gehen könnte, ist immer da. Ist es nicht so, dass wir, sobald wir sagen: ›Ich liebe Dich!‹, unmittelbar von der Angst ergriffen werden, dass diese Liebe scheitern könnte? Statt Liebe empfinden wir plötzlich Angst, den anderen zu verlieren und kämpfen gegen diese Angst an. Dies ist aber kein Grund, Angst davor zu haben. Du musst vergessen, dass du mit Angst aufgewachsen bist. Klar, deine Eltern haben dich möglicherweise mal bestraft, wenn du etwas ausgefressen hattest. Deine Lehrer in der Schule waren wahrscheinlich auch nicht besser. Der Gott deiner Umwelt war ein mit Strafe drohender Gott. Aber macht es Sinn, gerade die Liebe auf dem Fundament der Angst aufzubauen? Außerdem hast du bisher doch noch immer wieder einen neuen Partner gefunden, oder? Und dann warst du in den neuen Partner wohl meist auch noch mehr verliebt als in den alten, nicht wahr?«

»Sag das meiner Frau«, dachte ich wieder einmal, »die wird dir was erzählen.«

»Alles andere ist keine Liebe, sondern Parasitentum. Der Parasit braucht für sein eigenes Überleben den anderen, er lebt von ihm, saugt ihn aus. Er ist auf sein Objekt angewiesen, hat keine Wahl, keine Freiheit. Liebe aber ist frei. Ein Parasit ist nie frei, ganz im Gegenteil, abhängiger kann man gar nicht sein. Verliert er seinen Wirt, sucht er sich schnellstmöglich einen neuen, ansonsten wäre er zum Tode verdammt. Ähnlich abhängig sind viele Menschen auch; sie suchen verzweifelt nach Liebe, sie saugen den Partner aus, geben parallel aber nur wenig zurück. Sie verschlingen und okkupieren den Partner mit Haut und Haaren, sie werden nie satt. Auf der Suche nach dem fehlenden Teil ihrer selbst definieren sie sich über den Partner. Auch alles, was sie in der Partnerschaft für den anderen tun, machen sie in Wirklichkeit für sich selbst, sie versuchen, die Partnerschaft zu festigen, um sich selbst abzusichern. Jeder Liebeskummer wird als Beweis für die Größe der Liebe betrachtet. Wahre Liebe aber bringt niemals Schmerz, sie ist frei. Liebe hat absolut nichts mit Leiden zu tun, sie ist etwas vollkommen anderes. Sie meint nicht dieses ›Tohuwabohu‹ in unserer Gefühlswelt oder unseren gestörten Hormonhaushalt zu Beginn einer neuen Beziehung. Kahlil Gibran schreibt über Liebe und Ehe wissend:

›Aber gestattet einander Freiräume in eurem Beisammensein.

Und lasst die Winde des Himmels zwischen euch tanzen.

Liebt einander, aber macht aus der Liebe keine Fessel:

Sie sei eher eine wogende See zwischen den Küsten eurer Seelen.

Füllt jeder des anderen Becher, aber trinkt nicht aus einem einzigen Becher.

Gebt einander von eurem Brot, aber esst nicht von demselben Laib.

Singt und tanzt und freut euch zusammen, aber gestattet einander, je für sich allein zu sein.

Gerade so, wie die Saiten einer Laute allein sind, auch wenn sie von derselben Musik erzittern.

Gebt eure Herzen, aber nicht in des anderen Gewahrsam.

Denn einzig die Hand des Lebens kann eure Herzen fassen.

Und steht zueinander, doch nicht zu dicht beieinander:

Denn die Säulen des Tempels stehen je für sich,

Und Eichbaum und Zypresse wachsen nicht jedes in des anderen Schatten.‹ (36)

Im Buddhismus zählt die Liebe, dort Maitri genannt, zu den vier unbegrenzten meditativen Verweilungen. Die drei anderen sind Mitleid oder Erbarmen, Karuna genannt, Mitfreude, Mudita genannt, und Upeksa, was grenzenlose Zuwendung zu allen Wesen und Selbstlosigkeit meint. Maitri ist nicht die romantische Liebe, sondern Liebe im reinsten und ursprünglichsten Sinne. Das Christentum hat das griechische Wort agape, das dieselbe umfassende Liebe bedeutet, ebenfalls mit ›Liebe‹ übersetzt. Die Liebe ist das Mittel zur Auflösung aller Leiden. Ganz gleich, was du tun wirst, nichts wird mehr wert sein und mehr bewirken, als zu lieben. Die Liebe befreit Dich. Ganz gleich, ob Du viel Geld spendest oder Gutes tust, Gedanken reiner Liebe werden mehr bewirken. Buddha sprach in Itivuttaka 27:

> ›Und wenn einer auch nur für ein einziges Lebewesen reinen Herzens Liebe entfaltet, so gereicht ihm das zum Heil. Der Edle aber, der für alle Wesen im Herzen Liebe hegt, bewirkt unermesslichen geistigen Gewinn.‹

Ähnliche Zitate kennen wir aus der Bibel. Aber was ist die Liebe dann wirklich? Was wir in unserer Beziehung spüren, ist es nicht, denn das, was wir dort zumeist fühlen, ist die Reflektion unseres gespiegelten Selbst. Das, was uns am anderen gefällt, sind unsere eigenen Eigenschaften und insbesondere das Fehlen unserer negativen Eigenschaften, die sich dementsprechend nicht reflektieren. Es sind die Eigenschaften des anderen, die uns anziehen, denn sie zeigen uns auf, wie wir selbst gerne sein würden. Bei dem Menschen, bei dem wir uns selbst am meisten lieben können, fühlen wir uns wohl, diesem sagen wir dann: ›Ich liebe dich‹.

Im Gegensatz dazu ist die Liebe, über die wir hier sprechen, eine allgegenwärtige Kraft, sie repräsentiert absolute Klarheit und Reinheit. Die Liebe, die du meinst, vom anderen zu bekommen, ist zunächst in dir selbst. Liebe ist also ein Bewusstseinszustand, der reinste Bewusstseinszustand, den wir erreichen können, die wahre Erleuchtung. Wenn du eins mit allem bist, wirst du Liebe fühlen. Liebe ist das Fehlen jeglicher Angst, in der Liebe sind wir frei, mutig und selbstsicher, in der Angst sind wir gefangen und erstarrt. In der Bezeichnung der Liebe als reinstem Bewusstseinszustand finden wir eine Analogie zum Begriff der Leere. So wie die Leere alles ist, wie sie zugleich nichts ist, so ist die Liebe ebenfalls alles. Sie beinhaltet alle Emotionen, nicht nur die guten, und stellt die Summe aller möglichen Gefühle dar. Liebe erfahren heißt demnach, alle Gefühle zu erleben, denn wer sich auf die ihm angenehmen Gefühle beschränkt und einige Gefühle ablehnt und nicht erfahren will, wird nie Liebe erfahren. Dies alles zu erfahren ist vielleicht das große finale Ziel unserer Seele. Es ist erstaunlich, in unserer modernen Gesellschaft zu entdecken, wie wenig Menschen sich überhaupt selbst lieben. Ganz im Gegenteil, ein hoher Anteil neigt zu Selbsthass und Selbstverachtung. Uns selbst erst einmal zu lieben, ist meiner Ansicht nach essenziell für die Erlernung der Fähigkeit, andere zu lieben. Erst wenn du mit dir selbst im Reinen bist, bist du überhaupt in der Lage, wahre Liebe zu empfinden. Und damit meine ich nicht romantische Verliebtheit. Wer sich selbst für nicht liebenswert hält und meint, für einen anderen Menschen nicht attraktiv zu sein, der wird diesen negativen ›Erfolg‹ für sich erleben.

Der Mensch neigt dazu, die Liebe zu sich selbst zu suchen durch die Liebe zu einem anderen. Es geht darum: Gibt es einen Menschen, der mich liebt, so muss ich auch liebenswert sein. Folglich kann ich mich auch ruhig selbst lieben. Und wenn wir diesen Gedanken in die andere Richtung denken, ist die logische Konsequenz daraus, dass uns gerade niemand liebt oder wir davon zumindest überzeugt sind, dass wir uns selbst hassen. Dabei gibt es immer Menschen in jedem Leben, die uns lieben. Die Fähigkeit, sich selbst zu lieben, basiert auf einem Partner, der mich liebt. Was aber tue ich, wenn ich glaube, von niemandem geliebt zu werden? Ich fordere vom anderen Liebesbeweise, die mich an seine Liebe glauben lassen können. Vielleicht stört mich am anderen, dass er raucht. Wäre es nicht ein schöner Liebesbeweis, wenn er für mich aufhören würde? Nun, angenommen, mein Partner hört nun auf zu rauchen, was passiert dann? Da er nicht besser ist als ich, wird er ebenfalls einen Beweis für meine Liebe einfordern. Und so versucht jeder den anderen so weit zu verändern, bis er in sein Weltbild passt. Das Ergebnis ist nicht, dass beide vollständiger und reifer werden, sondern dass sich beide reduzieren und weniger als vorher sind.

Vielleicht hast du auch schon in deiner kurzen Schamanenkarriere die Erfahrung gemacht, dass hinter vielen Problemen Selbstzweifel stecken, bis hin zu der Feststellung, dass man sich selbst gar nicht liebt und sich deswegen auch nicht vorstellen kann, dass man von anderen geliebt wird. Die Liebe zu sich selbst meint dabei nicht die Liebe zum gestählten Körper und anderen Äußerlichkeiten. Der Körper verfällt irgendwann mit tödlicher Sicherheit, die Seele jedoch nicht. Auf den Körper zu setzen heißt, zu verlieren. Beachte, dass ich nicht von der herkömmlichen Liebe spreche. Sich selbst zu lieben bedeutet mehr, als sich selbst toll zu finden, es geht mehr um ein Einssein mit allem. Klarer formuliert muss es heißen, du sollst dich nicht lieben, du sollst dich nicht hassen, du sollst dich akzeptieren, du sollst einfach sein! Dann findest du zu absoluter Klarheit, zur wahren Liebe, die keine Projektionsfläche mehr benötigt. Wenn du dann vielleicht einmal ein wenig erleuchtet bist, hängt dein Lebensglück jedoch gar nicht mehr davon ab, ob du gerade einen Partner hast oder nicht. Du hast dieses Bedürfnis nach Befriedigung, welches dein Ego dir immer vorgespielt hat, nicht mehr. Es ist schön, wenn du dann einen Partner findest, zu dem du wahre Liebe besonders stark empfindest. Grundsätzlich empfindest du jedoch diese Liebe jedem Menschen gegenüber. Dieser eine besondere Mensch aber spiegelt deine Liebe noch, sodass sie sich potenzieren kann. Wenn du nicht erleuchtet sein wirst – wovon ich ausgehe –, wirst du zumindest deutlich weniger abhängig sein. Deine Liebe wird freier und du wirst letztlich einfach glücklich sein. In unserer scheinbar so grausamen Welt wird Liebe in der Regel mit einer glücklichen Beziehung gleichgesetzt und viele suchen die Erfüllung in der Beziehung zu ihrem Partner. Die Suche nach der Erfüllung im anderen Geschlecht ist die alte Suche nach Erfüllung überhaupt. Du suchst das, was dir fehlt, in deinem Fall also auch den weiblichen Teil deines Selbst. Du willst wieder ganz werden; instinktiv weißt du, dass in dir etwas nicht vollständig ist. Jetzt weißt du bereits, dass dies auf der Dualität der Dinge beruht, der Trennung des Egos vom Rest der Welt. Der Mangel des fehlenden weiblichen Teils in dir ist selbst konstruiert. In manchen Momenten, wohl zumeist beim Sex oder in Extremsituationen, hast du ein Gefühl des Einsseins, das aber wieder vergeht. Solange du dich nicht als eins mit der Welt betrachtest, wird dieses Gefühl immer nur ein Moment sein. Niemals wirst du in einer Beziehung die Erlösung finden. Das dir vom Ego vorgesponnene Bild der wahren Liebe ist unerreichbar, weil es überhaupt nicht existiert. Dieses Bild ist der Trick des Egos, dich bei der Stange zu halten. Der Sachverhalt ist ähnlich wie die Geschichte des Hasen beim Hunderennen: Der Hase bleibt für die Hunde immer unerreichbar, egal wie schnell sie hinter ihm herrennen.

Sicherlich hattest du auch schon einmal Pech in der Liebe, aber die meisten von uns versuchen es doch immer wieder. Noch ein Versuch. Und noch einer. Oder wir wollen eigentlich gar nicht mehr, verlieben uns jedoch. Vielleicht hast auch du dich schon einmal darüber gewundert, dass die Trennungsgründe oftmals so ähnlich sind; warum der immer mehr zunehmende Streit zwar die Themen wechselt, ansonsten aber erschreckend gleich verläuft. Kaum jemand hinterfragt die stets vorhandenen ähnlichen Muster, die dahinterliegen. Man sagt sich, dass es halt doch nicht die große, nicht die eine, wahre Liebe war und wenn sie das nicht ist, kommt eben Streit dabei heraus. Klingt plausibel und wird vom Ego auch gerne gehört. Woran liegt es dann, dass regelmäßig, nach spätestens einigen Jahren, die Stimmung nachlässt, der Sex weniger wird und man viel mehr als früher auf vermeintlich spitze Bemerkungen des Partners lauert? Was verursacht unsere Unzufriedenheit? Und warum kommen diese Streitigkeiten immer in regelmäßigen Abständen, die sich im Laufe der Zeit dann auch stetig verkürzen? Die einen trennen sich dann halt, die Charakterstarken unter uns bleiben zusammen, getreu dem Motto: ›Probleme schweißen zusammen, sie gehören zum Leben, man darf vor ihnen nicht weglaufen, wir schaffen das schon.‹ Wieder andere würden zwar gerne weglaufen, haben aber schon den lebenslangen Ehevertrag unterschrieben, zwei Kinder gezeugt, ein Häuschen in der Abzahlung und sehen keine Möglichkeit mehr, dem allem noch zu entkommen. Na gut, wenn die Kinder aus dem dann halbwegs abbezahlten Haus raus sind, dann könnte man noch einmal darüber nachdenken. Du musst erkennen, dass das, was du dann praktizierst, nichts anderes ist, als das, was du auch ansonsten tust, nämlich konsumieren und an den Dingen haften. Du brauchst den anderen, dieser braucht dich auch, man ist verliebt. Mehr oder weniger macht ihr euch voneinander abhängig, habt aber in eurem ersten Verliebtsein viele glückliche und intensive Momente, die das alles erst einmal überdecken. Die Beziehung basiert auf einem gegenseitigen Mangel und dem jedem Menschen innewohnenden Gefühl einer tief sitzenden Unsicherheit. Beides soll durch die Existenz des Partners befriedigt werden. Er gibt uns ein gutes Gefühl, wir sehen in ihm Dinge, die uns fehlen, er ist nahezu perfekt, zumindest für die ersten Monate. Mit ihm können wir uns identifizieren; wie gesagt: für einige Monate. Doch irgendwann kommen die alten Geschichten wieder hoch, unser getrenntes Ich erwacht wieder und sucht seine Erfüllung. Der Schmerzkörper will wieder genährt werden. Wahre Liebe ist dies natürlich alles nicht, die wenigsten von uns erleben jemals wahre Liebe, solange sie ihr Ego nicht auflösen. Sie erleben Momente des Glücks und der Leichtigkeit, es sei dahingestellt, ob diese rein sexueller Natur sind, ob sie einfache Befriedigung anderer Art sind, oder ob sie sich auch einfach nur selbst belügen. Anhaften an einem anderen, mit welchem Motiv auch immer, ist keine Liebe, sondern purer Egoismus. Diese Art von Liebe hält in der Regel immer gleich lange, bei manchen Menschen kürzer, bei anderen länger. Sie erfüllt ein Bedürfnis, ist aber zugleich nur ein Ersatz für die wahre Erfüllung und bleibt von daher immer eine Ersatzbefriedigung. Diese Ersatzbefriedigung vergeht, irgendwann taucht der alte Schmerz wieder wieder. Als Ursache für deinen Schmerz siehst du dann den anderen, er ist schuld. Mach dir keine Sorgen, andersherum ist es genauso. Jeder versucht nun, den anderen zu ändern. Wenn er sich doch nur ändern würde, dann wäre der Schmerz verschwunden und man könnte wieder glücklich sein. Warum ist der andere nur so stur und uneinsichtig? Sieht er denn gar nicht, wie weh er mir tut? Wenn er nicht so verdammt egoistisch wäre. Ja, sicher, man hat auch seinen Anteil an der Misere, keine Frage, aber im Wesentlichen ist es doch der andere, der einfach nicht zuhört, nicht funktioniert. Du siehst nicht, dass der andere überhaupt nichts mit deinen Problemen zu tun hat, er dient lediglich als Spiegel für dich selbst, in ihm siehst du deinen Schmerz. Dein Partner ist niemals, auch nicht nur manchmal, die Ursache deines Schmerzes. Er mag aus deiner Sicht vielleicht gar kein guter Mensch sein; vielleicht hattest du dich auch in ihm getäuscht und es wäre wirklich besser für dich, dich zu trennen, aber schuld an deinen Leiden ist er nicht. Dies zu erkennen, ist der wichtigste Punkt überhaupt, um einmal eine erfüllende Beziehung führen zu können.

Du kannst dich also ehrlich über jedes Problem freuen, das du mit deinem Partner hast. Jedes Mal, wenn du dich ärgerst, ist er auf einen wunden Punkt in dir gestoßen und hält dir einen Spiegel vor. Dir bietet sich die großartige Gelegenheit, dies zu erkennen und nicht – wie sonst immer üblich – dies in einem Streit auszufechten. Dies gilt selbstverständlich nicht nur in der Partnerschaft, sondern für alle Beziehungen in unserem Leben. Nur in der Beziehung zu anderen Menschen können wir uns wirklich weiterentwickeln. Mit dem reinen Lesen von Büchern, mit Meditation oder Askese wird dir das nie gelingen. Wir benötigen andere Menschen, um uns selbst zu erfahren. Ohne den Bezug zu diesen würde uns jegliches Maßsystem fehlen, um unsere Erfahrungen einordnen zu können. Alles ist relativ und von daher können wir nichts erkennen, wenn wir keinen anderen Punkt zur Orientierung haben. Jetzt erkennst du, wie wichtig Beziehungen zu anderen Menschen sind und wenn du weiter blickst, erkennst du auch, dass die Begegnungen mit schwierigen Menschen, mit Menschen, die dir unsympathisch sind, mit Menschen, vor denen du dich vielleicht ekelst, die wichtigsten sind. Von ihnen kannst du am meisten lernen, nicht von denen, die dir gut gefallen.

Dies alles kann nämlich sehr hilfreich sein, wenn man es akzeptiert. Indem du dies annimmst, kann deine Liebe gegenwärtig sein, du wirst aufhören, den anderen zu beurteilen, zu bewerten und zu kritisieren. Dein tiefstes Inneres kannst du nicht ändern, dein Partner kann es auch nicht, aber ihr könnt die Stille zulassen. In der Stille hat der Schmerz keinen Platz. Stattdessen werdet ihr Raum für Liebe schaffen, wahre Liebe, Liebe in euch.

Achte dabei darauf, dass es nicht darauf ankommt, dass zwei Personen sich ergänzen und dass der eine dem anderen gibt, was jeweils fehlt, damit sie zusammen eins sind. Jeder für sich allein soll die Möglichkeit haben, sich selbst ganz zu finden und zu erfahren und dann diese Ganzheit mit dem anderen teilen können. Diese Aufgabe hat jeder für sich selbst zu übernehmen, niemand kann dem anderen dabei helfen. Es geht nicht darum, dass du dem anderen zeigst, wie er sich verbessern könnte. Je unabhängiger ihr voneinander seid, desto erfüllter werdet ihr sein. Es gibt keine Verpflichtung dem anderen gegenüber, sondern nur dir selbst gegenüber. Ihr müsst nichts machen, weder weil ihr meint, dies müsste nun einmal sein, noch weil der Partner euch dazu bewegen will. Ihr könnt Dinge tun oder auch nicht. Jeden Augenblick ergibt sich eine Wahlmöglichkeit, bei der du entscheiden kannst – so oder so. Und das einzige Entscheidungskriterium dabei darf sein, welche Entscheidung dich auf den Weg der Leichtigkeit führt.

Aus dem, was ich gerade versucht habe, dir verständlich zu machen, folgt, dass eine Erleuchtung oder wie auch immer du es nennen willst, gerade in einer Beziehung sehr gut verfolgt werden könnte, wenn man jeden Ärger, jede Wut und jede Verletzung entsprechend nutzt. Niemandem außer den eigenen Eltern ist man in der Regel näher als dem Partner, er weckt die tiefsten Probleme, den verborgensten Schmerz in dir, den du selbst gar nicht siehst. Der Partner dient dir als Spiegel, du dienst ihm als Spiegel; wenn ihr dies nutzt, werdet ihr sehr schnell gegenwärtig sein. Ihr holt quasi das Letzte aus euch heraus. Achte dabei aber bitte darauf, dass du für dich in den Spiegel schaust und nicht versuchst, dem anderen den Spiegel vorzuhalten. Beobachte ausschließlich dich selbst, dein Partner macht das Gleiche für sich. Falls nicht und falls er sich dieser Entwicklung verschließt, ist er vielleicht einfach nicht der Richtige für deine weitere Entwicklung und du musst auch einmal einfach loslassen. Es hat keinen Sinn, deinem Partner Tipps und Hinweise zu geben, was er tun könnte, damit es dir besser gehen könnte. Es hat auch keinen Sinn, dem Partner zu sagen, wenn er einmal gerade nicht bewusst ist; dies ist nicht deine Sache, du bist nicht der Meister, er ist nicht der Schüler. Behalte Deine Beobachtungen für dich, hüte dich davor, sie zu bewerten. Solltest du dich darauf einlassen, bist du nicht besser. Deine eigene Bewusstheit wird deinem Partner viel mehr helfen als alles andere. Deine Bewusstheit hängt nicht am Partner, es geht auch ohne ihn. Wenn du bemerkst, dass du denkst ›ja, wenn er das und das nicht machen würde‹, dann bist du so weit von deiner eigenen Bewusstheit entfernt wie er, vielleicht auch weiter. Wer Unbewusstheit bekämpft, ist selbst unbewusst. Zusätzlich neigen wir auch noch dazu, unsere Fehler und Macken in den anderen zu projizieren, du bist unbewusst und unterstellst dies dem anderen. Die Unbewusstheit, die dich am anderen stört, ist deine eigene. Du siehst, eine Beziehung kann eine sehr, sehr fruchtbare Sache für die gegenseitige Entwicklung sein. Es kommt mir ziemlich logisch vor, dass dies ein sinnvollerer Weg ist, anstatt wegzulaufen, sich einen neuen Partner zu suchen und mit diesem das gleiche Spielchen wieder von vorne anzufangen.«

»Und wie erkläre ich das meiner Frau? Die hat doch zu dieser ganzen Sache keinerlei Zugang.«

»Klar, derjenige Partner, der selbst noch völlig am Anfang einer spirituellen Entwicklung steht oder auch noch gar nicht damit begonnen hat, hat es schwer. Er wird von all dem, was ich dir in der letzten Zeit erzählt habe, noch nie etwas gehört haben. Wenn du nach Hause kommst, wird deine Frau zunächst einmal eifersüchtig auf deine Zeit hier sein, die wenigsten Menschen würden erkennen, was für dich der Grund war, hierhin zu reisen. Auch sie hat vermutlich nicht erkannt, wie es um dich stand. Ja gut, du hattest eine Krise, warst launisch; dies hat sie aber eher auf deine unbefriedigende Arbeit geschoben, die chronischen Rückenschmerzen oder auf was auch immer, aber nicht auf irgendetwas Existenzielles. Du hattest doch eigentlich gar keinen Grund, unglücklich zu sein. Schließlich hast du doch sie und sie liebt dich doch. Dann wirst du von dieser Zeit hier erzählen und die Eifersucht wächst, sie wird dies als esoterischen Quatsch hinstellen, als puren Unsinn. Schließlich hat sie von der Funktionsweise ihres Egos noch nie etwas gehört und ihr Ego leistet gerade Schwerstarbeit, dass es auch so bleibt. Du denkst dann möglicherweise, es ist besser, dies alles für dich zu behalten. Dies führt aber dazu, dass sie sich jetzt völlig ausgegrenzt fühlt. Ängste, Sorgen, Schmerz entwickeln sich, ihr Schmerzkörper frisst sich dick und fett. Nicht dadurch, dass er sich mit dir streitet, dort findet er ja keinen Widerstand, sondern nur Bewusstheit. Nein, er nährt sich von seinen eigenen Gedanken.

Es ist reichlich schwer, einen Erleuchteten gegenübersitzen zu haben. Aber mach dir keine Sorgen, die pure Erleuchtung kommt nicht von heute auf morgen, viel schlimmer sind nämlich die halb Erleuchteten. Sie sind nicht ganz losgelöst von alten Schemata und noch nicht vollständig angekommen im Bewusstsein. Sie haben ihre guten Phasen, fallen dann aber auch schon einmal schlagartig in ihr altes Verhaltensmuster zurück und werden absolut unbewusst. Ihr Ego wird sich an dieser Situation laben, es wird sie nutzen und ausbauen, es wird versuchen, dich solange wie möglich in diesem Zustand zu halten. Nur dort findet es eine Angriffsfläche. Denke also daran, du bist nicht Buddha, nicht im Entferntesten. Jede Art von Arroganz, Hochnäsigkeit oder Eingebildetheit ist völlig fehl am Platze, sie zeigt nur, dass du noch weit gehen musst. Wahrscheinlich wird es für dich zunächst einmal solche Beziehungskrisen geben, dass du oft an allem zweifelst, an dir, an deiner Beziehung, an meinen Worten. Gib dann nicht auf, betrachte dies als den Todeskampf deines Egos, das seine letzten Register zieht. Arbeite weiter an dir, versuche, soviel wie möglich bewusst zu sein, beobachte dich, deine Gedanken, deine Emotionen. Irgendwann wird dein Partner entweder sehen, dass er diesen Weg auch gehen möchte, oder er wird ganz gehen. Eckhart Tolle sagt sehr treffend:

›Das Licht ist schmerzhaft für jemanden, der im Dunkeln bleiben möchte.‹ (79)

Ich hoffe übrigens nicht, mein Freund, dass du deinen Partner mit solchen Sätzen von seiner Ahnungslosigkeit überzeugen willst. Dann säßet ihr beide zusammen immer noch im Dunkeln und ich hätte hier nur eine Menge Energie verschwendet! Achte darauf, dass du deinen Partner nicht überbeanspruchst und dass er dies nicht mit dir macht. Es ist schwierig, wenn du ihn überforderst, indem du ihn für die Befriedigung deiner Wünsche brauchst. Bei vielen Paaren entsteht irgendwann ein Zustand, wo sie feststellen, dass die meisten alten Freunde verschwunden sind, selten Zeit haben, weit weg wohnen und so weiter. Der Tennispartner ist weg, der Freund, mit dem man so schön Abende lang in Bars herumhängen konnte, ist Vater geworden. Man ist also nur noch zu zweit, hat nur noch den Partner und jeder erwartet vom anderen mehr oder weniger, dass er die entstandenen Lücken ausfüllt. Versuche, darin ein Gleichgewicht zu erreichen und überlaste den Partner nicht mit mehreren Rollen, die möglicherweise auch gar nicht sein Ding sind. Zwangsläufig überfordert man den Partner damit. Entlaste deine Beziehung, indem du deine Freundschaften pflegst, neue Freunde gewinnst und insbesondere nicht für alles deinen Partner als Ersatz beanspruchst.

Wir alle wissen in der Theorie, dass wahre Liebe völlig selbstlos ist. Nur, wer hat dann diese wahre Liebe auch schon erlebt und gelebt? Trotz aller guten Vorsätze haften wir doch zumeist in den klassischen Verhaltensweisen, wir geben im Ernstfall jede Selbstlosigkeit auf. Wenn du aber deinem Partner ernsthaft alle Freiheiten lässt, wird er sicherlich keine Freiheit vermissen und grundsätzlich glücklicher sein. Um dies ernsthaft sein zu können, benötigst du natürlich eine Einstellung, die nicht auf Anhaften und Besitzen aufbaut, sondern auf Verbundenheit. Du musst immer bereit sein, deinem Partner auch die Freiheit zu geben, wenn er gehen will. Was sollte es auch für einen Sinn haben, ihn halten zu wollen? Auch wenn du verlassen wirst, so wirst du nach allem Leiden auch wieder die Möglichkeit einer neuen Partnerschaft haben.«

Earl nagte zufrieden am Knochen seines dritten Koteletts, entsprechend hatte er seinen Vortrag mit einem ständigen Schmatzen begleitet. Wie konnte jemand, der soviel über das Leben zu erzählen wusste, nur so unkultiviert schmatzen? Sollte das jetzt MEIN Problem sein, dass ER keine Manieren hatte?

34. Kapitel – Glück

»Na, was machst du denn hier, wartest du auf jemanden?« Don Marco saß auf der Eingangsstufe eines Hauses im Dorf vor der verschlossenen Tür und kaute seine Kräuter. Hin und wieder spie er dabei einen grünen Saft in hohem Bogen aus.

»Ich sitze hier, kaue und du kommst«, meinte er lapidar. »Wer wartet, versteht das Leben nicht«, sagte er.

»Wie meinst du das?«

Ich setzte mich so neben ihn, dass ich ein wenig Schatten hatte.

»Nun, immer mehr Zeit unseres Lebens verbringen wir mit Warten, was an sich nicht schlimm sein muss. Dumm wird es nur, wenn wir dabei hektisch werden, Zeitstress entwickeln und uns unter Druck setzen. Wir warten auf kleine private Dinge wie auf das Boot nach drüben auf die andere Seeseite, den nächsten Sieg unseres Lieblingsvereins, du vielleicht auf die nächste Fußballweltmeisterschaft in Deutschland, auf einen Lottogewinn oder auf die große Liebe. Ich denke nicht, dass eines dieser Ereignisse eher eintritt, nur weil wir uns damit beschäftigen, darauf zu warten!«

Ich musste ihm recht geben, hatte ich doch selbst das Warten eigentlich auf meiner ersten Reise durch Mexiko gelernt, wobei diese Formulierung falsch ist. Was ich gelernt hatte, war, irgendwie in der Zeit zu verweilen und gerade nicht das Warten auf etwas Bestimmtes. Ich erzählte ihm dies.

»Siehst du. Wenn du nicht gerade im strömenden Regen ohne Unterstand auf den Bus wartest, kann die Wartezeit auch einfach entspannend sein. Hier in Guatemala sogar im strömenden Regen, bei dir zu Hause wäre das vielleicht meist nicht so angenehm. In diesen Momenten des scheinbaren Wartens hast du die Ruhe, einmal an etwas anderes zu denken, vielleicht Dinge zu beobachten, an denen du sonst vorbeiläufst. Ist dir einmal aufgefallen, wie viele Menschen ihr ganzes Leben auf irgendetwas warten, was dann der Auslöser für die Realisierung ihres Traums sein soll? Viele warten eigentlich nur auf den Tod. Das Älterwerden ist für viele ein großes Problem, die Angst vor dem Tod kommt hinzu. Sie sind so sehr auf die Verdrängung dieses Endpunkts fixiert, dass sie nie in der Gegenwart sind, sie vergessen, zu leben. Unsere wesentlichen Gefühle im Leben sind Liebe und Angst. Dies sind unsere beiden Grundemotionen, auf denen alle anderen Emotionen aufbauen und variieren. Die Liebe ist unsere ursprüngliche Natur, die Angst ist von unserem Ego geschaffen. Darauf sind wir schon ausführlich eingegangen. Ohne Angst lieben wir, wir sind glücklich. Mit Angst sorgen wir uns und können nicht glücklich sein. Ich unterscheide dabei zwischen dem normalen Glücksgefühl und dem tiefen Gefühl des inneren Friedens. Das normale Glück empfindest du in besonderen Momenten deines Lebens, wenn du aufgrund von Was-auch-immer dein Ego gestärkt hast und dieses sich nun quasi in der Sonne räkelt und für einen Moment das Leben genießt. Dieses Glück ist immer von äußeren Umständen abhängig, es existiert nie für sich allein.

Wenn du aber einen tiefen, inneren Frieden verpürst, ist dies nicht ein Zustand puren Glücks, sondern viel mehr. Du hast von außen, vielleicht aus der Sicht anderer Menschen, betrachtet einige Probleme, die jeden Menschen belasten würden; du aber nimmst diese Probleme an und bekämpfst sie nicht. Du bist nicht glücklich, jedoch empfindest du ein viel tieferes Gefühl der Verbundenheit mit allem, ein Gefühl, das nicht kommt und geht wie das Glücksgefühl. Dieser tiefe innere Frieden ist viel mehr als Glück. Erst er hilft dir, zu dir selbst zu finden und auch in schwierigen Situationen ruhig zu bleiben. Und das Schöne ist, dass wir alles Erforderliche dafür bereits in uns haben, wir könnten jetzt im Augenblick glücklich sein. Du musst verstehen, dass du das gesammelte Wissen der Welt bereits in dir trägst und dass du dieses nicht mehr suchen musst. Es ist alles in dir, auch wenn du dies noch nicht glauben kannst. Du meinst, man müsste zuerst erleuchtet sein, um auf diesem Wege sich das Wissen, die Weisheit anzueignen. Nein, es ist andersherum, das Leben dient dazu, das Wissen in uns zu erfahren, um es zu verstehen. Die Seele will dieses Wissen erleben, sie sehnt sich danach, es zu spüren. Das Wissen ist schon lange da, du musst es nur noch erfahren. Nun können wir also auf das Jetzt vertrauen und haben keinerlei Grund, uns zu sorgen. Natürlich wirst du jetzt tausend Gründe und Beispiele finden, warum man nicht umhin kommt, sich trotzdem zu sorgen. Jedoch, wenn du auf das Jetzt vertraust und an die Kraft des Lebens, an die Kraft der Liebe, glaubst, reicht dies bereits aus. So verhinderst du ganz automatisch das Auftreten von Angst in dir, die die Alternative wäre. Es dürfte dir einleuchten, dass Angst wesentlich schlechter ist, sie würde dich lähmen und behindern. Wir würden uns nur noch auf die Vergangenheit konzentrieren und diese schlechte Vergangenheit zusätzlich in die noch völlig offene Zukunft projizieren und uns diese ebenfalls verderben. Die meisten von uns haben die fatale Eigenschaft, bei allem, was ihnen bevorsteht, jeweils die schlechteste mögliche Version in allen möglichen Varianten gedanklich durchzuspielen. Wie viel Zeit verschwendest du darauf, dich mit deinen Problemen zu beschäftigen? Sobald wir vor irgendeiner Sache stehen, für die es unterschiedliche Wege und Möglichkeiten gibt, beginnt dieser verhängnisvolle Problemlösungsversuch unseres Egos. Schon das Wort ›Problemlösungsversuch‹ sagt alles. Was soll gelöst werden? Ein Problem. Also benötigen wir zunächst mindestens ein Problem. Um ganz sicher zu gehen, dass wir auch das richtige erwischen, müssen wir rational vorgehen und zuerst alle nur erdenklichen Problemmöglichkeiten durchgehen. Wir, beziehungsweise unser Ego, suchen in der Klamottenkiste unserer Erinnerung solange, bis wir uns das mögliche Fiasko in allen Farben und Formen ausmalen können. Irgendwie sind wir nicht in der Lage, den bestmöglichen Ausgang eines Problems genauso zu betrachten. Wir sind der Ansicht, dass, bereiten wir uns nur gut genug auf die eigentlich unwahrscheinliche, aber mögliche Katastrophe vor, wir am besten dagegen gewappnet sind. Dabei bemerken wir nicht, dass wir uns selbst diese Zeit der »mentalen Vorbereitung« zum Horror machen. Wir merken nicht, dass unsere negativen Gedanken uns handlungsunfähig machen, uns lähmen in Vorahnung von etwas, das vielleicht nie eintritt. Schon Marc Aurel formulierte einmal:

›*Das Glück Deines Lebens hängt von der Beschaffenheit Deiner Gedanken ab.*‹

Aber die positiven Gedanken heben wir uns ständig für die Zukunft auf. Ja, in der Zukunft, da werden wir glücklich, dann tun wir nämlich das, was wir schon immer tun wollten. Dann ist Schluss mit dem Gejammer und dem Klagen. Ja, wenn die Kinder erst einmal aus dem Haus sind, dann … Nur noch ein paar Jahre mache ich diesen fürchterlich langweiligen unbefriedigenden Job. Bis ich genug Geld zurückgelegt habe, um das Glücklichsein zu riskieren. Bis dahin warten und warten wir eben. Solange werden wir zwar ständig unzufrieden sein, aber dann … Was soll das alles? Das Leben ändert sich ständig und immer, es ist nicht linear. Bei manchen ist es auch von heute auf morgen vorbei. Wäre es nicht einfacher, heute einfach zu entscheiden, glücklich zu sein? Fällt dir auf, dass du vor allem, was du dir als glücklich-machend vorstellst, immer nur Bedingungen – oder Ausreden – aufstellst? Wenn ich erst einmal das und das habe, dann, ja dann, kann ich dies oder das tun. Na ja, um dies aber zu tun, brauchst du erst noch ein wenig Zeit, dies ist ein Konstrukt deines Verstandes, der alles andere will, als die Kontrolle über dich zu verlieren. Er wird dich begeistert mit Zeit und noch mehr Zeit versorgen. Er lebt davon und das heutzutage sehr gut. Er wird dir sagen, lass dir Zeit bei deinen Überlegungen, lass uns nichts überstürzen, hör nicht auf diese Spinner mit ihren esoterischen Ideen. Ja, bei denen funktioniert es, aber was ist, wenn nicht? Hattest du schon einmal die Befürchtung, dass du eine ernste Krankheit hast?«

Das fragt er mich, den größten ehemaligen Hypochonder? Klar hatte ich diverse Krankheiten in meiner Einbildung. Während des Studiums kamen die ersten Aids-Fälle auf. Als der Spiegel einen Bericht darüber brachte, war ich mir sicher, dass ich infiziert war. Gut, ich hatte nicht gerade zu den Risikogruppen gehört, nicht einmal der häufig wechselnde Geschlechtsverkehr war mein Ding, eher aus Mangel an Gelegenheit, als aus moralischen Grundsätzen. Aber hatte ich nicht alle Symptome, waren da nicht diese roten Flecken, von denen geredet wurde? Und war ich nicht viel zu oft müde? Jedenfalls ging ich ins Uniklinikum und machte den Test, danach hatte ich eine der schlechtesten Wochen meines Lebens. War natürlich nichts. Ich machte in meinem Wahn dann im Laufe der Jahre verschiedene andere schwere Erkrankungen durch bis zum nur in der absoluten Frühphase heilbaren Speiseröhrenkrebs. Und ich glaubte dies alles wirklich. Der absolute vorläufige Höhepunkt kam, als ich im Rahmen irgendeiner hypochondrischen Anwandlung beim Arzt war, der Blut abnahm und mir dann beim nächsten Termin sagte, dass er weitere Tests machen müsste. Ich hatte in meinem Blut irgendwelche Marker, die man gewöhnlich nach einem Herzinfarkt hat. Da war es, ich hatte es ja geahnt! Die nächsten Wochen waren die Hölle. Ich begann plötzlich, Ohnmachtsanfälle zu entwickeln, mir wurde schwindelig, das Herz begann zu rasen, ich sah mein Ende nahen. Ich versuchte, Freunde anzurufen, erreichte niemanden. Ich klingelte als vermeintlich Sterbender bei den Nachbarn, keiner machte auf. Ich rief mir ein Taxi, sagte dem Fahrer, dass ich einen Herzinfarkt habe und ließ mich ins Uniklinikum bringen. Bei dem armen Taxifahrer möchte ich mich hiermit entschuldigen. In der Klinik schleppte ich mich zum Pförtner und teilte ihm mit, dass ich einen Herzinfarkt habe. Der schaute mich kurz an und sagte, ich solle mich dort in die Wartezone setzen und warten. Das durfte doch nicht wahr sein! Ich starb gerade und der meinte, er müsste erst sein Brot essen? Einige Minuten später brummte er mir zu, dass ich in die fünfte Etage fahren und mich da melden solle. Wie – keine Liege, nicht einmal ein Rollstuhl? Die alle hier werde ich verklagen, wenn ich das überhaupt überlebe. In der Fünften trat ich aus dem Aufzug, vor mir ein leerer Gang, kein Mensch. Sollte ich so sterben? Wurde ich zum Opfer der Überarbeitung der Ärzte? Intensivstation, kein Durchgang, stand auf dem Schild. Hier war ich richtig, nichts wie rein. Ein Arzt kam auf mich zu und raunzte, was ich dort mache, ich hätte dort überhaupt nichts zu suchen. »Ich bin der Herzinfarkt«, ächzte ich. Na ja, ich wurde untersucht, man fand nichts, ich bekam irgendwelche Tabletten und wurde entlassen. Die schickten mich allen Ernstes einfach wieder nach Hause. In meiner Panik rief ich eine gute alte Freundin an, die mich dann abholte und die Nacht in Panik vor meinem Bett verbrachte. Es war für uns beide die Hölle. Übrigens erfuhr ich dann später, dass diese Herzinfarktanzeichen auch bei starkem Muskelkater im Blut zu finden sind ... Verschiedentlich hatte ich noch einige fiktive Herzinfarkte, beschloss aber, dass ich dann eben einfach sterben würde, wenn es niemanden kümmert. Earl krümmte sich vor Lachen, als ich ihm das erzählte, sogar ins Englische übersetzt, war die Geschichte offensichtlich wirklich komisch. Nun, mittlerweile lache ich auch darüber, aber damals dachte ich, die Welt ginge unter.

Don Marco wog den Kopf auf und ab und meinte: »Mit irgend so etwas hatte ich gerechnet. Tröste dich, du bist nicht der Einzige. Wenn wir zurückblicken auf eine Situation, die sich als potenziell unangenehm andeutete, vielleicht einen Arzttermin, bei dem uns das Ergebnis einer Untersuchung mitgeteilt werden sollte, vielleicht ein Termin mit dem Chef, dessen Anlass wir nicht kannten, werden wir feststellen, dass in den allermeisten Fällen nicht das Schlimmste eingetreten ist. Oft lagen wir völlig daneben und hatten uns absolut grundlos Sorgen gemacht, meist war es nur halb so schlimm wie befürchtet. In den wenigen Fällen, in denen wir etwas wirklich Schlimmes erfuhren, hatte uns die vorherige Besorgnis aber auch nicht wirklich geholfen, sondern uns nur die entsprechende Zeit vergrault. Es ist mittlerweile ein alter Hut, dass Glück nicht von äußerlichen materiellen Dingen abhängt. Auch Kranke mit ständigen chronischen Schmerzen sind erwiesenermaßen durchschnittlich glücklich. Das Glück hängt nur von der jeweiligen Betrachtungsweise desjenigen ab. Für jeden Menschen ist Glück etwas anderes, jeder strebt danach, die wenigsten erreichen es aber aus den Gründen, die ich dir bereits genannt habe. Wir sind des festen Glaubens, dass wir, sollten bestimmte Voraussetzungen erfüllt sein, glücklich wären. Wir haben eine feste Vorstellung von Glück und gerade diese Vorstellung verhindert, dass wir glücklich sind. Glück ist das Wunderbare. Auch wenn es Menschen gibt, die sagen, dass man Glück nur würdigen kann, wenn man das Unglück kennt, so denke ich nicht, dass dies noch notwendig ist. Jeder Einzelne hat heutzutage ausreichend Probleme, nahezu niemand hat nicht genügend Unglück erlebt, hat nicht genug Probleme oder Ängste, die weiteres Unglück nicht erforderlich machen. Warum sind wir dann unglücklich, wenn wir genau das Gegenteil sein wollen? Unglücklichsein als Weg zum Glück? Dies ist eine Konstruktion deines Verstandes, die offensichtlich völlig absurd ist. Willst du Unglücklichsein als Weg nutzen, um dann später glücklich zu werden? Trotzdem identifizierst du dich über deinen Schmerzkörper damit. Erst, wenn du gelernt hast, gegenwärtig zu sein, wird sich dies auflösen und du gelangst in deinen inneren Frieden. Versuchen wir also, hier und jetzt glücklich zu sein, wir werden immer nur im Jetzt leben, nie in der Zukunft. Entsprechend ist es sinnlos, unser Glück in die Zukunft zu legen und unsere Ängste in die Gegenwart. Warte nicht mehr darauf, dass das Schicksal es gut mit dir meint und dir die Möglichkeit eröffnet, schon vor der Zukunft glücklich zu werden, beende das Warten. Wenn wir uns die Frage stellen, ob wir im Glück oder in der Angst leben wollen, ist die Antwort einfach. Willst du Frieden oder Kritik und Streit? Warum legst du dann nicht deine Schwerpunkte entsprechend?«

35. Kapitel –
Ziele, Erwartungen, Affirmationen

»Na, was philosophiert ihr beiden denn hier?«, fragte Earl, der ebenfalls im Dorf unterwegs war, neugierig.

»Ach, Don Marco weist mich gerade in das ›Glücklichsein‹ ein.«

»Great, dann können wir heute vielleicht später noch über Ziele, Wünsche und Erwartungen sprechen. Nur noch wenige Tage, und wir sind mit dem, was ich dich lehren wollte, durch.«

Earl setzte sich zwischen uns auf die Treppenstufe und legte seine Arme uns beiden auf die Schultern.

»Bueno, dann mache ich mich auf den Weg, viel Spaß noch«, meinte Don Marco. »Beenden wir die Theorie über das Glücklichsein hier; auf in die Praxis. Und genieß deine letzten Tage!«

Ich war zurück in der Realität, in einigen Tagen ging mein Rückflug, irgendwie war die Zeit hier wie im Flug vergangen.

»Wir kennen uns ja jetzt schon ganz gut. Wenn du in ein paar Tagen wieder nach Hause fliegst, was willst du dort machen?«, wollte Earl wissen.

»Gute Frage. Wenn ich danach gehe, was ich hier gelernt habe, ist alles ganz einfach. Ich höre auf meinen Bauch, treffe die Entscheidungen, bei denen ich ein gutes Gefühl habe, lasse mich von meiner inneren Stimme leiten und bin einfach nur glücklich. Wenn ich aber nach dem gehe, wie ich normalerweise denke, müsste ich mir erst mal einen Plan machen und die Schritte festhalten, die erforderlich sind, um mein Ziel zu erreichen. Also eine Art Business-Plan fürs Glücklichsein.«

»Schön, dass du mir das Thema ›Ziele‹ so auf dem Präsentierteller bringst. Vielleicht helfen dir ein paar Gedanken zu diesem Thema bei deiner Entscheidung weiter. Ziele sind etwas schönes, sie eignen sich hervorragend, um sich selbst und andere unter Druck zu setzen. Wir haben kurzfristige Ziele, wie, das nächste Tennis-Match zu gewinnen. Die meisten Ziele sind materiell, einige auch langfristig, wie der Bau eines eigenen Hauses, für den wir uns dann unter Umständen 30 Jahre abrackern, um die Schulden abbezahlen zu können. Das Urziel hinter dem allem ist immer, das wir glücklich sein wollen und ein sicheres Leben suchen. Daneben nehmen wir uns auch mal vor, uns mehr Zeit für uns selbst zu nehmen und etwas für uns zu tun. Warum fällt es uns eigentlich leichter, das Ziel ›neues Auto‹ zu verfolgen, als uns Zeit für uns zu nehmen? Dann haben wir auch Ziele oder Wünsche, die wir aus verschiedensten Gründen nicht realisieren können. Wir würden ja gerne den Job kündigen, aber dann würden wir doch irgendwann auf der Straße verhungern. Wir würden uns vielleicht vom Lebenspartner trennen, mit dem man sich seit Jahren auseinandergelebt hat, aber da sind noch die Kinder. Haben wir also vermeintlich gar nicht die Freiheit, uns anders zu entscheiden? Wer dann? Haben wir wirklich keine Wahl? Wer, außer dir, kann sich in diesen Fällen denn entscheiden?«

»Das ist ja alles nicht immer so einfach.«, warf ich ein.

Damit war Earl nicht einverstanden: »Es ist sogar sehr einfach! Wenn wir ehrlich zu uns sind, wissen wir, dass wir jede Entscheidung sofort fällen können, wie wir wollen, wenn wir wirklich wollten und wenn wir nicht sofort in einer vom Ego aufgebauten Angst lebten. Du entscheidest dich schließlich auch dafür, deinen Job nicht zu kündigen. Zu viele rationale Argumente sprechen einfach dagegen. ›Was könntest ich alles verlieren‹, denkst du dir. Wenn wir an das Verlieren denken, sehen wir immer das Materielle, zumeist das Geld. Das ist das, was offensichtlich das wichtigste in unserem Leben ist. Würdest du nicht alles Geld, was du hast, eintauschen gegen ein glückliches Leben? Wenn Du glücklich bist, hättest Du doch alles erreicht, was Sinn macht.«

»Kann man glücklich sein ohne Geld? Überwiegen dann die täglichen Sorgen nicht jedes mögliche Glück?«, wagte ich anzumerken.

Earl seufzte vernehmlich: »Mann, du bist aber auch ein harter Brocken! Wirf deine Skepsis endlich über Board. Geld macht nicht glücklich. Angenommen, du kündigst deinen Job, wird sich dein Leben natürlich verändern, du wirst auf neue Herausforderungen treffen, du wirst vielleicht auch einmal Geldprobleme haben, möglicherweise findest du aber auch sehr schnell einen viel befriedigenderen Job als vorher.«

Vielleicht schreibe ich aber auch eines Tages ein Buch über meine Reise nach Guatemala und unsere Gespräche und werde Schriftsteller. Ob man davon wohl leben könnte, fragte ich mich.

»Wenn du wieder einmal neue Ziele planst, solltest du auch dahinterschauen. Dies meine ich sowohl bildlich, als auch zeitlich. Warum ist dir dieses Ziel so wichtig? Was machst du, wenn du dein Ziel erreicht hast? Alle Ziele können immer nur eine Zwischenstation im Leben sein, nach jedem erreichten Ziel werden wir uns ein neues suchen. Warum setzen wir uns dann aber überhaupt Ziele? Wofür benötigen wir sie? Wir sollten doch schon alles haben, was wir suchen, es ist alles tief in uns. Wir sind bereits das, was wir erst werden wollen. Und was wir nicht sind, müssen wir auch nicht werden. Ja, wir können auch gar nichts werden, wir sind alles bereits, vielleicht müssen wir das nur noch erkennen. An jedem Ziel, das wir erreichen, treffen wir uns selbst wieder. Auch das Ziel, erleuchtet zu werden, ist im eigentlichen Sinne ein falsches Ziel, wir alle sind erleuchtet und haben das gesamte Potenzial in uns, wir müssen es lediglich nutzen. Tun wir dies nicht, werden wir unser gesamtes Leben im Kreis laufen, ähnlich wie ein Hund, dem man eine nicht erreichbare Wurst hinhält. Wenn du aber einen Zustand inneren Friedens kennen gelernt hast, wirst du begreifen, dass alles andere dich niemals glücklich machen kann und auch gar nicht zu interessieren braucht. Alles, was wir zum Glücklichsein benötigen, haben wir bereits in uns und es wäre völlig unnötig und unsinnig, irgendetwas hinterherzuhetzen. Die Kunst besteht darin, im Hier und Jetzt zu leben, im jetzigen Moment präsent zu sein. In der Meditation können wir feststellen, wie glücklich wir sind, wenn wir nur für wenige Minuten alle Gedanken einfach weglassen. Schon im alten Griechenland verstanden die Kyniker und ihr Begründer Antisthenes um 400 vor Chr. das wahre Glück nicht im Außen, sondern interpretierten alles Vergängliche oder Materielle wie Reichtum und Macht als Abhängigkeiten, die es aufzulösen galt. Glück bestand also darin, die Abhängigkeiten zu erkennen und aufzugeben. Der in der Tonne lebende Diogenes war übrigens auch einer der Kyniker. Das Leben besteht aus einer endlosen Reihe von Augenblicken, die es jeweils zu leben gilt. Buddha sagte:

>Nehmt Zuflucht zu Euch selbst – zu nichts anderem. Sucht nicht nach Dingen, die in der Ferne liegen. In Euren Herzen ist alles enthalten.<

Wenn du dies lebst, werden vielleicht sogar deine alten Ziele erreichbar und eines kommt zum anderen. Jetzt vielleicht noch zwei Sätze dazu, wie es sich verhält, wenn wir die Ziele in anderen sehen. Ich meine die Erwartung, dass etwas passiert, genauer gesagt, die Erwartung, dass ein anderer genau das macht, was ich mir gewünscht habe. Eigentlich erwarten wir also, dass der andere hellsehen kann beziehungsweise weiß, was wir gerne hätten. Vorfreude ist ja eine schöne Angelegenheit, wir können uns den ganzen Tag darauf freuen, abends einen guten Rotwein zu trinken, ins Kino zu gehen, ein gutes Buch endlich zu Ende zu lesen und so weiter. Kritisch wird es, wenn wir aus der Vorfreude eine Erwartung machen. Wenn wir zum Beispiel erwarten, dass unser Lebenspartner, weil wir 205 einhalb Tage zusammen sind, heute Kinokarten besorgt, um uns zu überraschen. Sobald wir andere Menschen in unsere Erwartungen einbeziehen, werden wir zwangsläufig öfter enttäuscht, als uns lieb ist. Nicht eingehen muss ich wohl auf Erwartungen an materielle Dinge wie Geschenke zu Weihnachten, die dann doch nicht so sind wie erhofft. Warum sind wir dann enttäuscht? Die Erwartung war so groß, dass sie kaum erfüllt werden konnte. Den geschmückten Weihnachtsbaum mit den brennenden Kerzen und die Liebe in den Augen des Partners sehen wir in diesem Moment gar nicht mehr. War das erwartete Geschenk wichtig für unser Leben? Wie wäre es mit etwas zu essen, vom Philosophieren bekomme ich immer Hunger.«

Ich sah auf die Uhr, es war mittlerweile fast ein Uhr und wir beschlossen einmal mehr, uns ins Media Luna zu setzen. Beim Essen fuhr Earl fort mit seiner Vorlesung.

»Als ich vorhin in der Hängematte lag, fiel mir auf, dass wir noch ein wichtiges Thema nicht angesprochen haben, das mit Zielen, Erwartungen und Glück zu tun hat: die positive Affirmation. Unter Affirmation versteht man das Wiederholen von heiligen oder positiven Selbstsuggestionen, was wohl so alt ist, wie die Spiritualität an sich. Es handelt sich um eine positiv gehaltene, möglichst selbst verstärkende Aussage, die immer wieder wiederholt wird. Ich habe mich vor Jahren lange damit beschäftigt, nachdem ich gehört hatte, dass sich alle Wünsche erfüllen, wenn man es nur richtig macht. Entweder habe ich damals etwas falsch gemacht, oder meine Wünsche waren vielleicht doch nicht meine wahren Sehnsüchte. So richtig hat es jedenfalls bei mir nicht funktioniert. Aber grundsätzlich kann man Dinge wahr werden lassen, die man möchte, indem man es möchte. Carlos Castaneda lässt Don Juan in seinem Buch ›Die Kunst des Träumens‹ sagen:

›Die Zauberer beabsichtigen alles, was sie beabsichtigen, indem sie es beabsichtigen.‹ (14)

Mit ›beabsichtigen‹ meint er nicht den bloßen festen Willen, etwas zu erreichen, sondern eher eine innerliche feste Absicht, die aus der Seele herrührt – eine Intention also. Eine Absicht ist wesentlich kraftvoller als ein Wunsch, da sie sich nicht an einen späteren Ausgang bindet. Absicht findet in der Gegenwart statt, beim Wünschen sind wir schon in der Zukunft, also in Gedankenkonstrukten. Solch eine Affirmation kann in Form eines Gebets, eines Mantras, einer selbsterfüllenden Prophezeiung oder einer Forderung vorkommen. Zu jeder Religion gehören, selbst wenn sie nicht so genannt werden, praktische Sinnsprüche, mit denen der Gläubige sich immer wieder konditioniert. Unabhängig von bestimmten religiösen Konzepten lässt sich die Affirmation jedoch als universelles Instrument der Selbstbeeinflussung betrachten, da sie, im Gegensatz zum ähnlich gehandhabten Mantra, auch völlig ohne einen religiös gefärbten Zusammenhang auskommt. Die Wirkungsweise einer gelungenen Affirmation ist untrennbar mit der Bejahung des Lebens, des eigenen Lebens und der Wiederherstellung ausbalancierter körperlicher, ökonomischer oder geistiger Zustände, verbunden. Praktischerweise lässt sich unser Gehirn sehr willig an neue Verhaltensmuster gewöhnen, insbesondere wenn diese gesprochen oder visualisiert werden. Viel leichter, als dass alte Muster abgewöhnt werden können. Wiederholen wir dieses neue Verhaltensmuster oder diesen neuen Glaubenssatz, so glaubt auch unser Gehirn daran. Dies fällt ihm umso leichter, wenn das Neue positive Gefühle in uns auslöst und nicht mehr negative, so wie das Alte.«

»Kannst du mal ein Beispiel nennen? Das heißt, ich rede mir immer wieder ein, dass ich etwas Bestimmtes will und erreiche es dann auch?«

»Wie immer ist es natürlich nicht ganz so einfach. Es ist nicht ein einfaches Wollen. Du kannst nicht sagen: ich will, ich will, ich will. Eine Affirmation ist zum Beispiel ›Heute ist ein guter Tag zum Leben‹ oder ›Das Leben meint es gut mit mir, das Leben ist ein wunderbares Geschenk, es geht mir gut, ich bin gesund‹ oder auch wenn du krank bist ›Es geht mir mit jedem Tag in jeder Hinsicht immer besser und besser‹.«

Das erschien mir alles viel zu vage. Wenn das so einfach wäre, würde dies doch jeder machen und alle Sorgen wären verschwunden.

»Dann könnte ich also auch sagen: ‚Heute werde ich keine Schmerzen in meinem Rücken haben‹, und die Schmerzen würden verschwinden?«, fragte ich.

»Nein, damit sagst du, dass du etwas nicht haben willst. Und du sagst, dass du es in der Zukunft nicht mehr willst. Da aber das menschliche Unterbewusstsein keine Verneinung akzeptiert und demnach die Autosuggestion mit einem ›nicht‹ oder ›kein‹ oder Ähnlichem die innere Aufmerksamkeit genau auf den unerwünschten Zustand lenken würde, ist der wichtigste Grundsatz bei der Erstellung einer Affirmation die positive Formulierung in der Gegenwartsform. Denke positiv und direkt, denke niemals an Verneinungen. Wünsche dir niemals Dinge mittels einer negativen Formulierung wie ›ich werde nicht krank‹. Auch Wünsche in die Zukunft solltest du vermeiden. Sage nicht ›ich werde gesund sein‹. Dies liegt in der Zukunft. Morgen aber, in deiner aktuellen die Gegenwart, liegt dein Wunsch immer noch in der Zukunft. Da es die Zukunft nicht gibt, sie ist wie gesagt eine künstliche Kreation deines Egos, kann sich solch ein Wunsch nie erfüllen. Denke also ›ich bin gesund‹; hier und jetzt. Ein einfaches Beispiel ist der Satz ›du sollst nicht töten‹. Welches Bild siehst du, wenn du dies hörst?«

»Einen Toten?«, meinte ich vorsichtig.

»Genau! Egal, wie du es formulierst, solange du das Wort ›töten‹ benutzt und den Vorgang nur negierst, wird jeder immer dieses Bild vor Augen haben. Also sollte der Satz ›Ich liebe meinen Nächsten‹ heißen. Das ›wie dich selbst‹ lassen wir vorerst einmal weg, nachdem nur wenige Menschen sich selbst wirklich lieben. Wenn du darauf achtest, wirst du eine Menge Regeln in deinem Alltag finden, die wie ›du sollst nicht töten‹ konstruiert sind; jetzt musst du dich nicht mehr wundern, warum sie nicht funktionieren. In einer Affirmation ist es auch erlaubt und sinnvoll, das erwünschte Ergebnis vorwegzunehmen. So könnte man sagen ›ich bin gesund‹, auch wenn dies das Ziel ist. ›Ich bin reich‹, könnte zu Reichtum führen. Wenn du hingegen sagen würdest ›ich will gesund sein‹, so würdest du genau diesen Zustand des Wollens erreichen, aber auch nicht mehr. Du würdest fortwährend den Willen verspüren, dass du gesund sein willst. Nur den Willen, nicht die Gesundheit.

›Ich bin‹ ist die stärkste Affirmation, sie beinhaltet die Macht der Schöpfung. Sei dir absolut klar über diesen Gedanken, gib jeden Pessimismus auf und visualisiere dein Ziel. So funktioniert das Leben, du entscheidest alles für dich. Wenn der Autor dieses

Buches, in dem wir gerade sprechen, seine ersten Schreibversuche macht und sich sagt ›ich bin ein Schriftsteller‹, wird er wohl einer werden. Nein, eigentlich muss ich sagen, dann ist er einer. Wie erfolgreich dies sein wird, wird sich zeigen. Aber ich schweife ab. Was du machst, wenn du sagst, ›ich bin dies oder das‹, ist, dass du die normalen Regeln der Schöpfung umdrehst. Der Schöpfungsprozess ist nicht mehr Idee, Gedanke, Wort und Tat, sondern du beginnst einfach am anderen Ende. Du bist der Schöpfer deiner Realität und es steht dir absolut frei, auch anders zu handeln. Die Regeln in deinem Leben sind deine eigenen von dir festgelegten Regeln. Du setzt also die Tat selbst an den Anfang. Indem du Tatsachen schaffst, kommt alles andere von allein. Ich komme doch noch einmal auf unseren Schöpfer, den erwähnten Autor dieses Buches, zurück. Sicherlich hat er dieses Buch zuerst angefangen zu schreiben und dann irgendwann gemerkt, welchen Spaß dies machen kann. Dies war dann der Zeitpunkt an dem er sagen sollte: ›Ich bin Schriftsteller‹. Und er wird ein Schriftsteller sein.«

Mir war nicht ganz klar, was Earl damit eigentlich meinte. Von welchem Buch sprach er eigentlich, wieso sollten wir in einem Buch sein? Hatte ich nicht gedacht, dass ich vielleicht ein Buch über unsere Gespräche schreiben wollte? Wenn er jetzt aber eine Figur in meinem noch zu schreibenden Buch wäre, wie konnte er das wissen? Und wieso sollte ich in einem Buch vorkommen, bevor ich es geschrieben habe?

»Aber wenn ich jetzt meine Absicht habe, bin ich es doch nicht allein, der über die Erfüllung entscheidet. Angenommen, ich suche eine schöne Altbauwohnung mit Garten. Es ist also notwendig, dass erstens jemand aus seiner Wohnung auszieht und zweitens, dass ich überhaupt davon höre und drittens, dass ich die Wohnung auch bekomme.«

»Guter Einwurf, damit wären wir wieder bei ›Alles ist eins‹. Natürlich erzeugt deine Absicht eine unendlich lange Kette von Ereignissen. Letztendlich muss dann auch jemand vor einhundert Jahren entschieden haben, dieses Haus auch zu bauen. Er muss ausreichend Geld gehabt haben, es darf im Krieg nicht zerstört worden sein und so weiter. Dies alles aber hängt sowieso zusammen und gebiert sich gegenseitig. Deine Absicht ›neue Wohnung‹ ist untrennbar verbunden mit allem, möglicherweise einer alles umfassenden, kosmischen Intention.«

»Was die Geschichte nicht unbedingt einfacher macht. Sind wir jetzt wieder bei Gott?«

»In gewisser Weise natürlich, ja. Genauer könnte man sagen, wir sind bei uns als göttlichen Wesen, als Wesen mit unendlich großer Macht. Es gilt auch nicht, über dies alles vorher nachzudenken und alles bis in die letzte Konsequenz durchzuspielen. Es genügt die spontane, einfache Absicht. Jedes Zögern wäre falsch und würde das mögliche Ergebnis behindern. Es genügt das reine Vertrauen in deine Fähigkeiten dazu; dein Wissen, deine Vergangenheit sind dabei nur ein Klotz am Bein, den du außen vor lassen solltest. Erfahre die Dinge zuerst mit deinem Körper in deiner realen Welt; deine Seele wird dies wahrnehmen. Sie wird feststellen, dass dich etwas verändert hat und sie wird diesen Schritt für sich selbst nachvollziehen.«

»Wenn dies aber alles so einfach ist, wenn man ein paar Regeln beachtet, warum macht dies jeder? Und zwar schon sehr lange?«

»Vieles im Leben ist so einfach, trotzdem will es niemand wahrhaben. Beachte aber, dass es sinnlos ist, dir täglich zu sagen ›ich bin gesund‹, wenn du gleichzeitig viel öfter an schwere Krankheiten denkst. Du wirst immer das bekommen, an das du denkst, insbesondere wird dir genau das zustoßen, wovor du Angst hast. Positiv denken allein ist nie ausreichend, dazu gehört auch, das negative Denken abzustellen. Denn du hast zwar die Wahl, zu denken an was du willst und zu fühlen was du willst. Dadurch schaffst du deine eigene Realität. Aber bedenke, dass alles, was du denkst, auch von dir erschaffen wird. Alles, was du dir wünschst, bekommst du umgehend. Und denkst du dabei, dass dies oder das sowieso nicht funktionieren kann, wird es nicht funktionieren. Alles, was dir im Leben zustößt, ist immer und ausschließlich deine eigene Wahl und Schöpfung. Deine Affirmation funktioniert nicht, wenn dahinter letztendlich nur ein Wollen steht. Es ist absolut notwendig, dass du es beabsichtigst, es also ›weißt‹. Du musst wissen, dass etwas so ist.«

»Was bedeutet das? Das ist doch wie mit der Henne und dem Ei. Ich soll wissen, dass ich, sagen wir einmal, gesund bin und ich soll mir nicht wünschen, gesund zu sein. Wenn ich aber nun einmal krank bin, kann ich nicht wissen, dass ich gesund bin. Logisch, oder?«

»Logisch, ja; für deinen Verstand und dein Ego. Für dein Leben ist diese Logik allerdings ohne jede Relevanz. In einer vom Ego beherrschten Welt wirst du mit Affirmationen nicht sehr weit kommen. Klar, manchmal funktionieren sie, meistens aber nicht. Erst wenn du bewusst lebst, also im Jetzt lebst und nicht in der Welt der Gedanken, dann hast du erkannt, dass diese hypothetische Krankheit, dieses Problem, nicht wirklich ist. Durch deine Annahme, durch das ›Nichteinstufen‹ als Problem verliert die Krankheit ihr Wesen, sie löst sich auf. Insofern weißt du dann, dass eine Krankheit keine Krankheit mehr ist und du gesund bist. Wunder erlebt nicht der, der sein eingefahrenes Leben lebt. Wer die Routine bevorzugt, der lebt ziemlich unbewusst, wie soll derjenige ein Wunder erleben? Du siehst, ich tue mich verdammt schwer damit, dies zu erklären, weil es einfach gelebt werden muss. Darüber zu reden, reicht nicht aus. Es ist eher eine

Art des Wählens als ein Wollen oder Wünschen. Du wählst aus den Dingen, die dir möglich sind. Versuche, dein Gefühl zu beobachten, das du bei einer Affirmation hast. Ist es rein und gut oder stimmt es irgendwie nicht? Hast du kein wirklich gutes Gefühl, so stehst du nicht zu deiner Affirmation und du solltest sie überdenken, da sie ansonsten durchaus zum Gegenteil führen kann. Wenn du dich dabei erwischst, dass du in eine negative Richtung denkst, hilft es, den richtigen Gedanken explizit noch einmal zu denken. Dies ist ein ganz einfacher Weg, negative Gedanken zu korrigieren. Vielleicht spürst du dabei auch, dass sich ein Druckgefühl auf der Brust, ein Kloß im Hals oder ein verkrampfter Bauch nach dem neuen Gedanken auflöst. Versuche, dich nicht unter Druck zu setzen, immer positiv zu denken. Denn der Druck ist sinnlos, er ist ausschließlich negativ und bewirkt das genaue Gegenteil des Gewünschten, nämlich einen Haufen negativer Erlebnisse, mehr als je zuvor.«

»Und was ist mit diesen ›Wünsch Dir was‹-Büchern, in denen man lernt, dass man sich die Erfüllung seiner Wünsche einfach beim Universum bestellt?«

»In der Plattheit, in der es oft gepredigt wird, kann dies aus den Gründen, die ich schon genannt habe, in den meisten Fällen so nicht funktionieren. Auch wenn es vielleicht so erscheint, als ob es geholfen hätte, so ist doch oft der scheinbare Erfolg beim Weg des positiven Denkens kritisch zu betrachten, da du nur ein oberflächliches Symptom behoben hast. Das richtige Problem sitzt viel tiefer, ja, wahrscheinlich hast du es noch nie gesehen. Deine Glaubenssätze tragen dazu bei, dass du Probleme gar nicht erkennen kannst und willst; du hältst gewisse Dinge für völlig normal und meinst, das müsse so sein. Man ist halt manchmal schlecht gelaunt, man wird halt hin und wieder krank. Dann hast du also ein Symptom eines tief sitzenden, dir selbst noch unbekannten Problems beseitigt. Sei gewiss, das Urproblem wird dir neue Symptome und ›Subprobleme‹ bescheren. Solange, wie du deine falschen unnötigen Glaubenssätze aufrechterhältst, wird sich dies nicht ändern. Werde dir dieser Sätze bewusst, nimm sie an. Kommen wir nochmals zurück auf die Wünsche, die wir haben und die wir durch positive Affirmationen oder durch diese Bestellungen beim Universum versuchen, wahr werden zu lassen. Ich zeige dir das am praktischen Beispiel mit dir selbst. Was bräuchtest du denn, um deine Träume zu realisieren?«

»Na ja, am sichersten wären so eine Million Euro, oder wenigstens eine halbe.«

»Du hättest gerne viel Geld. Warum?«

»Dann muss ich nie mehr arbeiten, ich müsste mir keine Sorgen um mich und meine Familie mehr machen.«

»Warum willst du nicht mehr arbeiten, was ist an deiner Arbeit so schlecht?«

»Ach, sie ist nicht schlecht, sie macht mir einfach keinen richtigen Spaß, ich habe immer das Gefühl, dass ich meine Zeit sinnvoller nutzen könnte. Irgendwie bewege ich dort nichts. Vor allem habe ich keine Zeit für Dinge, die ich viel lieber machen würde. Sie ist auch nicht wirklich wichtig und sinnvoll. Ich meine, wen interessiert es denn schon, ob eine Immobilie zu diesem oder jenem Fonds gehört?«

»Warum machst du dann nicht das, was du lieber machen würdest, beruflich?«

»Ich weiß gar nicht genau, was ich will, vielleicht ist es auch nur eine verrückte Idee, vielleicht kann man davon gar nicht leben.«

»Du meinst also, wenn du genügend Geld hättest, dann könntest du deine Arbeit hobbymäßig machen, müsstest nicht davon leben, und wenn es doch nicht deine wahre Berufung ist, müsstest du dir trotzdem keine Sorgen machen, da Du ja noch genug Geld hast?«

»Genau das meine ich. Ich hätte es nicht treffender sagen können.«

»Und wenn du dir darum keine Sorgen machen musst, was ist dann?«

»Dann kann ich ohne Sorgen glücklich sein.«

»Warum wünschst du dir dann nicht gleich, glücklich zu sein? Das hört sich für mich so an, als ob du noch völlig in der Dualität der Dinge lebst, dich nicht als eins mit allem betrachtest. Du scheinst Angst zu haben vor der Zukunft, vor dem Druck, vor dem Unbekannten, richtig?«

»Ja, vielleicht schon, aber was kann ich dagegen tun?«

»Wie ich Dir schon gesagt hatte, gibt es nur zwei Urgefühle hinter unserem gesamten menschlichen Verhalten: Liebe und Angst. Hinter allen anderen mehr oder weniger vorgeschobenen – egal ob bewusst oder unbewusst – Gedanken steht ganz hinten oder von der anderen Seite aus gesehen ganz am Anfang die Liebe oder die Angst. Aufgrund unseres westlichen geschichtlichen und kulturellen Hintergrundes sowie der Erziehung, die wir genossen haben, überwiegt leider die Neigung, zumeist die Angst als Basis für unsere Wünsche und Entscheidungen zu wählen.«

»Wie passen meine Wünsche oder Absichten denn mit den Wünschen aller anderen Menschen zusammen? Angenommen, da ist noch jemand, der die von mir gewünschte Altbauwohnung gerne hätte. Was dann?«

»Es ist nicht so, dass wir über sechs Milliarden verschiedene Individuen sprechen, die entsprechend viele individuelle Wünsche haben. Genau wie die Trennung in Du und Ich, ist auch diese Trennung fiktiv. All diese Menschen sind nur Teile eines Ganzen, ihre Wünsche sind Teilaspekte eines Gesamten. Alles bedingt einander. Das große Ganze, das wir wiederum sind, hat also Intentionen, die sich alle gegenseitig bedingen und unauflösbar zusammengehören. Irgendwo vermute ich dabei eine Richtung, in die wir uns als Bewusstsein entwickeln werden, alles, was in diese Richtung geht, kann sich auch erfüllen. Alles, was dem großen Ganzen dient, sollte sich erfüllen. Hinter dieser Einschränkung steckt, dass ein Wunsch vielleicht nicht auf einem rein egoistischen Bedürfnis aufbauen, sondern für die Gesamtheit Vorteile haben sollte. Wer sich viel Geld für sich selbst wünscht, wird es vielleicht nicht bekommen, wer dieses Geld für die Armen verwenden will, könnte erfolgreicher sein. Und dass es keinen Mangel gibt, werden wir auch noch ansprechen, dies gilt auch für Altbauwohnungen.

Zurück zu unserer Neigung, viel zu häufig die Angst als Entscheidungsgrundlage heranzuziehen. ›Wählen‹ bedeutet also hier nicht, dass wir so einfach die freie Wahl haben; wir haben sie zwar letztendlich, sind uns aber dessen nicht mehr bewusst. Diese Option ist den meisten von uns unbekannt. Wie soll ich mich entscheiden, die Liebe zu wählen und damit das Leben zu bejahen, wenn ich diese Option nie kennengelernt habe? Sei also gegenwärtig, lebe im Jetzt. Vertraue auf dich, nur du schaffst dir deine Realität, niemand sonst. Die Welt ist unendlich und nicht wirklich begreifbar, jede Sorge und Angst ist sinnlos, lebe in Liebe. Ich weiß, wie sich das für dich heute anhören muss, aber in einiger Zeit wirst du mich verstehen, vielleicht schneller, als du denkst. Jetzt ist es noch so, dass du aus einem langen Schlaf erwacht bist und das Licht, das du plötzlich siehst, ist viel zu hell. Du bist geblendet und scheinst dich auch nicht daran gewöhnen zu können. Was stört dich? Das Licht, das einfach da ist, oder die Tatsache, dass du dich ihm anpassen sollst? Sei gewiss, es kommt der Tag, an dem du dich an das Licht gewöhnt hast, und es wird dich nicht mehr beeindrucken oder ängstigen, sondern dir sogar den Weg weisen. Bleibe also mutig und hoffnungsvoll auf deinem Weg und habe Geduld.

Positive Resultate erzielen wir nur, wenn wir positiv und aktiv handeln, niemals, wenn wir Schlechtes bekämpfen. Aller Aktionismus gegen das Schlechte in der Welt würde wesentlich mehr bewirken, wenn wir uns auf die Verstärkung des Positiven konzentrieren würden. Also solltest du versuchen, die Dinge sowohl. im Kleinen, im Privaten, als auch im Großen zum Positiven zu verbessern und nicht das Negative zu bekämpfen. Bedenke dabei immer, dass du jetzt folgendes weißt: Es gibt kein wirkliches Richtig oder Falsch oder Gut oder Böse, sondern dies sind alles nur Wertungen unseres Egos, die absolut subjektiv sind. Ein herrliches Beispiel dafür ist der Neid. Jeder von uns erwischt sich dabei, wie er neidisch auf den Besitz, die Fähigkeiten oder die Erfolge anderer ist. Wir wollen dies auch haben, wollen etwas ebenfalls so gut können, wollen vielleicht auch so gut aussehen. Abgesehen davon, dass gerade bei diesen Vergleichen vieles von Natur aus relativ ist, beruht der Neid auf der Annahme einer Konkurrenz- und vermeintlichen Mangelsituation. Konkurrenz selbst halte ich aber für eine Illusion, die auf der Annahme basiert, dass Ressourcen begrenzt sind. Konkurrenz führt dazu, dass wir Energie in Machtkämpfe investieren, die wir lieber in Kooperation und Co-Kreativität umsetzen sollten. Nur wer sich getrennt von der Natur als Individuum sieht, kann Konkurrenz empfinden. Sich mit anderen zu vergleichen, wird nie zum Ziel führen. Du wirst immer jemanden finden, der etwas besser kann als du. Hinzu kommt, dass du dir anmaßt, zu beurteilen, was gut und was schlecht ist. Du legst fest, was erstrebenswert ist, was es wert ist, Neid zu empfinden. Und schon wieder haftest du zum einen an den Dingen, zum anderen bewertest du und schließlich bist du nicht im Jetzt, sondern in den Engen und Wirrungen deines Verstandes.

Basierend auf alten Rudelstrukturen liegt es immer noch in unserer Natur, dass wir unsere Kräfte messen wollen. Fast jeder will der Leitwolf sein und kämpft mit seinen eigenen Mitteln auf verschiedenste Art und Weise darum, denn wer das Rudel anführt, hat vermeintlich die größte Freiheit, er entscheidet. Egal welche Mittel du einsetzt, um diesen Machtkampf zu gewinnen, im besten Fall erreichst du, dass der andere unter Zwang nachgibt, diese Niederlage latent immer vor Augen hat und dies bei passender Gelegenheit zur Revanche nutzt. Du siehst also, dass das Streben nach Macht menschlich ist. Macht kann aber auch eine positive Bedeutung haben, wenn die Macht dazu dient, anderen Menschen zu helfen oder sie anzuleiten. Erreichen wir diese Macht ohne Kämpfe, sondern aufgrund von Kompetenz, Freiwilligkeit und Akzeptanz auf positive Art und Weise, so ist diese Macht sehr viel wertvoller. Angenommen, du bist der Drittbeste auf der Welt im Kirschkernweitspucken. Ändert es dein Leben nachhaltig, zu erfahren, dass die beiden anderen verstorben sind? Bist du jemand anderes, wenn die zwei anderen weg sind? Würde dein Partner dich deswegen mehr lieben? Auch kannst du doch gar nicht entscheiden, ob etwas beneidenswert ist oder nicht. Oder was ist mit dem Gegenteil? Woher willst du wissen, ob ein Schicksalsschlag, ein Unglück oder ein Misserfolg, also das absolute Gegenteil einer zu beneidenden Sache, etwas, was wir gerade von uns fern halten wollen, nicht auch einen Sinn hat? Schon allein dieser Gedankengang ist eine reine Ego-Geschichte, das Ego versucht sich in der Vorhersage der Zukunft. Die Seele aber entscheidet am Ende darüber und hat möglicherweise eine ganz andere Sichtweise der Welt als du.«

36. Kapitel – Der Tod

Don Marco, Earl und ich saßen vor der Hütte des Curanderos und rauchten eine Art Friedenspfeife. Ich hatte keine Ahnung, was wir rauchten, doch Earl versicherte mir, dass es keine Droge sei. Die Wirkung war einem Glas Rotwein nicht unähnlich, mir wurde irgendwie warm ums Herz und eine innerliche Ruhe kam auf, die dem Zustand gleichkam, den ich in meiner täglichen Meditation als Ziel hatte und nahezu nie erreichte. So einfach konnte das also sein.

Ich wandte mich an Don Marco: »Digame, wie alt bist du eigentlich?«

»Achtundsechzig.«

»Hast du keine Angst vor dem Tod? Wie seht ihr denn den Tod in eurer Weltsicht?«

Er schaute mich prüfend an.

»Weißt du, in meiner Familie werden wir sehr alt, mein Vater starb mit achtundachtzig, mein Großvater mit zweiundneunzig. Und Angst vor dem Tod? Warum sollte ich Angst haben vor etwas, was ich nicht kenne? Der Mensch wird nun einmal älter und älter und stirbt eines Tages. Niemand weiß, was dann kommt. Soll ich mir darüber schon jetzt Gedanken machen? Auch ich werde langsam älter. Aber nirgendwo steht geschrieben, dass das Alter nicht schön sein kann, jeder, der älter ist, wird bestätigen, dass auch das Alter schön ist, vielleicht sogar schöner als jugendliche Zeiten. Was uns im Wesentlichen am Alter stört, ist zum einen, wenn wir jung sind, die Nähe des Alters zum Tod, zum anderen die negativen Begleiterscheinungen, die uns bei den Älteren auffallen, wie körperliche Gebrechen und geistige Schwächen, die unserem Perfektionismus zuwider laufen. Natürlich könnte ich auch krank werden, vielleicht sogar an der Krankheit viel zu früh sterben. Soll ich mir deswegen heute Sorgen machen? Wir haben hier keine Angst vor dem Tod, sondern wir glauben, dass das Leben in einer anderen Welt weitergeht. Bei uns sagen wir:

› *Stehe nicht weinend an meinem Grab,*
Denn ich bin nicht darin.
Ich schlafe nicht,
Ich bin tausend wehende Winde,
Ich bin das Diamantglitzern im Schnee,
Ich bin das Sonnenlicht auf reifem Korn,
Ich bin der sanfte Herbstregen.
In der ruhigen Stille des Morgenlichts
Bin ich der Vogel in raschem Flug.
Stehe nicht weinend an meinem Grab,
Ich bin nicht darin,
Ich bin nicht gestorben. ‹
(Von einem unbekannten nordamerikanischen Ureinwohner)

Auf das Weiterleben in einer anderen Welt freuen wir uns. Auch gibt es im Leben Erfahrungen, die man ausschließlich im Alter machen kann. Das Leben wird ruhiger und friedvoller, eher wie ein breiter ruhiger Fluss und nicht wie der jugendliche Wasserfall. Der Tod, das Sterben, ist aus unserer menschlichen Sicht vielleicht der wichtigste Vorgang, das wichtigste Erlebnis unseres Lebens, zumindest aber das schrecklichste für die meisten Menschen. Bei vielen bestimmt er insgeheim ihr Handeln. Es ist in unserer Gesellschaft nicht mehr opportun, älter zu werden. Das Sterben ist ein Tabu-Thema geworden. Mach dir das einmal wirklich bewusst. Du denkst im Jetzt nach über das nach unseren menschlichen Maßstäben am weitesten Entfernte in deinem Leben, etwas, was du nicht kennst, und fürchtest dich davor. Kein Mensch kennt den Tod, niemand kann sagen, ob er schrecklich ist oder nicht. Trotzdem, nahezu alle Menschen sind beherrscht von der Angst vor dem Tod. Diese ist immer gegenwärtig. Mehr oder weniger geschickt verdrängen wir sie und versuchen, uns davon abzulenken. Doch handelt es sich dabei nach meiner festen Überzeugung lediglich um den Übergang von einem Bewusstseinszustand in einen anderen.«

Earl fuhr fort: »Das Einzige, was stirbt, sind die fortlaufend von uns verdrängten Erlebnisse und Erfahrungen, die sich in neuen Glaubenssätzen manifestieren. Immer wieder aufs neue schränken wir unser Bewusstsein ein, grenzen Teile unseres Selbst aus. Durch die Trennung unserer Person in Materie und Geist, in Subjekt und Objekt, in Ego und Seele, verlieren wir wesentliche Bestandteile unseres Seins und die Verbindung zu ihm. Diese Trennung führt dazu, dass wir den Tod eines alten Menschen als zwar traurig, aber gerecht empfinden, den Tod eines Kindes jedoch als himmelschreiende Ungerechtigkeit. Würden wir nicht trennen in Leben und Tod, sondern alles als einen Fluss betrachten, würden wir eine tiefere Bedeutung erkennen.«

»Ja, und irgendwann sagt der Tod uns: ›Nutze Deine Zeit sinnvoll, du hast nicht mehr so viel.‹ Es gilt, einen Sinn für das eigene Leben zu finden. Und zwar, bevor uns der Tod ereilt. Bist du auf dem richtigen Weg, wird das Ergebnis dieser Suche auch eine neue Sichtweise des Todes sein: Nämlich herauszufinden, dass der Tod nicht existiert.«, ergänzte wiederum Don Marco.

Earl merkte an: »Buddha sagte dazu kurz vor seinem Tod:

›Alle bedingten Gebilde sind unbeständig.
Sie sind Erscheinungen, abhängig von Geburt und Tod.
Wenn Geburt und Tod nicht länger existieren,
ist das vollkommene Verstummen Freude.‹

Buddha unterscheidet zwischen der absoluten Wahrheit, die nicht wirklich erklärbar ist und nur vom Einzelnen erkannt werden kann, und der relativen Wahrheit, die der Erläuterung und dem Verständnis der Dinge dient, die eigentlich nicht erklärbar sind. So existieren Geburt und Tod in der absoluten Wahrheit gar nicht, in der relativen schon.«

»Ich habe von diesem Buddha ein wenig gelesen, er scheint ein sehr intelligenter Mann gewesen zu sein«, fuhr Don Marco fort. »Wir können der Geburt nicht entkommen, wir können dem Tod nicht entkommen. Wir alle sind dem Altern unterworfen, alles verändert sich; nichts, was wir lieben, bleibt für immer so, wie es ist. Warum aber haben wir diese Schwierigkeiten, der Wahrheit ins Auge zu schauen? Wir haben keine Angst vor verwelktem Laub, vor verkümmerten Blumen, vor umgekippten Baumstämmen. Glaubst du, dass das Laub eines Baumes Angst vor dem Herbst hat? Glaubst du, dass die Wolke Angst hat, als Regen auf die Erde zu fallen? Hat ein Glas Wasser etwa Angst davor, getrunken zu werden? Ist es nicht so, dass gerade die Tatsache, dass die Blume nicht wie eine Plastikblume ewig hält, sondern vergeht, das ist, was sie liebenswert für uns macht? Leben und Tod sind wie zwei Seiten einer Münze: Sie gehören zusammen, einzeln ergeben sie keinen Sinn. Ohne den Tod würde uns jede Basis fehlen, das Leben zu erfahren. «

Ich dachte an ein Buch von Thich Nhat Hanh, der darin die Welt mit dem Meer und unser Leben mit einer Welle vergleicht:

›Wenn wir das Meer betrachten, so sehen wir, dass jede Welle einen Anfang und ein Ende hat. Wir können sie mit anderen Wellen vergleichen, können sagen, dass sie schöner oder weniger schön, höher oder niedriger ist und sich länger oder weniger lange hält. Schauen wir aber tiefer, so wird uns bewusst, dass die Welle aus Wasser besteht. Sie lebt das Leben einer Welle; zugleich lebt sie aber auch das Leben von Wasser. Es wäre traurig, wenn die Welle nicht wüsste, dass sie Wasser ist. Sie würde denken: ›Eines Tages muss ich sterben. Diese kurze Zeit ist meine Lebensspanne, und wenn ich am Ufer ankomme, werde ich ins Nicht-Sein zurückkehren.‹ Wenn sie so denkt, kommt in der Welle Angst und Schmerz auf. Wir müssen ihr helfen, sich von Begriffen wie ›Selbst‹, ›Person‹, ›Lebewesen‹ und ›Lebensspanne‹ zu lösen, wenn wir möchten, dass sie frei und glücklich ist.‹ (76)

Jetzt wiederum übernahm Earl: »Wir sollten davon absehen, das Leben als die Spanne zwischen Geburt und Tod zu sehen. Das Leben ist nicht die Zeit zwischen zwei von uns definierten Punkten. Schränken wir uns dergestalt ein, so führt dies unweigerlich zu Ängsten und Leiden, vielleicht auch zur Religion als Trost. Wenn wir ein Gefühl für das Leben entwickelt haben, werden wir erkennen, dass wir niemals im herkömmlichen Sinne geboren wurden, noch sterben werden. Das Leben ist unendlich. Es ist eine reine Frage der Wahrnehmung. Genau wie bei allen anderen von uns wahr genommenen Dingen, so sind auch Geburt und Tod von uns geschaffene Interpretationen unseres Geistes und damit unsere eigene subjektive Vorstellung. Irgendwann ist es soweit, dass unser Körper nicht mehr will, er stirbt und unsere Seele verlässt den Körper. Der Tod ist keine Krankheit und erst recht nicht etwas Endgültiges, sondern nur eine Zwischenstation auf unserem Weg, der Endpunkt einer zeitlich befristeten Entwicklung. Auch wenn wir nie krank gewesen wären, unser Körper wird sterben, aber das gesund. Dies erscheint mir ein erstrebenswerter Zustand zu sein. Gesund zu sterben erscheint wesentlich schöner als krank zu sterben, mit langen Leiden. Der um 1200 lebende persische Dichter und Sufi-Mystiker Dschalal ad-Din Muhammad Rumi sah die Liebe als die Hauptkraft des Universums und schrieb über den Tod:

> ›Kannst du dieses Werk nicht alleine vollbringen, sorge dich nicht.
> Du musst dich nicht einmal entscheiden, so oder so.
> Der Freund, der weit mehr weiß als du,
> wird Schwierigkeiten bringen und Trauer und Krankheit,
> ebenso wie Medizin, wie Glück,
> wie die Essenz des Augenblickes, in dem du geschlagen bist,
> wenn du hörst Schachmatt
> und schließlich mit Allahs Stimme zu sagen vermagst,
> ich vertraue dir, dass du mich tötest.‹

»Don Marco, glauben die Mayas an eine Art der Wiedergeburt?«

»Ja, natürlich glauben wir daran. In vielen Kulturen und Religionen glaubt man an die Wiedergeburt als neues Wesen, in manchen Vorstellungen als Mensch, in anderen ist jedoch auch die Wiedergeburt in allen möglichen Formen denkbar. Earl, du kennst dich doch am besten aus in den verschiedenen Religionen und Philosophien, ich bin nur ein alter guatemaltekischer Heiler. Kannst du die Haltung der Religionen zur Wiedergeburt erklären?«

»Ja, gerade in den asiatischen Religionen ist die Wiedergeburt ein ganz wichtiger Punkt. Nach hinduistischer Vorstellung ist der Mensch eine unsterbliche Seele, die Atman genannt wird und die sich nach dem Tode des Körpers in einem neuen Wesen wiedererschafft. Auch eine Wiedergeburt als Tier ist im Hinduismus möglich. Je nach dem, wie man sein Leben gestaltet hatte, wird man wiedergeboren. In den Upanishaden heißt es:

›Wie einer handelt, wie einer wandelt, ein solcher wird er. Aus guter Handlung entsteht Gutes, aus schlechter Handlung entsteht Schlechtes.‹ (80)

Der Tod ist dort kein Abschluss des Lebens sondern lediglich Übergang zu einer neuen Daseinsform. Er ist das Ende der Geburt, die man als lebenslangen Vorgang sehen kann, der mit dem Tod abgeschlossen wird, um den nächsten Schritten ihren Raum zu eröffnen. Die unsterbliche Seele mit der gesamten Vergangenheit aus allen Leben, das Karma, wird immer mitgenommen. Wer ein schlechtes Karma angesammelt hat, wird so oft wiedergeboren, bis er dieses wieder abgearbeitet hat. So kehrt die Seele immer wieder auf die Erde zurück bis sie gereinigt ist und die endgültige Erlösung erreicht hat.

Im Gegensatz zum Hinduismus lehnt der Buddhismus eine individuelle Seele ab, er kennt keinen Übergang von Seelen auf neue oder andere Geschöpfe. Wiedergeburt wird verstanden als eine Kontinuität der Geistesprozesse, als Fortsetzung der beim Ableben eines Individuums noch nicht erloschenen mentalen Kräfte, die sich in einer oder mehreren neu in Erscheinung tretenden Existenzen aufs Neue reaktualisieren. Die Buddhisten sehen als Grund der Wiedergeburt das Begehren an, die Befriedigung der Sinne, den Trieb. Wir werden solange wiedergeboren, wie uns diese Triebe immanent sind. Das Begehren gilt es zu überwinden, daraus folgt die Erleuchtung. Wer alles losgelassen hat, ist am Ziel. Der tibetische Buddhismus hat das Konzept einer bewussten Wiedergeburt entwickelt, wonach ein endgültig Erleuchteter, der eigentlich nicht mehr wiedergeboren wird, da er sein Ziel erreicht hat, trotzdem auf seinen Wunsch wiedergeboren werden kann, um anderen Seelen auf dem Weg der Erleuchtung zu helfen. Aktuelles Beispiel ist der Dalai Lama als die vierzehnte Reinkarnation des Bodhisattva Avalokiteshvara. Im Judentum ist die Reinkarnation nicht Kernthema der Religion, sie wird allerdings von den orthodoxeren Richtungen als Element ihres Glaubens angesehen. Ähnlich verhält sich das Christentum. Dieses kennt keine Wiedergeburt, sondern nach dem Tod lockt der Himmel oder es droht die Hölle, in der wir bis zum jüngsten Gericht verweilen. Auch wenn es in den Anfängen des Christentums den Inkarnationsgedanken noch gab, so wurde er auf dem Zweiten Konzil von Konstantinopel im Jahre 553 verboten. Schlußendlich kommen wir zum Islam. Die Sunniten und Schiiten lehnen das Konzept der Reinkarnation ab. Das irgendwann nach dem islamischen Glauben anstehende jüngste Gericht passt kaum zu einer Wiedergeburtstheorie, auch wenn einige mystische Bewegungen die Möglichkeit der Wiedergeburt in ihr Religionsgefüge integriert haben. So heißt es im 28. Vers der zweiten Sure des Koran:

> ›Wie könnt ihr Gott verleugnen, wo ihr tot wart und Er euch lebendig gemacht hat? Dann lässt Er euch sterben und macht euch wieder lebendig, und dann werdet ihr zu Ihm zurückgebracht ...‹

Im 27. Vers der dritten Sure steht wiederum:

>*Du lässt die Nacht in den Tag übergehen, und Du lässt den Tag in die Nacht übergehen. Du bringst das Lebendige aus dem Toten, und Du bringst das Tote aus dem Lebendigen hervor, und Du bescherst Unterhalt, wem Du willst, ohne (viel) zu rechnen*‹.

Der persische Dichter und Sufi-Meister Dschalal ad-Din Rumi schrieb um 1200 in seinem Buch Matnawi dieses Gedicht:

>*Ich starb als Mineral und wurde Pflanze,*
Ich starb als Pflanze und wurde Tier,
Ich starb als Tier und wurde Mensch.
Warum soll ich mich fürchten?
Wann wurd ich weniger durch einen Tod?
Noch einmal werd ich sterben als ein Mensch,
Nur um dann aufzusteigen mit der Engel Segen.
Doch auch vom Engelsdasein muss ich weitergehen ...‹
(35)

»Und was glaubst du selbst, Earl?«

»Ja, ich glaube weniger an eine Art von Wiedergeburt, als an eine Art von ewiger Existenz. Vielleicht mehr im Sinne eines Weiterlebens, ich glaube nicht, dass der Tod der Einschnitt im Leben ist, als den wir ängstliche Menschen ihn betrachten. In meinem Verständnis ist es also keine Wiedergeburt sondern ein Weiterleben. Anscheinend wird jedoch bei der Wiedergeburt in den ersten Lebensjahren unser Gedächtnis gelöscht oder wir verlieren den Schlüssel zu diesem Wissen. Jedenfalls kann ich mich nicht an die vorherigen Leben und an die Zeit im Alter von einem bis zwei Jahren erinnern, trotzdem gab es mich doch schon. Natürlich frage ich mich, wo da der Lerneffekt sein soll, wenn ich jedes Mal wieder von vorne beginnen muss? Oder weiß unsere Seele mehr? Sollten wir bei der Inkarnation unser Wissen jedoch versteckt in der Seele mitnehmen, sind wir der herrschenden Gesellschaftsordnung ausgeliefert und müssen uns nicht wundern, dass die Seele mit Unverständnis darauf reagiert, wenn wir uns so verhalten, als ob wir niemals zuvor gelebt hätten. Es scheint, als ob wir irgendwann den Zugang zu diesem Wissen verloren haben. Zum anderen nehmen wir dann uns nicht ersichtliche Lasten in unserer Seele mit in unser nächstes Leben und wundern uns, dass wir psychische Sorgen haben, die wir nicht erklären können.

Die Inkarnation verstehe ich als einen fortlaufenden Prozess, der nicht mit dem Moment der Wiedergeburt beendet ist, sondern eine stetige Weiterentwicklung unserer Seele über die Ewigkeit beinhaltet. Im Laufe der Zeit und im Zuge ständiger Wiedergeburt wird die menschliche Seele ihrem Ziel, der Erleuchtung, immer näher kommen. Generationsweise erreichen wir ein immer höheres Bewusstseinsniveau, eine höhere Schwingungsfrequenz. Dies ist ein Prozess, der die ganze Menschheit betrifft und anscheinend gerade in der heutigen Zeit an Dynamik gewonnen hat. Beachte dabei, dass Erleuchtung nicht meint, in einen paradiesischen Zustand zurückzugelangen, sondern dass wir unser Bewusstsein weiterentwickeln in ein zukünftiges Stadium, dessen Endziel, dessen nächste Stufen, niemand kennt. Zunächst einmal soll es dir genügen, zu wissen, dass es für dich möglich ist, deinen Verstand deutlich sinnvoller zu benutzen und ihn bei Bedarf auch einfach einmal auszuschalten und auf die Seele zu hören.«

Ich war mir nicht sicher, was ich denken sollte. Für mich selbst schien es fraglich, ob eine Wiedergeburt wirklich in der Form geschieht, wie man sie sich landläufig vorstellt. Ob wir wirklich ein vorheriges Leben haben? Gefühlsmäßig würde ich sagen, dass all diese Theorien irgendwie richtig sind, irgendwie aber auch völlig danebenliegen. Nachdem wir mittlerweile wissen, dass die Linearität in unserem Zeitverständnis sowohl von der Quantenphysik als auch von den Vorstellungen der fernöstlichen Religionen und Philosophien in Frage gestellt wird, handelt es sich möglicherweise eher um Leben in Parallelwelten oder in einer zeitlosen Zeit. Alles, aber auch wirklich alles, könnte doch die Schöpfung eines Augenblicks, genau des jetzigen Momentes, sein. Es gibt kein Vorher, kein Nachher, keine Vergangenheit und keine Zukunft. Nichts kommt und nichts geht, alles ist schon da und ist auch schon weg. Ich bin da und auch nicht da. Alles, auch das, was wir für Vergangenheit halten, ist jetzt und nur jetzt. But, what do I know?

37. Kapitel – Visionssuche

Ich war etwas irritiert und leicht verunsichert. Don Marco hatte mir gestern zum Abschluss unseres Gesprächs über die Wiedergeburt einen merkwürdigen Vorschlag gemacht. Er hatte mir angeboten, einen besonderen Trank aus Rinden, Kräutern und Pilzen zu kochen, nach dessen Genuss ich meine wahre Bestimmung in einem Traum erleben würde. Dabei würde ich Dinge erfahren, die man nicht beschreiben könne, ich würde nahezu die Grenzen des Bewusstseins erfahren können. Ich hatte schon von Ayahuasca gehört, diesem psychedelischem Trank aus einer Liane und anderen Pflanzen, der von den Schamanen am Amazonas benutzt wurde, war aber noch nie mit der Gelegenheit konfrontiert worden, ihn selbst auszuprobieren. Schon immer hatte ich einen gehörigen Respekt vor allen Arten von Drogen; außer einem Joint hatte ich nichts ausprobiert, aus Angst, eines Tages mit einem Goldenen Schuss in der Bahnhofstoilette zu enden. Wenn ich daran denke, wie lange und wie viele Versuche ich gebraucht hatte, um mit dem Rauchen aufzuhören, reichte mir dies vollständig. Gott sei Dank wird wenigstens Rotwein allseits akzeptiert und dient irgendwie sogar der Gesundheit, wie man immer wieder lesen kann. Da kann die Flasche guten Weins am Abend also nicht schaden. Don Marco erklärte, dass sein Gebräu hauptsächlich auf Basis von kleinen getrockneten Pilzen gekocht werde. Die jeweilige Mischung wähle er intuitiv, ein wirkliches Rezept gäbe es nicht; sie wäre zwar absolut ungefährlich, jedoch würde die Suppe bei jedem anders wirken und der eine oder andere dachte auch schon, dass er sterben würde. Aber das sei nur eine Illusion und würde wieder aufhören. Na wunderbar, dachte ich.

»Und wie lange dauert der Trip?«

»Das können wir nie vorher sagen. Bei manchen eine Stunde, bei anderen auch fast den ganzen Tag. Je nachdem.«

»Und wovon hängt das ab?«

Ich sah mich schon acht Stunden lang durch regenbogenfarbene Sphären fliegen oder im Gefühl des Sterbens in Don Marcos Hütte liegen.

»Auch das weiß niemand. Es wirkt bei jedem Menschen anders, aber ich denke, es wäre eine interessante Erfahrung für einen Kopfmenschen wie dich.«

Ich war mir nicht sicher, ob ich meine wahre Bestimmung, meine Vision, auf diese Art und Weise erleben wollte.

»Earl, machst du mit?«

»Bist du wahnsinnig? Vor zig Jahren haben wir uns ständig LSD eingeworfen, für so was bin ich jetzt zu alt. Mach das mal schön allein. Ich denke, alles, was du von dem Gebräu erleben kannst, hatte ich damals schon.«

Man muss nicht jede Erfahrung im Leben selber machen, manchmal reicht es auch, Leute zu kennen, die sie gemacht haben, dachte ich mir.

»Nee, Don Marco, ich glaube, ich verzichte lieber. Vielen Dank, vielleicht ein anderes Mal.«

»Nicolas-Sebastien Chamfort hat einmal gesagt, dass der Mensch durch die Leidenschaft lebt, und dass er durch die Vernunft nur existiert.«

Das wandelnde Zitatebuch Earl zitierte Chamfort aus dem 18. Jahrhundert, aber ich ging gar nicht erst darauf ein und Earl erwähnte die Droge nicht mehr.

Don Marco übernahm das Wort: »Dann lass uns ein wenig über Visionen und Talente sprechen. Ich denke auch, man kann auf jeden Fall ohne Drogen seine wahre Bestimmung finden, dieser Trank eröffnet dir nur sehr effektiv und schnell eine völlig unbekannte und andere Welt, die unbeschreiblich ist. Danach hast du eine Vorstellung, was es außerhalb deines normalen Bewusstseins alles geben könnte. Ich sehe so auch meine Ahnen und sie geben mir Ratschläge, wie ich schwierige Krankheiten heilen kann. Die Heilgesänge, die ich verwende, finde ich auf diesen Reisen.«

Earl warf ein: »Jeder Mensch hat eine Vision, eine Bestimmung oder eine Aufgabe für sein Leben mitbekommen. Nur lassen wir uns von unserem Alltag viel zu sehr ablenken. Wir alle haben so viel Stress und Probleme im Alltag, dass wir gar nicht mehr dazu kommen, uns Gedanken über die große Richtung zu machen. Die Lebensaufgabe besteht ganz einfach in der Entwicklung des Menschen, im Erlernen von immer neuen Teilen seines Selbst, in der ständigen Weiterentwicklung, also im Erfahren möglichst vieler Dinge. Daneben hat auch jeder eine Funktion und damit eine Aufgabe in unserer Gesellschaft. Diese kann im sozialen Bereich liegen, in der Musik, der Kunst oder auch in Dingen wie dem Bau von Häusern oder der Reparatur von Schuhen. Vielleicht ist es auch unsere Aufgabe, jemanden zu lieben. Jedenfalls ist in jedem Menschen eine Art Visionssamen, ein Archetypus angelegt, der sich danach sehnt, geboren zu werden und zu voller Größe heranzuwachsen. Im Hinduismus gibt es ebenfalls diesen Gedanken des göttlichen Samens in uns, der geweckt werden will. Derjenige aber, der diesen Samen entdeckt, wird in der Fülle leben und seine ganze Kreativität ausleben können. Vielleicht ist dieses Wachstum unsere einzige Aufgabe auf dieser Erde. Die Suche nach dieser Lebensaufgabe treibt uns alle. Jeder Mensch hat in sich eine tiefe Sehnsucht nach etwas, hat einen Traum, den er zumeist gar nicht mehr kennt. Diesen Traum gilt es wieder zu erwecken.

Man muss nicht zwingend ein Maler, Dichter oder Musiker sein, wir sollten nur unsere Fähigkeiten in der Kunst des Lebens wieder entdecken und nutzen. Statt uns Gedanken zu machen, was wir in zwanzig Jahren machen, wie wir dann leben, wann wir wohl sterben werden, sollten wir unseren Job als ›Künstler unseres eigenen Lebens‹ ergreifen. Dazu benötigen wir keine Materialien, keinen Pinsel oder Werkzeug. Alles, was wir brauchen, ist in uns seit Ewigkeiten vorhanden und wartet nur darauf, geweckt zu werden. Unser künstlerisches Werk besteht aus unserem Leben, den Geschichten, die wir erleben, unserem Umgang mit anderen Menschen, besteht aus Liebe. Blockiert werden wir bei dieser Suche von unseren Charakterstrukturen und Abwehrmechanismen, die wir uns selbst aufgebaut haben. Danach reagieren und handeln wir. Wenn du einmal überlegst, was du am allerliebsten in deinem Leben tun würdest, lieber als alles andere in der Welt, und dann einmal festhältst, was dich davon abhält, hast du deine Blockaden gefunden, die dich an der Verwirklichung deiner Träume hindern. Lerne wieder, auf deinen Bauch zu hören. Sowohl bei uns als auch in Asien sagen die Menschen bei Entscheidungen und schwierigen Fragen: ›Höre auf Deinen Bauch‹. Der Bauch war lange vor der Entstehung des Kopfes in der Evolution da und steht für die Gesamtheit des Menschen; der Kopf als Hinzugekommener bringt den Verstand. Deine Vision kannst du auch als deine verborgenen Talente ansehen; Talente, die du aus Zeitmangel nie gepflegt hast, die du noch gar nicht kennst, da sie von den Umständen abgeblockt wurden. Dein Talent muss nicht sein, dass du auf irgendeinem Spezialgebiet ein Genie sein könntest. Du musst nicht ein Konzertpianist sein. Ich meine mit Talent etwas, was du mit Liebe tust, was die Leidenschaft in dir weckt. Wie die Wurzeln verschiedener Nadelbäume oder des Löwenzahns, können diese Talente tief verborgen in unserem Innersten liegen. Diese Wurzeln, diese Talente sind die Quelle unseres Lebens. Wenn wir unsere Talente verfolgen, wird das Leben für uns einfach. Wir werden glücklicher und leichter sein. Wenn wir unserer Bestimmung nicht folgen und vom Weg abweichen, wird unsere Seele unglücklich werden und sich entsprechend Gehör zu verschaffen wissen. Meist ist es die schon mehrmals erwähnte Angst, die unsere Spontanität, unsere Kreativität verhindert. Also solltest du deiner Kreativität freien Lauf lassen. Du solltest das Chaos des Kosmos an deinem Leben beteiligen und dich den Wagnissen des Lebens öffnen. Kreativität erwächst nicht aus dem Verstand und der Logik. Erst wenn ein Maler sich fallen lässt, das Leben zulässt, wird er wirklich gut arbeiten. Sei dir des natürlichen Chaos des Lebens bewusst – das Leben ist nicht planbar, es kommt ganz von allein zu dir. Deine Kreativität wird größer und größer, indem du dich dem Leben öffnest und dieses Chaos freundschaftlich akzeptierst. Das Leben des Menschen ist nicht steuerbar, auch wenn wir alle dies zumeist gerne hätten. Nutze deine Leidenschaft, um deine Talente einsetzen zu können, um deine natürliche Kreativität zu wecken. Erhalte deine Neugier auf das Leben. Sei kreativ in dem Bereich, der sich intuitiv ergibt. Versuche, nichts zu erzwingen; alles, was du mit Gewalt versuchst, was du kontrollieren willst, wird nicht funktionieren und sicher nicht besonders kreativ sein. Jeder Versuch deinerseits, das Leben zu kontrollieren, wird dazu führen, dass du vom Leben kontrolliert wirst.

Kreativität ist nicht einzig und allein ein Werk eines Künstlers. Auch in unserem ganz stinknormalen Alltag ist Kreativität bei der Lösung der kleinen und großen Aufgaben gefragt. Manche Menschen wissen schon lange, was sie gerne machen würden.

Der eine würde gerne mehr malen, der andere wollte schon immer ein Buch schreiben, ein dritter vielleicht ein Instrument erlernen. Wenn du aber noch nicht die Spur einer Ahnung hast, setze dich nicht unter Druck. Sei im Jetzt, sei gewahrsam und lass das Chaos des Lebens zu. Gib dir den notwendigen Freiraum, um überhaupt kreativ sein zu können. Eines Tages wird ein vermeintlicher Zufall das Gesuchte zu dir bringen.

Irgendwann im Leben kommt wohl jeder an den Punkt, an dem er innehält und zurückblickt. Wenn man den ganzen Ballast, den man im Leben um sich aufgehäuft hat, einmal wegräumt, findet man auch seine Vision wieder. Wir erkennen dann, dass es eine höhere Macht gibt, die wir nie verstehen können, die wir aber für unser Leben akzeptieren und nutzen können. Unsere noch nicht gefundene Vision ersetzen wir oft mit materiellen Dingen als Ersatzbefriedigung. Geld wurde überhaupt nur so wichtig, weil wir kaum einen anderen Sinn als das Streben nach materiellen Dingen kennen. Jegliche Leichtigkeit fehlt in diesem Leben, die Angst vor dem Verlust der finanziellen Absicherung beherrscht das Leben. Wenn man als hoch bezahlter Manager dann möglicherweise ausgesorgt hat, geht es nur noch um die Macht und die Position, jegliches Selbstwertgefühl beruht darauf.«

Auch in Deutschland war mir aufgefallen, dass sich bei immer mehr Menschen die Überzeugung durchsetzt, dass das Streben nach Reichtum nicht alles sein kann. Die Nachkriegsgeneration in Deutschland hatte größtenteils keine Besitztümer mehr und daher das verständliche Ziel, ihr Leben wiederaufzubauen und ihre Familie zu ernähren. Der darauf folgenden Generation standen schon wesentlich mehr finanzielle Mittel zur Verfügung, heute haben die meisten mehr, als sie brauchen und sind trotzdem nicht glücklich. Warum ist das so? Die einfachste Antwort auf die Frage ist, dass dies sicherlich nicht unsere Lebensaufgabe ist und wir von daher unsere Seele niemals mit materiellen Dingen befriedigen werden können. Interessant ist einmal mehr, dass erst der falsche Weg gegangen werden muss, um zu entdecken, dass es das nicht sein kann.

Don Marco war offensichtlich ein Fan von Carlos Castaneda: »Der Yaqi Don Juan spricht vom ›Pfad des Herzens‹. Eine weise, alte Person schlägt diesen Pfad ein, es ist ein Pfad der persönlichen Freiheit, des Loslassens. Nur dieser Pfad macht wirklich glücklich, alle anderen Pfade werden uns nicht befriedigen und immer werden wir auf der Suche sein nach dem richtigen Pfad. Und irgendwann werden wir ihn finden – wenn nicht in diesem Leben, dann in einem anderen.«

»Auch Wissen allein hilft uns nicht weiter, von Geburt an werden wir angehalten, uns möglichst viel Wissen anzueignen. Wir lesen mehrere Tages- und Fachzeitschriften, E-Mail-Newsletter und was sonst noch alles. Bringt uns das die notwendige Weisheit für unser Leben? Selbsterkenntnis ist ein wichtiger Schritt für jeden von uns, zu wissen, wie wir unser Leben gut leben können. Das zu lernen, ist ergiebiger, als zu lernen, möglichst viel Geld zu verdienen und damit materielle Dinge anzuhäufen. Wenn du das verstehst, wird es auch nicht passieren, dass du bei materiellen Engpässen durch äußere Umstände gleich völlig den Boden unter den Füßen verlierst. Wenn du dies nicht gelernt hast, wirst du ein größeres Problem haben, sobald dieses materielle Fundament, auf dem du dein gesamtes Leben gegründet hast, zusammenbricht. Und solange du davor Angst hast, beschwörst du es auch noch herauf! Da sich diese Erkenntnis bei vielen Menschen zeigt, besteht die Hoffnung, dass unsere Gesellschaft wieder mehr auf die Spiritualität zu setzen beginnt. Unsere Zukunft könnte davon abhängen.«

Mir war aufgefallen, dass Earl und Don Marco sich untereinander kaum unterhielten, sie schienen sich auch so blind zu verstehen.

»Lass uns doch das Ganze jetzt mal praktisch angehen«, meinte Earl nun.

Don Marco nickte: »Man kann das Thema Bestimmung, Vision oder Aufgabe auch überbelasten. Wenn man nur noch mühsam daran arbeitet, seine Vision zu suchen, zu finden, zu realisieren und zu leben, läuft man Gefahr, das Leben selbst zu verpassen. Auch wenn du es heute noch nicht glauben magst, es reicht völlig aus, zwei Dinge zu beachten, um mehr zu erreichen, als du je erwartet hattest. Die erste Regel ist, alle Dinge, die du tust, sollst du so gut machen, wie du es kannst. Mache nicht drei verschiedene Sachen auf einmal, sondern konzentriere dich auf das für den Moment Wesentliche. Versuche dabei, die Dinge, die du ungern machst, trotzdem als wichtig anzusehen und mit Liebe und gut auszuführen. Der zweite Ansatz ist wichtig für Entscheidungen, die du treffen willst oder musst. Versuche einmal, deine Entscheidungen mit Leichtigkeit zu treffen; wähle mit dem Bauch, lass den Verstand außen vor. Egal, ob eine ganz kleine oder eine ganz große Entscheidung ansteht, wähle immer die Variante, bei der du eine Leichtigkeit verspürst, eine Freude fühlst. Handle auf Basis deiner Seele, die wieder zu dir zu sprechen beginnt, wenn du sie lässt. Sei spontan und warte nicht, bis dein Verstand sich einmischt, um dir kluge Ratschläge zu geben, dabei alle möglichen und unmöglichen Bedenken äußert, eventuelle furchtbare Konsequenzen ausmalt und schließlich Alternativen vorschlägt. Sei im Jetzt, lebe im Jetzt, und bleibe immer im Jetzt.«

38. Kapitel –
Vergeben, Loslassen –
Gegenwärtigkeit

»Was grübelst du?«

Ich hatte gerade versucht, mir vor Augen zu führen, wie mein Tagesablauf sich ändern würde, wenn ich einfach immer das machen würde, was mir Spaß macht. Hatte ich das aber überhaupt richtig verstanden, war Spaß das Gefühl, auf das ich hören sollte? Oder war die Seele doch ein wenig anspruchsvoller, als nur darauf erpicht zu sein, Spaß zu haben.

»Wie kann ich jemals sicher sein, dass dieser Weg auch funktioniert? Wenn ich morgens aufstehe und in mir kommt das Gefühl auf, dass ich gar nicht zur Arbeit gehen sollte, sondern lieber spazieren gehen, Musik machen oder ein Buch schreiben sollte, woher soll ich wissen, dass ich da nicht einem riesigen Missverständnis erliege?«

»Du denkst zuviel!«

»Ja, ich weiß, aber wie soll ich das ändern? Es stehen so viele Entscheidungen in meinem Leben an, wenn ich zurück bin. Die habe ich jetzt ständig alle vor Augen.«

»Na und, ist das ein Grund, sich jetzt schon darüber die ganze schöne Zeit den Kopf zu zerbrechen? Dann kannst du doch deine Entscheidungen jetzt treffen und du hast es hinter dir.«

»Vielleicht möchte ich ja abwarten, was sich zu Hause alles verändert hat, wenn ich wieder da bin. Vielleicht sehe ich manche Dinge dann ganz anders als vorher.«

»Bueno, dann brauchst du dir jetzt noch nicht den Kopf zu zerbrechen. Wir hatten vor einiger Zeit auf unserem Weg nach Santiago über den Daoismus gesprochen, hier würde ich gerne noch einmal ansetzen. Vielleicht hilft dir das bei deinen Überlegungen und auch du Dickkopf und Skeptiker verstehst endlich.«

Earl war wieder einmal so herrlich direkt.

Don Marco wiegte darauf den Oberkörper leicht hin und her und sagte: »Earl, wenn es eine Versicherung geben würde, die ihm ermöglichte, diesen Weg zu gehen und ihn wieder in den Ausgangszustand zurückversetzen würde, wenn es nicht funktioniert, würde er diese bereits haben. Mit solchen Versicherungen könnte ich echt reich werden. Keiner müsste die Konsequenzen seines Handelns selber tragen. Warum habt ihr Westler eigentlich solch eine Angst vor dem Leben?«

Earl musste lachen. »Ach komm, lass ihn in Ruhe. Das alles ist schon eine heftige Schule, durch die er hier geht. Und das schönste ist, dass er nach den wenigen, noch verbleibenden Kapiteln verstehen wird, dass alles umsonst war, weil es nichts zu lernen gab. Eben weil das Rezept des Lebens so einfach ist, wie du es vorhin in deinen beiden Regeln zusammengefasst hast. Dafür beispielhaft sind, wie gesagt, die Lehren des Daoismus. Sollen wir damit heute noch beginnen?«

»Gerne, schieß los. Wie du weißt, bin ich genau deswegen hier und habe auch reichlich Zeit.«

»Gut. Du wirst feststellen, dass du viele Aspekte schon in anderen Zusammenhängen ähnlich gehört hast. Es gibt eben nur eine Weisheit der Erde. Das Dao ist eine der reinsten und konsequentesten Formen, die Welt zu erleben; mit unserer westlichen Logik ist es jedoch nicht zu verstehen. Was viele Menschen, die sich damit beschäftigen, heutzutage am Dao fasziniert, ist wohl auch, dass das Dao keinen Glauben erfordert und dass es keine Institution Kirche oder ähnliches gibt. Ja, es gibt überhaupt keine Regeln oder moralischen Leitlinien, man kann einfach damit anfangen, es zu leben. Die ganze Essenz des Dao liegt im Begriff Wu Wei verborgen. Er wird definiert als ›Nichthandeln‹ im Sinne von ›Enthaltung eines gegen die Natur gerichteten Handelns‹. Das Dao repräsentiert die Schöpfung und Gott zugleich, es ist die hinter allen Dingen stehende Kraft. Es ist nichts und es ist alles. Obwohl es nichts tut, wird alles getan. Ganz wichtig ist für dich jetzt, zu verstehen, dass auch Du ein Teil des Dao bist, diesen Teil jedoch nicht lebst. Das Dao ist für die meisten Menschen wie ein verlorener Seelenteil, der irgendwann abhanden gekommen ist. Ja, du bist nicht nur ein Teil des Dao, das Dao ist du, du bist das Dao. Lao-Tzu beschreibt das Wu Wei im Daodejing so:

> ›Das Dao tut nichts, und nichts bleibt ungetan
> Wenn die Fürsten und Könige es zu wahren verstünden
> Die Dinge wandelten sich von selbst
> Wandelten sich und gediehen
> Ich hielte sie nieder mit Unverdorbenheit, die keine Namen braucht
> Mit Unverdorbenheit, die keine Namen braucht
> Wären sie ohne Begierde
> Ohne Begierde durch Ruhe
> Die Welt ordnete sich von selbst.‹ (58)

Ich bin auf das Dao zuletzt schon einmal eingegangen, als wir unsere Wanderung machten, jedoch denke ich, dass diese Philosophie eine so wichtige Sache und dazu noch sehr einfach aufgebaut ist, dass sie es Wert ist, jetzt, nach allem, was du gelernt hast, noch einmal besprochen zu werden. Im Gesamtkontext deines neuen Wissens über das Leben, den Tod, das Ego sowie das

Bewusste und das Unterbewusste wirst du nun sehen können, in welche Richtung das Leben gehen kann. Das Dao ist für mich in seiner reinen, einfachen Form der überzeugendste Ansatz zu einem erfüllten Leben. Hinzu kommt das Fehlen jeglicher komplizierter Rituale, Anbetungen, Götter und ähnlichem. Alles, was du benötigst, hast du in dir und außerhalb von dir wirst du nichts Weiteres finden. Mithilfe des Dao wirst du eine Leichtigkeit im Handeln erreichen, die du zuletzt als Kind hattest. Es gibt kein Außen und kein Innen, beides ist eins, alles gehört untrennbar zusammen. Das Prinzip der Dualität verliert seine Existenzberechtigung. Es gibt den einzelnen Menschen nicht mehr, du bist ich und ich bin du. Wir hatten dies schon einmal. Don Marco, die Mayas sehen dies ähnlich, oder?«

»Ja, auch bei uns ist eben alles miteinander verbunden und nicht getrennt. Es ist unser Verstand, welcher dies immer wieder versucht. Du bist jeder Mensch, du bist jede Pflanze, jeder Baum, jede Blume. Ja, du bist auch jeder Wassertropfen, jeder Kiesel, jede Wolke am Himmel. Du bist alles und alles ist du. Und dies meine ich nicht in einem übertragenen Sinne, dies ist keine blumige Indianersprache, sondern es ist genau so, wie ich es sage. Ich meine nicht, dass alles zusammen einen großen Organismus ergibt, von dem wir ein Teil sind, wie eine Zelle in einem Körper. Nein, ich meine, dass wir wirklich alles sind, alles ohne Ausnahme.«

Earl war wieder an der Reihe: »Und wie wir über das Yin und Yang gesehen haben, besteht die Welt aus Gegensätzen, die sich gegenseitig bedingen. Geht das eine dem Ende entgegen, beginnt bereits das andere. Genau wie die Sonne auf- und wieder untergeht, geschieht dies mit allen Dingen. Wir hören eine Musik und plötzlich ist sie vorbei, die Stille, die Leere ist wieder da. Ist die Sonne dann gestorben, ist die Musik dann tot? Wohl kaum.

Der Fluss des Lebens ist nicht aufzuhalten. Warum sollte man da noch Widerstand leisten, anstatt mit ihm zu fließen? Solange ich versuche, mich dem Fluss des Lebens zu widersetzen, leiste ich Widerstand. Solange ich mich dem Fluss des Lebens nicht einfach hingebe, werde ich immer wieder durch Probleme, Leiden oder Krankheit von meiner Seele darauf hingewiesen, dass etwas falsch läuft. Der Tod wird kommen und ist nicht aufzuhalten, neues Leben wird entstehen und wieder vergehen. Das Ego wird durch den Tod sterben, das Selbst wird überleben in einer uns unbekannten Form. Der Tod des Egos kann deshalb schon innerhalb des Lebens das Ziel sein, dies wird dich befreien von allen aktuellen und zukünftigen Ängsten und Sorgen. Du lebst nur noch im Jetzt: Vergangenes verliert seine Wichtigkeit und Schwere, Zukünftiges wird dich nicht belasten. Erwartungen für die Zukunft werden unnötig, dir wird es plötzlich egal sein, was irgendwann einmal passieren könnte. Du trittst in dein Leben wie früher einmal als Kind, als du noch keine Sorgen kanntest. Gemäß dem Dao, dem umfassenden Ursprung und Wirkprinzip, das die Ordnung und Wandlung der Dinge bewirkt, wäre es vermessen, als beteiligter Mensch selbst in dieses Prinzip einzugreifen. Ein weiterer Aspekt ist das Leben im Jetzt, in der Gegenwart. Darauf kommen wir später noch mal zurück.

Zuerst einmal zum Nichthandeln. Demnach kannst du die letzte Wahrheit nur erfahren, wenn du alles als eins erkennst und danach handelst, indem du nicht handelst. Dein Bauchgefühl ist wieder gefragt, nicht dein Verstand. Das Dao hält nicht viel vom Denken. Wu Wei meint jedoch nicht, dass du passiv wirst und gar nicht handelst, sondern dass die Handlungen spontan in Einklang mit dem Dao entstehen und so das Notwendige getan wird, jedoch nicht in Übereifer und blindem Aktionismus. Diese werden als hinderlich betrachtet, es geht darum, mühelos zu agieren. Gegen unsere innere Stimme anzugehen – und das versucht unser Ego ständig – ist falsch, damit bekämpfst du die natürliche Kraft in dir, die jedes deiner Probleme besser lösen kann als dein Verstand es jemals vermag. Es ist ein Zustand der inneren Stille, der zur richtigen Zeit die richtige Handlung ohne Anstrengung des Willens hervortreten lässt. Die beste Übersetzung des Begriffes Wu Wei wäre somit ›Nicht-Eingreifen‹ oder ›Handeln durch Nicht-Handeln‹. Es handelt sich um eine Art von kreativer Passivität. Wu Wei führt zur Aufgabe des Willens, was nötig ist, um das Dao zu erlangen. Man könnte also meinen, dass der Eremit das Ideal des Daoismus wäre. Wu Wei bedeutet aber keinesfalls Weltflucht. Der Mensch lebt in der Welt, er weicht ihr nicht aus, aber er ist unabhängig und geht den Weg der Leichtigkeit und nicht etwa den Weg des geringsten Widerstandes. Er arbeitet, ohne stolz darauf zu sein und tut Gutes, ohne sich dessen stets bewusst zu sein. Die Lebensenergie Chi muss fließen. 300 Jahre vor Christus meinte der Grieche Epikur, dass das noch durch keinerlei soziale Konditionierung geprägte frühkindliche Empfinden die natürliche Richtung menschlichen Strebens sei. Und was macht ein Kind? Es sucht seinen Spaß, die Befriedigung seiner Lust und vermeidet alles, was ihm keinen Spaß macht.

Das Leben sah er als endlich an, dadurch, dass nach dem Tod nichts kommen würde, müsste dieser auch nicht gefürchtet werden. Es galt, maximale Lust in diesem Leben zu erfahren.
Immer wieder sind wir auf die Tatsache gekommen, dass wir zuviel denken, zuviel planen, zuviel analysieren. Ständig ist unser Geist aktiv, wühlt in der Vergangenheit, schafft mögliche Varianten der Zukunft, freut sich, hat Angst. Nur einfach einmal den Mund halten kann er nicht. Sein größtes Problem ist es, ganz einfach den jetzigen Augenblick zu erleben, ihn geschehen

zu lassen, ihn nicht zu interpretieren. Unser Denken hat sicher seine Berechtigung in unserem Leben. Ich meine jedoch, dass wir, wenn wir nur halb soviel denken würden, noch lange nicht schlechter leben, sondern aller Wahrscheinlichkeit nach viel glücklicher sein würden, weil wir sehr viel Zeit gewinnen würden, bewusst zu sein. Mit ›den Augenblick erleben‹, meine ich nicht, eben mal bewusst mit dem Denken aufzuhören und sich auf die aktuelle Situation zu konzentrieren. Das ist schon nicht schlecht, aber nicht alles. Es gilt, den Verstand einmal außen vor zu lassen und alle auf uns einströmenden Eindrücke direkt zu unserem Bewusstsein durchdringen zu lassen. Das erfordert, dass wir auf unsere Logik verzichten, was uns natürlich Angst macht. Wir verlieren unsere Sicherheit, etwas Unbekanntes steht vor uns. Dschuang Dsi beschreibt das Leben gemäß dem Dao so:

> ›Sie sind aufrecht und gerecht, ohne zu wissen, daß solches Tun Rechtschaffenheit darstellt. Sie lieben einander, ohne zu wissen, daß solches Güte ist. Sie sind ehrlich und wissen doch nicht, daß solches Treue ist. Sie halten ihre Versprechen, ohne zu wissen, daß sie damit in Glaube und Vertrauen leben. Sie stehen einander bei, ohne daran zu denken, Geschenke zu vergeben oder zu empfangen. So hinterlässt ihr Handeln keine Spur.‹ (27)

»Das hört sich für mich an, wie diese Passage in der Bibel:

> ›... wie die Vögel unter unserem Himmel, sie säen nicht, sie ernten nicht und der Herr ernährt sie doch‹« (Mt 6, 26),

merkte ich an.

»Ja, in der Bibel stehen viele intelligente Dinge, die man analog zum Dao interpretieren könnte. Das Dao lehrt uns, mit dem Leben zu fließen, nicht zu kämpfen, nicht zu grübeln. Der Verstand wird nur benutzt, wenn er gebraucht wird. Ungeduld ist unnötig, da es kein wirkliches Ziel gibt. Das Ziel liegt ebenfalls im Jetzt, es ist schon da. Es gibt kein Warten, da auch dies eine Schöpfung des Verstandes ist. Das, worauf wir warten, ist ebenfalls im Jetzt. Wenn du nach dem Dao lebst, kämpfst du nicht gegen deine vermeintlichen Fehler an, du hast sie einfach, sie gehören zu dir. Allein durch die Aufmerksamkeit, die du ihnen schenkst, verschwinden sie oder verwandeln sich gar in Stärken. Das Dao führt dich durch das Leben, nicht dein Verstand und erst recht nicht die Ratschläge von Dritten. Du überlegst nicht, was richtig oder falsch ist, du entscheidest und handelst. Du bist eins mit allem, die Dualität der Dinge existiert im Dao nicht mehr. Sowohl als wir über den Zen gesprochen hatten und ich dir versucht hatte, verständlich zu machen, dass ich, wenn ich eine Blume beobachten will, die Blume selbst bin und die Blume auch ich ist und wir beide alles sind, als auch damals, als es um Beobachtung ging und wir über die Wahrnehmung der kleinen gelben Blume sprachen, ging es bereits darum. Wenn wir mit unserem Bewusstsein direkt wahrnehmen, ist dies das Ende der Dualität. Das Wu Wei sagt nun, dass du dein Leben mittels des Dao ändern kannst, ja, dass es sich automatisch ändern wird, wenn du dich der Gegenwart zuwendest.«

»Was meinst du mit ›der Gegenwart zuwenden‹?«

»Es ist eigentlich dasselbe, wie alles andere, über das wir gesprochen haben, lediglich von einer anderen Seite her beleuchtet. Wir hatten festgestellt, dass die Vergangenheit eine Konstruktion des Egos ist, auf deren Basis es sich hervorragend Gedanken um die Zukunft machen kann. Und wir hatten festgestellt, dass wir niemals in der Vergangenheit leben und auch nie die Zukunft erreichen können, da wir schließlich immer nur im Jetzt sind. Alles von uns, was nicht im Jetzt ist, sind unnötige Gedanken des Egos. Das Jetzt oder die Gegenwart ist der jeweilige unendlich kurze Augenblick von theoretisch unendlich kurzer Dauer, der nach landläufiger Definition zwischen Vergangenheit und Zukunft liegt. Diese beiden gibt es nicht. Zu verstehen, was dann als Gegenwart noch bleibt, ist unmöglich. Was bleibt, ist die Leere, die nicht zu beschreiben ist. Die Gegenwart ist also nicht nur der kurze Augenblick sondern auch die Ewigkeit, sie ist unendlich, sie fängt nicht an, sie hört nicht auf. In dieser Leere, der Gegenwart, dem Jetzt, dort sind wir immer, wir merken es eben nur fast nie, da wir mit unseren Gedanken mutwillig woanders umherschweifen. Diese Gegenwart ist aber alles, sie bedeutet unendlich viel, sie ist der Kosmos. Wenn wir in der Gegenwart leben wollen, helfen uns dabei die auf der Vergangenheit aufbauenden Ratschläge unseres Verstandes überhaupt nicht, da sie nie Erfahrungen der Gegenwart enthalten können. Wie auch? Die Gegenwart existiert schließlich gerade jetzt, wie soll der Verstand daran eine Erinnerung haben? Die Gegenwart ist für ihn unerreichbar, er kann also uns nur vorspielen, dass er alles im Griff habe, da er ansonsten an ihr nur zugrunde gehen würde. Erst indem du dich bewusst der Gegenwart zuwendest, meinetwegen dem alltäglichen Elend ins Auge schaust, werden die Dinge sich ändern. Thailändische Mönche setzen sich bewusst dem Elend aus und schauen Fotos von Wasserleichen und andere Greuelbilder an. Wenn du einfach beginnst, im Hier und Jetzt zu leben und lernst, in der Gegenwart deine Sorgen aufmerksam zu beobachten, ohne dabei zu bewerten, dann bist du in der Lage, alle Probleme und Schwierigkeiten loszulassen. Dann wird sich dein Leben dramatisch ändern, Sorgen und Ängste sind verschwunden. Jegliches Mangelgefühl wird sinnlos sein. Dann werden die Energien des Lebens die Führung übernehmen und alles wird wieder in seinen Fluss kommen. Wenn deine Gedanken verstummen, wenn dein Geist gedankenlos ist, ist dies der Zustand der Leere, aus dem alles kommt.«

Erst einige Zeit später merkte ich, wie wichtig dieser letzte Punkt für mein Verständnis der Welt sein sollte. Wenn der menschliche Geist ohne Gedanken das gleiche wie die Leere der östlichen Philosophien ist, dann sind wir diese Leere, dann sind wir die Welt. Und alles andere, was wir zu sehen meinen, unsere materielle Welt, sind nur Schöpfungen unseres Verstandes. Und trotzdem sind sie unser wirkliches Leben und der Tisch, auf dem das Notebook steht, mit dem ich dieses Buch schreibe, ist real im Rahmen unserer eigenen Schöpfung, nicht mehr und nicht weniger.

»Den Zustand der Leere zu erreichen, bedeutet also, deine Gedanken zum Schweigen zu bringen, wobei diese Formulierung von mir unglücklich gewählt ist. Etwas zum Schweigen zu bringen, beinhaltet eine Absicht und ein aktives Wollen. Das gewollte Unterdrücken der Gedanken funktioniert aber nicht, wie ich schon öfter erklärt habe. Gegen etwas ankämpfen verschlimmert immer die Situation. Der richtige Ansatz wäre, ähnlich wie schon von Buddha gefordert, das Loslassen. Lasse deine Gedanken los. Die meisten davon sind sowieso großer, selbst gemachter Mist. Gedanken kommen unmittelbar vom Ego, sie sind materiell, genau wie die Vergangenheit, mit der wir uns unsere ach so intelligenten Gedanken basteln. Mithilfe des gespeicherten Wissens gehen wir in die Welt und merken dabei nicht, dass dies alles nur bestenfalls Halbwissen ist. Eigene Erfahrungen, versteckte Glaubenssätze und Ängste sowie angelerntes Wissen, das auf den Erfahrungen anderer Menschen beruht, ergeben eine brisante Mischung. Wir haben unser Leben ja zum allergrößten

Teil auf fremder Leute Erfahrungen aufgebaut, was sich in unserem System, in dem es auf immer mehr Wissen ankommt und in dem es wichtig ist, immer mehr immer schneller zu lernen, kaum noch vermeiden lässt. Nur ist sich dessen niemand bewusst, das ist das wahre Problem. Und wenn uns dann das Leben begegnet, schöpfen wir nur noch in unserem Fundus an Wissen und stülpen etwas unserer Ansicht nach Passendes über die aktuelle Situation. Würdest du hingegen dieses Leben ganz einfach beobachten und aufmerksam sein, würdest du möglicherweise später feststellen, dass dein Wissen falsch war.

Willst du im Jetzt leben, musst du nicht mehr tun, als deine Gedanken abzustellen und dich der Beobachtung zuzuwenden. Du siehst, es läuft immer wieder auf das mehrfach erwähnte Thema Beobachtung und Aufmerksamkeit hinaus. Sobald du das Leben erlebst, ohne darüber zugleich nachzudenken, bist du im Jetzt. Sobald du über den Augenblick nachdenkst, bist du aus dem Jetzt schon wieder heraus. Wir machen alle kaum noch etwas im Jetzt, sondern üben uns im Multitasking. Wir essen beim Fernsehen und lesen gleichzeitig die Zeitung, wir telefonieren und schreiben E-Mails, kaum etwas machen wir nur für uns selbst. Sind wir nicht mit mehreren Dingen gleichzeitig beschäftigt, können wir sicher sein, dass unsere Gedanken irgendwohin abschweifen. Gerade in den Anfängen der Meditation treibt dies viele in den Wahnsinn. Statt voll konzentriert in der Meditation zu sein, grübeln wir über alles Mögliche, was offensichtlich wichtiger ist. Denken aber heißt immer, in der Vergangenheit zu sein, niemals im Jetzt.«

»Theoretisch ist mir das klar, bei der Meditation versuche ich seit Monaten meine Gedanken abzustellen, aber das sind jeweils nur einzelne Sekunden, in denen es mir gelingt. Gibt es einen Trick?«

»Du meinst so etwas wie eine skurrile Stellung, dabei die Luft anhalten und dann ein bestimmtes Mantra singen? Nein, es ist viel einfacher, zugleich aber auch unendlich schwer. Beobachte in der Meditation einfach weiter deine Gedanken, mache dies aber auch im Alltag. Wenn du aufmerksam bist und deine Gedanken fortwährend beobachtest, wirst du leicht ans Ziel kommen und deine Gedanken werden weniger. Durch das Beobachten der Gedanken allein, holst Du diese schon quasi ins Jetzt. Und wie gesagt, kommentiere deine Gedanken nicht, das ist das nächste Hindernis. Dir fällt auf, dass du vielleicht über einen anderen gedacht hast, was der ›für ein Idiot‹ sei. Du beobachtest den Gedanken und denkst den neuen Gedanken, dass das nicht fair war und der andere das nicht verdient habe. Und so weiter und so weiter. Also, über die Gedanken nachzudenken, ist wirklich kontraproduktiv!«

»Aber was ist denn eigentlich aus den positiven Affirmationen geworden, über die wir gesprochen haben? Letztendlich handelt es sich dabei doch immer um Wünsche für die Zukunft, was angesichts deiner These, dass es gar keine Zukunft gibt, komisch wirkt. Zudem bekämpfen wir mit der Affirmation doch die aktuelle Situation und akzeptieren sie nicht, oder? Das würde schließlich bedeuten, dass diese positiven Affirmationen im Sinne des Dao völlig überflüssig sind.«

»Ja, damit verdrängst du letztendlich deine Probleme, du ignorierst Teile deines Selbst.«

Kurz und knapp. Ich verstand. Wünsche waren etwas für noch nicht im Dao beziehungsweise im Jetzt Angekommene. Und eine positive Affirmation zeigt schon im Begriff selbst, dass wir unterscheiden in gut und schlecht, wir bleiben in unseren Abhängigkeiten kleben. Selbst wenn ein Wunsch in Erfüllung geht, so ändert sich nur ein einziger Aspekt. Das grundsätzliche Problem der fehlenden Einheit würde bleiben.

»Lass mich nun wieder auf das Loslassen zu sprechen kommen. Das Loslassen aller Bindungen, egal ob sie materieller, religiöser, politischer oder zwischenmenschlicher Art sind, ist ein weiteres Ziel des Dao. Das hört sich erst einmal ganz einfach an. Wenn du dich aber daran machst, wirst du feststellen, wie schwierig es wird. Deine Sicherheit im Leben beziehst du nämlich genau aus dem, was du nun aufgeben sollst. Gesellschaft, Lebenspartner, Firma und Freunde ordnen dein Leben, fügen es in Strukturen und jeder meint, dass ihm dies den notwendigen Rahmen für ein glückliches Leben gibt. Nun ist dies, wie du wohl schon erwartet hast, ein verstandesmäßiger Trugschluss; plötzlich sind Partner und Job weg und das ganze Gebilde bricht in sich zusammen. Ich sage nicht, dass man nicht lieben soll, ich sage nicht, dass du deinen Lebenspartner nur noch distanziert an dich heranlassen solltest. Du sollst nur nicht so tun, als ob dein Leben davon abhinge, denn dies ist nicht der Fall. Die Existenz des Egos hängt davon ab, dass du auf seine Weltschmerzgedanken hereinfällst. Um deine Bindungen loslassen zu können, musst Du selbstverständlich diese Bindungen zuerst erkennen. Der eine hat davon mehr, der andere weniger, aber jeder hat sie. Und das meist nicht zu knapp. Es lohnt sich für dich, dir einmal darüber klar zu werden, was das alles ist. Infrage kommen die üblichen Verdächtigen wie materielle Dinge, Geld, die Beziehung, Macht und Einfluss. Es geht hier nicht darum, dies alles aufzugeben und sich in die Zimmerecke zu hocken, Ziel ist nur, diese Bindungen zu erkennen und zu akzeptieren. Auch musst du sie nicht verurteilen. Schenke ihnen einfach deine Aufmerksamkeit, nicht deine Meinung. Sei in der Lage, diese Dinge aufzugeben, ohne ihnen auch nur eine Sekunde nachzutrauern, wenn es soweit ist. Wirkliche Sicherheit zu erreichen, ist sowieso nicht möglich, warum auch? Wenn du dem Fluss des Dao vertraust und dich dem Leben öffnest, benötigst du keine Sicherheit mehr, sie wird völlig unwichtig für dich, ebenso die anderen von dir gesteckten Ziele und Wünsche. Vergiss alle Autoritäten, alle Bindungen, höre auf dich selbst und die kosmische Kraft, die die Weisheit des Lebens bildet. Wenn du das machst, kannst du alles andere, was ich dir in den letzten Wochen erzählt habe und was du dir alles angelesen hast, getrost wieder vergessen. Alles, was ich dir erzählt habe ist in dem Moment, wo du es gehört hast, schon vergangen, es wird zu abgespeichertem Wissen. All dieses Wissen ist völlig unnötig und behindert dich, da du es wieder verwenden wirst, um es mithilfe deines Verstandes umzusetzen. Auch ist alles egal, was gestern war, es zählt nur und ausschließlich das Jetzt; jeder Gedanke an Bindungen ist unnötig, da er sich immer auf die Vergangenheit bezieht. Im Jetzt hast du erst einmal gar keine Bindung, also baue sie auch nicht durch dein Ego wieder auf. Hier ist eine Geschichte, die Bear Heart, ein nordamerikanischer indianischer Heiler, in seinem Buch ›Der Wind ist meine Mutter‹ erzählt:

> ›Ein Medizinmann aus Südafrika schilderte mir, wie man dort Affen fängt. Man bohrt ein Loch in einen Kürbis, gerade so groß das man eine Banane durchschieben kann; anschließend wird mit einem Löffel das Kürbisfleisch entfernt und die Banane hineingesteckt. Wenn ein Affe kommt, riecht er die Banane in dem Kürbis, streckt den Arm hinein, packt die Banane und dann steckt er fest. Sein Verstand sagt ihm nicht, dass er die Banane loslassen muss, um seine Hand freizubekommen. Er umklammert die Frucht einfach weiter.‹ (4)

Menschen sind offensichtlich auch nicht besser als Affen. Es scheint ein notwendiges Übel der Menschen zu sein, alte Geschichten, Verletzungen und Sorgen nicht loslassen zu können. Bei jeder passenden und unpassenden Gelegenheit kramen wir in unserer Erinnerung, vermiesen uns die Stimmung und projizieren diese alten Erfahrungen auch noch in die Zukunft, auf andere ahnungslose Menschen und Partner. Wurden wir einmal verletzt, vertrauen wir niemandem mehr. Warum machen wir nicht bei Menschen, die uns wieder verletzen, den Schritt und sagen uns selbst einfach, dass das deren Problem ist und nicht unseres?«

Eine schöne Geschichte, dachte ich mir. Sind wir wirklich nicht schlauer als ein Affe mit einer Hand im Kürbis? Nun ist das Bild des Affen leicht verständlich, unser Kürbis im Leben ist uns möglicherweise aber doch gar nicht bekannt oder tief verdrängt. Das war gerade das, was ich als Schamane gelernt hatte. In der Energieheilung funktioniert der Ansatz deshalb von der anderen Seite, man behandelt die aktuellen Probleme, der Schamane beseitigt die alte Geschichte, ohne dass diese aufgearbeitet werden muss. Warum sollte man in der Vergangenheit wühlen und alte Wunden aufbrechen, die mühsam leidlich verheilt waren, wenn man das Thema auch ohne Wunden loswerden kann?

»Hey, hörst du noch zu? ›Loslassen‹ bedeutet auch, Widerstände im Leben zu erkennen und Dinge nicht mit Gewalt erzwingen zu wollen. Stattdessen gibt man sich der Natur hin, vertraut auf sich und darauf, dass wir das Ziel auch ohne Kampf und leicht erreichen können. Dazu gehört es, sich auf wesentliche Werte zu konzentrieren. Man lässt die eigenen Vorlieben und Wünsche sowie die Abneigungen und Vorurteile los. Sobald wir uns dieser Verhaltensmuster bewusst geworden sind, können wir lernen, zu verstehen. Wir leben nur in diesem Augenblick, die Vergangenheit ist vorbei, die Zukunft noch nicht da. Warum machen wir uns dann jetzt schon Gedanken und vermiesen uns das Jetzt? Versuche, den Augenblick anzunehmen, so wie er ist. Ist er negativ, solltest du vielleicht etwas daraus lernen. Bedanke dich für diese Lektion und für jede andere, denn du lernst daraus. Nicht gut losgelassen hast du hingegen, wenn du im Hinterkopf immer noch daran arbeitest. Wenn du einem Freund etwas für dich Wertvolles schenkst und du später feststellst, dass er es in einer Schublade verstauben lässt, ärgerst du dich dann?«

Ich verstand zwar worauf er hinauswollte, aber wie sollte das in der Praxis funktionieren? War diese absolute Souveränität denn zu erreichen?

»Natürlich ärgere ich mich dann, dann hätte ich es ja besser behalten. Wenn ich es loslassen könnte, hieße das nicht zugleich, dass ich gelernt habe, dass diese Sache für mein Leben unerheblich ist, dass ich nicht mehr an ihr hafte? Dass ich also diese verschenkte Sache sowieso gar nicht mehr als wertvoll betrachten würde? Ich meine, dieses Loslassen ist ja keine rationale Entscheidung des Verstandes im Augenblick des Schenkens, oder?«

»Ich sehe, mit dem Verstand kannst du mir folgen, das Beispiel war halt nicht perfekt gewählt für einen analytischen Menschen wie dich. Wenn du bitte jetzt noch dein Herz hinzuziehen könntest? Höre einfach auf, dir einzureden, dass du nicht loslassen kannst, denn du kannst alles loslassen. Und du kannst etwas nur dann loslassen, wenn es keine Bedeutung mehr für dich hat. Und nichts hat in Wahrheit eine Bedeutung für dich! Solange etwas noch eine Bedeutung für dich hat, darfst du es gar nicht loslassen können. Denn wie wolltest du sonst lernen, dass es keine Bedeutung für dich haben könnte? Alle deine Wünsche und Fantasien darüber, wie die Dinge sein sollten und könnten sowie deren Bewertungen haben einen massiven Druck in dir entstehen lassen. Nun hast du Angst, den Deckel zu öffnen, weil dir alles ins Gesicht springen würde, was du als Nicht-Liebe ansiehst. Der Druck besteht aber nur durch deine eigenen Bewertungen. Die Dinge erscheinen ganz anders, wenn der gemeinsame Nenner Null geworden ist, nämlich bedeutungslos! Genauso, wie wir uns von Dingen und Einstellungen lösen können, funktioniert es auch mit Problemen. Ein guter Ansatz, einen Widerstand, eine Angst oder ein Problem loszulassen, ist es, sich bei diesem Problem zu bedanken für die Lektionen und sich dem Leben wieder zuzuwenden und nicht die Ursache und einen Schuldigen zu suchen. Einfaches mentales ›Beenden‹ funktioniert in der Regel nicht so gut, denn oft ist das Problem sehr stark in dir verankert, sonst hätte es dich nicht so lange begleitet. Wenn wir unsere Lebensenergie auf das Wesentliche konzentrieren und das Überflüssige über Bord werfen, ändert sich unsere Grundeinstellung zum Leben. Wir hören auf, nur zu reagieren auf die äußeren Umstände und müssen nicht mehr den Anforderungen gehorchen. Der tägliche Kampf gegen Widerstände und uns selbst kann ein Ende haben, denn es ist möglich, die eigene Situation so zu gestalten, dass sie unserem tatsächlichen Lebensentwurf entspricht. Widerstände lösen sich dann auf. Dann erkennst du den Unterschied zwischen dem Leben, bedingt durch äußere Umstände, sowie dem Urtrieb zu überleben und dem aktiven ›Lebendigsein‹. Dies beinhaltet die aktive Gewahrwerdung und Gestaltung unseres Bewusstseins. Natürlich ist es nicht so einfach, ganz normal weiterzuleben, wenn dir etwas Schreckliches zustößt. Wenn du nun Momente erlebst, die dir wirklich schrecklich erscheinen, wird des dir schwer fallen, diese einfach teilnahmslos zu beobachten. Dieses ›schrecklich‹ ist aber zunächst einmal nur eine subjektive Klassifizierung von dir und zumeist auch unserer Gesellschaft. Was auch immer du schrecklich findest, ist zunächst einmal eine reine Tatsache; erst deine Bewertung macht es zu etwas Schrecklichem. Versuche also, auch diese Sache erst einmal einfach anzunehmen und nicht abzulehnen oder gar zu bekämpfen. Beobachte deinen Verstand, mach dich unabhängig von ihm, sei gegenwärtig im Jetzt. Sei gewiss, du hast diese Sache selbst mittels deines Bewusstseins geschaffen – also behandle sie auch entsprechend. Und du wirst sehen, dass dies dein Leben verändern kann. Wenn du meinst, du bist noch nicht so weit, versuche zunächst einmal, auch das Positive zu sehen, auch wenn dies jetzt zynisch klingen mag. Suche dir einen positiven Ansatzpunkt. Wenn du einen Unfall hattest und nicht ernsthaft verletzt wurdest, freue dich darüber, dass es dir gut geht. Wenn du dich dabei verletzt hast, freue dich, dass du lebst. Kennst du den an den Rollstuhl gefesselten berühmten Astrophysiker Stephen Hawking, der sich mittlerweile nicht mehr selbst bewegen kann? Er lebt dieses Prinzip vorbildlich, er hat nie aufgegeben, hat seine Forschungen weiter betrieben und hat seine Situation akzeptiert. Alle Menschen jammern gerne über ihr persönliches Schicksal, wie ungerecht das Leben doch zu ihnen ist, was sie für ein Pech haben. Der Partner hat sich nach einiger Zeit als scheinbar oberflächlich und uninteressiert herausgestellt, die neue Arbeit ist schon wieder genauso schrecklich wie die alte. Die neuen Kollegen sind zwar okay, aber der Chef ist genauso ein Idiot wie der alte. Die Wohnung könnte vielleicht auch ein wenig größer sein, das Auto ein wenig schneller, der Partner ein wenig jünger, man selbst weniger schwergewichtig und so weiter. Insbesondere Frauen rufen dann ihre beste Freundin an, weinen sich eine Stunde aus, bekommen das erwünschte Verständnis und Mitleid für die eigene, unverschuldet unglückliche Situation und tauschen dann die Rollen. Die Freundin ist mit Jammern und Beklagen dran, auch sie hat reichlich, was sie in ihrem Leben gerne ändern würde, irgendwann einmal, aber jetzt geht es halt gerade nicht. Ihre Arbeit macht ihr zwar gar keinen Spaß, sie würde gerne etwas anderes machen, hat aber nicht den Mut, dies einfach einmal auszuprobieren. Zuerst muss sie schließlich noch ein paar Jahre für die finanzielle Sicherheit arbeiten, damit sie dann später auch mal was riskieren kann. Die Zukunft ist ihr wichtiger als die Gegenwart!

Wer sich beklagt, meint, er sei ein Opfer; ein Opfer der Mitmenschen, des Lebens und von was-weiß-ich allem. Er bezieht eine passive Rolle im Leben, er lebt nicht selbst und schon gar nicht in der Gegenwart. Dabei wäre es so einfach, all das, über das man sich beklagt, einfach zu ändern nach dem Motto ›Accept it, change it or leave it!‹ Es steht dir frei, eine dieser Möglichkeiten zu wählen. Aber wenn dein Leben das totale Chaos ist und du einfach gar nichts tust, akzeptierst du schlicht deine aktuelle Situation. Du hast sie so gewollt, es gibt keinen Grund, zu klagen. Du bekommst den Hintern nicht hoch. Niemand wird ihn dir hochheben, die anderen sind viel zu sehr mit ihren eigenen Problemen beschäftigt. Nur du bist verantwortlich für dein Leben, niemand sonst. Übrigens bist du auch nicht für das Leben irgendeines anderen verantwortlich! Und alles, was dir nicht passt in deinem Leben, ist deine eigene Schöpfung, also beschwere dich nicht. Wenn du deine aktuelle Situation verfluchst, verfluchst du dich selbst. Eine Situation, die dir aber trotz allem einfach nicht gefällt, solltest du ändern. Zunächst einmal hilft es dir, wenn du deine negativen Gedanken und Gefühle dazu beobachtest und dir ihrer bewusst bist. Akzeptiere die Situation also für einen Moment und komme in eine positive Stimmung, in deinen inneren Frieden. Lass dich nicht von Angst oder Widerstand beherrschen. Dann entscheide dich für das, was du als richtig empfindest und fang gar nicht erst an, deinem Verstand die Möglichkeit zu geben, dir auszumalen, was das alles für Konsequenzen haben könnte. Vergiss einfach die Angst vor dem Unbekannten. Lass sie gar nicht erst hochkommen, bleibe in deinem Bewusstsein, lass den Verstand ruhen. Schuldzuweisungen sind ein Phänomen; wir finden für alles und jedes einen Schuldigen. Irgendjemand ist immer schuld an unserer gerade stattfindenden Misere. Wegen des Partners verwirklichen wir seit Jahren unsere Träume nicht, wegen der Rückenschmerzen können wir nicht so, wie wir wollen. Man würde ja so gerne, wenn man nur könnte, wenn die anderen einen nicht immer davon abhalten würden. Es ist immer tröstend, nicht der Schuldige zu sein, ja, ganz im Gegenteil, das Opfer zu sein. In der Opferrolle fühlen sich die meisten Menschen so wohl, dass es schon unglaublich ist. Man meint, sich besser zu fühlen, wenn man etwas nicht tut und die Schuld dafür einem anderen gibt, als dass man seinen Traum einfach angeht. Wir ziehen lieber einen Gewinn daraus, der Verlierer aufgrund unserer vermeintlich nicht eigenen Entscheidung zu sein, als unser Glück anzugehen. Wir hätten zwar eigentlich Lust, etwas zu tun, wagen es aber nicht und finden natürlich einen Schuldigen. Dabei übersehen wir, dass wir uns nur vormachen, dass wir ja würden, wenn wir könnten. Ganz im Gegenteil, durch unser Verhalten verbiegen und blockieren wir uns, wir sterben jedes Mal einen kleinen Tod. Es ist einfach, anderen die Schuld zu geben. Wenn du ehrlich zu dir selbst bist, wirst du sehen, dass es nicht die anderen sind und auch nicht der Kürbis ist, der Schuld ist. In unserer westlichen Welt sind wir ständig alle dem alltäglichen Stress ausgesetzt, jeder steht unter einem Leistungsdruck, dem er kaum standzuhalten vermag. Auch hier kann man loslassen!

Jetzt rede ich schon die ganze Zeit über das Loslassen, obwohl eigentlich ein Annehmen gemeint ist. Das Schöne ist: Wir müssen überhaupt nichts aktiv loslassen. Es genügt schon, ›Ja‹ zu sagen. ›Ja‹ zum Leben, ›Ja‹ zu Problemen, ›Ja‹ zum Leiden, ›Ja‹ zur Freude. Indem du ›Ja‹ sagst, akzeptierst du das Ganze und nicht nur den Teil, der dir gerade gefällt. Erst wenn du dich mit deinen Problemen identifizierst und eins wirst mit deinen Ängsten, kann du diese annehmen und du gewinnst endgültig Macht über sie, sie verlieren ihre Macht über dich. Du weißt, wie es ist, wenn dich eine Emotion überkommt, wenn deine Frau etwas Verletzendes gesagt hat und du dich am liebsten schnellstmöglich revanchieren möchtest. Oft fehlt uns die Kraft, uns zu beherrschen. Dass dieses Verhalten nicht zielführend ist, haben wir aber in unserem Leben alle immer wieder erlebt. Vielleicht solltest du dann erst einmal versuchen, zur Ruhe zu kommen und den Ärger und die in dir tobenden Gefühle zu erkennen versuchen. Beobachte das Gefühl erst einmal und atme bewusst ein und aus. Der nächste Schritt wäre, zu akzeptieren, dass du dich ärgerst – und nicht sie dich! Nicht umsonst heißt es ›sich ärgern‹. Wir ärgern uns selbst, niemand anderes ärgert uns. Der andere ist immer nur der formale Auslöser. Unsere Gefühle existieren nicht getrennt von uns, sie werden auch nicht von außerhalb verursacht. Unser Gefühl sind wir selbst, egal welches Gefühl in uns aufkommt, wir sollten es annehmen, es hat keinen Sinn, dagegen anzukämpfen. Deinen Ärger solltest du entsprechend als Freund und guten Ratgeber empfinden, er zeigt dir deine eigenen Schwächen – und nicht die des vermeintlichen Verursachers. Wenn du dann den Ärger beobachtest und zu verstehen versuchst, findest du tief in dir den Grund, warum du so verärgert reagierst. Forschst du an dieser Stelle weiter in dir, wirst du verstehen, woher der Ärger kommt und kannst Abhilfe schaffen.

Wenn Du mehr versuchst, als etwas einfach nur anzunehmen, wirst Du unweigerlich versuchen, dieses Etwas zu verändern. Dieser Wunsch jedoch steht der Änderung selbst im Wege, denn etwas ändern zu wollen heißt nicht, es anzunehmen und sich sogar darauf zu zu bewegen. Es bedeutet sogar, sich zu entfernen. Also, wie gehabt: beobachten, beobachten, beobachten. Beobachten heißt, etwas bemerken und hinschauen, mehr nicht. Dies ist der allerwichtigste Punkt, den ich dir beibringen kann und nichts ist schwerer und zugleich leichter zu verwirklichen. Wir besitzen nahezu alle gar nicht mehr die Fähigkeit dazu, da wir automatisch unseren Verstand für alles benutzen, was wir beobachten. So sehen wir nicht direkt, sondern wir nehmen den Umweg über den Verstand und gespeicherte Bilder. Versuche also bitte, ganz locker an die Sache heranzugehen. Jeder Zwang, jeder Ehrgeiz, jedes Wollen, ist kontraproduktiv. Lass dir Zeit. Allein dadurch, dass du etwas deine Aufmerksamkeit schenkst, veränderst du es schon; sobald du hingegen aktiv wirst, tust du zuviel. Sei aufmerksam, aber verwechsle dies nicht mit aktiver Konzentration. Sobald du dies beherzigst und zulässt, kommt der Erfolg von ganz alleine.

Eine Form des Annehmens ist das Vergeben. Zum Erreichen des inneren Friedens ist erst einmal erforderlich, dass wir vergeben. Innerer Friede ist in uns, wenn wir uns nicht wehren, wenn wir das Leben annehmen, wenn wir nicht versuchen, das Außen zu ändern. In uns aufkommende negative Gefühlswallungen sind dann von kurzer Dauer. Wenn wir sie beobachten, sind sie weg. Wenn du hingegen nicht bewusst bist und deine emotionalen Irrungen und damit dein Ego pflegst, deinen Schmerzkörper fleißig fütterst, kann diese eigentlich kurze Dauer auch Jahre betragen. Jahre lang kämpfst du gegen etwas an, anstatt es in einem kurzen Moment anzunehmen, es so zu akzeptieren, wie es ist. Indem du der Situation vergibst, lässt du los. Hast du ein Problem und weißt auch genau, warum du es hast beziehungsweise wer daran schuld ist, so hast du die Lehre noch nicht verstanden oder zumindest noch nicht realisiert. Es gibt kein Problem und niemand und nichts kann daran schuld sein! Verärgerung, Wut oder Zorn helfen dir nicht, sie arbeiten ausschließlich gegen dich. Sie sind die Freunde deines Verstandes, der mit seinem alten Freund, dem Schmerzkörper, dein Leiden vergrößern will, damit du dich endlich richtig lebendig fühlst. Nach dem Motto, nur wer richtig leidet, der lebt. Nun können wir Vergebung auch auf das Kommende beziehen, die vermeintliche Zukunft. Du hast mittlerweile verstanden, dass die Zukunft nicht existiert. Vergibst du im Jetzt der Zukunft, hast du keine Ängste oder Sorgen aufgrund irgendwelcher Hirngespinste des Verstandes mehr, dann wird auch dies sich auflösen. Lerne zu akzeptieren, dass aller Ärger und alle Angst, alles Leiden und aller Schmerz, ein übler Trick des Egos sind, um seine Existenz zu retten. So kannst du auch nur mit deinem Bewusstsein vergeben, niemals mit dem Verstand. Er wird dir zwar sagen: ›Na gut, wir vergeben dem und dem, um diese leidige Diskussion zu beenden.‹ Dies hat aber nichts mit Vergebung zu tun, achte darauf. Um sich selbst zu vergeben, musst du dich selbst lieben. Um anderen zu vergeben, musst du andere lieben. Egal, was jemand dir angetan hat, wenn du zu wahrer Liebe fähig bist, liebst du auch diesen Menschen und kannst ihm vergeben. Wenn nicht, solltest du daran arbeiten, so lange, bis du ihm ehrlich und von Herzen vergeben kannst. Du wirst dich deutlich besser fühlen. Bis dahin wird immer ein Schmerz in dir sein. Vergebung ist niemals möglich ohne Liebe.

Indem wir vergeben, egal, ob uns selbst oder einem anderen, haben wir aufgehört, zu beurteilen. Wir verlieren unsere Schuldgefühle. Dies fällt uns leichter, wenn wir wissen, dass unsere Wahrnehmung sowieso nur eine Projektion unseres Egos in die Welt ist. Das alles hat mit der Realität nichts zu tun. Oder besser gesagt, du schaffst ja die Realität, insofern ist sie einfach irrelevant. Deine Wirklichkeit ist jedoch nicht die objektive Wirklichkeit, ich würde sogar sagen, dass es eine objektive Wirklichkeit überhaupt nicht gibt. Wo soll sie herkommen, wenn jeder Mensch seine eigene Realität schafft und entsprechend wahrnimmt? Dein Leben entspricht genau dem, was du denkst.«

»Das hört sich alles ganz toll an und wenn es funktioniert, ist es bestimmt die größte Erfindung der Menschheit. Nur frage ich mich, warum nicht einige Milliarden Menschen auf der Erde bereits danach leben. Zeit war ausreichend, wenn Lao-Tzu dies alles bereits vor 2300 Jahren und Buddha noch früher wusste. Was ist schief gelaufen? Gut, es gab noch kein Internet und kein Telefon, aber auch das Christentum hat sich über die gesamte Welt verbreitet und ist heute jedem bekannt. Trotzdem sind mir diese einfachen, klaren Weisheiten in 44 Jahren meines Lebens noch nie begegnet und ich habe weder auf dem Mond gelebt, noch mein Leben vor dem Fernseher verbracht.«

»Du hast recht, wenn du in deinen normalen Denkschemata verbleibst. Es gibt zwei Aspekte, unter denen ich dir zwei verschiedene Antworten geben müsste. Unter dem Aspekt, dass alles genau so ist, wie die Menschen meinen, müsste ich sagen, dass diese Weisheiten zumindest in Fernost gar nicht so unbekannt sind, sie sind teilweise dort auch fester Bestandteil der Kultur. Sie wurden aber auch unterdrückt, insbesondere in China wurde im letzten Jahrhundert vieles zunichte gemacht. Dazu kommt eben die Rolle des Egos in unserem Leben mit seinen ganz eigenen Zielen und Absichten. Das Ego aber ist nur so stark, wie wir es zulassen. Geben wir ihm seine Macht, wird es uns davon abbringen, jemals volles Vertrauen in die Kraft des Dao zu entwickeln. Es ist für uns heute unglaublich schwer, unsere Sichtweise des Lebens so vollständig zu ändern, wir sehen uns kaum in der Lage, dieser für uns völlig neuen Kraft zu vertrauen, weil wir seit Generationen auf dem falschen Weg sind. Deine aktuelle Welt wird von Verstand und Ego beherrscht und sie sorgen dafür, dass dies auch so bleibt. So kann das Dao die Menschen nur so weit erreichen, wie sie es zulassen. Auf den ersten Blick erscheint dies unglaublich schwer zu sein. Genauso schwer wäre es, in einen reißenden Wildwasserfluss zu springen, nur weil ich sage, dass du auch unter Wasser atmen kannst. Dazu sollst du dann auch noch deine Individualität aufgeben und alle Entscheidungen mehr oder weniger dem Leben, dem Dao überlassen. Jemand verspricht dir, dass du dann als Belohnung erkennen wirst, dass du nicht kleiner, sondern größer wirst, dass du das Ganze sein wirst. Nicht so einfach, oder? Und doch gerade so einfach. Unter dem Aspekt, dass nichts so ist, wie es scheint, ist deine Frage noch leichter zu beantworten. Wir haben gesehen, dass Zeit relativ ist, dass eigentlich alles aus Leere be- und entsteht, dass wir uns unsere Realität selbst schaffen. Insofern sehen wir auch nur das, was wir sehen wollen. Wenn es aber keine Vergangenheit und keine Zukunft gibt, sondern nur das Jetzt, dann gibt es auch keine Vergangenheit von vor 2300 Jahren, sondern Lao-Tzu lebt jetzt, seine Gedanken leben jetzt. Mit dieser Antwort versuche ich jedoch, etwas, was der Verstand nicht mehr erfassen kann, mithilfe des Verstandes zu erklären. Du solltest letztendlich lernen, auf deine innere Stimme zu vertrauen und dich nicht auf das Wissen anderer zu verlassen, auch nicht auf das meinige. Im Übrigen brauchst du dir wegen deiner Zweifel keine Sorgen zu machen, sie können dich nicht davon abhalten, im Jetzt zu leben. Versuche es einfach und die Zweifel werden weniger und weniger. Im gleichen Zuge wirst du mehr und mehr feststellen, dass das Dao funktioniert. Beobachte deine Zweifel, schenke ihnen deine Aufmerksamkeit und sie werden sich auflösen. Vertraue auf deine Fähigkeiten und auf die Kraft der Natur.

Schon im Buddhismus ist Vertrauen die erste der fünf Kräfte. Vielleicht hast du es noch nie bemerkt, dass Nicht-Vertrauen für uns eine große Anstrengung ist und viel Mühe kostet. Im Gegensatz dazu setzt Vertrauen eine Menge positive Energie in uns frei. Vertrauen ist eine immer mehr verschwindende Tugend. Die meisten Menschen vertrauen kaum, oft nicht einmal sich selbst. Wir denken zwar, dass wir uns selbst vertrauen, doch kaum geht etwas schief, malen wir uns die schlimmsten Konsequenzen aus und geben auf. Denke an die Sonne, die jeden Tag wieder aufgeht, egal wie stürmisch und verregnet der Tag war. Egal, was passiert, sie kommt wieder mit der gewohnten Kraft und Wärme. Vertrauen baut auf Einsicht und Verstehen auf, Vertrauen ist kein blindes Vertrauen. Aus Vertrauen bildet sich Tatkraft, welche wiederum unser Vertrauen verstärken wird. Betrachte doch mal eine aus deiner Sicht ausweglose Situation als Wendepunkt in deinem Leben, als Chance. Ich kann es gar nicht oft genug sagen, höre auf dein Herz, deine Seele, deinen Bauch und handle danach! Du lernst daraus, auch wenn dir schreckliche Dinge zustoßen. Sag ›Danke‹ zum Leben und ›Danke‹ für diese Lektion. Oft müssen wir schlimme Dinge erleben, damit wir ein anderer und vielleicht besserer Mensch werden. Wir erkennen das nicht immer und sofort. Hugh Prather erzählt im Vorwort des Buches ›Lieben heißt die Angst zu verlieren‹ von Gerald G. Jampolsky diese Geschichte:

> *›Ein Mann dessen Leben beendet war, erschien vor Gott. Und Gott blickte auf dessen Leben zurück und zeigte ihm die vielen Lektionen, die er gelernt hatte. Als er damit fertig war, sagte er: ›Mein Sohn, möchtest Du etwas fragen?‹ Und der Mann antwortete: ›Während Du mir mein Leben zeigtest, fiel mir auf, dass da in guten Zeiten immer*

zwei Fußspuren waren, und ich wusste, dass Du neben mir gingst. In schlechten Zeiten aber war da nur eine Fußspur. Warum, Vater, hast Du mich in den schwierigen Zeiten verlassen?‹ Und Gott antwortete: ›Du interpretierst es falsch, mein Sohn. Es ist wahr, dass ich in guten Zeiten neben Dir ging und Dir den Weg zeigte, aber in schwierigen Zeiten trug ich Dich.‹ (103)

Mann, jetzt habe ich schon wieder ellenlange Monologe gehalten, dabei geht es doch hier um die einfachste Sache der Welt.«

Mir dröhnte wieder einmal der Kopf. Obwohl alles, was ich hörte, immer wieder auf dasselbe hinauslief, hatte ich für mich noch keinen greifbaren Ansatzpunkt gefunden. Ich hatte einfach keine Ahnung, wie ich die ersten Schritte machen sollte, um dann irgendwie in diesen Fluss des Daos zu gelangen.

»Ich denke, das Problem bei der ganzen Sache ist, dass man sich nicht traut, es einfach auszuprobieren. Ich hätte Angst, dass ich, wenn ich nach dem Dao lebe und spontan ohne lange zu überlegen das tue, was mir als richtig erscheint, eventuell nach zwei Jahren feststelle, dass es nicht funktioniert hat. Dass ich dann verarmt bin, weil ich mein Erspartes aufgebraucht habe. Dass meine Frau weg ist, weil sie keine Lust hatte, sehenden Auges in die drohende Katastrophe, den Untergang, zu marschieren. Gut, dann hatte ich zwei aufregende Jahre, aber was dann?«

»Du sagst es, du hättest Angst. Angst aber ist der schlechteste Ratgeber überhaupt. Ersetze die Angst durch Liebe und entscheide danach. Was machst du gerne? Woran denkt unser Autor hier, wenn ich dir diesen Ratschlag gerade gebe? Was würde er jetzt gerne machen? Bei ihm ist es kurz vor acht Uhr morgens und gleich muss er ins Büro. Ist es das, was er tief in seinem Herzen will oder sollte er einfach sitzen bleiben und einige weitere

Kapitel schreiben? Ich weiß, es ist schwer zu glauben, dass es dir immer gut gehen wird, wenn du diese Ideen verfolgst und sie zulässt. Ob deine Frau dabei mitspielt, ist eine andere Sache. Ob du weniger Geld hast als jetzt, ist auch nebensächlich, da du dann auch weniger Geld benötigst. Wenn du aber Geld brauchst, wirst du Geld haben. Vor allem aber habe ich nicht gesagt, dass du alles stehen und liegen lassen sollst, dich meditierend unter einen Baum setzt und dann von Glück überschüttet wirst. Diese Ideen sind Teil eines Prozesses, der nicht über Nacht geschieht. Er entwickelt sich aus deinem jetzigen Leben in Schritten, von denen auch einmal einer rückwärts gerichtet erscheinen mag. Sei gewiss, die Erde gibt uns alles, was wir zum Leben benötigen. Sie ernährt die Tiere und Pflanzen, wir sollten dankbar für alles sein, was sie uns gibt. Und nur dann, kannst du dein Leben so leben, wie es für dich vorgesehen ist. Sicherlich kannst du ein Aussteigerleben führen, vielleicht Mitglied einer dubiosen Sekte werden oder was auch immer. Solange du nicht im Sinne des Dao lebst, bleibt dies bloß äußerliche Kosmetik. Freiheit findest du nie im Außen, sondern nur in dir. Wenn du dies aber erreicht hast, ist es auch völlig gleichgültig, wie und wo du lebst, da das, was für dich gut ist, dich ganz von allein finden wird. Im Dao zu leben, bedeutet, dass die äußeren Umstände gleichgültig geworden sind. Egal, ob du in einer Villa, in einer Etagenwohnung oder sogar im Gefängnis wohnst, es beeinflusst dich nicht mehr. Auch die ehemals so wichtigen materiellen Aspekte deines Lebens werden unwichtig; du musst weder Millionär sein, noch hindert es dich, wenn du Millionär sein solltest. Du bist innerlich unabhängig und lebst aus der Tiefe deines Selbst. Bestehende Machtverhältnisse verlieren für dich ihre Macht, sie ändern sich und entwickeln sich zu ganz neuen Strukturen. Dein Chef bleibt vielleicht dein Chef, jedoch wird auch er merken, dass du dich verändert hast und er keine Macht mehr hat. Dazu wird er feststellen, dass du eine Leichtigkeit und Lockerheit gewonnen hast, die er nie hatte und er wird dich sogar darum beneiden. Vielleicht sollte ich hier nochmals betonen, dass es für diese Art des Lebens in keiner Weise erforderlich ist, irgendwelche Umstände im Außen zu ändern. Das Außen ist unerheblich, es wird sich automatisch ändern, wenn es erforderlich ist. Deine Gedanken werden es in deinem Sinne neu erschaffen, wenn du das Dao lebst. Es ist also absolut sinnlos, den Job zu kündigen in der Hoffnung, dass sich die Welt für dich dadurch verbessert. Die Arbeit macht uns keine Freude, die Familie langweilt uns, wir würden alles Erdenkliche lieber machen, als das, was wir machen.

Andererseits aber haben wir Spaß an den merkwürdigsten Hobbys. Manche gehen dreimal die Woche in ein Fitness-Studio und bauen Muskelberge auf, andere sammeln Briefmarken und beobachten diese unter der Lupe. Wir behaupten, gerne zu rauchen und haben Spaß dabei, stundenlang vor dem Fernseher zu hocken. Wir springen an Bungee-Seilen in die Tiefe nur, um uns einen Kick zu holen. Wenn wir an diesen Dingen so viel Spaß haben, warum nicht auch an der Arbeit oder was auch immer gerade das Problem ist? Wenn wir beim Springen mit einem Seil an den Füßen Spaß haben können, warum dann nicht bei der Arbeit? Wenn du morgens ins ungeliebte Büro gehst, schaue dich einfach einmal um und bedanke dich für das, was du siehst. Verharre einige Minuten im Park, den du auf dem Weg zur Arbeit durchquerst. Bleibe stehen beim Baum, der die Luft für uns Tag für Tag reinigt und bedanke dich. Danke den Leuten, die deine Kaffeetasse produziert und vielleicht bemalt haben. Danke dem Ingenieur, der die Kaffeemaschine konstruiert hat, dem Fabrikanten der Möbel und so weiter. So wirst du sehen, dass auch dieser Job seine positiven Seiten hat. Und wenn er trotz allem nicht deine Erfüllung ist, wird sich eine Lösung ergeben, bei der du sofort spürst, dass sie der richtige Weg ist. Ich sage aber auch nicht, behalte deinen Job erst einmal, bis du etwas adäquates Neues gefunden hast. Dies wäre ein auf Angst vor dem Unbekannten beruhender Gedanke, den wir schon abgehandelt hatten. Vertraue also auf dein Selbst, auf deine Verbindung zu allem, was existiert und nimm gelassen an, was das Leben dir bringt. Du brauchst nicht mehr zu kämpfen, Ehrgeiz und Wollen sind nicht mehr wichtig für dich. In deiner Arbeit wirst du selbstverständlich handeln, deine Ehrlichkeit und Gelassenheit werden dich zu dem führen, was du benötigst. Du wirst keine Ziele mehr haben und gerade deswegen werden dich die Dinge erreichen, die du brauchst. Du musst nur noch zugreifen. Über den Ehrgeiz und den Kampf der anderen um Geld, Macht und Erfolg wirst du dich nur noch wundern.«

39. Kapitel – Abschied

Wir saßen am Schiffsableger von San Pedro und tranken unseren letzten gemeinsamen Kaffee, mir war irgendwie zum Heulen zumute. Ich freute mich auf zu Hause, aber die Trennung von meinen neuen Freunden fiel mir verdammt schwer. Mir war klar, dass ich manch einen nie mehr wiedersehen würde. In gut einer Stunde ging mein Schiff, noch waren Earl und ich alleine und ich hoffte, dass dies auch so bliebe und nicht alle womöglich zum Abschiednehmen kommen würden. Mit Earl allein fiel es mir schon schwer genug und ich hatte einen dicken, fetten Kloß im Hals.

»Du hast in den letzten Wochen eine Menge über das Leben gelernt und bist auf dem Wege, ein spiritueller Mensch zu werden. In Teilen bist du dies schon, in anderen wird dies die Zeit bringen, wenn du deinen Verstand aufzugeben lernst. Ein wahrer Weiser hat keine Begrenzungen, er ist in der Lage, all seine Talente zu verwirklichen. Er ist eins mit der Schöpfung und hat jedes Nichtwissen überwunden. Er hat jede Krankheit überwunden und ist ganz, ist heil. Mit dem, was du als Schamane und hier gelernt hast, hast du nun eine Macht über Menschen, der du dich nicht verweigern können wirst. Die Menschen dürsten nach Hilfe und Anleitung. Du hast Fähigkeiten gewonnen, an denen du weiterarbeiten solltest. Diese Fähigkeiten werden dir auch als Ballast vorkommen, du wirst manchmal denken, warum kann ich nicht einfach wie die anderen in den Tag hinein leben, warum muss ausgerechnet ich dies alles erkennen. Aber du hast eine Rolle im Leben, eine Aufgabe, die du so gut erfüllen solltest, wie du kannst.

Hier möchte ich dich warnen! Wenn ich mich irren würde,

wärst du einer der ersten, bei dem es nicht passiert, dass du einen Bekehrungswahn entwickelst und jeden Menschen, der es hören oder auch nicht hören will, versuchst, möglichst schnell auf den richtigen Weg zu geleiten. Versuche nicht, die Menschen mit deinen Weisheiten zu beglücken, wenn du nicht gefragt wirst, ansonsten wirst du exakt das Gegenteil von dem erreichen, was dein Ziel war. Deine Umgebung wird deine neuen Ideen vielleicht als Spleen ansehen und denken, dass dies sich schon wieder legt. Dann werden sie beobachten, dass du irgendwie ausgeglichener bist als sie, ja, möglicherweise meinen sie, dass du glücklicher bist als sie. Nun geraten sie in einen Konflikt, sie haben für eine Sekunde durch einen Türspalt schauen können und kommen zu dem Moment, wo du vor einem Jahr warst. Sie ahnen, dass da etwas ist, sie wissen aber nicht, was es sein könnte. Und dieser Gedanke wird sich für viele Menschen zu einer Bedrohung ihres gesamten Lebens auswachsen. Sie wollen die Wahrheit überhaupt nicht wissen, weil sie ahnen, dass dann große Veränderungen anstehen könnten. Ihr Ego wird auf Hochtouren arbeiten und sie nicht mehr in Ruhe lassen. Aber sie merken dies alles nicht; das was sie merken, ist, dass sie alles einfach für esoterischen Unfug halten. Und dieser Punkt ist sehr wichtig für deine Einstellung. Lass den Menschen Zeit, jeder ist anders, jeder findet sein Glück anders. Deine Wahrnehmung ist nicht ihre Wahrnehmung, und ihre ist nicht deine. Du magst Probleme bei anderen sehen. Sprich darüber nur, wenn du gefragt wirst. Lasse jedem Menschen die Freiheit, die er für seine eigene Entwicklung benötigt. Sei einfach Vorbild, und die Menschen werden von ganz allein zu dir kommen, wenn sie soweit sind. Inspiriere sie, aber manipuliere sie nicht!

Dein Ziel ist es nun nicht mehr, Schmerz und Leiden zu vermeiden. Dein Ziel ist der innere Friede. Bei allem, was du tust, achte auf den Moment! Tust du das, was du tust, gerne und mit Liebe? Oder ist es eine Qual, eine Notlösung? Fühlst du dich gerade gar nicht wohl und würdest eigentlich lieber etwas ganz anderes machen? Ganz woanders leben? Bist du mit deiner momentanen Situation, deiner Arbeit unzufrieden? Dann bist du von der Zeit ergriffen, dein Verstand hat Oberwasser bekommen. Du bist nicht mehr bewusst. Dein Problem ist gar nicht die Arbeit, die dir einfach keinen Spaß macht, die dich nervt und stresst. Das Problem ist, WIE du deine Arbeit machst. Du machst sie nicht mit Liebe, du bist nicht gegenwärtig, Du bist nicht im Jetzt. Du konzentrierst dich auf die Zukunft, auf das Ergebnis der Arbeit, auf den Feierabend, aber nicht auf den Moment. Wenn du den Moment, die aktuelle Situation, vollständig annimmst, dich nicht dagegen wehrst, sie nicht ablehnst, wird dir die Arbeit plötzlich leichtfallen und auch Freude bringen. Die Belohnung deiner Arbeit wird von ganz allein erfolgen. Du wirst dich wundern, in welchem Maße sich dein Leben dann ändert. Dinge, für die du immer kämpfen musstest, gelingen plötzlich von ganz allein. Du wirst mit weniger Anstrengung viel mehr erreichen, das Leben findet dich, du rennst ihm nicht mehr davon. Du bist du, das reicht. Achte auf die kleinen Dinge des Lebens, die schönen Dinge, nimm dir die Zeit, zu beobachten. Würdige die Dinge, die dir den Alltag erleichtern und verschönern, aber hafte nicht an ihnen. Sieh nichts als wichtiger an, als es ist, denn du kannst jederzeit auf alles verzichten. Sei gelassen bis zur Gleichgültigkeit. Höre bei zu treffenden Entscheidungen auf dein Bauchgefühl, es wird dir im richtigen Augenblick jede Antwort sagen, die du benötigst.«

»Das hört sich alles ziemlich logisch an, aber was ist, wenn ich irgendwann im Jetzt lebe, bewusst bin, aber keiner zahlt mir mehr ein Gehalt? Wenn die Altersvorsorge in Gefahr ist? Wenn die ganze Existenz droht, den Bach runterzugehen?«

»Du brauchst es also schriftlich von mir, du willst eine Garantie auf das Glück? Komm, ich schreibe es dir auf, wenn du dich dann besser fühlst; aber das Leben kennt keine Garantien, sondern nur den ständigen Wandel. Eine Garantie aber würde den Stillstand bedeuten. Und dies ist genau die Situation, in der es sich die meisten Menschen bequem gemacht haben. Sie sitzen auf Ihren Polstergarnituren, schließen die Türen ab und leben ihr Leben von vor vielen Jahren weiter, während sie sich innerlich fürchten vor dem wahren Leben da draußen vor ihrer verschlossenen Tür. Sie sehen nicht, welche Möglichkeiten dort draußen auf sie warten, sie meinen, aus dem Spiel aussteigen zu können, es ist ihnen zu gefährlich und anstrengend. Und weil sie mit ihrer Zeit also nichts anfangen können, sie aber ganz tief drinnen das Gefühl haben, sie zu verschwenden, machen sie sich eine Flasche Bier auf. Und dann noch eine. Und noch eine. Bis der Abend gelaufen ist und sie endlich eins mit sich sind im Suff. Gib deine Bedenken endlich auf! Wenn du so denkst, fällst du wieder einmal auf einen Trick deines Egos herein, es spielt mit dir, dein Verstand sieht eine Chance, dich zurückzugewinnen. Das einzige, das du verlieren kannst, ist deine Bewusstheit.«

»Weißt du, es wäre genial, wenn man sorgenfrei leben könnte. Aber wie soll das genau funktionieren? Die Theorie ist mir soweit klar. Nur: Wie schaffe ich den Übergang zur Praxis? Wie schaffe ich es, dass ich nicht mehr mit dem Leben und vor allem mit mir und meiner Einstellung kämpfe? Ich meine, ich beschäftige mich mit den ganzen esoterischen Themen jetzt auch schon eine Weile, ich meditiere fast jeden Tag, dennoch habe ich die gleichen Sorgen wie vorher. Vielleicht sind auch einige ein wenig geringer geworden, das will ich gar nicht abstreiten. Dafür habe ich neue Probleme bekommen, gerade weil ich auf diesem Trip bin.«

»Nun übertreib mal nicht! Nur weil du ein paar esoterische

Bücher gelesen hast, ein paar Ideen aufgeschnappt und dann auch noch zwei Schamanenkurse absolviert hast, kannst du nicht wirklich von dir behaupten, dass du bisher auch nur halbwegs versucht hast, nach diesen Ansätzen zu leben. Aber ist es nicht gut, zu wissen, dass es keine festgelegte Lehrzeit gibt, die man benötigt, um dies alles realisieren zu können? Es genügt die einfache, aber wahrhaftige Entscheidung dafür und du bist augenblicklich mitten im Leben angekommen. Die Lehre dauert exakt eine Sekunde. Es ist die Sekunde, in der du dich entscheidest. Alle Entscheidungen, die du in deinem Leben triffst, haben nur eine einzige sinnvolle Entscheidungsgrundlage: deine wahren Gefühle. Nur der leichte Weg ist der richtige Weg für dich und alle anderen Menschen. Entscheide dich immer für den Weg der Liebe, handle nicht aus Angst. Wir treffen den ganzen Tag fortlaufend Entscheidungen; kleine, große, wichtige und unwichtige. Beginne vielleicht mit den kleinen unwichtigen, höre bei diesen auf Dein Gefühl und du wirst feststellen, dass es der richtige, der leichte Weg ist. Triff deine Wahl, aber belasse es dann auch bei dieser Wahl, mache kein Ziel daraus, kein Streben nach etwas. Versuch nicht, etwas haben zu wollen. Lass die Dinge einfach zu dir kommen.«

»Das alles hört sich viel zu leicht und fantastisch an, als dass es wahr sein könnte. Aber gut, gehen wir einmal davon aus, dass es stimmt. Da bliebe dann die Frage offen, wovon ich leben soll, wenn ich jetzt einfach mal mache, was ich will. Und sei dir sicher, das erste, was ich machen würde, wäre zu kündigen und mich mit anderen Dingen zu beschäftigen, für die mich dann aber wohl niemand bezahlen würde.«

»Ich sehe zwei Punkte in deiner Frage. Nummer eins ist, dass du offensichtlich deine Arbeit nie angenommen hast, dass du sie geistig eher bekämpfst, statt dass du je versucht hast, sie wirklich gut auszuführen. Der andere Punkt ist wieder einmal definiert von der Angst, diesmal vor dem materiellen Absturz, dem persönlichen Ruin. Natürlich wirst du genau dies erfahren, solange du Angst hast. Sobald du dich aber wirklich dem Fluss des Lebens hingibst, wird auch dir das zufließen, was du benötigst. Beendest du deinen Kampf gegen die verschiedenen Probleme oder Sorgen, werden diese einfach verschwinden. Ich hatte dir schon einmal gesagt, dass es keinen Mangel gibt. Es mangelt uns auf unserer Welt an nichts, an rein gar nichts. Von allem ist wirklich genug vorhanden. Wenn du dich entscheidest, diesem spirituellen Weg zu folgen, wirst du reich belohnt werden, sowohl geistig als auch materiell. Es kann gar nicht anders sein; dieses Schicksal des reinen Glücks und der Liebe ist unausweichlich mit diesem Weg verbunden. Wenn du dich entscheidest, diesen Weg zu gehen, so wirst du dein Leben selbst schöpfen.

Du bist jetzt an einem Punkt angekommen, an dem du alleine weitergehen wirst. Ich habe dir eine Ahnung von dem vermittelt, was möglich ist. Aber du bist zurzeit nur in wenigen Momenten bewusst und im Jetzt. Du lebst nicht deine Vision; dazu bedarf es weiterer Entwicklungen, die man nicht beschleunigen kann. Dies alles wird ganz von allein geschehen. Jeder Ehrgeiz diesbezüglich wäre absolut kontraproduktiv. Die innere Stimme ist der einzig wahre Ratgeber. Weder dein Verstand noch deine Erfahrungen noch die Ratschläge anderer könnten je besser sein. Das Leben ist keine Schule, das Leben ist ein fortlaufender Schöpfungsprozess. Es gibt im Leben nichts zu lernen, sondern nur zu erfahren. In dieser Bedeutung ist der Sinn des Lebens das Erfahren des Lebens, nicht mehr und nicht weniger. Es gibt für uns kein anders Ziel außer diesem. Wissen allein ist nichts, die Erfahrung ist alles. Das Wissen trägt jeder Mensch, jede Zelle, jedes Atom, in sich; Ziel ist es, dieses Wissen zu erfahren.

Du erschaffst deine Welt vollständig selbst, du kreierst also das gesamte Wissen der Welt ebenfalls und dementsprechend muss dieses Wissen bereits vorher in dir gewesen sein. Dann erlebst und erfährst du deine von dir geschaffene Realität. Der Mensch hat noch nicht erkannt, dass er alles ist; du hast noch nicht erkannt, dass du alles bist. Du siehst nicht, dass das Leben dein eigenes Werk und dein eigenes Spiel ist. Dein Leben siehst du immer noch als etwas im Außen an, was es zu entdecken gibt, dabei bist du Herr der Dinge und bist nur nicht bereit, die Verantwortung für alles voll und ganz zu übernehmen. Es ist alles Deine Schöpfung. Nenne mir einen Grund, warum wir diese uns eigenen Möglichkeiten nicht auch nutzen sollten!

Glaube an das Prinzip der Liebe. Du musst nicht an Gott im herkömmlichen Sinne glauben. Falls du aber an das Ganze, an die Einheit der Dinge, glaubst, wirst du unbegrenztes Potenzial haben und erfahren. Jeder ist der Schöpfer seines Lebens, jeder ist für sein Leben selbst verantwortlich. Nur du entscheidest, wie du das Leben erfährst. Nutze jeden Tag und jede Stunde, nutze das Jetzt. Sage dir täglich ›Heute ist ein schöner Tag zum Leben‹. Thich Nhat Hanh hat es in seinem Buch ›Klar wie ein stiller Fluss‹ sehr schön formuliert:

›Ich wache auf und lächle.
Vierundzwanzig nagelneue Stunden liegen vor mir.
Ich will jeden Augenblick des Tages
vollkommen bewusst leben
und alle Menschen mit Güte und Mitgefühl betrachten‹
(77)

Versuche, positiv und mit einem Lächeln in den Tag zu starten, vergeude keinen Tag, denn ansonsten vergeudest du dein Leben.«

Bei der Pathetik, die Earl bei den letzten Sätzen an den Tag gelegt hatte, war ich froh, dass meine feuchten Augen hinter meiner Sonnenbrille verschwanden. Doch die nützte mir dann doch nicht mehr viel. Beinahe wäre ich drum herum gekommen, doch ich hatte nicht mit den anderen gerechnet. Als ich nämlich wieder zum Steg schaute, hatten sich dort heimlich Don Marco, Guy, George, Richard, Amanda und einige andere im Spalier aufgestellt und aus einer Menge bunter Blumen einen Bogen gebastelt, auf dem ›Buen viaje en la vida‹ stand, was etwa ›Gute Reise im oder ins Leben‹ bedeutet. Als auch noch alle anfingen zu jubeln und dann in einen gemeinsamen Gesang verfielen, war ich mit den Nerven am Ende. Die Hauptperson in dieser Veranstaltung zu spielen, und das vor einem Dutzend Einheimischen und noch mehr Touristen, die im Media Luna die beste Aussicht auf dieses Spektakel hatten, war mir ein Gräuel. Jeder umarmte, drückte und küsste mich, einige hatten kleine verpackte Abschiedsgeschenke mitgebracht. Als letzter kam Don Marco lächelnd auf mich zu und umarmte mich lange. »Du wirst deinen Weg machen«, meinte er, »ich bin stolz auf dich. Vergiss nie: Der Mensch ist ein viel machtvolleres Wesen, als er sich es jemals erträumt.« Ich murmelte allen ein ›Danke‹ zu und war viel zu ergriffen von der ganzen Situation, sodass ich heilfroh war, als das Schiff endlich gen Heimat ablegte.

40. Kapitel – Mein Fazit

Ich weiß nicht, ob eine der verschiedenen Sichtweisen, die Earl und all die anderen mir nähergebracht haben, die richtige ist. Ich weiß nicht, ob es überhaupt die richtige gibt, oder ob diese für jeden Menschen unterschiedlich sein kann oder gar ist. Auch weiß ich nicht, ob es besser ist, sich um die Philosophie des Lebens gar keine Gedanken zu machen, da man gegenüber der Schöpfung sowieso chancenlos ist. Im Flieger nach Frankfurt kamen mir die letzten Wochen schon fast unwirklich vor, erschienen fast wie ein Traum.

Natürlich ist mir bewusst, dass dies alles mit dem Verstand nicht mehr zu erfassen ist. Ich fühle mich wie eine Maus in ihrem kleinen Nest im Schuppen hinter dem Holzstapel, der jemand von der großen weiten Welt erzählt hat. Die kleine Maus hält dies alles für möglich, hat aber dabei schon Schwierigkeiten, sich all diese Dinge, die sie noch nie gesehen hat, von denen sie noch nie zuvor gehört hat, vorzustellen. Und dann lernt diese arme kleine Maus auch noch, dass die fette, schwarze und sabbernde Katze, die vor ihrem Loch sitzt, nur ein Bild ist, von der kleinen Maus selbst erschaffen wird und durch das Leben im Jetzt völlig ungefährlich sein wird. Oder hat irgendjemand ein Vergrößerungsglas vor ihr Loch gelegt und die fette Katze ist gar nicht so fett? Warum habe ich Angst davor? Kann das alles wirklich wahr sein? Sollte so etwas Großartiges möglich sein? Kann ein Leben wirklich sorgenfrei sein? Gibt es diese Kraft, die uns durch das Leben leitet, wenn wir uns nicht mehr wehren? Soll ich mich jetzt wirklich fallenlassen? Und was ist, wenn dies die größte Lüge meines Lebens ist? Was, wenn das alles nicht stimmt? Augenblicklich kam mir in den Sinn, dass ich gerade voller Angst in der Vergangenheit wühlte. Solange ich so denken würde, würde ich immer das anziehen, was ich befürchte. Wenn ich Angst davor habe, dass etwas nicht funktioniert, werde ich genau dies auch erfahren. Und wo ist der Ausweg aus diesem Hexenkessel?

Sollte ich vielleicht einfach anfangen, zu leben? Ich werde mich also viel mehr an den kleinen Dingen erfreuen und weniger über den Alltag ärgern, der seine Wichtigkeit verlieren wird. Meine Bindungen an das Äußere baue ich nach und nach ab. Ich will frei sein, werde versuchen, meine Vision zu leben. Ich werde mich nicht mehr den Großteil meiner Zeit damit beschäftigen, die Haken und Ösen, die negativen Punkte an allen Dingen, zu suchen. Immer hatte ich mir Sorgen um alles Mögliche und Unmögliche gemacht und Planspiele betrieben.

Ich werde jeden Tag leben, als wenn er mein letzter wäre. Ich werde das tun, was ich gerne mache und dabei immer mein Bestes geben. Hin und wieder werde ich eine Pause machen und einfach ein paar Minuten gar nichts tun. Ich werde auf die Stille hören, mich selbst und meine Gedanken beobachten und nichts tun, bis ich in den Alltag zurückkehre.

Des Weiteren werde ich mehr auf meine Intuition hören und den Bauch entscheiden lassen; hoffentlich entwickelt sich der leichte Weg dann auch langfristig in der praktischen Realisierung so positiv, wie es in der Theorie aussieht. Ohne langes Grübeln werde ich versuchen, spontaner zu sein, wohl wissend, dass dies sich nur langsam entwickeln kann und nicht über Nacht einhundertprozentig gelingen wird. Vielleicht wäre es sinnvoll, diesen neuen Entscheidungsmechanismus erst einmal insbesondere bei den kleinen alltäglichen Entscheidungen zu benutzen, um die zwangsläufig entstehende Unsicherheit zu beruhigen.

Ich werde nicht mehr ›ich werde‹ sagen, da dies nun wirklich nichts mit dem Leben im Jetzt zu tun hat, sondern ich mache alles unmittelbar und sofort. Ich entscheide sofort und ich handle sofort. Dies bedeutet nicht, dass ich keine Pläne habe; wenn diese Pläne allerdings mehr und keine nur unwichtigen Tagträume sind, gehe ich unmittelbar an deren Realisierung. Mein alter Traum, eines Tages ein Restaurant mit kleinem Hotel am Meer zu haben, darf ruhig ein Traum bleiben, eine Entscheidung darüber steht momentan gar nicht an. Vielleicht kommt dieses Hotel eines Tages von ganz allein zu mir, vielleicht verliert der Traum aber auch seine Bedeutung.

Wenn ich die Möglichkeit habe, zwischen den Gefühlen Liebe und Angst zu wählen, zwischen beiden den Beweggrund für mein Handeln zu wählen, werde ich darauf achten, dass mein Herz dabei entscheidet. Ich möchte die Liebe wählen. Und die Wahl habe ich immer; es ist mein Leben, ich bin voll und ganz dafür verantwortlich. Reine Liebe, und damit meine ich nicht die romantische Liebe oder ein Verliebtheitsgefühl, ist ohne Zeit. In der Liebe gibt es keine Trennung in mich und andere. Diese Liebe ist zeitlos und umfassend. Sie ist nicht auf eine Person fixiert, aber sie umfasst auch diese eine Person. Wenn es aber keine Zeit gibt, so gibt es auch keine Erlösung in der Zukunft, sondern nur im Jetzt. So einfach präsentiert sich der Sachverhalt. Leben bedeutet, im Jetzt zu leben. Tief in meinem Innern weiß ich, dass es so ist. Ich bin der Künstler meines Lebens. Wer eigentlich sonst?

Nachwort

Vielleicht sind Sie auf der Suche nach der Wahrheit über dieses Buch gestolpert, vielleicht wurde es Ihnen »zufällig« geschenkt. Vielleicht wurde es auch nie gedruckt und Sie halten eines der wenigen Exemplare in der Hand, die ich im Selbstverlag zum Spaß habe herstellen lassen. Sie haben möglicherweise schon einen ganzen Stapel esoterischer Literatur durchgearbeitet, Zen studiert, viel meditiert und gezweifelt. Wer dieses Buch gelesen hat, wird jetzt vielleicht feststellen, dass die Lehre daraus folgende ist: Das Wissen über unsere Welt steckt nicht in Büchern. Der Weg zum Glück ist nicht in einem Buch zu finden, sondern dies alles ist schon immer in uns gewesen und wir brauchen nur die Augen zu öffnen.

Vielleicht sind Sie jetzt an einem Punkt angelangt, an dem Sie feststellen, dass Sie nur in sich selbst suchen müssen und nicht noch mehr Bücher von noch mehr weisen Menschen kaufen sollten, nicht die Zeit in Seminaren verschwenden, nicht in jeden Vortrag laufen sollten. Dies alles kann nur der Weg dahin sein, allerdings ein wichtiger Weg. Ohne diesen Weg wären Sie nie zu dieser Erkenntnis gelangt. Insofern sind Bücher, oder besser noch Lehrmeister, ein gutes Hilfsmittel für diesen Weg. Jedoch ist das letzte Stück Weg – und keiner weiß, wie lang dies werden wird – allein zu gehen. So schrieb der japanische Zen-Buddhist Rinzai:

> *»Der Grund warum die heute Lernenden nicht imstande sind (zur Wirklichkeit zu gelangen) ist, dass ihr Verstehen nicht über Namen und Worte hinausgeht. Sie schreiben nur in ihre kostbaren Notizbücher die Worte einiger schwach-*

sinniger, seniler Meister, und nachdem sie sie dreifach, nein fünffach eingepackt haben, bergen sie sie sicher in einem Sack, um andere Leute daran zu hindern, sie neugierig zu untersuchen. Sie glauben, diese Worte des Meisters verkörperten das tiefe Thema und schätzen sie mit größter Ehrerbietung. Was für einen schweren Fehler begehen sie doch! Oh, die alten Jünger mit ihrem trüben Blick! Was für einen Saft erwarten sie aus den alten, ausgetrockneten Knochen? Es gibt welche, die nicht wissen, was gut und was schlecht ist. Indem sie die verschiedenen Schriften durchlesen, schnappen sie nach vielen Spekulationen und Kalkulationen einige Phrasen auf (die sie für ihre eigenen Zwecke nutzen). Es ist wie ein Mann, der selber einen Klumpen Unrat verschluckt hat und ihn dann erbricht und an andere weitergibt. Wer wie ein Schwätzer ein Gerücht von Mund zu Mund weitergibt, muss sein ganzes Leben umsonst verbringen.«

Vielleicht habe ich dieses Buch auch nur für mich selbst geschrieben. Jedenfalls ist es so ungefähr das Buch geworden, das ich vor einem Jahr schon gerne gekauft hätte, um mich umfassend schlau zu machen, was ich aber nicht fand. Und so kann es möglicherweise auch anderen Menschen helfen, diesen Weg zu finden und ihn zu verstehen. Mir hilft dieses Buch, einen Weg weiterzugehen, der zwar offensichtlich ist, jedoch vom eigenen Ego aufs schärfste bekämpft wird. Ich kann nicht verhehlen, dass mir auch Zweifel beim Schreiben kamen und ich mir durchaus bewusst wurde, dass ich den von mir indirekt propagierten Weg, den dieses Buch andeutet, selbst auch immer mal wieder anzweifle. Kann das alles wirklich so einfach sein?

»Auch der längste Weg beginnt mit dem ersten Schritt.«
(asiatische Weisheit)

Nun, es hört sich einfach an, jedoch schmerzt dieser Weg erst einmal, bevor der Gewinn, eine komplett andere Sicht der Dinge, in Erscheinung tritt. Vielleicht halten Sie die in diesem Buch beschriebenen Dinge alle für esoterischen Unfug. Aber genauso, wie für die Menschheit einmal elektrischer Strom oder ein Auto undenkbar waren, kommen uns vielleicht jetzt noch diese Gedanken vor. Irgendwann hatte dann jemand eine Idee und verwirklichte diese trotz aller Widerstände. Menschen schaffen durch ihre Ideen die Wirklichkeit. Denken Sie daran, wir selbst legen unsere Grenzen fest. Sie kreieren Ihr Leben mit Ihren Gedanken, niemand sonst.

Willkommen im Leben!
Viel Spaß dabei!

Literaturliste

Im Folgenden finden Sie alle von mir zitierten Bücher sowie einige weitere, die aus meiner Sicht interessante Informationen enthalten oder einfach zum Thema passen. Einige Angaben sind aus diversen Büchern, in denen sie als Quelle aufgeführt sind, übernommen. Die Bibel- und Koran-Zitate werden in diesem Verzeichnis nicht mehr aufgeführt.

(1)   Arnold, Sir Edwin: Die Leuchte Asiens; Phänomen Verlag, 2006

(2)   Ashvaghosha: The Awakening of Faith; übers. D.T. Suzuki, Open Court, 1900

(3)   Bandler, Richard: Time for a Change; Junfermann Verlag, 3. Aufl. 2003

(4)   Bear Heart: Der Wind ist meine Mutter; Bastei Lübbe, 7. Aufl. 2007

(5)   Becker, V.J.: Gottes geheime Gedanken; Books on Demand GmbH 2006

(6)   Bhagavadgita; Diederichs, 1975

(7)   Brennan, Barbara Ann: Licht-Arbeit; Goldmann Verlag, 2. Aufl. 1990

(8)   Brown, Norman O.: Life Against Death; Wesleyan Univ Pr, 1986

(9)   Buhlmann, William: Out of Body; Ansata, 6. Aufl. 2006

(10)   Capra, Fritjof: Das Tao der Physik; O.W. Barth Verlag, 3. Aufl. 2006

(11)   Capra, Fritjof: Wendezeit; Knaur 1988

(12)   Castaneda, Carlos: Das Wirken der Unendlichkeit; Fischer Taschenbuchverlag, 4. Aufl. 2004

(13)   Castaneda, Carlos: Das Feuer von innen; Fischer Taschenbuchverlag, 14. Aufl. 2004

(14)   Castaneda, Carlos: Die Kunst des Träumens; Fischer Taschen-
       buchverlag, 4. Aufl. 2004

(15)   Castaneda, Carlos: Der Ring der Kraft, Don Juan in den Städ-
       ten; Fischer Taschenbuchverlag, 1982

(16)   Castaneda, Carlos: Die Lehren des Don Juan; Fischer Taschen-
       buchverlag, 35. Aufl. 2007

(17)   Chatwin,   Bruce: Traumpfade;   Fischer   Taschenbuch,
       5. Aufl. 1992

(18)   Chopra, Deepak: Die sieben geistigen Gesetze des Erfolgs, Ull-
       stein Taschenbuch, 2004

(19)   Chopra, Deepak: Das Tor zum vollkommenen Glück; Knaur
       Verlag 2006

(20)   Chuang-tzu: übers. James Legge, arrang. Clae Waltham, Ace
       Books, 1971

(21)   Coelho, Paulo: Handbuch des Krieger des Lichts, Diogenes,
       2001

(22)   Dalai Lama: Der Weg zum Glück; Verlag Herder 2002

(23)   Dalai Lama: Ratschläge des Herzens; Diogenes 2003

(24)   de Wetering, Jan Willem: Reine Leere; Rowohlt Taschenbuch-
       verlag, 4. Aufl. 2003

(25)   de Wetering, Jan Willem: Der leere Spiegel; Rowohlt Taschen-
       buchverlag, 1981

(26)   Detlefsen, Thorwald: Schicksal als Chance; Goldmann Ta-
       schenbuch, 11. Aufl. 1985

(27)   Dschuang Dsi: Das wahre Buch vom südlichen Blütenland;
       Anaconda Verlag 2007

(28)   Feuerbach, Ludwig: Vorlesungen über das Wesen der Religion;
       Verlag von Otto Wigand, Leipzig 1851, 20. Vorlesung

(29)   Findeisen, Hans /Heino Gehrts: Die Schamanen; Eugen Diede-
       richs Verlag, 4. Aufl. 1996

(30) Fischer, Theo: Wu Wei; Rowohlt Taschenbuchverlag, 5. Aufl. 2007

(31) Fromm, Erich, Daisetz Teitaro Suzuki, Richard de Martino: Zen-Buddhismus und Psychoanalyse; Suhrkamp Taschenbuch, 95. Aufl. 1980

(32) Fromm, Erich: Haben oder Sein; dtv, 1979

(33) Fromm, Erich: Vom Haben zum Sein; Quadriga, 1994

(34) Gaardner, Jostein: Sofies Welt; Hanser 1993

(35) Galal ad-Din Rumi und Bernhard Meyer: Der Prophet der Liebe: Das Matnawi. 1. Band, Buch I und II, Verlag Kaveh Dalir Azar, 2000

(36) Gibran, Kahlil: Der Prophet; dtv, 2003

(37) Goodman, Felicitas: Wo die Geister auf den Winden reiten; Verlag Hermann Bauer, 3. Aufl. 1995

(38) Gore, Belinda: Ekstatische Körperhaltungen; Synthesis Verlag 1999

(39) Govinda, Anagarika: Lebendiger Buddhismus im Abendland; O.W. Barth Verlag, 1986

(40) Govinda, Anagarika, Grundlagen tibetischer Mystik, O. W. Barth Bei Scherz, 1999

(41) Grün, Anselm: Menschen führen – Leben erwecken; dtv, 4. Aufl. 2007

(42) Grün, Anselm: Träume auf dem geistlichen Weg; Vier-Türme-Verlag, 1989

(43) Hawking, Stephen: Die kürzeste Geschichte der Zeit; Rowohlt Taschenbuchverlag 2006

(44) Heisenberg, W.: Physik und Philosophie: Ullstein 1973 (Hinweis auf die neueste Ausgabe: Heisenberg, Werner: Physik und Philosophie; S. Hirzel Verlag, 7. Aufl., Stuttgart 2006)

(45) Hesse, Hermann: Siddharta; Suhrkamp Taschenbuch 1974

(46)   Ingermann, Sandra: Auf der Suche nach der verlorenen Seele; Ullstein Taschenbuch, 1. Aufl. 2005

(47)   Jäger, Willigis: »Das Leben ist Religion - Stationen eines spirituellen Weges«. Kösel, 2005

(48)   Jenkins, Elizabeth B.: Die Rückkehr des Inka; Goldmann Verlag 1997

(49)   Jung, Carl Gustav: Archetypen, dtv, 13. Aufl. 2006

(50)   Kahili King, Serge: Instant Healing Jetzt!; Lüchow Verlag, 2001

(51)   Kahili King, Serge: Der Stadt-Schamane; Lüchow Verlag, 3. Aufl. 1994

(52)   Kohl, Christian Thomas: Buddhismus und Quantenphysik; Windpferd Verlag, 2005

(53)   Knab, Timothy: Der Weg der Curanderos; Goldmann 1997

(54)   Kremser, Manfred, Dr.: Vorlesungsmitschrift: Einführung in die ethnologische Religions- und Bewusstseinsforschung, , Version 18.6.2001, SS 2001

(55)   Krishnamurti: Selbstgespräche; Aquamarin Verlag, 4. Aufl. 2007

(56)   Kuby, Clemens: Unterwegs in die nächste Dimension, 12. Aufl. 2006

(57)   Kuby, Clemens: Heilung, das Wunder in uns; Kösel-Verlag, 2007

(58)   Laotse (auch Lao-tzu): Tao te king; übers. von Richard Wilhelm, Anaconda Verlag 2006

(59)   Leibniz, G.W.: Die Hauptwerke; zusammengefasst und übertragen von G. Krüger, Kröner, 1933

(60)   Morgan, Marlo: Traumfänger; Goldmann Verlag 1995

(61)   Needham, John: Science and Civilization in China; Band 4, Camebridge University Press, 1956

(62)   O`Halloran, Maura: Im Herzen der Stille: Fischer Taschenbuchverlag 2002

(63) Oppenheimer, J.R.: Science and the Common Understanding; Oxford University Press, 1954

(64) Prajna-paramita-hridaya-Sutra in: F.M. Müller (Hrsg.), Sacred Books of the East, Oxford University Press, 1890, Bd. 49)

(65) Reps, P.: Ohne Worte – Ohne Schweigen. 101 Zen-Geschichten und andere Zen-Texte aus vier Jahrtausenden; O.W. Barth, 1976

(66) Scharfetter, Christian: Der spirituelle Weg und seine Gefahren; Ferdinand Enke Verlag, 1994

(67) Schmid, Wilhelm: Glück; Insel Verlag 2007

(69) Schrödinger, Erwin: Was ist Leben; Piper Verlag, 1993

(70) Servan-Schreiber, David: Die neue Medizin der Emotionen; Goldmann Verlag, 4. Aufl. 2006

(71) Sheldrake, Rupert: Der siebte Sinn des Menschen; Fischer Taschenbuchverlag, 2006

(72) Starkmuth, Jörg: Die Entstehung der Realität; Eigenverlag Jörg Starkmuth, 7. Aufl. 2007

(73) Suzuki, D.T.: The Essence of Buddhism; Hozokan, 1968

(74) Suzuki, D.T.: Zen-Buddhismus, Weilheim 1956

(75) Suzuki, D.T.: Outlines of Mahayana Buddhism, Schocken Books, 1963

(76) Thich Nhat Hanh und Irene Knauf: Das Herz von Buddhas Lehre: Leiden verwandeln - die Praxis des glücklichen Lebens; Herder Freiburg, 2004

(77) Thich Nhat Hanh: Klar wie ein stiller Fluss - Gedanken zur Achtsamkeit im Alltag; Kristkeitz Verlag, 2. Aufl. 1999

(78) Terzani, Tiziano: Noch eine Runde auf dem Karussell; Hoffmann und Campe, 4. Aufl. 2007

(79) Tolle, Eckhart: JETZT! Die Kraft der Gegenwart: Ein Leitfaden zum spirituellen Erwachen; Kamphausen Verlag 2002

(80) Upanishaden, Die Geheimlehre der Inder (übertragen und eingeleitet von Alfred Hillebrandt); Diederichs Gelbe Reihe, 1977

(81) Ulmer-Janes, Eva: Magie im Manegement; Ibera Verlag, 2. Aufl. 2006

(82) Villoldo, Alberto: Seelenrückholung; Goldmann Arkana, 2006

(83) Villoldo, Alberto: Das geheime Wissen der Schamanen; Goldmann Arkana, 2001

(84) Walsch, Neale Donald: Gespräche mit Gott, Band 1; Arkana Goldmann, 14. Aufl. 1996

(85) Wetzel, Sylvia: Worte wirken Wunder; Theseus Verlag 2007

(86) Wilber, Ken: Halbzeit der Evolution; Fischer Taschenbuchverlag, 6. Aufl. 2002

(87) Wilhelm, Richard: I Ging. Das Buch der Wandlungen; Diederichs 1970

(88) Sigmund Freud: Studien über Hysterie, 1895

(89) Feynman, Richard: Es ist so einfach; Piper (5. Aufl.) 2008

(90) Epistuale morales

(91) C. G. Jung: Über die Archetypen des kollektiven Unbewussten. 1934 /Von den Wurzeln des Bewusstseins; Zürich 1954, in: ders., Bewusstes und Unbewusstes; Frankfurt/M. 1957, S. 31

(92) frei nach Heinrich Böll: Anekdote zur Senkung der Arbeitsmoral, aus: Erzählungen; Kiepenheuer und Witsch, 2006

(93) Hermann Hesse: Briefwechsel 1921-1927 mit Hugo Ball und Emmy Ball-Hennings; Suhrkamp Verlag 2003

(94) Richard Feynman: Vorlesungen über Physik; Oldenbourg

(95) John Horgan: An den Grenzen des Wissens; Fischer Taschenbuchverlag 2000

(96) H. P. Stapp: S-Matrix Interpretation of Quantum Theory, Physical Review, Band D 3, S. 1310

(97) Sully Prudhomme: Intimes Tagebuch; Coron-Verlag 1996

(98) Georg Schmidt: Die Mystik der Weltreligionen; Kreuz-Verlag 2000, S. 27

(99)   Marie-Louise von Franz: Psyche und Materie: Berührungspunkte zwischen Physik und Psychologie; Daimon 2003, S. 94

(100)   Plotin, Enneaden, V (1,2)

(101)   Paracelsus: Opus Paramirum

(102)   Hans Reichenbach: Die philosophische Bedeutung der Relativitätstheorie; Vieweg- und Teubner-Verlag, 1979, S. 353

(103)   Gerald G. Jampolsky: Lieben heißt die Angst verlieren; Goldmann 2005

(104)   Vimalakirti: Das Sutra von der unvorstellbaren Befreiung; Do Evolution Verlag, 1. Aufl. 2008

(105)   Rede von Häuptling Seattle: Meine Worte sind wie Sterne – sie gehen nicht unter. Übersetzung von Michael Korth; In: Der große Geist spricht. Reden berühmter Indianerhäuptlinge von William Arrowsmith und Michael Korth; Patmos Verlagsgruppe.

Copyright-Hinweise

Carlos Castaneda, Das Feuer von Innen. © Carlos Castaneda 1984. Deutsch von Thomas Lindquist. © S. Fischer Verlag GmbH, Frankfurt am Main 1985.

Carlos Castaneda, Die Kunst des Träumens. © 1993 Carlos Castaneda. Deutsch von Thomas Lindquist. © S. Fischer Verlag GmbH, Frankfurt am Main 1994.

Ken Wilber, Halbzeit der Evolution. © Ken Wilber 1981. Deutsch von Erwin Schuhmacher. © Scherz Verlag, Bern und München 1984. Alle Rechte vorbehalten S. Fischer Verlag GmbH, Frankfurt am Main.

Rede von Häuptling Seattle: Meine Worte sind wie Sterne – sie gehen nicht unter. Übersetzung von Michael Korth; In: Der große Geist spricht. Reden berühmter Indianerhäuptlinge von William Arrowsmith und Michael Korth; Patmos Verlagsgruppe. © 2004 Patmos Verlag GmbH & Co. KG, Düsseldorf.

Deepak Chopra: Die sieben geistigen Gesetze des Erfolgs. Deutsch von Nina Arrowsmith. © 2004 Ullstein Taschenbuch in der Ullstein Buchverlage GmbH, Berlin.

Khalil Gibran: Der Prophet. Deutsch von Giovanni und Ditte Bandini. © der deutschsprachigen Ausgabe: 2002 Deutscher Taschenbuchverlag, München.

Hermann Hesse, Emmy Ball-Hennings, Hugo Ball, Briefwechsel 1921-1927. Herausgegeben und kommentiert von Bärbel Reetz. © Suhrkamp Verlag Frankfurt am Main 2003.

»Zen-Buddhismus und Psychoanalyse«. Erich Fromm, Daisetz Teitaro Suzuki, Richard de Martino. Die Übersetzung besorgte Marion Steipe © »Zen Buddhism and Psychoanalysis« 1960 by Erich Fromm. © »The Human Situation Situation and Zen-Buddhism« 1960 by The Zen Studios Society, Inc. © 1963 Szczesny Verlag, München. Alle deutschsprachigen Rechte beim Suhrkamp Verlag Frankfurt am Main.